Zu diesem Buch

«‹Das große Roda Roda Buch› ist ein vergnügliches Buch, dessen Sprache sich nur wenig abgenutzt hat (wenn man sprachliche Üppigkeiten als Österreich-typisches Merkmal akzeptiert). Leicht schwärzlicher Humor, Ideenreichtum, Witz, Groteske, Wirklichkeitssinn, Ironie und Charme bilden eine gute Mischung für ein kurzweiliges Lesevergnügen.» («Main-Post»)

Alexander Roda Roda (eigtl. Alexander Friedrich Rosenfeld), geboren am 13. April 1872 in Drnovice/Mähren, in Puszta Zdenci/Slawonien aufgewachsen, war von 1892 bis 1903 k. u. k. Offizier. Später gehörte er zum Autoreninventar des legendären «Romanischen Café» in Berlin und wurde prominenter Mitarbeiter beim Münchner «Simplicissimus». Seine Aphorismen, Humoresken, Schwänke, satirischen Romane und Komödien (u. a. der mehrfach verfilmte «Feldherrnhügel») haben Generationen immer wieder aufs neue ergötzt, und von einer besonders gelungenen Anekdote sagte man: gut wie von Roda Roda. Kurt Tucholsky schrieb über ihn: «Und er erzählt: nachdenkliche Geschichten, bei denen man sorgsam und sich räuspernd seine Pfeife ausklopfen kann, lustige und hinterhältig witzige, sehr ernste Geschichten mit einer schönen Moral ... Wie er aber auch alle Stimmen und Stile nachahmen kann: den Juden und den Pedanten und den Kaufmann und den Oberst und die Dirne und alle! Ja, der hat was erlebt ... Wir sinds schließlich zufrieden und bitten nur: Erzähle, Onkelchen, erzähle!» Roda Roda starb am 20. August 1945 im New Yorker Exil.

Das grosse Roda-Roda Buch

rororo
Rowohlt

Veröffentlicht im Rowohlt Taschenbuch Verlag GmbH,
Reinbek bei Hamburg, Februar 1990

Umschlaggestaltung Walter Hellmann
Gesamtherstellung Clausen & Bosse, Leck
Printed in Germany
1280-ISBN 3 499 12532 3

Inhalt

Geschichten vom Balkan

Servus, Herr Hauptmann!

Der Österreichische Mensch

Andere Länder, andere Sitten

Du Holde Kunst!

Adel Verpflichtet

Von Verwandten Und Anderen Kindern

Bunt Gemischt

Anstelle einer Einleitung

BRIEF AN HERRN DR. DANIEL McCLELLAN, Universitätsprofessor in Washington (D.C.)

Lieber Herr Professor,

Sie haben eine ‚Geschichte der deutschen Literatur' geschrieben und verlangen mein Urteil. – Sehr schmeichelhaft für mich, Herr Professor.

Ihre weltmännische Gebärde verdiente Erwiderung mit Redensarten des Lobes. Ich aber, im Herzen getroffen, muß Ihnen deutsch antworten, das heißt: grob.

Warum, zum Teufel, haben Sie die komische Dichtung im Anhang abgetan, in kleiner Schrift, im letzten Winkel Ihrer Betrachtungen? Werdet Ihr Gelehrten denn niemals Vernunft annehmen? Werdet Ihr die komische Kunst erst schätzen, wenn sie Altersschimmel angenommen hat (Nestroy, Busch, Offenbach) oder gar unverständlich geworden ist wie die Komödien des Aristophanes?

Herr Professor!

Unsre Sinne geben uns ein sehr unvollkommenes Weltbild; wir nehmen beiweitem nicht alle Vorgänge (was dasselbe ist: Dinge) um uns wahr.

Noch mehr: unsre Sinne geben uns ein falsches Weltbild. Das Nächste – ein Jucken am Hals, einen bellenden Hund vor der Tür, ein Kerzenlicht auf dem Tisch – drahten uns die Sinne mit aufdringlicher Deutlichkeit. Sie verschweigen uns aber den

Donner der Protuberanzen, die riesenhaften Nebelsysteme der Milchstraße.

Den Mond und die Sonne zeigen uns die Sinne nicht größer als zwei Melonen im Garten.

Der Verstand sollte den Irrtum unsrer Eindrücke korrigieren: und er versagt; wir können nur Gegenstände in ihrem Umfang begreifen, die wir gebaut, erklettert, abgetastet haben: einen Kirchturm, einen Berg. Schon die Höhe der Wolken über dem Meer ist uns nicht mehr bewußt.

Uns sind nur Entfernungen vorstellbar, die wir gegangen sind: drei Kilometer – hundert Kilometer – tausend. Eine Strecke etwa wie fünf Millionen Meilen oder ein Lichtjahr – wir vermögen uns solche Größen nur durch Vergleich und Verjüngung nahzubringen.

Geben wir nun unsrer Sonne die Größe eines Wagenrades, so ist die Erde eine Erbse, hundert Meter weit von ihr; und spannweit von der Erde ein Stecknadel: der Mond.

Dann aber ist der nächste Fixstern, Alpha Centauri, immer noch unvorstellbar weit. Wir müssen den Maßstab abermals verringern – die Sonne zu einer Nuß machen –, dann erst rückt uns Alpha Centauri in begreifliche Nähe: tausend Kilometer.

Es ist die Entfernung von Hamburg bis Triest. Die Sonne also – eine Nuß – in Hamburg; Alpha Centauri – eine Nuß – in Triest. Dazwischen Nacht und Kälte. Die Erde ist zu einem Körnchen geworden von einem Drittel Millimeter.

Doch Sonne und Alpha Centauri sind ja selbst nur geringe Körper – bei ihrer Betrachtung dürfen wir uns nicht aufhalten.

Pressen wir das Weltall in die Strecke Hamburg–Triest (die größte, die wir uns noch vorstellen können): dann ist die Sonne selbst nicht mehr da, geschweige denn die Erde. Die Geschichte der Menschheit ist von fünftausend Jahren zusammengeschrumpft auf eine Zehntelsekunde.

Und nun erst wissen wir um die Bedeutung des Menschen im All: sie ist gleich Null. Das organische Leben auf unserem Planeten ist eine Episode. Der Mensch, durch das Korrektiv seiner falschen Maßstäbe vom Größenwahn geheilt, sieht seine völlige Zwecklosigkeit ein.

Der Mensch hat keine Aufgabe in der Welt, also auch keine Pflichten. Die Erhaltung des Selbst und der Art – Urquellen unsrer Leidenschaften – sind zwecklos.

Wer sich ein einziges Urteil bildet, ohne das All mitzudenken, ist bewußtlos.

Herr Professor! Lassen Sie uns zu Ihrem kleingedruckten Abschnitt über die komische Dichtung zurückkehren!

Was ist Anlaß des Lachens? Nach Kant (so sagt er ungefähr): Auflösung einer großen Erwartung in Nichts.

Nun, alle große Erwartung der Menschheit ist verdammt, in Nichts aufgelöst zu werden.

Was ist Satire? Das Zurückführen einer aufgeblähten Scheingröße auf ihr Maß.

Haben wir beide – Sie und ich – nicht eben erst die aufgeblähte Scheingröße Menschheit auf ihr Maß zurückgeführt?

„Wer sich ein einziges Urteil bildet, ohne das All mitzudenken, ist bewußtlos."

Nicht wahr, Herr Professor – ich brauche die Gedankenkette nicht erst zu schließen; Sie sehen ein, daß es eine andre als die komische, satirische Kunst gar nicht geben sollte und nicht gibt.

Die Menschen sind den Läusen näher als den Göttern. Dichter, die den Menschen anders sehen, sind bewußtlos.

Der Mensch ist überaus klein; seine Größe Humbug.

Der eine darf den winzigkleinen Menschen mitleidig anschauen: der Humorist; der andre verächtlich: der Satiriker.

Niemand aber darf den Menschen und seine Süchte groß sehen; oder er ist töricht.

Das, Herr Professor, ist die Wahrheit.

Wenn Sie wieder einmal eine Literaturgeschichte schreiben: halten Sie sich an die Wahrheit!

Doch, was rede ich? Entweder meine Predigt hat gewirkt – dann werden Sie keine Literaturgeschichte mehr schreiben.

Oder ich habe in den Wind gesprochen – Professoren sind unbelehrbar; dann werden ich und meinesgleichen wieder im Anhang, im letzten Winkel und kleingedruckt erscheinen — weit hinter den Toren.

Geschichten vom Balkan

DER SÜDEN

Seine Exzellenz der Minister war von seiner Reise nach Dalmatien zurückgekehrt.

Hochbefriedigt. Denn was er gesehen hatte, war herrlich gewesen: Orient und Okzident, Strand und See, alte Städte und Paläste, Fels und Schroffen, Zypressen, Olivenhaine.

„Warum", rief er, „sollte man dieses Dorado nicht dem Weltverkehr eröffnen können? Warum sollte sich der goldführende Fremdenstrom nicht nach Dalmatien lenken lassen? Warum..."

Da blickte er nach der Uhr – er wollte ja den Zug erreichen.

Die Uhr stand still.

In das Räderwerk war eine Wanze geraten und lag zerquetscht darin.

DER VIEHHIRT KLAPETZ

Vor dem Trentschiner Komitatsgericht – Trentschin in der Slowakei – war Verhandlung gegen den Viehhirten Klapetz. Ich kam leider etwas zu spät: erst zur Vernehmung der Zeugin.

Der Richter: „Sie heißen Lady Madge Doughty (der Richter spricht den Namen, wie er geschrieben steht), 35 Jahre alt, verwitwet, anglikanisch, aus London?"

Die Zeugin, eine schöne, hochgereckte Blondine: „Lädy Mätsch Daute. Yes."

Der Richter – zum Dolmetsch: „Halten Sie ihr die übrigen Personalien vor!"

Der Dolmetsch, Gymnasialprofessor: „You are ssirty feif..."

— (Er sucht im Wörterbuch bei „verwitwet“ und seufzt ärgerlich: bei „Witwe“ hat er mehr Glück.)

Der Richter — zur Zeugin — nach der üblichen Belehrung: „Sprechen Sie die Eidesformel! — Sind Sie zur Kur hergekommen, ins Bad?“

„No. Ich bin gekommen als Gast meines Schwagers Grafen Mösikä nach Seilin.“

Der Dolmetsch: „... des Grafen Muschika nach Sillein.“

Der Richter: „Die Tschechoslowakische Republik hat den Grafentitel abgeschafft. — Hierher aber — was hat Sie zu uns geführt?“

„Hierher bin ich geeilt auf die Nachricht, daß sich hier hat gezeigt Seint Päfnözeiös.“

Der Richter: „Wer?“

Der Dolmetsch: „Sie meint den griechischen Heiligen Paphnutius. Auf englisch is das Seint Päfnözeiös.“

„Yes. Man hat mir gesagt, daß er hier einem Hirten auf dem Berg erschienen ist.“

Der Richter: „Die Behörde ist gegen die Verbreiter der Erdichtung eingeschritten, hat Ansammlungen verboten und zerstreut. Sie, Zeugin, haben diese Fabel geglaubt?“

„Aoh yes. Warum nicht? Die Himmlischen sind immer in relejschn... verkehren am liebsten mit Viehhirten: Moses war Viehhirt; die Jeanne d'Arc; die Bernadette in Lourdes.“

„Und dann?“

„Dann habe ich mich im Kurort eingemietet, bin jeden Morgen auf den Berg gestiegen, wo der Heilige erschienen war, und habe gewartet. Täglich bis zwölf. Zum Lunch bin ich wieder ins Hotel.“

„Sie waren zu Ihren beabsichtigten Begegnungen mit dem Heiligen besonders ausgerüstet?“

„Yes. Ich führte einen Thermophor bei mir, zwei Teetassen, Servietten und etwas Cakes. — Am vierten Tag ist der Herr erschienen.“

„Die Anklage behauptet aber: es war der hier anwesende Viehhirt Jan Klapetz.“

Die Zeugin schweigt.

Der Richter: „Wie hat die Erscheinung ausgesehen?"

„Celestial. Very heavenly. Delightful. Er war von Sonne umflossen. Seine Augen strahlten. Und er trug einen goldenen Stab."

Klapetz: „Ein ganz gewehnliches Staberl, bitt untertänigst, mit Messing."

Der Richter: „Was hat Klapetz zu Ihnen gesprochen?"

„Nothing. Ich bin niedergekniet – er hat mich gesegnet und versuchte mich aufzurichten. Ich war aber so erregt, daß ich nicht konnte. Da hat sich der Heilige zu mir gesetzt."

„Und?"

„Nun hat er geredet. Ich verstand ihn nicht, es war eine lateinische Offenbarung."

Klapetz: „Ponjischenje pjeknje prosim, pane Richter, bitt untertänigst, die Fräuln hat etwas auf ungarisch geredet – hab ich ihr nur gesagt: Was machen S' hier, Fräuln? Belieben S' zu spazieren bei uns oben in die Berg?"

Die Zeugin: „Ich breitete die Serviette aus, bot dem Heiligen Tee..."

„Hat er getrunken?"

Klapetz: „Die Suppe, bitt untertänigst, war bitter – hab ich gefragt, ob 's Fräuln nicht vielleicht an Branntwein hat."

Die Zeugin: „Wir haben selig Hand in Hand gesessen – unvergeßliche Stunde –, bis der Herr sein Antlitz an meine Wange lehnte. O Glück!"

Der Richter: „Er hat Ihnen Gewalt angetan?"

Die Zeugin – ausdrucksvoll: „O – no –! Ich habe geopfert."

Verteidiger Dr. Palatzky: „Also! Da ham Sies, hoher Gerichtshof! Mecht wissen, wer iberhaupt inwiefern dazu kommt, sich gegen meinen Mandanten eine Anklage auf Vergewaltigung aus den Fingern herauszukonstruieren – wo jenne direkt betont, sie hat sich freudig geopfert – direkt freidig."

Der Staatsanwalt, vom Richter durch einen Blick befragt: „Die Anzeige gegen Klapetz rührt bekanntlich vom Schwager der Zeugin her, dem Herrn frühern Grafen Muschika. Sie lautet nur auf groben Unfug. Die Vorgänge auf dem Berg waren dem Anzeiger im Detail gar nicht bekannt. Noch in der Voruntersuchung hatte die Zeugin über die Vorgänge auf dem Berg absolut geschwiegen – wohl aus Scham. Erst der Angeklagte selbst, von der Polizei vernommen, hat den Geschlechtsverkehr zugegeben. Bei dem klaffenden Standesunterschied zwischen Lady und Viehknecht mußte hieramts Vergewaltigung angenommen werden."

Dr. Palatzky – triumphierend: „Was aber eißern Sie jetzt?"

Der Staatsanwalt: „Ich lasse die Anklage in diesem Punkt fallen, halte sie jedoch im übrigen voll aufrecht."

Dr. Palatzky: „No ma werd ja sehn, wie lang."

Der Richter: „Weiter!"

Die Zeugin: „Darauf schien der Herr wohl etwas von mir zu fordern."

Klapetz: „Um a Trinkgeld, bitt untertänigst, hab ich gebeten, a paar Kreuzer für Tabak."

Der Richter – streng: „Ein Trinkgeld? Wofür?"

Klapetz: „Halt für den Gefallen, was ich dem Fräuln tan hab."

Der Richter: „Und sie?"

Klapetz: „Sie hat mir was zu essen geem; es war sehr schlächt."

Die Zeugin: „Oh – es war Kaugummi; der Heilige hat es geschluckt."

Dr. Palatzky: „Gestatten Sie eine Frage, Herr Richter? Denn warum – sonst wern wir hier noch stundenlang herumreden fir nix und wiedernix – und mir als Offizialverteidiger liegt doch der Viehhirt Klapetz stagelgrin auf bei meine zahlreichen andern Klienten, was anständig honorieren. Also: Angeklagter! Ist der Schauplatz der Tat Ihr Pacht- und Weidegrund, wo das Betreten jedermann ausdricklich verboten is? Ja? Dann entfällt auch effentliches Ärgernis, weil von Effentlichkeit keine Rede sein kann. Iber die Anklage wegen Betrug verlier ich kein Wort – welchen Vorteil soll sich Klapetz haben erschlichen? Hechsens ein kleines Vergniegen, mir gesagt. Folglich, hoher Gerichtshof, beantrag ich Freisprechung."

Angeklagter Viehhirt Klapetz wurde zu drei Tagen Gefängnis verurteilt „wegen widerrechtlicher Beilegung eines Amtscharakters".

Dr. Palatzky – mit himmelwärts gekehrten Augen: „Erschtens: wieso Beilegung? Zweitens: wieso Amtscharakter? – Wirklich sowas is nur bei uns in Trentschin meeglich. Weil der Herr Graf ihn angezeigt hat, darf der Viehhirt doch nicht freikommen – Ich melde Berufung an."

Klapetz: „Aber bitt scheen, Herr Polak! Was brauch mr Berufung!? Noch zehnmal zum Gericht: wer hit mir zhaus mein Viech? Ich – ich nimm Strafe an. So lausige drei Tag Arrest reißt an armer Mensch ab wie nix."

HANDEL

Unlängst bekam ich eine Preisliste aus Galizien:

Schöne hübsche Suppenkrebse	Dtzd.	12.10
Feinste beste Tafelkrebse	„	13.50
Soloware, prima springlebendig	„	15.00
Hochsolo primissima staunenswerte Wundertiere	„	16.00
– dieselben mit zwei Scheren	„	16.60
– dieselben wirklich lebend	„	17.20

DIE GANS VON PODWOLOTSCHYSKA

Es gibt törichte Wiener, die sich mit dem Zerfall des alten großen Österreich-Ungarn abgefunden haben, sich mit dem winzigen Restreich-Österreich bescheiden; die „froh sind", nichts mehr vom gemischtsprachigen Kreisgericht in Trautenau zu hören, dem viel umstrittenen Sandschak und Trentino. Wie das alles hinter uns liegt! Als wär es nie gewesen. – Und doch gab es einst einen ewigen „Ausgleich" mit Ungarn (64,5

Prozent), der in den Zeitungen soviel von sich reden machte, daß man im fernen Ausland die k.u.k. Monarchie längst nicht mehr für einen Staat hielt, sondern für eine Konkursmasse.

Mich aber verzehrt die Sehnsucht nach der Vergangenheit, den vielen schönen „im Reichsrat vertretenen Königreichen und Ländern".

Und am meisten — grinst nicht! — schmachte ich nach Galizien. Was war es ein buntes Gebilde! Ein asiatischer Karawanenteppich, der launigen Gestalten voll, breitete es sich von den Karpatenhängen ins Sarmatische.

Dreißig Jahre standen Altösterreichs Reiterhaufen dort in Garnison. Was für Garnisonen: Tarnopol, Trembowla. Torresani und nach ihm Soehnstorff haben es beschrieben — dies Leben zwischen Gasthof, Landschenke, Faktorkes und Schlachzizen.

Das Land, wo ein Esterhazy, Magnat und Husar, wetten konnte: er werde heute, heißen Sommermittags, quer durch die Hauptstadt reiten, nur mit einer roten Schwimmhose angetan — und die Ergänzung seiner Uniform, die verschnürte Attila, die blanken Stiefel, hatte er sich mit Ölfarbe auf den Leib gemalt...

Das Land, wo Fürst Karl Fugger, Rittmeister, seiner Schwadron Batisthemden anmessen ließ mit angenähten Manschetten — weil er Röllchen nicht leiden wollte...

Das Land, wo der Herr Oberst seinem Leutnant befahl: „Herr Leutnant, binnen vierundzwanzig Stunden haben Sie Ihre Schulden zu berappen." Und der Leutnant ließ vom Polizisten austrommeln: um vier Uhr habe die Judengemeinde auf dem Rynek, Hauptplatz, gestellt zu sein. Am Tisch, im Freien saß der Rechnungsoffizier mit der Gläubigerliste und zahlte bei Heller und Pfennig die Schulden des Herrn Leutnants.

Das Land, wo man Chansonettentruppen auf Regimenter aufteilte: um 5 Uhr nachmittag kam der Eisenbahnzug mit den Wiener Chansonetten in Rawaruska an. Die Offizierskorps warteten schon auf dem Bahnhof. Um 5 Uhr 10 waren die Chansonetten verschwunden — als hätte man einen Eimer Wasser auf Sand geschüttet.

Das Land, wo man die Gans von Podwolotschyska servierte...

— — Podwolotschyska war der Grenzbahnhof der alten Kaisertümer Rußland und Österreich. Wer nach endloser Fahrt — einer Nacht, eines Tages und wieder einer Nacht — von Wien — über Krakau — Przemysl — Lemberg — in Podwolotschyska eintraf, er stürzte zunächst hungrig nach der Bahnhofswirtschaft. Und in der Bahnhofswirtschaft fand er zwei lange Tafeln gedeckt mit leckerdampfenden Gemüsesuppen: auf der einen Tafel Borschtsch und auf der andern Schtschij. Borschtsch ist eine feine Suppe von roten Rüben, Beeten; Schtschij — eine Suppe von Weißkohl mit sauerm Rahm. — Ein seigneuraler Oberkellner ging mit zweierlei Bons um, roten Bons und grünen Bons.

„Wünschen Sie, Panje, unser kleines Menü — zu vier Kronen — Suppe und Rindfleisch —, oder wünschen Sie, Panje, das große Menü, 6 K 50:

Suppe
Rindfleisch
Gansbraten
Zibebenstrudel

Jedermann wählte das große Menü, zahlte 6 Kronen 50, erhält einen roten Bon...

Allein, sowie das Rindfleisch gegessen war, entstand eine kleine Pause; ein Mann mit Dienstmütze und Glocke erschien in der Tür, schwang die mächtige Glocke und rief mit Stentorstimme:

„Höchste Zeit zum Zug nach Kiew, Charkow, Moskau, Jekaterinoslaw, Odessa."

Das Volk sprang im Hui auf die Beine und hastete Hals über Kopf nach den Bahnwagen...

So spielte sich die Szene tagtäglich ab — viele Jahre, in aller Ordnung — und nie, solange Habsburg in Podwolotschyska regierte, über 140 Jahre, hat ein sterblich Auge den Gansbraten gesehen — — — weil nämlich der Mann mit der Dienstmütze der Bahnhofswirt in Person war.

Einmal aber – und er hatte doch grade heute besonders laut geklingelt und ausgerufen – eines Tages mußte der Wirt zu seinem Schrecken und seiner Entrüstung sehen, daß ihm drei Gäste da einfach sitzenblieben. Er ging zu ihnen hin und läutete und brüllte:

„Allerhöchste Zeit zum Zug nach Kiew, Charkow..."

„Macht nichts", sprachen die Herren, „bringen Sie nur den Gansbraten! Wir fahren nämlich gar nicht weiter; wir bleiben hier; wir sind die k.k. Kommission aus Lemberg, betraut mit der Prüfung der galizischen Bahnhofswirtschaften."

Nun, das österreichische Polen ließ den Himmelsmächten stets einen breiten Raum der Betätigung. – Und was hatte Gott in diesem Fall getan? Der liebe Gott hatte die k.k. Kommission schon heute morgen aus Lemberg abreisen sehen – und in seiner Allgüte und Allweisheit hatte der liebe Gott der Bahnhofswirtin von Podwolotschyska den Gedanken eingegeben, an diesem Morgen eine Gans zu schlachten; als welche Gans allerdings zum Privatkonsum der Gastwirtsfamilie bestimmt war – nun aber, im Augenblick peinlichster Verlegenheit, den Lemberger Funktionären konnte aufgetragen werden.

Als die unersättlichen Beamten nun aber auch noch nach der Süßspeise verlangten, da konnte der Wirt dokumentarisch nachweisen, daß dieser „Zibebenstrudel" nicht mehr zum Menü gehörte; es war des Wirtes Unterschrift. Der Mann hieß so.

FREUNDSCHAFT

Einmal war ich in Tschernowitz; und dort geriet ich in Berührung mit hohen Kreisen: dem Landespräsidenten.

Man weiß, wie solcher Umgang beschaffen ist. Wenn ich im Gespräch gelegentlich rufe: „Ah, der Landespräsident der Bukowina? Ich kenne ihn sehr gut...", so ist das keine Lüge. – Doch der Herr Landespräsident sagt nie: „Roda Roda ist mein guter Bekannter." Wenigstens rühmt er sich dessen nicht.

Das ist der Unterschied.

Nun, und eines Tages, als ich wieder beim Landespräsidenten erscheine, finde ich ihn ein wenig kühl. Ja, ich gesteh es rund heraus: geradezu frostig. – Was mag da vorgefallen sein, um des Himmels willen?

Der Herr Landespräsident verrät mir nichts – doch auf Umwegen, im Vorzimmer erfahre ich alles: mein Hauswirt, Weißkopf, hat um eine Droschkenkonzession gebeten, und zur Unterstützung seines Gesuchs beruft er sich auf seine „Freundschaft" mit mir... Natürlich nimmt mir der Präsident nun übel, daß ich die losen Beziehungen zu ihm ausnutze, um Vorteile für einen Dritten zu erlangen.

Ich – wutschnaubend heim, um diesen Weißkopf vorzukriegen. Und wer läuft mir als erster in die Arme? Mein Hauswirt.

„Weißkopf! Schwein! Wie konnten Sie sich unterstehen, zu behaupten, ich wär Ihr Freund??!"

Weißkopf lächelt, klopft mir versöhnlich auf die Schulter und meint:

„Nunu, Herr Roda! Hab ich gesagt: *Sie* sind *mein* Freund? Nein, ich hab gesagt: *ich* bin *Ihr* Freund. Können Sie mir verbieten, herzlich fir Ihnen zu fihlen?"

TREUE EINES ZIGEUNERS

Eine – beinahe rührende – Geschichte von der Treue eines Zigeuners findet sich in den Papieren des gräflichen Hauses Malnay.

Des gegenwärtigen Majoratsherrn fünfter Vorfahr, Desiderius Malnay (gestorben 1753), war einem seiner leibeignen Zigeuner besonders wohl gesinnt. Eines Tages starb dieser Zigeuner und hinterließ einen halbwüchsigen Jungen, Daniel geheißen, den der Graf aufs Schloß nahm und zum Kutscher ausbilden ließ. Daniel erlernte seine Kunst denn auch aufs beste und war viele Jahre hindurch des Grafen Leib- und Paradekutscher.

Da geschah einst, daß Desiderius Malnay, damals schon hochbetagt, nach Preßburg gefahren war und dort die Nachricht empfing von einer schweren Erkrankung der gräflichen Gemahlin. Alsogleich ließ er anspannen, um in höchster Eile nach Malna zurückzukehren.

Um jene Zeit war die Strecke zwischen Preßburg und Malna noch ein einziger Hochwald. Der gräfliche Viererzug, von Daniel geschickt geführt, ging über Stock und Stein dahin — als plötzlich die Felge des Vorderrades an eine Baumwurzel stieß und in Stücke brach.

Der Graf war verzweifelt. Eine Ansiedlung gab es auf Stunden im Umkreis nicht, Hilfe von fremden Fuhrwerken war nicht zu erwarten, und zum Reiten war der greise Graf seit Jahren zu gebrechlich.

In dieser schwierigen Lage war es die Dankbarkeit des Zigeuneruntertans, die dem Grafen ermöglichte, an das Krankenlager der hohen Gemahlin zu gelangen.

Als nämlich der treue Daniel den Schmerz seines Herrn wahrnahm, kniete er nieder und sprach mit tränenden Augen:

„Dieweil mich Ew. Gnaden, der Herr Graf, aus niederm Stande zu dero Leib- und Paradekutscher erhoben und so vor gar vielen ausgezeichnet haben, die des Dienstes um die hochgräfliche Person würdiger gewesen wären: also will ich, der arme Zigeuner, in dieser Stunde einen Teil meiner übergroßen Dankesschuld an das hochgeborne Haus Malnay de Malna et Felschö-Gasany abtragen und bitte:

Ew. Gnaden möchten persönlich und mit dero eignen Händen die Zügel des Gespanns zu führen geruhen, während ich das fehlende Rad ersetzen will, indem ich mir den linken Achsstengel in mein Abdomen einführe und bis zur Erreichung unsres Zieles, des Schlosses Malna, Zigeunerräder schlagend, den Wagen tragen helfe."

Und so geschah es: der Graf nahm die Zügel — Daniel aber stieß sich selbst die Wagenachse in den Mastdarm und ersetzte das zerbrochene Rad so geschickt, daß die gräfliche Kutsche in schlanker Fahrt dahinrollen konnte.

Nur mußte der Graf von Zeit zu Zeit auf Daniels inständiges Bitten ein wenig anhalten, damit die Achse neu geschmiert wurde.

FOLGEN

Der Protopop von Iwanowo fuhr nach Pakratz, dem Bischof Neujahr wünschen. Es war bitter kalt, die Straße tief im Schnee, der Schnee im Nebel.

Ob der Kutscher schlief?

„Mihajlo“, rief Seine Hochwürden, „wann, glaubst du, werden wir…?“

Er konnte nicht vollenden. Die Gäule stutzten, rissen an den Strängen und…

„Jesus, Maria – Wölfe!“ winselte der Kutscher.

Tolles Jagen. Im Nu zwei, drei vier Bestien ums Gefährt. Mihajlo überlegte kurz: die Zügel dahin, Pferde scheu, Tod im nächsten Augenblick. Eh ich mich fressen laß…

Griff nach hinten, packte den hochwürdigen Herrn an den Beinen und schmiß ihn den Bestien zur Beute hin. Am nächsten Morgen fanden die Bauern ein halbes Dutzend Wölfe auf der Straße. Die flohen nicht, die bissen nicht – sie heulten trüb und sahen weiße Mäuse.

DER KLUGE JOSCHKELE

Sie haben noch nichts vom klugen Joschkele gehört? War doch ein so berühmter Mann? Ratgeber war er von sieben Bezirken. Wo einer nicht hat ein und aus gewußt, ist er zum klugen Joschkele gegangen; hat Joschkele zwei Minuten nachgedacht und sofort entschieden: so oder so.

In Neutra war eine ältere Frau – Pollak hat sie geheißen, Pini Pollak. Der Mann war ihr gestorben. Aber sieben Kinder hat sie gehabt, eins kleiner als das andre, und für sieben Kinder nicht Brot auf Hosen. Faßt sie sich ein Herz und geht zum klugen Joschkele.

„Joschkele“, sagt sie, „von was soll ich leben? Ich bin nix, ich weiß nix, und ich kann nix. Aber sieben hungrige Kinder hab' ich und ein großes Leid mit sie.“

Zog Joschkele die Stirn kraus und sagte: „Ein sehr ein schwerer Fall." Sann nach und sann – und plötzlich rief er strahlend und siegessicher:

„Pinileben, wirst du leben von der Dummheit der Menschen. Du wirst werden eine Doktorin."

„Joschkele! Seid Ihr – Gott behüte – um den Verstand gekommen? Ich? Eine Doktorin?"

Joschkele nickte nur und zwinkerte mit den Augen, faßte Frau Pollak an der Hand und führte sie in den Garten.

„Pinileben, siehst du, von diesem Kraut – das is ein Wunderkraut – wirst du kochen Tee und alle Kranken damit heilen. Eine Handvoll schenk ich dir zu Gutem. Geh hin und sei gescheit."

„Wenn aber... wenn das Kraut aus is?"

Joschkele wurde heftig. „Nu, geh heraus in Garten und bemüh dich selber, sei so freundlich, und rupf dir wieder Gras."

– – – Und Frau Pollak wurde Doktorin. Sie wartete nicht erst, bis sie gerufen wurde; wenn sie hörte, die und die Frau hat die Gicht, ging sie hin und kochte ihr Tee. Und wenn sie hörte, eine andre Frau hat Fieber, ging sie hin und kochte ihr Tee. Und ob eine Schweißfüße hatte oder rote Augen – Frau Pollak kochte Tee.

Nach vier Wochen kam ein wildfremder Mensch zu Frau Pollak und sprach:

„Sie, Frau Pollak, meine Ella liegt im Wochenbett und plagt sich nebbich sehr. Möchten Sie nix zu ihr kommen, liebe Frau Pollak, und ihr geben von Ihrem berühmten Tee?"

Da änderte Frau Pollak ihre Taktik und ging hinfort nur, wenn sie gerufen wurde. Und kochte unverdrossen Tee. Nur mußte sie hie und da den Wohnsitz wechseln – wegen dem Neid von die Doktoren. Und wohnte nach dreizehn Jahren im neunundzwanzigsten Dorf. Die Kinder waren groß geworden – die Töchter verheiratet – Frau Pollak hatte Geld stehen auf Borg – kam nurmehr, wenn man sie mit dem Wagen holte – und wußte drei verschiedene Beschwörungsformeln auswendig: eine für ganz junge Frauen in die Beine – eine für ältere Frauen überhaupt – und die dritte für ganz alte Frauen bei Zucker.

– – – Siehe, da sagte eines Tages der greise Joschkele zu seinen Kindern:

„Kinder, worauf ich Gusto hätt: auf einen wirklich schönen Karpfen in fetter polnischer Sauce."

Am Abend dampfte der Karpfen in der Schüssel.

Joschkele schälte ihm die Kiemen aus, dann die Zunge und ein großes Mittelstück – und als er's aß und schmatzte und sich's lobte…

…da streckte er plötzlich die Arme hoch, kullerte mit den Augen und wurde blau im Gesicht, blauer als der Karpfen.

Und röchelte und hatte eine Gräte im Schlund.

„Gottes willen, Gottes willen, Vatterle!" riefen die Töchter; „einen Arzt, einen Arzt!" die Söhne; und die Mutter schrie:

„Was heißt einen Arzt – ein Arzt kann doch nicht helfen? Spannts geschwind an und holts Frau Pini Pollak."

Joschkele lag auf dem Diwan und hörte nichts und wußte nichts; röchelte nur und atmete schwer – eine schwere halbe Stunde, die schwerste seines Lebens.

Da öffnete sich die Tür – und wer schob sich herein? Frau Pini Pollak, mit Gold behangen, in knisternder Seide, Frau Pini Pollak – zum erstenmal seit ihrer Doktorschaft kleinlaut und verlegen.

„Joschkele, was is, was habts Ihr? Hör ich: eine Gräte im Hals?"

Da blickte Joschkele auf. Und verschlang die Frau mit seinen Augen und wollte sich angestrengt erinnern.

Mit einemmal wußte er's:

„Das ist doch…das ist doch die Frau Pollak, der was ich vor dreizehn Jahren…"

Frau Pollak darauf mit ganz, ganz winziger, unsicherer Stimme: „Joschkele…ich…ich wer Euch kochen Tee."

„Pini! W–a–s wirst du kochen?? Tee??? Du??? Mir???"

Joschkele brüllte vor Lachen auf. Lachte und prustete und spie und wand sich und heulte vor Heiterkeit.

Und die Gräte war draußen.

„Nu", sagte Frau Pollak beleidigt, „auf'n ersten Schluck Tee hättet Ihr schon warten können im Interesse meines Renommees."

DER SPRUCH

In Salonik legte man einem türkischen Obersten das Fremdenbuch des Hauses vor.

Der Oberst hatte in Berlin gedient — er wollte auch zeigen, daß er Deutsch könne — und schrieb mit festen Zügen:

„Ohne Schweiß kein Preuß.

Redschid-Bej."

JAGD IM RIED

Nevéry, den sein Rabenvater vor dreiundzwanzig Jahren hatte auf „Moriz" taufen lassen — Nevéry riß die Tür auf und schrie:

„Hast du eine Flinte? Guten Tag!"

Ich zerrte Nevéry vollends ins geheizte Zimmer, schloß die Tür hinter ihm und sagte in mildem Erzieherernst:

„Moriz! Man macht das nicht wie du. Man klopft an und wartet. Man tritt ein und schließt. Dann sagt man: Guten Tag! Hast du eine Flinte?"

Moriz aber hörte nicht auf mich, beutelte sich den Schnee vom Mantel und verlangte einen Kognak.

Ich schenkte zwei ein. — „Prosit!"

„Prost! E...h! Die Sache ist die", sagte Moriz, „daß morgen Jagd ist auf Felix Krainers Hotter. Ist diese Kartaune da an der Wand das einzige Feuerrohr, über das du verfügst?"

„Durchaus nicht. Ich hab auch noch einen Armeerevolver, Muster 1873, und das Modell eines weittreibenden Steinmörsers aus den Napoleonischen Kriegen."

Er betrachtete meine Lefaucheuxflinte — betrachtete mich und sprach:

„Wirst du dich nicht schämen — mit der...? Schießen wirst du doch nichts wollen? Schade. Sehr hübsche Jagd. Felix rechnet auf Füchse, Rehe — und im Traum sollen ihm sogar Fasanen vorschweben. Halt mit — es wird ein großer Spaß."

„Hm. Wie steht es mit dem Frühstück?"

„Felix wird sich nicht lumpen lassen. – Du kommst also? Rendezvous um acht bei der Römischen Ruine. – Prosit!"

„Prost!"

„E...h! – Lebewohl!"

„Lebwohl, Moriz, grüß zu Hause!"

– – – Die Szene hatte sich am 13. Jänner 1900 abgespielt, zu Essegg in Slawonien.

Als mich Peter nächsten Morgens halb sechs weckte, da lag ein garstiger Nebel vor den Fenstern. Ich wollte gar nicht aus dem Bett. Erst als Peter, der Kundige, mir schön Wetter schwor, kroch ich zitternd vor den Waschtisch.

„Peter! Ich gehe doch auf die Jagd. Ist alles parat?"

„Parad', Herr Oberleutnant – Jesus Marja?"

Ich weidete mich, mit dem Zahnwasser im Mund, eine Minute an seiner Bestürzung, eh ich ihn aufklärte. Da aber schnellte er wie ein Sektkorken hoch – brach die alte Flinte auf und wies mir ihre spiegelblanke Bohrung – wies mir die brüchige Jagdtasche – er hatte sie mit Sattelseife auf den Glanz gerichtet – rüttelte die Feldflasche, daß der Schnaps drin gluckste, und wartete stolz, wie es dem guten Burschen gebührt, auf das Lob, das schuldige Lob des guten Herrn.

„Und die Patronen?"

„Patraunen, Herr Ober...? Jessas, mir haben ja ka Patraunen."

„O doch. Fünf...da...dort...oben irgendwo."

Wir fanden sie. Es waren Rehposten. Macht nichts. Ich renn ohnehin nur als wilder Jäger mit.

– – – Der erste Trieb war vorbei, der Jagdherr verteilte die Nummern für den Kreis, den sollten wir jenseits der Remise schließen. Moriz – in Reithosen und Lodenrock – kam mit ungemein verschmitzten Äuglein auf mich zu:

„Das Beste an der Jagerei ist doch der Wein."

„Hallo? Woher weißt du...?"

Er verdrehte die verschmitzten Äuglein auf einen Busch im Zipfel der Remise, nach einem großen Feuer. Wir schoben uns unbemerkt heran und fanden ein paar Krainersche Kutscher in emsigem Schaffen. Ein Riesenkessel wallte, darin brodelte das Jagdfrühstück; geschnittenes Fleisch, Speck unnd Kartoffeln – Zwiebel, Salz und Paprika verschwanden haufenweis im Dunst und Dampf. Krainers Pudel stand dabei und sah aufmerksam-wehmütig den Brocken nach. – Auf der Kufe lag ein bauchiges Fäßchen, noch unangeschlagen. Moriz zeigt mir, wie man mit einem Strohhalm daraus trinken kann.

Die Köche lachten. Einer von ihnen, Krainers Leibkutscher, bot uns Platz am Feuer und breitete einladend seinen Schafspelz auf den eisigen Boden. Moriz hatte einen bedeutenden Spitz weg; er fand es sehr amüsant, die Jagd so stillbehaglich mitzumachen.

„Sei kein Narr! Setz dich!“ sprach er mir zu.

„Ach was! Wir sind zur Jagd da – nicht zum Liegen.“

Doch er ließ sich gutwillig nicht fortbringen – da mußt ich ihm wohl den Gefallen tun. Und blieb.

„Sie schimpfen doch nur über uns“, sagte er. „Weil wir lärmen und zu früh weggehen. Dieses Zivilekel, Komers, der immer auf dem Stand bleibt, bis ihn der Jagdherr abschraubt – der zerreißt sich am weitesten das Maul.“

„Aber, Moriz!“

„Na ja – weil's wahr ist. – – Haha! Da sieh her!“ – Moriz zog triumphierend aus dem Pelz, worauf wir saßen, ein Päckchen von Zeitungspapier, mit einer Wurst darin. – Die Kutscher waren gegangen, dürres Holz klauben. Moriz johlte:

„Ein Götterspaß. Der größte Spaß. – Komm her, du Pudel! Da hast du eine Wurst.“

Das ließ sich der Pudel nicht zweimal sagen.

Moriz aber nahm ein Ding vom Boden auf, das jener Wurst täuschend ähnlich sah und nichts war als die gefrorene Losung von Krainers Pudel. Diese Ding packte er ins Zeitungspapier und steckte es in den Pelz.

„Auf“, rief er. „Wir müssen gehen, eh es der Leibkutscher merkt – er wird sonst grob.“

Eben kamen wir zurecht zum dritten Kreis. Moriz, unsicher auf den Beinen, bat den Jagdherrn, uns zwei nebeneinander zu stellen in den toten Winkel, und ich sollte auf Moriz achthaben.

„Roda“, begann er nach dem ersten Hornruf, „wenn ein Has kommt – ich fliehe. Ich habe nur Vogeldunst im Gewehr.“

„Mut, Moriz! Dafür hab ich Rehposten.“

Es war ein offenes Feld und nichts darauf als die Stauden vom vorjährigen Mais. – Bald tummelten sich die Häslein ängstlich im Kreis der schreienden Treiber, der feuernden Schützen. Manch ein „Langohr“ – Morizens Ausdruck, bitte! – roulierte in den Furchen. Immer enger ward der umklammernde Kreis. Rechts und links von uns hatte man die geizigsten Geizhälse postiert – die liefen uns vor und schossen unsern Teil. Doch Sankt Hubertus sah hernieder und machte den Schaden gut:

Rührte da ein wahnsinnig Häslein seine Läufe auf Felix Krainer zu, dem alle Entfernungen zu klein sind, seit er Einjähriger bei Schweren Haubitzen war. Auf hundert Schritt pfefferte Felix den Hasen an – der aber schlug einen Haken und hielt grade zwischen mich und Moriz von Nevéry.

Moriz schoß.

Ich schoß.

Moriz schoß wiederum.

Ich desgleichen. – Da legte sich der Hase hin und starb.

„Das ist mein Has“, sagte ich selbstverständlich.

Moriz ließ die weinseligen Augen funkeln und rief:

„Wenn er nicht einen natürlichen Tod erlitten hat, so ist er mein.“

Blutgieriger Miene zog er einen mächtigen Nickfänger aus der Tasche und schnitt dem Hasen die Löffel ab. Einen steckte er sich auf den Hut, den andern zwang er mir auf.

Die Büchsen knatterten, Treiber ratterten. Dann flogen auf langsamen Fittichen die Klänge des Hornes übers Feld.

Moriz Nevéry freute sich diebisch über seinen Hasen, besonders auch noch auf das Gesicht des Kutschers, dem er die Pudelwurst eingepackt hatte.

Am Feuer beim Jagdfrühstück fragte der eklige Komers, ein waidgerechter Schütz, so obenhin: ob denn Herr Leutnant von Nevéry schon je einmal vorher habe einen Hasen geschossen?

Moriz sagt ehrlich: „Nein.“

Da lächelte Komers grausam und winkte. Im Nu hatten viere den Moriz am Kopf und an den Beinen und legten ihn bäuchlings nieder auf den Pelz. Komers aber erhob sich, um mit vieler Würde drei gewaltige Rutenstreiche auf Herrn Nevérys Gesäß zu tun:

„Einen für Gott und die heilige Drei,
Einen für Sankt Hubertus dabei –
Einen für König und Klerisei
Und die vieledle Jägerei.“

Brüllend empfing der Arme die Streiche und rieb sich mit lautem Grollen.

„Das gibts nicht. Den Hasen hat Roda geschossen. Ich beantrage Exhumierung.“

Nun wieherten alle und tranken des perlenden Weins. Das Paprikafleisch im Kessel war gar und rauchte auf zinnernen Schüsselchen. Wer kein Paprikasch mochte, langte nach Schinken und Brateiern.

„Ich bin nur froh, daß ich dem Kutscher die Pudelwurst eingepackt hab“, murmelte Moriz und löffelte sein Paprikasch. – Ein Sanguiniker. Diese Menschen kriegen Prügel und danken für die gepolsterte Bank, auf die man sie dazu gelegt hat.

Nach dem Frühstück lud uns Felix Krainer auf sein Landhaus.

„Paß auf, Roda, daß wir den Kutscher erwischen, dem der Pelz mit der Pudelwurst gehört!“ – Wirklich, wir erwischten ihn und stiegen in seinen Wagen.

„Wie heißt du?“ fragte Moriz den Kutscher im Fahren.

„Matthes, gnädiger Herr“, antwortete er, ohne einen Blick von seinen Schimmeln zu wenden.

„Hm... Matthes – was hast du? Du siehst so traurig drein.“

„Ach, gnädiger Herr – nicht der Rede wert.“

Moriz stieß mir in unbändiger Lachlust die Rippen ein.

„Ist dir ein Unglück geschehen, Matthes?“

„Kein Unglück grade, gnädiger Herr, aber ein Pech sozusagen – wie wir armen Leute halt immer schon eines haben.“

„He?“

„Na, in der Früh packte mir mein Weib zu Haus eine Wurst ins Papier..."

Moriz sprang vor Freude im Wagen herum. – „Und... Und?"

„Und die Wurst, wissen Sie, hab ich da in den Paprikaschkessel getan, um mir sie zu wärmen – in den Kessel, wo man das Frühstück für die Herrschaften bereitet – da... da hat sich die Wurst aufgelöst."

Moriz war blaß und bleich und kriegte Schlingbeschwerden.

„Moriz", rief ich – „den Hasen, für den du die Wichse gekriegt hast, den hab ich geschossen. Ich hab ihn seziert – er ist voller Rehposten. Und was die gewisse Pudelwurst anbelangt: ich hab Brateier gegessen."

FORTSCHRITT

Der neue Landeskommandierende von Bosnien bereiste sein Gebiet.

Irgendwo im Wald an der Straße sammelte ein altes Weib Reisig.

Seine Exzellenz wünschten sich populär zu machen und ließen zu diesem Zweck halten.

„Na, Alte, was? Die Sicherheit im Land ist jetzt anders als zu Türkenzeiten? Früher hättest du dein Reisig nicht ruhig sammeln können."

„Oh – warum nicht, Herr?"

„Nun, Alte – damals gab's doch Räuber im Wald."

„Du hast Recht, gnädiger Herr, im Wald sind jetzt keine Räuber mehr. Sie dienen bei der Gendarmerie."

ONKEL FERI

Onkel Feri hatte sich sauber rasiert – schlüpfte in den Bratenrock, zündete die Pfeife mit den Kanoniers-Emblemen an und schritt aus. Mit seinen alten, knieweichen Beinen.

Immerfort mußte er stehenbleiben und seine schöne Pfeife besehen. Die hatten ihm damals, vor sieben Jahren, als er die Kantine abgab, seine Stammgäste zum Andenken geschenkt; der Feuerwerker Prohaska hatte die Ansprache gehalten.

„... Is aa scho tot, dar Herr Feierwerger...“

Onkel Feri bog über das Holzbrückchen auf den Landwehrexerzierplatz ein – es führt ein Fußpfad quer über den Zwickel –, tappte durch den Übungsgraben, wo er am seichtesten ist, und stand vor der Weißen Laterne.

Einen Augenblick blinzelte er in die Toreinfahrt; alles sauber und still, wie alle Tage.

„A sehr an urntlies Haus, dö Weiße Latern.“

Fast kam ihn eine Schüchternheit an, als er weitersollte. Denn... wie die Müllerin die Sache aufnehmen wird...? ...Ah was! Er ist ein rüstiger Mann – Onkel Feri reckte sich gerade –, das Seinige hat er auch – no ja? – die Müllerin kann noch froh sein... Er drückte entschlossen die Klinke.

Der Torflügel mit der Luftbremse ging schwer. Onkel Feri nahm sich vor, wenn er erst hier zu schalten haben würde, das Zeug alsogleich reinigen und ölen zu lassen.

„Denn wieviel Gäst – no jo? – vertreibt man si, indem daß s' maanen, es is zu?“

Im Flur keine Seele. Natürlich: vier Uhr nachmittag – die Mädel schlafen ja noch. Besonders heute, Montag. Wo gestern Löhnungstag war in der Unionmühle und in der Kaserne.

Bratengerüche und das Brutzeln von siedendem Fett dringen aus der Küche. Die Müllerin ist schon am Werk.

Onkel Feri bleibt auf der Schwelle stehen und nickt ihr zu. – Wie stattlich sie ist mit ihren nackten runden Armen!

„Saan S' aa scho kummen, Feri-Batschi?“ ruft sie freundlich –, „Sö hom Ihnen heunt ober fein gmocht!“ – und wendet sich gleich wieder ihrer Arbeit zu. Ein Dutzend flinker kleiner Hantierungen durcheinander. – „Viel zu tun in so aaner Wirtschoft.“ – Onkel Feri bewundert sie heimlich dafür; und immer auch die nackten vollen Arme.

„Geh, Reserl, weck dö Freiln auf“, sagte sie, als das fünfzehnte Schnitzel gewendet ist.

Reserl geht und pocht an vierzehn Türen:

„Stengen S' auf, Freiln – dös Essen is am Tisch."

Da kommen sie denn eine nach der andern, zerrauft und verschlafen, die Schminke von gestern liegt noch auf den Wangen, in saloppen Jacken zu Tisch in den Ssaloon. Mutter Müllerin präsidiert an der Schmalseite – und Onkel Feri, wie gewöhnlich, mit eingezogenen Knien an der Ecke, einen Schritt weit zurück.

„No, essen S' aa an Bissen, Feri-Batschi?"

„Naa, naa – hob scho gessen. – Wos hom S' denn heunt Guts, Müllerin?"

„Schwammerlsuppen, a sehr a gute. Möchten S' a bißl? Schwammerlsuppen? No jo, es is jo gnug. I bin nöt knickrisch bein Kochen – meine Madeln hom immer gnug."

„Naa, naa – hob scho gessen." – Doch er rückt gierig näher.

Dann schlürfen sie alle die Suppe: die Müllerin, die vierzehn Madeln und Onkel Feri.

– – – „Segn S!" sagte die Müllerin, als die Mahlzeit beendet ist und Reserl die Klapptischchen hinausträgt –, „segn S', bei mir is an ondre Kost als wie drüben in der Blauen Latern. Ober schaun S' meini Madeln on, wie daß s' ausschaun! Nöt aane is, wo mo sagen kunnt: sie is mocher. Sondern im Gegenteil, olli saan s' wie 's Leben. No, sogen S' selber: is aane mochere derbei? Höchstens d' Bianka. Ober dö is so kummen, noch viel ellender is kummen. 's is schon in der Natur; monniche Natur is so, un monniche wieder aso."

Onkel Feri nickte beistimmend.

„Den aan Menschen können S' zan Essen geem, wos S' wollen, er bleibt Ihna schwoch, un monniches Madel wieder ißt gor nix – no jo? –, un is wiar an Apfel. – Wos glaum S', i konn a mochers Madel nöt amol segen. I hädd d' Bianka aa schon weggeem, woon dar Herr von Braun von dar Union-Mühln nöt immer nur mit der Bianka gehn möcht. Ober dar Herr von Braun, lieber wart 'r zwaa Stund, wonn d' Bianka grod am Zimmer is. Hod hold jedar seini Eigenheiten. Un wissen S', an so an Gawlier muß mo si schätzen. Unlängs hod 'r dar Bianka an Fümwer Strümpflipeens geem – i bitt Sie, wo gibt aaner heidzutog an Madel so leicht fünf Pengö Strümpflipeens? Grod doß s' 'n Tantus zohlen konn un aan, zwaa Sechserln... Oh, Ischtenem, wonn i zruckdenk, wie doß mei Seliger no glebt hod – wos woren dos für Zeiden! Aamol, nöt amool an an Sunntag, waren an aan Obend vier Patrullen bei uns – a so a Mulatschaag wor – un a Lärm, wissen S', Feri-Batschi, doß mo 's tschak bis in d' Kasern ghörd hod. Ober 's woren aa d' Hulaner; do saan jo lauder bessre Leut derbei gwesen; on an Schlappermentstog hod a gmeiner Monn, wissen S', mehr ausgeem ols jetzend a Zugsführer oder a Geschützvormeister on Löhnung. Von dar Infanterie nöt zam reden – dö san jo olli stier, aaner wie dar ondre... Segn S', Feri-Batschi, ich sog immer: wo kummt dös Geld hin? Wo früher, in frührige Zeiden, a so viel Geld unter d' Leut wor – olsdonn wo is 's Geld jetzt? 's konn do nöt varschwunden sein? – Un überoll, wo S' hinkummen, klogen d' Leut: d' Zeiten saan schlecht. Erscht vurigen Monat wor a Herr aus Pest do mit zwaa Madeln – no, Sö wissen jo, dö neuchen Madeln –, der sogt: so schlecht als wie jetz is 's Gschäft no nie nöt gongen. Aan Haus noch 'm ondern spirrt. – Wo kummt dös Geld hin?"

Onkel Feri schwieg.

„'s muß scho schier so sein, wie dar Pater Tschiro ollaweil predigt: d' Welt is schlecht. I sieg jo monnichesmol, wonn i gegen Obend nochanond in d' Stodt riberspring: nöt aan Frauenzimmer, wos z' Haus sitzet. Olli gengen s' mit die Ssoldoten. Pfi! Pfi! Dös saan doon d' onschtändigen Frauen. Doß s' si nöt schamen! – No jo – un wonn's dar Ssoldot draußten umasunst hod... Oha – wos war denn dös...?"

Onkel Feri horchte.

„'s werd schier Unfrieden zwischen d' Madeln sein", meinte er dann.

„Gwiß wieder mit dera Bianka. 's is a rechts Kreuz. Zehnmol im Tog müsset mo nochanond hinspringen, an Urtnung mochen. – Dö ondern Madeln – olls wos wohr is –, under anond un aa mit dera Kundschoft – immer saan 's brav un wie sie's ghört. Ober dö aane – grod wie wonn s' es z' Fleiß machet. Gestern mitn Dokter aa 's nämliche."

Das Kreischen draußen wurde immer ärger.

„Om gscheidesten is scho, mo mischt si nöt eini. – Jo, jo, Feri-Batschi, glaum S' mir, 's is scho monnichesmol gor schwer zam Auskummen. Ich bin gwiß gut zu d' Madeln – wie hold i d' Leut und wie hold s' d' Feketin driben in dera Blauen Latern! Ober mo hod hold kan Donk von d' Leut. Heunt sogt aam dar Klavierspieler auf – muring kummt dar Polezei visitieren – wos aam dös kost! Won S' nöt an jeden Polezei seine zehn Netsch geem, nemmt mo Ihna muring Ihnar Konzession. – Jo, jo, 's is gor a a schwers Leben."

Die Müllerin seufzte.

Onkel Feri kaute und schmatzte und sprach plötzlich:

„Hob Ihna eh scho long frogen wollen, worum doß S' nöt heiroden tun?"

„Heiroden, Feri-Batschi?"

„...'s müsset hold a Monn sein, der wos 's Gschäft hold schon a bißl varsteht. A Monn is do in an Gschäft hold immer wos ondres als wiar an alleinige Frau." – Onkel Feri sah sich rings um. „'s müsset aa viel gschegen fürs Haus – dö Tore müsseten grepriert wern un überhaupt olls gweißingt un gmolt un... Segen S', Müllerin, i hädd scho a Geld – und bin do Gastwirt von Profession..."

Beide schwiegen.

„Feri-Batschi", sagte die Müllerin, „dös müsset mo si überlegen."

„No, überlegen S' Ihna 's, Müllerin, in Gottes Namen." – Er umkrallte wie bittend ihren Arm.

Da flog die Tür auf, und Bianka, krebsrot vor Zorn, schrie herein: „Köszönöm szépen für ein so einem Haus. Unter scheenen Menschen bin ich da geraten! Stehlen einem die Kämm. Ischtenem, wenn ich hätt gewußt, auf Ehre...! Prachtvollen Kamm mit Steine – find ich ihm beim Fräuln Elvira unter der Untertuchend..."

Frau Müller eilte sorgenvoll hinaus.

„Was sagen sie dadazu, Feri-Batschi? Schaun Sie sich an einen Kamm! Der meinige Verehrer in Pest schenkt mir einen prachtvollen Kamm mit Steine – stehlt sie mir ihm und versteckt ihm unter der Untertuchend. Haben Sie schon gesehn so ein Diebsvolk? Nicht genug, daß sie doch meine Seife doch in einemfort stehlen – stehlen sie mir auch noch meine Kämm."

Bianka setzte sich auf Frau Müllers Stuhl.

„Dem Fräuln Elvira gesogt, was das für ein Haus is. – Übrigens – was soll ich Ihnen sagen? Sie wissen doch. Nicht erleben hätt ich sollen, den Fuß über der Schwelle zu setzen. Hab ich das nötig gehabt? Schaun Sie sich an eine Figur! In Pest – doch wirklich nur, was wahr is – die feinsten Grafen überhaupt, was in Pest sein, haben sich doch um mich gerissen – muß ich mich da bereden lassen und komm her in ein so einem Haus! Was glauben Sie überhaupt, Feri-Batschi, was ich zum Beispiel oft täglich eingenommen hab in Pest...? No, nur so – zum Beispiel...? No, raten Sie!"

Bianka rückte näher und sagte ihm ins Gesicht:

„Dreißig, auch fünfunddreißig Pengö täglich. – Rechnen Sie sich aus, was das macht in einem Monat! Über tausend Pengö, ich soll so leben. – No, hab ich nötig gehabt, daherzukommen in so einem Haus? Mit einem Einkommen von über tausend Pengö? Das Monat?"

„Fix Grammattanten", murmelte er langsam, „jetz – dös hädd i nöt denkt."

„Und sehn Sie, Feri-Batschi, ich soll nicht essen können, wenn ich nicht wieder wer zurückgehn nach Pest. Auf Ehre, wie ich wer ja gehn. Eine Dame mit meiner Bildung, was ich hab genossen, und meinem äußern Exteriör –? Kein Spaß, was sich da wird in Pest tun."

Plötzlich kniff sie die Augen zusammen und sah ihn mit höhnischer Zärtlichkeit an.

„...Nur...natürlich...so leicht is das auch nicht. Denn, nehmen wir an, ich will machen eine Bekänntschaft mit einem bessern Herrn – no, so muß ich doch auch gehn in einem bessern Lokal?"

„...Freili wohl...", sagte er verwirrt.

„Und sehen Sie, wenn ich soll gehn in einem bessern Lokal – no, so muß ich doch haben etwas zum Anziehn: eine elegante Toalett und – weiß ich? – elegante Schuh und – no, und eine Boa – und muß doch haben eine elegante Staffierung. No, und wohnen muß ich doch – f! – doch auf der Andraschystraße. Was glauben Sie, ein Graf wird mit mir gehn in der Trommelgasse, oder – was weiß ich? – in der Tabakgasse?"

„Für ihnar Geld wollen dö Herrschaften holt, wos wirkli richtige Herrschaften saan, wollen s' aa..."

„No, was hab ich gesagt? Is Feri-Batschi nicht ein gescheiter Mensch? – Und was glauben Sie, was ich möcht einnehmen – so zum Beispiel – in einem Tag, wenn ich möcht haben eine... eine schöne Wohnung und... wenn wir möchten haben – überhaupt alles, was sich gehört: eine schickefeine Staffierung und schickefeine Toalett und... no, und überhaupt? Was glauben Sie, was wir möchten so zusammen einnehmen – Sie und ich? No, was glauben Sie, Feri-Batschi...? Hundert, auch hundertfünfzig Pengö täglich. Was sagen Sie jetzt, Feri-Batschi?"

Der Alte wiegte ernst den Kopf und blickte durchs Fenster.

Bianka zog ein Bündel Briefe aus dem Halsausschnitt.

„Da – lesen Sie, Feri-Batschi, was man mir schreibt aus Pest! – Überhaupt, zuerst müssen Sie riechen. Ein Geruch, was da entströmt! –

‚Mein teuresz süszesz Kind!

Mit blutenden Herczen ergreife Ich der Feder um Dir zu schreiben meine angebetete Mandin wie innig! ich Dich liebe! jeder Tag! jede Minutte! wasz Du Fern fon mir iszt mir doch eine Kwal! Komme czurück Pipikém Ich sinke auf meinen Knien und flehe! Dich an komme czurück alle meine Reichtümer! und Millionen! will Ich Dir mit Wonne! Wein und segnen die Stunde wo Du wirszt Mich wieder slieszen in Deinen Prachtvollen! Armen! alle meine Güter, alle Besitcztümer!! sollen Dein sein nur muszt!! Du kommen Schatzikém!! mit herczliche!! innigszte!! Umarmungen und heisze!! Sehnsuchtzsküsze womit ich verbleibe in alle ewikeit Dein Dich leidenschäftlich treu! über allesz!! Liebender

Eduard Fürst fon und zu Szirmay
Edler Ritter von die allerhöchszten Orden!‘

Sehen Sie sich nur an die eigenhändige Unterschrift! Die eigenhändige Unterschrift... No, was sagen Sie dazu, Feri-Batschi? Soll ich gehn nach Pest, oder soll ich nicht gehn nach Pest? – Und so haben Sie da Briefe – sehn Sie sich an Briefe! – von lauter Grafen und Barone. Is doch nicht ein Brief, was nicht wär wenigstens von einem Baron oder – weiß ich? – von einem Herzog. Es vergeht doch überhaupt nicht ein Tag, wo ich nicht möcht bekommen einen Brief von einem Magnaten: ich soll nur um Gottes willen kommen nach Pest, sonst tut er sich, Gott behüte, ein Leid an. – No, was sagen Sie jetzt, Feri-Batschi? – Wir werden wirklich beide gehn nach Pest, und Sie werden mir kaufen eine Staffierung – werden Sie sehn eine Gestalt in einer schickefeinen Toalett! – Überhaupt, wenn ich mich kann baden alle Tag und pflegen, wie sichs gehört, wie ich wer aufblühen? – Und wenn ich wär eine leichtsinnige Person oder faul oder – weiß ich? – möcht das Geld hinauswerfen zum Fenster... Aber ich bin doch eine eiserne Wirtin. Glauben Sie, Feri-Batschi, ich möcht Ihnen da daherpanieren ein Schnitzel, wo man auf hundert Schritt in die dritte Gasse riecht, es is ranzig? Haben Sie heute gesehn Schnitzeln? Ein so ein Fraß! Eine so eine Frechheit!... Feri-Batschi, ich sag Ihnen nicht zuviel: Sie werden sich bei mir wohlfühlen. Ich wer Sie doch pflegen, wie... – no, was soll ich Ihnen sagen? – Sie kennen mich doch... Feri-Batschi, küssen Sie mich auf der Stirne! No, küssen Sie mich! Ich will Ihre Tochter sein... Von heut in zehn, vierzehn Tagen werden Sie ganz gemütlich sitzen in Pest..."

Onkel Feri schüttelte den Kopf.

„Ich soll nicht gesund sein, wenn Sie nicht werden sitzen in einem schönen bequemen Fotell, und ich wer Sie pflegen. Alles Erdenkliche, was Sie sich nur werden anschaffen, Feri-Batschi, werden Sie doch bekommen, eedeschsüßer Papuschkaam. Alles – verstehen Sie? Sie süßer Mann? – Warum – meinen Sie, die paar hundert Netsch, was Sie mir werden geben, sind verloren? In einer Wochen haben wir zwei doch das ganze Kapital verzinst. – Morgen geh ich auf der Polezei zum Herrn Stadthauptmann – – ich möcht Ihnen wünschen, zu sehn, wie er überhaupt mit mir redt – doch wie mit einer Dame von höchstem

Schick – – und ich wer ihm sagen: ‚Herr Stadthauptmann, geben Sie mir eine Legitimierung auf Pest – wie kann man verlangen, daß ich als eine... no, also überhaupt, daß ich soll bleiben in ein so einem Haus, wo man nicht nach meine Religionsvorschriften kocht?' Oder übrigens – was brauch in den Stadthauptmann? Ich geh zu der Frau von Braun – die is doch im Komitee für Mädchenhandel, er hat mirs doch selbst gesagt – und wer verlangen Reisegeld: ich bin verschleppt geworden daher in das Haus und möcht zurück zu meine Eltern. – Also Sie wern doch mit mir kommen, Feri-Batsch?"

DerAlte blieb störrisch. – Sie setzte sich ihm auf die Knie und schmiegte sich innig an.

„In einer Woche, goldener, eedeschsüßer Papuschkaam, haben wir doch unser Kapital..."

Bianka brach jäh ab und schoß durch die Hintertür hinaus.

– – – Als Frau Müller eingetreten war, saß Onkel Feri noch eine ganze Weile stumm und grübelnd da. – Tat einen tiefen Atemzug, erhob sich und hielt sich an der Stuhllehne fest.

„Müllerin", sprach er bös, „Sö hom gsagt, Sö wollen 's Ihna überlegen. Alsdann sog i Ihna: Überlegen mir uns es olli zwaa. Denn – wer waaß? – Sö können Ihnar Glück mochen, und i kann aa mei Glück mochen. Olsdonn: überlegen mir uns es olli zwaa."

Die Müllerin sah ihm verständnislos nach, wie er zitternd und erregt davonging.

DER ALTE DEGEN

Karafran, Fürst der historischen Albaner, ist nach Berlin gekommen: um die Eichenwälder seiner Heimat zu versilbern.

Im Verlauf der Unterhandlungen gerät er ins Kabarett; und sitzt da gestern zu später Stunde der alte Balkanlöwe, mit einem Berliner Mäuschen auf dem Knie.

Und der Alte erzählt dem Mäuschen Geschichten aus seinem Leben; erzählt, wie er sein Auge verloren hat (er ist nämlich einäugig): acht Jahre, erzählt der Balkanlöwe, war er Gefangener des Sultans Abdul Hamid in Kostuma; das ist da in Kleinasien. Eines Tages verspürte er eine Reizung im Bindehautgewebe des Auges – und verlangte nach einem Arzt. Es kam der Leibarzt des Sultans und spritzte dem Balkanlöwen eine furchtbare Flüssigkeit ins Auge. Im Nu war das Auge verloren. Da riß der Balkanlöwe die Pistole aus dem Gürtel und brannte den Leibarzt des Sultans auf dem Fleck nieder. So hat der Balkanlöwe sein andres Auge gerettet.

Das Mäuschen auf den Knien des Balkanlöwen zittert vor Grauen.

Und der Balkanlöwe erzählt von seiner Ehe mit der Prinzeß Dju-Dju: drei Jahre, erzählt der Balkanlöwe, war er verheiratet mit Prinzeß Dju-Dju; und die Ehe war kinderlos geblieben. Es ist eine schreckliche Schande, kinderlos zu sein – auf dem Balkan. Und als die Ehe auch das vierte Jahr kinderlos bleiben sollte, da holte die Schwiegermutter das Gewehr vom Nagel und schoß die Prinzeß Dju-Dju übern Haufen.

Das Mäuschen auf den Knien des Balkanlöwen bibbert vor Grauen.

– – – Eben bin ich der kleinen Berlinerin wiederbegegnet, dem Mäuschen; und fragte sie:

„Na, was hast denn du gestern noch mit deinem Balkanlöwen erlebt?"

„Roda", sagt sie, „laß das! Eens kann ick dr schwören: die arme Prinzeß Dju-Dju is unschuldig jestorben."

GROSSMUTTER REITET

Vor vielen, vielen Jahren, ich war ein Knabe, war mein Vater Gutsverwalter im südlichen Ungarn. Genauer: in Kroatien. Das Gut gehörte dem Grafen Jasztremski. Der Graf starb und hinterließ zwei Söhne, Carlo und Adolar, achtzehn und einundzwanzig. Ihr Vormund: mein Vater.

Die jungen Grafen hatten einen Freund, der war österreichisch-ungarischer Konsul in Bangkok; er lud die Grafen zur Tigerjagd nach Siam. Mein Vater war dagegen — was konnte er aber viel tun? Er mahnte die jungen Herren, sparsam zu sein, vorsichtig, bescheiden — und immer wieder sparsam. — Die jungen Herren rüsteten sich aus und fuhren los.

Sie schrieben, wie glänzend sie seien aufgenommen worden — wie schön das Leben in den Tropen sei und wie interessant, besonders die Jagd auf Büffel, Hirsche, Schwarzwild. Jeder Brief schilderte neue Ehrungen und Freuden — bis die Nachrichten allmählich versickerten — die jungen Grafen schienen vor lauter Erlebnissen gar keine Zeit mehr zu finden zum Briefschreiben. Mein Vater wurde sehr besorgt.

Ohne rechten Grund, wie sich bald zeigte. Eines Tags kam ein Telegramm, das kündigte die glückliche Heimkehr der Grafen an; und bewies, wie beliebt sich Carlo und Adolar dort mußten gemacht haben: Seine Majestät der König von Siam, Chulalonkorn, hatte ihnen zum Abschied einen Elefanten geschenkt: mein Vater sollte einen Stall für ihn vorbereiten.

Vielleicht täuscht mich das Erinnerungsbild — Kinder haben ja ein anderes Augenmaß als Erwachsene —, ich meine aber, niemals später einen mächtigeren Elefanten gesehen zu haben als diesen Chakkri. Vater hatte das Untergelaß der Maisdarre als Gehege für ihn vorbereitet — lächerlich; viel, viel zu klein; das Flugdach des Schafeingangs reichte gerade noch aus. Ein Wärter, Malaie, war mitgekommen, man nannte ihn Ma-uh; es erwies sich aber später, daß Ma-uh gar nicht sein Name war — Ma-uh bedeutet eben: Elefantenwärter. Ma-uh war recht alt, klein von Wuchs und sehr brummig — wahrscheinlich, weil er hier mit niemandem reden konnte. Er hat auch später kein Wort Deutsch oder Kroatisch erlernt — er säbelte nur sonderbar runde Gebärden, die drückten bildhaft seine Wünsche, Befehle aus, nebenher aber auch tiefe Verachtung für uns alle und alles — von den jungen Grafen angefangen bis zu den Stallburschen, die man Ma-uh zur Bedienung beigegeben hatte — bis zu den Brathühnern und Forellen, die man Ma-uh zu essen gab.

Es war Hochsommer, die Schafe auf der Weide, der Einfang leer. Vater ließ ihn sorgfältig reinigen und auf Ma-uhs Weisung inmitten des Raums einen derben Eichenklotz eingraben — daran stand bei Nacht, mit den Vorderbeinen gefesselt, majestätisch der Elefant — ungeheures Standbild auf vier Säulen. Die Zähne — Erzengels Schwerter. Er stand die ganze Nacht, er schlief auch im Stehen. Bei Tage durfte er umherspazieren und sich vergnügen. Und er vergnügte sich; war immer wohlgelaunt. Seine Augen, im riesigen Kopf so klug und klein, schienen fröhlich, jungenhaft zu zwinkern. Neben dem Einfang, in einer winzigen Box, stand ein Wollknäuel von Eselsfohlen, das mußte zu Hause bleiben, während seine Mutter draußen bei den Schafen war, denn das Fohlen sollte abgespennt werden. Der große Chakkri hatte das winzige Eselchen sogleich entdeckt, langte mit dem Rüssel übers Gatter und holte sich das Eselchen. Das Eselchen schrie nach seiner Mutter. Man weiß, wie gellend Esel schreien können: wie Löwen. Chakkri schrie mit. Aus Jux? Oder sehnte er sich nach seiner Heimat? Sie schrien im schönen Verein, abwechselnd — das putzige Eselchen, der indische Koloß, man hörte es bis in die nächsten Dörfer.

Und, besonders an Feiertagen, strömten die Bauern mit Kind und Kegel meilenweit her, um den Elefanten zu bewundern. Fehlte nicht viel, und man hätte Jahrmarktbuden bei uns aufgestellt für die zahllosen Gäste.

Mein Vater war keineswegs entzückt von dem Koloß: Schon die Reise mit Schiff und Eisenbahn hierher hatte einen Haufen Banknoten verschlungen. Nun die Verpflegung: Der Elefant fraß täglich zwei Metzen Frucht, geschrotet — Gerste, Hafer, Bohnen —, mit sichtbarer Genießerlust aber grünen Mais; den konnte er gar nicht sattbekommen. Am schwersten war, Wasser genug für Chakkri anzuschaffen, denn er wollte immerzu planschen und baden. Die Brunnen auf dem Hof gaben nicht genug her; zwei Karren waren früh und spät unterwegs mit Tonnen Wasser aus den nächsten Bächen.

Für den Winter würde man ein eigenes Gebäude errichten müssen. Es ging gewaltig ins Geld. Und wozu der schwere Aufwand? Mein Vater rechnete den jungen Grafen grollend die Ausgaben vor. Die Grafen zappelten verlegen: der Elefant stelle doch eine mächtige Arbeitskraft dar. Gewiß, er zog einmal, als sechs Joch Ochsen sich vergebens bemüht hatten, das Lokomobil der Dreschgarnitur mit einem Ruck aus dem Dreck. Was weiter? Wär der Elefant nicht gewesen, hätte man eben zwölf Joch Ochsen vorgespannt.

Die jungen Grafen hatten nichts zu lachen. Man lachte auf ihre Kosten. Ganze Bezirke, das Land amüsierte sich höchlichst über sie.

Bis eines Abends...

Doch das will des breitern erzählt sein.

Dortzulande beginnt die Hühnerjagd schon am ersten August – Jastremszkis hatten, was da kreucht, zu sich geladen –, und das ist selbstverständlich, man redete vom Elefanten, nur von ihm. Man neckte und hechelte die jungen Grafen bis in die Nieren. Jastremszkis wieder wurden nicht müde, ihr Tier zu rühmen, wie nützlich es sei, stark, verständig, ja weise, wie gütig, ausdauernd, geschwind...

„Haha – geschwind! Der dicke Faulpelz!"

Da aber stiegen die Brüder Jastremszki in Saft. Sie wetten, sagten sie, wetteten um jedes Geld – ein-, zwei-, dreitausend Gulden –, sie brächten täglich acht Meilen hinter sich auf ihrem Elefanten, sogar zehn – drei Tage nacheinander. – Dreißig Meilen sind ein groß Stück Wegs, über zweihundertzwanzig Kilometer.

Die Gesellschaft hatte nicht wenig getrunken und war groß in Laune.

In drei Tagen dreißig Meilen – erzähl das deiner Großmutter! Laß deine Großmutter auf dem Elefanten reiten!"

Schön, antworten die Jastremszki, die Wette stehe, ihre Großmutter werde es schaffen. Nicht ein Mann – ihrer gleich drei wetteten dagegen; jeder um dreitausend Gulden: Thomas Erdödy, Franz Pongrácz, Thomas Kulmer.

Mein Vater hörte es und schwitzte kalt und heiß.

Wer es völlig kühl anhörte, war Großmutter.

Großmutter Jastremszki, damals fünfundsiebzig, zart und

wunderschön, lebte still im Landhaus Duboka, Gartentrakt – man bekam sie die Woche über kaum zu sehen. Sonntags ging sie zur Kirche, eingehängt in Zilli, eine dicke Bäuerin. Diese Zilli war Großmutters Zofe und Leibarzt zugleich. Die alte Dame war nämlich sehr besorgt um ihre Gesundheit, hauptsächlich um ihren Teint, dokterte unaufhörlich an sich – Zilli hatte früh und spät Kräuter zu sammeln zu Großmutters Pflege.

In ihrer Jugend – oh, da war Großmutter nicht etwa einfach geritten, das kann bald jemand; sondern berühmt auf dem ganzen Kontinent war sie gewesen, Siegerin im ersten großen Concours hippique zu Petersburg – da bekamen sie und Arthur Pongrácz als einzige goldene Medaillen und den Preis des Zaren –, und man sagte damals: sie hätte Pongrácz, wenn es möglich gewesen wäre, noch übertroffen an Schneid, Eleganz, Sicherheit in Sitz und Führung.

Als die beiden Enkel zu ihr kamen mit dem Ansinnen, sie solle dreißig Meilen auf dem Elefanten reiten – da besann sich Großmutter keineswegs, ob sie es tun sollte, versuchen wird sie es, wo es sich um eine Wette handelt, selbstverständlich. Sie war nur besorgt, ob sie den Trab werde aussitzen müssen – das ginge, meinte sie, vielleicht über ihre Kräfte –, sie würde Englischtraben, Leichtreiten vorziehen. Und Zilli rief: sie komme mit, selbstverständlich – denn Frau Gräfin muß jeden Morgen, jeden Abend ihre Gesichtskompressen haben, und die Kompressen zu legen, wie die Frau Gräfin es verlangt, verstehe keine andre, die Frau Gräfin sie darin sehr genau.

Man kündigte Ma-uh das Vorhaben an, durch Gebärden – er äußerte Bedenken, wiederum durch Gebärden; wies auf die Sohlen des Elefanten, wie empfindlich sie seien, und stampfte auf den Boden – der wieder ist so hart.

Da hatte mein Vater einen trefflichen Einfall. Warum den Elefanten nicht auf den Marsch vorbereiten, wie es die Bauern mit ihren Truthühnern tun, wenn sie diese zu Markt in die Stadt treiben? Vater zeigte es dem Ma-uh; ließ einen Streifen Wegs mit Teer beschmieren und die Tuthühner darüberjagen; dann mußten die Truthühner mit ihren geteerten Füßen über Sand. Der Sand klebte sich an den Teer – die Truthühner hatten nun kleine graue Stiefelchen an von Sand und Teer. Richtig, nickte Ma-uh, so wird man's machen. Und er machte es so; als der Elefant am zweiten August abends im Mondschein gesattelt bereitstand zur großen Reise, da hatte er artige graue Schuhe an aus Sand und Teer.

Um das Aufsehen nach Möglichkeit zu dämpfen, sollte Großmutter bei Nacht reiten.

Majestätischer als je, langsam und würdig, tauchte aus seinem Schafeinfang der Elefant auf; er hatte den Rüssel vor sich erhoben und schnaubte. Sollte es Ungunst bedeuten? Auf dem Rücken trug der Elefant eine große Decke aus geflochtenem Bast, einen Gürtel darüber um den Bauch, und auf der Decke den Sattel; der sah aus wie zwei aneinandergekoppelte Strandkörbe. Von ihnen wieder gingen Seile aus rund um die Brust des Elefanten und rund um die Schwanzwurzel. Und eine kleine Leiter hing an der Seite. Hoch, breitbeinig auf dem Genick des Elefanten saß königlich Ma-uh, hielt in der Rechten ein Szepter mit eisernem Haken und eine derbe Geißel.

Heerlager von Menschen warteten auf das Schauspiel – Bauern, Knechte, Hirten, Weib und Kinder; die Jastremszkischen Heger hatten alle Mühe, das Volk abzudrängen, Platz für die Herrschaften freizuhalten. Die meisten wollten mit; allvoran natürlich Jastremszkis Wettgegner – Erdödy, Pongrácz, Kulmer.

Großmama kam erst im letzten Augenblick, mit Zilli. Sie hatte ein Reitkleid angelegt aus Jugendtagen, dazu, gegen die Nachtkühle, ein Kapotthütchen. Vater wollte ihr Mut zusprechen – sie unterbrach ihn sogleich recht mürrisch: sie brauche keine Ermahnung, Mut habe sie selbst – seine Ermahnung hätte Vater lieber an die jungen Grafen richten sollen, als sie die blödsinnige Wette eingingen.

Thomas Erdödy verbeugte sich, küßte ihr die Hand und beteuerte im Namen aller drei, die da im Spiel standen: sie hätten es nur in Weinlaune getan und wollten gern von der Wette zurücktreten, um Großmama die Schinderei zu ersparen. Großmutter knurrte: „Davon kann keine Rede sein. Gewettet ist gewettet – schenken laß ich mir nichts." Und zum Ma-uh: „Kutscher! Vorwärts!"

Der Ma-uh sprach ein Wort – langsam sank der Elefant in die Knie, langsam schob er die Hinterbeine unter sich und lag. Der Ma-uh glitt über den Stoßzahn ab und lehnte die Leiter an den Sattel. Großmutter kletterte empor; Zilli schlug ein Kreuz und folgte ihr. Der Ma-uh nahm seinen Sitz ein – der Elefant hob sein Heck und richtete sich heftig wankend auch vorn auf. Großmutter war sichtlich erschrocken. Doch schon winkte sie freundlich, ein wenig stolz der Menge zu: „Auf Wiedersehen!“

Auch so, bei Nacht, revoltierte Großmutters Ritt die Dörfer. Das Gerücht war Großmutter vorangeeilt – die Bauern, statt zu schlafen, wallten ihr in Scharen entgegen; tausend Hunde sprangen heulend aus den Gehöften, führten ein Höllenkonzert auf um den Elefanten, um den Pilgerzug von Herrschaftskutschen, der an ihm hing.

Doch unbeirrt, mit vorgestrecktem Rüssel schritt seines Wegs der Elefant. Der Rüssel, wie ein Fühler, prüfte pendelnd die Straße. Chakkri brauchte niemandem auszuweichen, denn wo sich etwa ein Fuhrwerk zeigte – schon von weitem scheuten die Pferde, wendeten auf den Hinterstollen und stoben von dannen.

Am Morgen langte der Elefant in Virje an. Ein Schuppen war für ihn geräumt, Futter lag da. Für Großmama und Zilli hatte Vater Zimmer im Gasthof bereiten lassen. Alles klappte, der Elefant ließ sich sein Futter schmecken. Großmutter hatte das erste Stück des Rennens gut überstanden. Gott sei Dank!

Und am Abend ging es weiter – in einem Zug bis Kreutz.

Da aber war alles zum Erbarmen müde: Großmutter, der Elefant –, als müdeste aber gebärdete sich die arme Zilli; sie war den ganzen Tag über seekrank gewesen.

Wiederum sagte Erdödy: „Großmutter, geben Sie doch die Sache auf – die drei Herren verzichten gern.“

„Nein“, entschied Großmutter hart. „Zilli soll es nur lernen!“

„Gräfin! Was braucht eine kroatische Dienstmagd von Sechzig das Reiten auf Elefanten zu lernen?“

„Es kann ihr einmal zugute kommen. Mir ist auch nicht an der Wiege gesungen worden, daß ich einmal werde Elefanten zu reiten haben. Und mit fünfundsiebzig hab ich's müssen.“

Es bleibt also dabei, die Wette wird ausgetragen. Nur wird Großmutter volle zwanzig Stunden rasten und den letzten Teil bei Tag vollstrecken. Das war meinem Vater ganz recht, wenigstens kommt die Kavalkade spät in Zagreb an, der Rummel ist dann nicht so arg.

Oh, es wurde noch ärger. Denn nun, ermattet und verdrossen vom Trab zweier Tage, ließ der Elefant all seine Tücken und Nücken spielen.

Er hatte offenbar nicht den rechten sportlichen Ehrgeiz. Gleich im Weichbild von Kreutz, es war erst neun Uhr früh und doch schon recht heiß, da blieb der Elefant plötzlich stehen, hob sein linkes Hinterbein, wandte den mächtigen Schädel nach links und begann mit Rüssel und Stoßzähnen angelegentlich sein Hinterbein zu kratzen. Großmutter und Zilli wurden oben im Sattel durcheinandergerüttelt, daß Gott erbarm. Der Ma-uh tobte; geißelte drauflos, hackte mit seinem Szepter auf Chakkris Stirn ein – der Elefant kratzte sich. Großmutter und Zilli vermengten sich zu einem Strauß welker Gliedmaßen. Dann schritt der Elefant langsam an den Straßenrand, umfaßte mit dem Rüssel eine zwei Mann hohe Pappel, rupfte sie mühelos aus und scheuchte sich damit Viehbremsen vom Leib, die sich da auf ihm angesammelt hatten. Das Spiel mit der Pappel schien ihm Spaß zu machen; er jonglierte mit ihr, warf sie hoch und fing sie wieder auf – gelegentlich schlug er damit dem Ma-uh eins auf den Kopf und... traf die jaulenden Frauen.

Und setzte plötzlich seinen Trab fort, als wäre nichts geschehen.

Wiederum hatte die Kunde vom Elefantenritt uns weit überholt. Ein Gutsbesitzer aus der Gegend vor uns kam uns auf schäumendem Pferd entgegengeritten: „Nehmt euch in acht! Die Bauern von Drenovo haben sich erhoben, wollen euch nicht durchlassen. Sie sagen, ihr mit eurem Frevelmut habt den Himmel erzürnt, seid schuld an der Dürre.“ – Guter Rat ist teuer; denn gegen ein Dorf Bauern mit Heugabeln und Sensen können die paar Herren und Kutscher nicht an, die unseren Zug begleiten – mögen sie ihre Reitgerten und Peitschen noch so krampfhaft umkrallen.

Es kam ganz anders. Dicht vor Drenovo schlängelt sich ein kleiner Fluß, darüber führt ein Holzbrückchen von lockeren Bohlen. Als der Elefant das Brückchen betreten sollte, stutzte er; drehte den Rüssel und tastete die Bohlen ab. Schüttelte das Haupt, jawohl, er schüttelte es – und statt über die klapprige Brücke zu gehen, wandte er sich von der Straße ab ins Maisfeld. Grüner Mais – seine Leibspeise; er ließ sie sich trefflich munden. Der Ma-uh, so erbittert er war, ließ ihn gewähren. Als sich der Elefant erst nach Gefallen gütlich getan hatte, rutschte er willig – kunstvoll vorsichtig neben der Brücke in den Fluß, um durchzufurten; stand bald bis an den Bauch im Wasser; der Mittag war so heiß, das Wasser angenehm kühl; der Elefant blieb ein wenig stehen, pumpte Wasser mit dem Rüssel auf und bespritzte sich die Flanken; sog wiederum Wasser und letzte sich die Brust; sog abermals und dachte sich: „Auch den armen Frauen da oben wird eine Dusche willkommen sein" – und richtete den Strahl auf sie. Großmutters Kapotthütchen schwamm davon, mußte mit einiger Gefahr geangelt werden. Dann schob der Elefant die Beine unter sich, knickte in die Knie und legte sich in den Fluß. – Großmutter verlangte nach ihrem Riechsalz – doch Zilli konnte es ihr nicht reichen, sie war ohnmächtig.

Da aber – da ließ es der Ma-uh nicht mehr bei Geißel und Szepter bewenden; den Dolch stieß er dem Elefanten in die empfindlichste Stelle, die Ohrwurzel.

Gepeinigt, erzürnt schnellte Chakki empor, jagte im Galopp davon – jagte, daß buchstäblich die Funken stoben. Die Bauern von Drenovo standen drohend bereit mit Sensen und Mistgabeln; stoben zurück, und der Elefant ließ sie hinter sich.

Wohl eine halbe Stunde lang galoppierte Chakkri; fiel dann keuchend in Trab.

Um acht Uhr abends zog er durch eine unübersehbare Menschenmenge, bei brausenden Hochrufen, unter einem Blumenregen in Zagreb ein, am Ziel.

Großmutter verlangte zu baden. Zilli, am Ende ihrer Kräfte, konnte sie eben noch bedienen. Dann legten sich die Frauen schlafen.

„Aber wie ist das, meine Herren?“ sagte Thomas Erdödy – er hatte sich über die Landkarte gebeugt. „Bis Virje – elf Meilen – gut. Bis Kreutz über zwanzig – ausgezeichnet. Aber heute haben wir zehneinhalb gemacht – das sind zusammen neunundzwanzigdreiviertel Meilen, nicht dreißig. Eine Viertelmeile fehlt noch.“

Die Brüder Jasztremski blickten einander an, und Carlo erwiderte: „Fällt mir nicht ein, die alte Dame noch einmal zu wekken. Wir haben eine Wette verloren – basta!“

Erdödy darauf: „Und wenn ihr meint, wir wecken die arme Großmutter, irrt ihr euch. Neunundzwanzigdreiviertel oder dreißig, das ist ganz wurscht – ihr Jasztremskis seid Sieger, und dabei bleibt es.“

Man trank und lachte und ereiferte sich ritterlich – niemand wollte gewonnen haben.

Da öffnete sich, elf Uhr nachts, die Tür – und wer stand da? Großmutter im Reitkleid und Kapotthütchen, so rosig wie je. „Ich höre“, sagte sie, „daß noch ein Stückchen Weges fehlt. Wo ist der Elefant?“

„Gnädigste“, antwortete Erdödy feierlich, „der Elefant will seinen Frieden. Wenn Sie darauf bestehen, noch eine Viertelmeile zu machen, werden wir Sie so weit tragen - Pongrácz, Kulmer und ich.

Großmutter blieb noch eine Stunde bei den jungen Herren und werde sehr gefeiert.

Im Triumph fuhr sie nächsten Tags, von den Herren wie eine Braut umworben, im Wagen nach Duboka zurück.

Den Preis der Wette, neuntausend Gulden, erhielt Ma-uh; er ist damit zurück nach Siam gegangen.

Denn man brauchte ihn nicht mehr: auf Zureden meines Vaters stifteten die Jasztremski ihren Elefanten dem Tiergarten.

DIE VERSORGUNG

Isa-Bej hatte auf Kosten der Regierung in Paris Medizin studiert. Er war ein äußerst schneidiger Sanitätsbeamter.

Leider holte er sich in Angora die Lepra.

Sollte man ihn für ewige Zeiten kaltstellen – einen so tüchtigen, schneidigen Arzt?

Man tat ihn nach El Tor als Vorstand der Quarantänestation.

NIKOLA ŠARAC, KGL. DETEKTIV

Im Jahr 1909 hatten wir eine Spannung mit Serbien. „Wir" – darunter verstehe ich diesmal Österreich-Ungarn. Das Verhältnis Österreichs zu Serbien bestand ja viele Jahre lang nur aus Spannung und Entspannung – immer abwechselnd –, und Entspannung hieß jener Zustand, von dem die Diplomaten fälschlich meinten, nun sei alles gut und zu Ende; während es in Wahrheit erst echt anfing.

Na, im Vorfrühling 1909 stand es auf des Messers Schneide, ob es schon jetzt zum Krieg kommen werde oder erst später – und die „Neue Freie Presse" schickte mich hinunter, damit ich doch zur Stelle sei – für den Fall, daß es losging.

Ich war also in Belgrad. Angenehm wehte die Luft da nicht. Die Zeitungen schimpften über Österreich-Ungarn im allgemeinen und über jeden, der von dort gekommen war, besonders. Unsern Gesandten, den Grafen Forgács, nannten sie... Gott, wie man sich auf dem Balkan schon auszudrücken beliebt, wenn man jemand haßt... Im Nationaltheater führten sie ein Stück auf, das hieß „Hadži Loja" und war eine leidenschaftliche Anklage gegen uns. Verfasser: der Vorsitzende des Komitees für Landesverteidigung, ein berühmter Dichter, Nušić. Täglich Umzüge mit Fahnen und Geschrei. – Ich war am Abend angekommen – und am nächsten Morgen schon schrieb „Piemont", das Blatt der Offizierspartei: der Doppelstorch sei da – man sollte ihm „den roten Kropf ausweiden, wo er die Bestechungsgelder aus dem k.k. Dispositionsfonds trägt". – Storch heißt auf serbisch Roda – und „Kropf" das war ein Euphemismus für meine Weste. – Ich – von der österreichisch-ungarischen Regierung bestochen! Wie man meine Nichtigkeit so mißdeuten konnte! Nie hat mich Österreich-Ungarn einer Bestechung gewürdigt – und ich glaube, ich hätte sie auch nicht angenommen – man ist in Wien sehr karg...

Summa summarum: die Tage in Belgrad ließen sich nicht schön an; als ich vors Tor meines Gasthofes trat, merkte ich sofort, daß man mich überwachte. Und das wunderte mich gar nicht.

Ich ging aufs Konsulat – hinter mir ein Geheimpolizist. Ich ging auf die Gesandtschaft – der Geheime folgte. Wenn ich im Gasthof war, trieb er sich vor den Fenstern umher und zeichnete die Namen der Besucher auf. Daß die Polizei meine Briefe öffnete, war selbstverständlich.

Da gab es Leute in Belgrad, mit denen ich von altersher befreundet war. Doch konnte ich zu ihnen gehen, ohne sie verdächtig zu machen? Einmal schickte ich Frau Koruga eine Schokoladentorte; die Torte kam zu Würfeln zerbröselt an, jedes Klümpchen behördlich beschnüffelt und geprüft. Wer mag eine Torte essen, die behördlich, so genau geprüft ist? Selbst wenn der Präfekt von Belgrad persönlich die Hand im Spiel gehabt hätte... Außerdem war nachmittag Haussuchung bei Frau Koruga; die Dame mußte sich entkleiden.

Wohin ich mich wandte, überall der Detektiv. Übrigens ein bescheidener, netter Mann. Am dritten Tag hatte ich's dennoch über.

Nun habe ich eine Eigenart, die mir schon viel Freude im Leben und Abwechslung verschafft hat: ich pflege mich beim Zusammentreffen mit Nebenmenschen auf möglichst überraschende Art zu benehmen. Ich eröffne sozusagen die Offensive und zwinge dadurch dem andern fürs erste meinen Willen auf. – Ich hielt plötzlich – der Geheimrat mußte, um nicht aufzufallen, weitergehen – und ich rief:

„Guten Tag! Nur näher!"

Darauf zuckte er ein wenig zusammen, errötete und wollte vorbei, ohne zu hören – so, als bezöge er die Ansprache nicht auf sich. Ich aber lächelte ihn sozusagen fest. „Ich gehe jetzt ins Grand-Café", sagte ich ihm, „da treffe ich Herrn Marinković." (Das war der Führer der Opposition.) „Wünschen Sie auch den Inhalt des Gespräches zu wissen?"

„Oh, Sie sind zu gütig..." stammelte Nikola Šarac.

„Bitte – es interessiert Sie doch wahrscheinlich... Ich werde Marinković um die Ansicht seiner Partei befragen, und er wird mächtig über eure Minister schimpfen. Es seien ‚Dummköpfe', wird er behaupten, und ‚Idioten'. – Notieren Sie das! – Ich werde leise zu widersprechen suchen – überzeugen können werde ich ihn nicht. Hierauf zahle ich – meinen Tee und Herrn Marinkovićs Schwarzen, und ich verspreche ihm eine Bewirtung bei nächster Gelegenheit. – Notieren Sie das!"

„Aber..."

„Keine Aber, Herr Šarac! Leben Sie wohl!"

Ich wandte mich zum Gehen.

Solange ich im Café weilte, blieb Nikola Šarac draußen. Ich nickte ihm zu und setzte meine Reise durch Belgrad fort. Er ging in großer Entfernung hinten. Er schämte sich.

Am nächsten Morgen war er aber vor der Tür – ganz nahe – und ich sah: mit dem Mann ließ sich reden. Ich verriet ihm mein ganzes Tagesprogramm.

„Sie, Šarac", sprach ich nachmittag, „ich werde Toscheff besuchen" (den bulgarischen Gesandten). „Da haben Sie zehn Dinar. Besorgen Sie mir indessen eine Theaterkarte für heute abend. Der Rest gehört Ihnen."

„Mein Herr", rief Šarac mit abweisender Gebärde, „mein Herr, das geht zu weit!" – Und er ließ mich eiskalt stehen.

‚So?' dachte ich. ‚So vergiltst du meine Freundschaft?' Ich nahm einen Wagen und ließ mich nach Voptšider fahren. 's ist eine Stunde weit. Unterwegs aber stieg ich aus, kletterte über die Treppen auf die Terasia und gradeaus ins Generalstabsgebäude.

Šarac hatte mein Spur verloren. Er muß nicht übel gerüffelt worden sein; der Polizeipräfekt erfuhr natürlich, daß ich beim Generalstab gewesen war – aber vom Ersten Adjutanten, nicht von seinem Šarac; Šarac hatte ja keine Ahnung davon.

Am Morgen trat ich aus dem Gasthof, äugte in die Welt und wählte langmächtig unter meinen Zigaretten. Wer bot mir dienstfertig Feuer an? Šarac. – Ah, kriechst du zu Kreuz, mein Junge?

„Schönes Wetter heute“, begann er...

Ich nahm das Streichholz von ihm an, nicht aber seine Gesellschaft. Ich winkte ihm sogar deutlich, er möge sich packen. Er wankte betroffen. Ich aber pfiff einen Wagen herbei und...

„Herr“, sagte Šarac – er war reuig und entschlossen zurückgekehrt – „Herr, warum tun Sie mir das an? Bitte, bitte, keinen Wagen! Ich habe kein Recht, Droschken zu benützen... Die Kutscher wissen das und sträuben sich, mich unentgeltlich zu fahren... Den Wagen berechnen darf ich ebensowenig – der Staatshaushalt des Königreiches Serbien hat keine Deckung für derlei Ausgaben. Ich müßte den Wagen selbst bezahlen. Bei dem kleinen Taggeld aber... Sie verstehen?“

„Gewiß verstehe ich Sie, lieber Nikola! Werden Sie mir die Theaterkarte besorgen?“

„Natürlich. Mit tausend Freuden.“

„Dann sind wir ja einig. Ich gebe Ihnen zehn Dinar...“

„Im Hausflur, bitte!“

„Nach der Vorstellung erzähle ich Ihnen, was ich den Tag über getrieben habe.“

Von nun an vertrugen wir uns trefflich. Ich ließ mich von Nikola willig überwachen, und wenn er über irgendeinen Punkt meiner Tätigkeit im unklaren war, fragte er mich:

„Bitte, wer war der Herr, mit dem Sie Grüße tauschten?“ – Oder: „Warum haben Sie zu Herrn Gjorgjević gesagt: sie glaubten, Fräulein Hartwig wisse besser Bescheid in der russischen Politik als die Legationsattachés?“

Eines Tages hatte ich ein wichtiges Telegramm abzusenden – das sollte aber nicht in die Hände der Belgrader Zensur kommen. Wer bringt es mir über die Save aufs ungarische Telegraphenamt? Wer anders als Šarac? – Er war sofort einverstanden.

„Sie haben davon den Vorteil, lieber Niko, Ihrem Vorgesetzten auch noch den Inhalt eines hinübergeschmuggelten Schriftstückes melden zu können. ‚Sieh nur‘, wird der Präfekt sagen, ‚meinem Šarac entgeht selbst das Geheimste nicht.‘“

Nikola murmelte gedankenvoll:

„Hmjaja, ganz schön. Aber inwiefern, meinen Sie, wird mir ‚das Geheimste nicht entgehen‘?“

„Nun, Sie tragen die Depesche in eigener Person aufs Telegraphenamt – da können Sie den Inhalt doch auf der Überfahrt lesen?"

„Hmjaja. Sie ist aber deutsch...?"

„Gewiß, deutsch. Verstehen Sie nicht deutsch?"

„Nur wenig, gnädiger Herr... Sie schreiben oft verzwickte Dinge – ich werde schwerlich folgen können. Sondern wenn ich mir einen Vorschlag erlauben dürfte..."

„Sprechen Sie, liebes Kind!"

„Vielleicht haben Sie eine Abschrift Ihrer Depesche. Das wäre ein Triumph für mich: ‚Der Beobachtete schickte heute 12 Uhr 30 mittag unter Umgehung der Gesetze eine Nachricht ins Ausland, deren Kopie ich mir sofort verschaffte, um den Verbrecher überführen zu können.' – So ähnlich könnte ich berichten. Das...das... würde mich in den Augen des Herrn Präfekten sehr heben."

„Bravo, Šarac! Sie bringen also meine Depesche nach Ungarn?"

„Gern – nur dürfen der gnädige Herr nichts darüber verlauten lassen... Und ich bekomme die Kopie – nicht wahr?"

„Jawohl. Sie können Sie mit der Urschrift vergleichen, wenn sie wollen."

„Nicht nötig, bitte. Der gnädige Herr können Ihren Brief versiegeln. Haha! Wär noch schöner, wenn ich kein Vertrauen zum gnädigen Herrn hätte!"

Drei Tage später erzählte mir Nikola mit glückselig leuchtendem Gesicht: man habe ihn „außer der Reihe zum Unterbeamten der elften Gebührenklasse ernannt". – Traurig fügte er hinzu:

„Leider ist eine weitere Beförderung ausgeschlossen. – Warum, Euer Gnaden? Weil meine schriftlichen Meldungen doch nicht auf solcher Höhe stehen, sagt der Herr Präfekt, daß ich zum Rang der Offiziale zweiter Ordnung aufsteigen könnte."

Er dauerte mich. Ich ließ ihn nun jeden Abend heraufkommen und diktierte ihm den Tagesrapport. Als ich sah, daß er trotzdem nicht mitkam, setzte ich ihm die Sache fix und fertig auf – er mußte nur nachschreiben... Ich möchte mich aber um des

Himmels willen nicht besser machen, als ich bin... Auch ich zog eine kleinen Vorteil aus meiner Gefälligkeit: Seit ich selbst meine Belgrader Unternehmungen schildern konnte, erschien den serbischen Behörden das Bild meiner Persönlichkeit weniger schwarz, und ich staunte nicht im geringsten, als mich zuerst ein Sektionsrat zum Abendessen einlud und später der Staatssekretär zweimal nacheinander.

Andern Morgens sagte mir Šarac:

„Ich habe geahnt, das wird nicht gut enden. Einem so vorzüglichen Beamten, hat der Herr Präfekt gemeint, müsse man würdige Aufgaben stellen. Herrgott, wie werde ich mich blamieren! Ich soll den gnädigen Herrn verlieren... weil ich so schöne Aufsätze geliefert habe... und bin beauftragt, von nun Seiner Exzellenz dem Herrn Minister des Äußern auf die Finger zu sehen."

Dabei hingen ihm helle Tränen in den Augen.

„Nikola Šarac! Soll ich Sie aus der Schlinge ziehen?"

„Wie wär es möglich, gnädiger Herr – bei soviel Unglück?"

„Nikola Šarac, ich werde Seine Exzellenz den Herrn Minister bitten, Sie in Ihrer Berufstätigkeit zu unterstützen: der Herr Minister wird Ihnen die Berichte über seine Tätigkeit fertigschreiben – genauso, wie ich es getan habe."

„Ach, wenn Sie das zustande brächten, Euer Gnaden?"

Also geschehen 1909.

Drei Jahre später, im Oktober 1912, war wieder „Spannung". Ich pünktlich in Belgrad. Leiter des „Büros für besondere Polizeiangelegenheiten" – raten Sie doch, wer? Nikola Šarac.

Für mich war er „nicht zu sprechen" – man erzählte mir aber, er gehe bei Hofe aus und ein und erscheine fast täglich im Ministerpräsidium, um „zu referieren". Herr Pašić über den König? Oder umgekehrt?

Im Dezember 1915, höre ich, soll mein Freund Nikola als Soldat gefallen sein. Schade um ihn. Er hatte es bis zum Präfekten gebracht... Der Krieg hat da eine aussichtsreiche Laufbahn unterbrochen.

Das war... ja, das war vor zwanzig Jahren – unvergeßliche Sommernacht in Mostar. Dort glühen die Sterne heißer – Geranium duftet, Lorbeer – und am süßesten duftet ein Kraut, das heißt auf bosnisch Bossiljak – den deutschen Namen weiß ich nicht. – Grüngolden donnert der Fluß. Keine Redensart: sie leuchtet wirklich im Dunkel, sie blitzt und donnert, die Narenta. Die Nachtigallen flöten. Jünglinge, verliebt wie Kater, zupfen rasende Gitarren. In solcher Nacht sollt man nicht verrückt werden?

Um zehn haben die Moslems ihr fünftes Gebet, Ikindia. Der Muezzin oben auf der Kanzel des Minaretts, schwarz im lichten Himmel, Hände über sich, als trüge er Geweihe – mit einer Stimme, die aus dem Jenseits selber tönt – das Jenseits selbst ruft über Tal und Höhen seine Moslems zum Gebet:

„Allahu ekber – Allahu ekber!
Eschhedu enne Illahe – Illehlah!
Gott ist groß, Gott ist groß.
Muhammed aber ist sein Gesandter.
Ich bezeuge und beschwöre, daß Gott einzig ist und groß.
Eilet zum Gebet, eilet zur Freude!
Allahu ekber – Gott ist groß."

Also ruft der Muezzin aus dem lichten Jenseits – die Sterne glühen – Geranium duftet – – und in solcher Nacht sollt man nicht verrückt werden?

Im Südlager von Mostar stand damals das k. und k. Infanterieregiment Nr. 4, Hoch- und Deutschmeister, Wiener Edelknaben.

Der Gefreite Heuberger von Wiener Edelknaben hatte anderthalb Flaschen Schillawka getrunken, schweren Mostarer Rotwein. Heimweh – Schillawka – Geranium – glühende Sternwelt und zirpende Gitarren – – nun noch der Muezzin – aus dem Jenseits – – es war zu viel.

Trunken von Heimweh, Wein und Sehnsucht lief der Gefreite Heuberger die Wendeltreppe des Minaretts empor; sprang auf die Kanzel – und wo eben noch der Muezzin gerufen hatte, schmetternd in die Nacht, sang aus vollem, gottesfürchtigem, oh, so gottesfürchtigem, übervollem Herzen der Gefreite Heuberger:

Du guater Himmelsvoder –
I brauch ka Paradies.
I bleib viel liaber doder,
Wo für mi das Himmelreich is...

Sang es fromm und trunken – die Wasser donnerten, Geranium roch und die Sterne strahlten...

Fast hätten die erzürnten Moslems den frommen Sänger getötet.

Nächsten Tags k. und k. Kriegsgericht. – Vier Jahre Kerker „wegen Religionsstörung".

NINKOS LUSTIGER ABEND

Ninko ist ein Lebzeltner, mit Verlaub zu sagen – ein Lebkuchenbäcker. Eigentlich auch Wachszieher, sogar vorwiegend Wachszieher – mit seiner Liebe ist er doch mehr bei den Lebkuchen. Denn eine Kerze, man mag sie noch so schön aufputzen, bleibt nur eine Kerze und flackert vor einem düsteren Heiligenbild, im besten Fall vor der Mutter Gottes. Wem macht sie Freude? Niemand. Wer sie spendet, tut es aus Not oder weil er siech ist – den Künstler ärgert die Arbeit – der Pope kümmert sich nicht darum – und daß die Heiligen für eine Kerze Gnade vor Recht ergehen lassen, bestreiten im geheimen sogar die Wachszieher.

Aber seht euch dafür solch ein Kuchenherz an! Das ist doch ein Symbol, da ist Bedeutung dabei. Angenommen, man bäckt es ganz einfach – mit einem Mandelkern in der Mitte – da heißt es schon: süße Liebe. Oder man färbt es mit Alkermes: brennende Liebe. Oder man tut einen hübschen Spiegel darauf, von Tragantrosen umgeben: „Du bist schön, ich liebe dich." Dann die Verse, die doch auch allerhand ausdrücken können –

von der sprießenden Neigung an bis zur blutigen Leidenschaft...

Ninko ist also ein Lebzeltner. Er hat seinen Laden knapp unterhalb der Terasia, vom Fürst-Milosch-Brunnen linker Hand. Es ist aber besser, den Polizisten zu fragen, denn der Laden liegt etwas abseits.

Ninko zahlt seine Steuer pünktlich. Ein Hauptmann wohnt bei ihm zur Miete – und wenn grade Ebbe in den Staatskassen ist, also immer, bekommt der Hauptmann statt des Gehaltes Steueranweisungen. Die gibt er Ninko – Ninko geht damit aufs Amt und läßt sich die Steuer abschreiben. Wenigstens hat man die Sorge los.

Das Geschäft geht nämlich nicht recht. Wenn man bedenkt, wie die Verhältnisse früher lagen und wie sie jetzt sind – es ist ein gewaltiger Unterschied. Sind die Leute lauer im Glauben geworden oder ist es die allgemeine Armut – genug, es gehen jetzt nur die geringen Sorten. Oft brennt vor einem Heiligen Georg ein Strümpfchen Licht wie ein kleiner Finger. Wirklich, das Herz krampft sich einem zusammen.

Die Märkte – du lieber Gott – haben auch bedeutend abgenommen. Ehedem, solch ein Markt in Wranitschi! Dieses Gewühl! Zehn, zwölf Kisten Lebkuchen an einem Vormittag. Oder die Kirchweih in Schabatz. Man sollte es ja nicht glauben – aber bis von der Drina, selbst aus Bosnien kamen rechtgläubige Menschen und kauften sechs, sieben, achthundert Kerzen – ungerechnet, was die Slavoniter aus dem Klenaker Winkel über die Save wegführten.

Jetzt fährt Ninko gar nicht mehr nach Schabatz. Es lohnt den Fuhrmann nicht. Er fährt am weitesten bis Palesch. Und selbst dahin verlangen die Leute schon fünfundzwanzig Dinar und die Zehrung, während man früher bis Schabatz dreißig zahlte. – Was ist das für ein Verhältnis?

Es ist wahr, Ninko hat seine Freude am Lebkuchenbacken – und wenn man die andern Gewerbe betrachtet, ist seins immer noch eines von den schönsten. In der innersten Seele aber hegt er einen andern, einen törichten Wunsch. Lacht nicht: Ninko möchte Soldat sein.

Wenn der Hauptmann, der oben im ersten Stock wohnt, des Morgens weggeht – sporenklirrend, mit flatterndem Mantel –, hui! –, das ist ein Mann, der was kann, das ist Pracht und Macht vom Scheitel bis zur Stiefelsohle. Ninko sieht ihm nach – und in seiner Entzückung merkt der arme Ninko gar nicht, daß sich oben... leise... eine Stirn an die Scheiben drückt, an die kalten Fensterscheiben – daß auch dort oben... zwei Augen dem Hauptmann folgen...

Nataschas Augen.

– – – Eines Tages – Ninko packt eben seine Kisten für den Palescher Markt, und Natascha hilft ihm, fröhlich wie noch nie –, da öffnet sich die Tür, und der Herr Hauptmann selber tritt in den Laden. Ninko ist ganz bestürzt vor Schüchternheit.

„Guten Tag, Pate", sagt der Herr Hauptmann. „Ich möchte gern mit Ihnen sprechen." Dabei lacht er so leutselig, daß man sich wie erhöht dünkt.

Ninko winkt seiner Frau, sie möchte gehen.

„Ach, lassen Sie sie nur", sagt der Herr Hauptmann und wechselt mit Natascha einen verschmitzten Blick. „Es ist ja kein Geheimnis. Ich brauche hundert Dinar – das ist alles."

Ninko versteht noch nicht.

„Sie sollen mir hundert Dinar borgen, wissen Sie. Am Ersten haben Sie das Geld wieder, darauf können Sie sich verlassen!"

„Aber natürlich, aber selbstverständlich", unterbricht ihn der Lebzeltner beinahe jubelnd und eilt nach seinem Schrank – „wie sollt ich denn nicht... Das heißt... hundert..." – und der arme Ninko sieht beschämt auf Natascha –, „hast etwa du vierzig? Denn ich, gnädiger Herr... offen gesagt, hab im ganzen achtzig – und zwanzig davon muß ich dem Fuhrmann bis Palesch zahlen."

Natascha und der Hauptmann wechseln einen verschmitzten Blick.

Sie bringt die vierzig Dinar herbei, Ninko zählt hundert auf den Tisch. – „Oh, einen Schuldschein? Was fällt Ihnen ein, Herr Hauptmann? Es ist mir nur eine Ehre, eine große Ehre."

Natascha und der Hauptmann wechseln einen verschmitzten Blick.

Als der Hauptmann gegangen ist, von Ninko mit vielen Bücklingen begleitet – als er lange gegangen ist, beginnt der Lebzeltner zu rechnen. Und er findet: mit zwanzig Dinar reicht er nicht bis Palesch. Er geht ins Zimmer – vielleicht hat Natascha noch etwas Silber übrig –, greift in ihre Jacke, die an der Wand hängt, und findet darin.. einen Zettel:

„Ins Boulevardcafé also – es wird sehr lustig."

Nichts weiter.

Ob auch morgen Markt in Palesch ist – des Abends, als es zu dunkeln beginnt, steht Ninko vor dem Boulevardcafé und wartet und wartet. Wartet und wartet.

Und plötzlich sieht er Natascha kommen – in starrer Seide – und den Hauptmann sporenklirrend, mit flatterndem Mantel hinterdrein. Einen Augenblick bleiben sie unter der Bogenlampe am Schalter stehen – dann verschwinden sie – dort hinein.

Ninko aber wartet wieder, hilflos und unschlüssig. Endlich faßt er sich ein Herz und überquert die Gasse.

„Ein Billett? Was für ein Billett?" fragt der Kassierer.

„Das beste, das Sie haben."

Fünf Dinar fünfzig."

Ninko bleibt an der Tür des Saales stehen. Durch den Schleier des Tabakqualms sieht er über die schwätzende Menge weg – zuerst Licht, nichts als Licht, das ihn verwirrt und blendet – und dann auch, später erst, die Bühne.

Hier also ist Natascha – bei diesen unzüchtigen Weibern und Liedern! Für sein Geld.

Für sein Geld. Der Gedanke gibt ihm Kraft. Er geht vor und braucht nicht lang zu suchen.

„Guten Abend, gnädiger Herr", sagt er und faßt nach einem leeren Stuhl. „Wundern Sie sich, daß ich hier bin? Je nun – ich hab mir's überlegt." Und, vom Blick des Offiziers verschüchtert: „Der Palescher Markt wirft von jeher wenig ab."

Ninko hat sarkastisch sein wollen, doch es geht ihm damit nicht richtig von der Hand. Er wird friedlich, fast gemütlich. Natascha beginnt sich zu beruhigen. Der Hauptmann findet sogar allmählich seine Laune wieder und tischt Wein und Braten auf.

Ninko trinkt vom Wein und ißt vom Braten, sieht Neues, zu viel Neues — entblößte Schultern und geschminkte Lippen — Gesichter, so schön wie nie zuvor im Leben — Augen, so begehrlich, wie er nie gesehen hat.. und — er mag und mag auch nicht — sagt, was ihr wollt, so muß er fröhlich werden. Eine hitzige Abart von Fröhlichkeit — der kleinen Natascha wird ganz unheimlich; sie mißt verstohlen ihren Mann und fürchtet sich.

„Lassen Sie ihn nicht so viel trinken“, zischt sie ihrem Liebhaber zu.

„Ach was“, erwidert der Hauptmann und schenkt die Gläser voll, „der Serbe verkauft seinen Wein nicht.“ — Am besten, man spült den Ärger hinab.

Es wird ein Uhr — und sie gehen in ein anderes Café.

Es wird zwei Uhr — und sie gehen nach Hause.

„Wie nett es gewesen ist“, sagt der Hauptmann.

„Nett, wirklich sehr nett“, versichert Ninko. „In meinem ganzen Leben der erste lustige Abend. Immer nur arbeiten und niemals Herr sein...! Heut bin ich endlich einmal Herr gewesen — für mein Geld.“

„Für mein Geld“...das rührt wieder alle Bitterkeit in ihm auf.

Und als sie vom Fürst-Milosch-Brunnen linker Hand nach dem Wohnhaus einbiegen...

Als sie nach dem Wohnhaus einbiegen, da geht Ninko allein voraus, öffnet die eichene Haustür und riegelt sie von innen wieder zu.

Und als die beiden, Natascha und der Hauptmann, eintreten wollen, finden sie die Tür verschlossen.

Drinnen aber schreit der trunkene Lebzeltner:

„Meiner Seel, ich laß euch nicht ein. Um keinen Preis. Wissen Sie, was Sie sind, gnädiger Herr? Ein Hund. Verstehen Sie? Ein räudiger Hund. Die Person dort draußen, mit der Sie mich betrogen haben, die können Sie nun für sich behalten. Die hundert Dinar geb ich als Mitgift drein.“

Mit dem Gefühl eines Menschen, der seine Feinde aufs Haupt geschlagen hat, tappt Ninko, ausgelassen vor Fröhlichkeit, hinauf in den ersten Stock und legt sich in das schöne, feine Bett des Herrn Hauptmanns schlafen.

Eh, man muß doch einmal versuchen, ganz so lustig wie ein Herr zu leben... „für sein Geld".

DER TELEGRAPH

Die Regierung hat eine neue Drahtleitung legen lassen – von Prijedor nach Bihatsch.

„Was soll der Draht?" fragten sich die Moslim in einem kleinen Dorf.

Der Keimekam erklärte ihnen:

„Es ist ein Telegraph. Man kann Botschaften auf diesem Draht schicken von hier bis Stambul."

Sie schüttelten die Köpfe.

„Wie ist es möglich, Keimekam, wie ist es denkbar, daß längs dieses Drahtes Botschaften laufen sollten?"

Der Keimekam sprach:

Denk dir, du Tor, einen fürchterlich langen Hund – und sein Schweif ist gespannt wie dieser Draht die Stangen entlang von Stambul bis zu uns. Nun kneifst du ihn hier in den Schweif. Wird er nicht in Stambul heulen?"

ES VERDIRBT DEN CHARAKTER

Ich bin aus einem garstigen Traum erwacht und tappe mich zurecht. Wenn man so jäh auffährt, weiß man nicht gleich, wo man ist.

Draußen ist es schon hell. Mein Wirt steht gebückt neben einer Ziege und milkt sie in einen Zuber.

Ich kämme mir mit den Fingern das dürre Laub aus dem Haar und will mich waschen. Doch sie haben hier auf dem Felsen kein Wasser.

Mein Gott, wie müd ich bin! Wie vergiftet.

Soll ich dem Wirt was zahlen? – Wieviel? – Der arme, gute Kerl... Doch wenn ich ihm viel gebe, fällt es auf.

Er bringt mir schweigend den Zuber, schneidet mir ein Stück Brot zu und möchte gehen. – Ich muß ihn aber doch ausfragen, sonst verirre ich mich am Ende, und der Tag ist verloren.

„Du – Nachbar...“ – ich löffle mein Frühstück – „mir geht es schlecht seit ein paar Tagen. Ich könnt eine gute Losung brauchen.“

„Eh – dann geh nach Grahowa, dort gibt es immer Arbeit.“

„Grahowa.. Glaubst du, da warten sie auf mich? Die haben mehr Scherenschleifer als du Ziegen.“

„...Also geh nach Bejaschekir.“

„Hör mir mit den Städten auf! Ein Dorf mit Soldaten – wenn du mir das zu nennen wüßtest...“ – Mein Gott, warum sieht er meine Hände an?

„Ein Dorf mit Soldaten...“ – Er denkt nach; hat also keinen Verdacht. – „Soldaten... Dort oben – siehst du? – auf dem ganz steilen Berg – dem dritten rechts der Ruine? Dort sind Soldaten.“

„Aber wie viele? Denn wegen eines Dutzends lohnt es sich nicht.“

„Freilich, freilich...“ – Und er beginnt mir gutwillig, umständlich und langsam die Kordonposten aufzuzählen, so gut er es versteht.

Ich horche erregt, damit mir kein Wort entgehe. Jedes einzelne schreibe ich mir mit hartem Griffel ins Hirn.

Dann sinne ich nach – sinne und wäge ab – und werfe zur Linken, was zu leicht ist, und behalte, was taugt, und habe mit einemmal das System der Grenzverteidigung vor mir.

Hallelujah, ist das ein Erfolg! Wie konnte ich es ahnen: dieser Ziegenhirt kennt die ganze beständige Befestigung und Besatzung der Gegend.

„Höre“, sagt er, als ich aufbrechen will, „ich möchte dich um etwas bitten. Schleif mir das Messer da.“

Kann ich es ihm versagen? Ich gäbe ihm lieber zehn Frank, denn ich bin müde – von gestern – vorgestern – von all den Wochen, seit ich den grünen Karren schleppe und trete. – Aber kann ich es ihm versagen?

„Gib her, Nachbar!“ – Und ich schleife. Sssss... geht der Wetzstein – das Wasser tropft darauf und stiebt fort.

„Dank – schönen Dank!“

„Dank Gott“, antworte ich – packe meinen Karren und laß ihn den Saumweg hinabrumpeln – wohl eine, zwei Stunden. Er läuft von selbst – ich muß noch widerhalten. Wenn doch alle Wege so wären!

Unten zieht die Straße. Hundert Schritt davor setze ich mich zwischen zwei Felsblöcke, blicke rundherum, ob mich niemand sehen kann – nehme Nadel und weißen Zwirn vor und nähe mir den Plan, so gut ich ihn jetzt weiß, ins Hemd: die Tallinien – lange Stiche; die Rückenlinien – kurze Stiche; die Posten – Knoten; so viel Züge Besatzung – so viel Knoten.

Mittags bin ich fertig. Wohlgefällig sehe ich mir die Stickerei an. Was das für ein hübsches Kroki geworden ist! Jeder Faden der Leinwand bedeutet zwanzig Meter. Noch ein Vergleich mit der Kartenskizze:... gut, es stimmt. Also fort mit der Skizze! Ich verbrenne sie. Ein Angeber weniger.

Mein Mittagmahl: Brot und Käse.

Dann aber vorwärts! Vor Abend muß ich oben auf dem Werk sein. Nicht zu spät – sonst habe ich nicht mehr Zeit, zu schleifen und mich mit den Soldaten auf guten Fuß zu stellen. Nicht zu zeitig – sonst schleife ich ihnen vor Abend alle Messer fertig, und sie lassen mich nicht oben übernachten.

Ich schiebe meine Last so die Straße hinan, schweißtriefend und erschöpft, ach, so erschöpft, daß ich alles vergesse – da holt mich einer ein.

Ich zucke zusammen.

Doch mein Begleiter ist harmlos. Ein echter Wanderbursche. Uhrmacher von Beruf.

Wir sprechen wenig miteinander.

Nach ein paar Stunden setzen wir uns in den Schatten und machen Rast.

Dort erst musterte ich ihn. – ja, wer so grobe Hände hätte wie er! Diese Hände, meine unglückseligen Salonpfoten, werden mich noch an den Galgen...

Er zieht eine Nickeluhr aus der Tasche, klemmt sich eine Lupe ins Auge und betrachtet das Rädergetriebe.

„Kommen Sie weit her —?“ fragte er mich.

„Von dort oben. Ich hab beim Hirten geschlafen.“

„Und gestern —?“

„Gestern in Gradatz.“

„Wie ist denn dort das Geschäft — he —?“

„Na — so — so.“

„Viele Messer?“ — Und im Sprechen nimmt er noch zwei Lupen aus dem Sack, verstellt sie, jede in einer Hand, vor dem Auge hin und her... und... mein Gott — der Mann hat ja ein fertiges Fernrohr bei sich und richtet es auf den Kordonposten —! — „Viele Messer geschliffen —? Viele Soldaten dort —?“

Ich stelle mich dumm und schweige. Wenn ich der Klügere sein will, muß ich mich dumm stellen.

Wir brechen auf. Ich schiebe wieder, und er geht langsam neben mir her. Ich beneide ihn, weil er ein so bequemes Gewerbe hat. Uhrmacher... Den braucht man doch überall — die Maske ist gut.

Einmal, als ich ihn mit einem scheuen Blick streife, begegne ich seinen Augen. Ich nehme mir vor, nicht wieder hinzusehen.

Wie frech er ist! Er benimmt sich, als säße er zu Haus im Klub. Ohne Scheu spricht er von den Befestigungen und versucht mich auszuholen.

Ich will möglichst bald von ihm loskommen — der ungeschickte Mensch wird über kurz oder lang entlarvt sein, und ich mit ihm.

„Sie —“, sagt er plötzlich, „— Sie wollen da auf den Kordonposten? Und wozu?“

„Halt... Arbeit suchen...“, stottere ich, erbleichend. — Wenn er ein Agent provocateur wäre... oder auch nur... In wessen Sold steht er eigentlich?

„Arbeit suchen Sie da oben? Ich werde Ihnen was sagen: dort oben braucht man keine Stickereien. — Ich habe Ihnen nämlich vorhin mit meinem Patentfernrohr zugesehen: Sie haben ein hübsches Hemd. — Reden wir ehrlich miteinander! Welches ist Ihr Lieblingslied?“ — Er pfeift die Marcia reale und äugt mich verschmitzt an.

Nur nicht verraten! Mich jetzt nicht verraten! Ich fühle, wie mein Blut einfriert.

„Was Sie für ein komischer Kauz sind!" fährt er fort. „Wir sind Genossen – warum geben Sie's nicht zu? Sehen Sie die Maschala? Da wollen wir doch beide hin. Also auf gute Kameradschaft – welches Lied Sie auch immer singen! Wenn unsre Vaterländer Feinde sind – was geht es uns an?" – Er hält die Hand hin.

...Ich schlage ein.

Wir sehen uns in die Augen. Was darin glimmt, ist Treue.

„Ja, auf gute Freundschaft!" ruf ich. Und von der Seele fällt mir eine drückende Last. Daß ich nun nach dem wochenlangen marternden Schweigen reden darf – oh, das tut mir unendlich wohl. Daß jemand um mich ist, der meine Sorgen teilt, meine Pläne, meine Freuden und Enttäuschungen, meine krampfende Angst und jubelnde Hoffnung. Wohl, unendlich wohl.

Wenn wir unbelauscht sind, auf der Wanderung, da öffnen wir unsre Herzen und lassen einander hineinblicken.

Und ich danke ihm.

Und er dankt mir.

– – – So ziehen wir von Neumond bis Neumond zusammen von Werk zu Werk – Spürhunde einer heiligen, markzerrüttenden Jagd. Vor uns fallen die Geheimnisse, das edle Wild; wir wühlen in ihren Eingeweiden und saugen ihre Adern aus.

– – – Eines Tages liegen wir im Gras. Er schläft.

Da trottet vom Hang her – den Weg, den auch wir gekommen sind – eine Patrouille. Sie hält grade auf uns.

In dieser Minute, wo der Henker die Hand nach meiner Kehle streckt, arbeitet in mir ein entsetzlicher Gedanke: wenn es drum und dran geht und die Verfolger uns fassen, werde ich den Schläfer neben mir verraten, um mich selbst zu retten.

Mir ist, als verginge ein Leben, ehe die Patrouille da ist – mit riesigen Schritten aus der Unendlichkeit.

Um Gottes wi...

Nein.

Sie gehen vorüber.

Da erst wage ich zu atmen.

... Und Cesare Finzi vom Königlich italienischen Generalstab, mein Gefährte, dessen Schlaf ich betrog, ergreift meine Hand und sagt:

„Die sind fort. – Aber wir müssen uns trennen."

„... Warum?" fragte ich unsicher.

„Weil... weil... als die dort kamen, da ist mir gewesen, als sollte ich... Ah, denken Sie nicht schlecht von mir! – Die Furcht, die Furcht... Man wird zum Tier. Ich habe... Sie preisgeben wollen, um heil zu bleiben..."

Er steht auf und geht langsam, ohne sich umzublicken. Im Weggehen murmelt er:

„Unser Geschäft verdirbt den Charakter. Es verdirbt den Charakter."

– – – Ich habe ihm noch lange nachgeblickt.

Schade um ihn. Ist ein treuer Freund gewesen. Der aufrichtigste vielleicht, den ich im Leben gehabt habe.

GALGENHUMOR

Für die meisten von uns ist Galgenhumor nur Tropus, Redefigur.

Ich aber habe einen Fall von wirklichem Galgenhumor erlebt – vor vielen dreißig Jahren:

In Banjaluka, Bosnien, war nach langlanger Fahndung der Räuber Nikolitsch gefangen worden. Auf abenteuerliche Weise übrigens: er hatte sich, von den Gendarmen des Landes verfolgt, endlich elend, hungrig, abgerissen bei Nacht in die Stadt geschlichen. Er wußte, in diesem Haus am Rand wohnt eine arme, einsame Witwe, eine Türkin. Und diese alte Witwe überfiel er – bei ihr versteckte er sich, hier glaubte er sich sicher; die österreichischen Behörden scheuten sich, islamitische Frauenhäuser aufzustören.

Nach einigen Tagen fühlte er sich sicher genug, auszugehen: vermummt als türkische Frau, in Schleier und Mantel seiner unfreiwilligen Herbergsmutter.

Doch er hatte nicht mit den scharfen Augen der anderen Türkinnen gerechnet; sie erkannten Mantel und Schleier der Nachbarin, merkten sofort – am Gang – den fremden Mann – steckten die Köpfe zusammen und tratschten darüber. So erfuhren auch die türkischen Männer darum, begannen die sonderbare Straßenerscheinung zu beobachten – und Nikolitsch wurde erwischt.

Das Gericht verurteilt' ihn zum Tod. Morgen mit dem frühesten wird er auf der Viehweide gehängt werden.

Des Abends vorher fragte man Nikolitsch um seinen Wunsch. Und der arme Sünder sagte:

„Ich möchte ein Paar recht weite Filzpantoffeln haben für meinen letzten Gang."

„Mensch", rief der Profos, „deine Stiefel sind doch weit genug? Sind doch auch nicht so abgenutzt, daß sie für dein Leben lang – die paar Stunden – nicht vorhielten?"

Nikolitsch ließ sich auf keine Unterhandlungen ein – er bestand auf seinem Begehren: er wolle ein Paar recht weite Filzpantoffeln.

Gut, man brachte sie. Er probierte sie an, schüttelte aber störrisch den Kopf und sagte: „Nein, die sind mir noch nicht weit genug."

Man mußte ein zweites Paar holen – ein drittes und viertes –, endlich mit dem allergrößten war er zufrieden. Und männiglich wunderte sich und dachte: was will er nur mit diesen riesigen Pantoffeln?

Am Morgen kam der griechische Pfarrer. Nikolitsch wies ihn zurück: er brauche keinen Priester, er werde in einer Stunde mit Gott selber reden.

Es kam das Pikett, um Nikolitsch abzuholen. Er ließ sich willig die Hände fesseln.

Ließ sich auf den Karren laden und aus der Stadt schaffen – auf die Viehweide, wo schon Tausende von Menschen des Schauspiels harrten.

Man las ihm nochmals das Urteil und wollt' ihn zum Galgen führen. Er sagte:

„Nein, ich geh allein."

Schritt pfeifend und tanzend auf den Galgen los; dicht davor warf er das rechte Bein empor und rief:

„Hoch Franz Joseph!“

Der erste Pantoffel flog himmelan.

„Hoch Elisabeth!“

Und der zweite Pantoffel flog.

Um sich diesen letzten Witz, diese lang ersonnene Pointe zu sichern, hatte Nikolitsch die Profosen so lang, so eindringlich um ein Paar recht weite Filzpantoffeln gequält.

EINE BEGEGNUNG IM WALD

Ich war – mit einem Ränzel und einer Botanisierbüchse auf dem Rücken – aus Fondina im Montenegrinischen aufgebrochen und überschritt hart am Dorfausgang die türkische Grenze. Da führt ein steiler Weg, der kein Weg ist, durch den Buchenwald nach Dinoschi, dem ersten albanischen Ort.

Hungrig war ich wie ein Bär, der aus dem großen Schlaf erwacht – die Kleider am Leib waren zerrissen – Haar und Bart von der langen Wanderung verwildert – die Haut war gebräunt, soweit auf sie die Sonne schien. Und wohin schien sie nicht?

Ich ging stundenlang. Wenn ich eine Lichtung erreichte, setzte ich mich auf einen Wurzelknorren, spähte rundum und zog die Karte aus der Sohle des Bundschuhs. Doch die Karte log auf Schritt und Tritt.

Plötzlich – mitten in der einsamsten Einsamkeit tauchte ein Kerl aus dem Dickicht, ein magerer Albaner. Den Martini hielt er lässig auf dem Rücken, die Rechte auf den Gürtelwaffen – so stand er da, überlebensgroß, ein Bild von Erz. Solang ich lebe, werde ich den Blick nicht vergessen: Hohn, Trotz, Macht – ein ganzes Todesurteil war in diesem Blick.

Ich sah, daß er ein Moslem war, und bot ihm Gottesfrieden.

„Steh!“ antwortete er kurz.

Dann, als er mich gemustert hatte:

„Kannst du nicht ausweichen?"

Ich versuchte zu lächeln. – „Gewiß, Herr, wenn du viel Raum brauchst." – Und ging im Bogen um ihn herum am Dickicht.

Er wendete sich langsam mit – da standen wir wieder Aug in Auge.

„Du bist von drüben – ein Deutscher", sagte er. „Was treibst du hier?"

„Eh... Herr... ich suche seltene Gräser – ein närrischer Mensch, weißt du, wie alle Deutschen."

„Ja – Gräser!" rief er hämisch. „Närrischer Mensch! – Hunde seid ihr. Hurensöhne. Spionieren kommt ihr. – Da – setz dich!" herrschte er und zeigte auf einen Windbruch.

Ich setzte mich gehorsam, und er neben mich.

„Hast du was zu trinken?"

„Ja, Herr."

Er tat einen Schluck und schüttelte sich unmutig.

– „Woher hast du das?"

„Aus Podgoritza, Herr. Zwanzig Kreuzer die Halbe."

„So –. Von dort also kommst du. – Na, wie sieht es denn da aus?"

„Wie bei armen Leuten eben... Die Montenegriner sind arm, Herr."

„Hast du einen Imbiß? Nein? Na, dann warte! Hier ist Maisbrot und ein Kopf Knoblauch. Teilen wir!"

Wir aßen und tranken. Die Flasche war bald leer.

„Nun", sprach er, „und hast du etwas Geld bei dir?"

Ich zog gutwillig die Brieftasche und zählte ihm mein Vermögen auf die Hand: fünfundachtzig Gulden.

Er prüfte die Scheine, nickte und steckte sie zufrieden ein.

„Du hast doch wohl auch Kleingeld?"

„Herr", fuhr ich auf, „das könntest du mir füglich lassen. Ich hab einen weiten Weg und Hunger... Es sind nur zwei Gulden..."

„Ach, was! – Brot und Käse bekommst du in jedem Haus umsonst. Gib her! – – Ist das alles! Hast du sonst nichts? Keine Ringe?"

Er suchte mir die Taschen ab. Ich hielt die Rockflügel offen –

er fand meine Stahluhr. Sie machte ihm viel Kopfzerbrechen.

„Wie teuer hast du sie bezahlt?"

„Fünf Gulden."

„So –. Wo hat man je gehört, daß Gold und Silber schwarz würde? Und was soll sie mir? Ich kenne die Zeit an der Sonne."

Er schmetterte die Uhr an den nächsten Buchenstamm.

„Sieh nur, wie du bist, Herr!! Konntest du mir die Uhr nicht lassen?"

„Wirst dir schon eine andere kaufen. Ihr Deutschen habt ja Geld wie Spreu."

Dann zog er das Messer und schnitt mir die Riemen von Ränzel und Botanisierbüchse durch – Ränzel und Büchse fielen zu Boden.

„Du kannst gehen", sagte er.

Ich stand auf, rührte mich aber nicht von der Stelle.

Er betrachtete mich sinnend und wiederholte:

„Du kannst gehen... Aber du sollst nicht sagen, wir wären Heiden. – Da hast du noch ein Stück Brot. Iß es in Glück und Gesundheit... Und da... hast du dein Kleingeld wieder: zwei Gulden, fünf Kreuzer. Damit du nicht sagst, wir wären Heiden.." – Alles in tiefem Ernst, in Menschenliebe. – „Zieh jetzt mit Gott und blick dich nicht um – sonst schieß ich. – Und halt dich links. Rechts wohnen böse Leute, wahre Beutemacher. Die – hätten dir auch das Kleingeld weggenommen."

Ich grüßte und wanderte – – – wanderte vier Tage – über hundert Kilometer – nach unserm nächsten Konsulat.

Dort schrieb ich einen Bericht an das Evidenzbüro des Generalstabs – eine Bittschrift um Ersatz meiner verlorenen kleinen Habe.

Das Evidenzbüro antwortete:

„Private Erlebnisse sind hieramts ohne Interesse."

DIE POTTBÄUERIN

In Indija zum kalvinischen Pfarrer Doktor Kando kam ein vergrämtes Weiblein. Sie mochte vierzig zählen – in diesem Alter sind Bäuerinnen schon vergrämt. – Er musterte sie und kannte sie nicht; sie war also nicht aus seinem Sprengel; oder katholisch.

Ja, bestätigte sie, katholisch ist sie; die Pottbäuerin von Batajnitza.

Und was sie wünsche?

Sie kauderte lange um – denn einem Weiblein aus dem Dorf fällt Reden mit Städtischen so schwer wie dem Gymnasiasten das Aufsatzschreiben. – Endlich würgte sie hervor:

Ob Hochwürden...

Der Pfarrer lehnte den Titel ab.

Ob der Herr Pfarrer der Pottbäuerin ihren Mann nicht könnte lutherisch machen?

„Kalvinisch, meinen Sie?"

„Lutherisch oder galvinisch – i versteh des nit aso."

Gewiß, antwortete befremdet der Pfarrer – gewiß, der Pottbauer könne zum kalvinischen Glauben übertreten; falls er nämlich dazu die rechte Berufung in sich fühlt.

Gut, sagte das Weiblein, dann möchte der Herr Pfarrer den Pottbauern kalvinisch machen, noch heute. Und wieviel es wohl kosten wird?

„Nicht so, liebe Frau! Der Bauer muß erst selber herkommen; muß selber seinen Willen kundtun; und nachweisen, daß er die Lehren des kalvinischen Bekenntnisses wohl innehat; muß den Austritt aus der katholischen Kirche anmelden und feierlich unser Bekenntnis ablegen. – Wo ist denn der Bauer?"

Sie blickte zu Boden und sprach langsam:

„Der is net hier."

„Dann lassen Sie ihn holen."

„Des is es ja: ma kann net."

„Warum nicht?"

„Er is dot; dot seit a fufzehn Jahr."

Der Pfarrer war ganz verdutzt. – „Tot ist der Bauer? Seit fünfzehn Jahren? Und möchte kalvinisch werden? Was soll das Ganze überhaupt?"

Das Weiblein atmete tief auf und sprach mutig:

„Hochwürden, i sag's wie's is – es is aso: mein Seliger war a sehr a frommer Grist…"

„Katholischer Christ – nicht wahr? Sagten Sie doch?"

„Ja. A sehr a guder Grist. Aber an eigener Mensch – alls hod müssen nach seim Kopf gehn. Und so is er aa blieben – im Himmel. Bei sein Lebzeiten ham mir immer, wann im Haus etwas is überzwerch gangen, beim Vieh oder so… – da ham mir immer dem Heilingen Andonius a Kirzen anzunden un ham bet – un weil mei Seliger is aso a guder Grist gwesen, hod der Heilinge uns aa erhört. Dann is 'r gsturben, der Bauer – no ja – och – un für sei Frömmigkeit sitzt 'r drüben gwiß zur Seiden von unserm lieben Heilingen Andonius. Ja – och. – Wie hab i können alleinich d' Wirtschaft weiderführen? Ich hab müssen heiroden – 'n Gnecht, 'n Loisl. Und segen S', Hochwürden: darüber gift sich der Selige; sitzt zur Seiden vom lieben Heilingen Andonius und gift sich. Und jetz können mir, mei Loisl un i, die scheensten Kirzen anzünden un können beden, bis mir grien wern: der Heilinge Andonius erhört uns nit. Unsre Sau is verreckt – unsre Hühner saan grepiert – 's Heu is sauer: weil sich mei Seliger dut giften über mi un mein Loisl – un dut unsern lieben Heilingen Andonius geng uns aufstacheln. Ja – och. Da hab i gmaant: ob Sö net könnten mein Seligen galvinisch machen – daß 'r hald von der Seiden des Heilingen Andonius wegkummt – in d' Höll für sein Bosheid – daß uns der liebe Heilinge Andonius wieder erhört."

FEINDE IM HAUS

Zu Vater Likotas Zeiten war das Haus Likota das zweitreichste bei uns im Dorf.

Dann aber, nach Vaters Tode, verklagte Lasar Likota seinen Bruder auf Teilung – und aus dem schönen Erbgut wurden zwei Bauernlehen, nicht größer als viele andre auch. Größer nicht, nur garstiger zerstückelt. Denn einen Apfel schneidet man mit dem Messer in Hälften. Ein Bauerngut aber? Kann sich Andria das Wohnhaus nehmen, den Weinberg und die Wiese? Laso den Schweinestall, die Felder und den Hof? Sondern die Grenze muß in Winkeln und Sprüngen kreuz und quer laufen, scharf durch die halbe Tenne, mitten durch den Garten, über den Keller auf Wasser, Ackerland und Weidetrift – damit jeder von jedem den gebührenden Anteil kriege.

Als vermessen war, nannten Laso und Andria den Herrn Geometer mit gleich heißem Eifer einem Hundsfott. Kein Zweifel: er hatte gerecht vermessen.

Nun fing der Unfrieden bei Likotas erst recht an. Lasos Saukoben bildete eine Enklave im Gebiet Andrias. Lasos Sau wußte es nicht, kam aus und fraß Andrias Maiskolben. Andria warf ein Beil nach ihr, kam aber hinten ab und stutzte ihr nur das Ringelschwänzchen. War auch ein Glück für ihn. Denn Laso verklagte ihn wegen boshafter Beschädigung fremden Eigentums, fiel aber durch, weil der andre nachwies: das Schwänzchen habe sich zur Zeit der Tat auf seinem Grund und Boden befunden.

Nun war die Reihe, Rache zu nehmen, an Laso. Andrias Maulbeerbaum reichte mit einem Ast herüber zu Laso. Laso nahm es wahr und schüttelte von diesem Ast die Beeren. Andria strengte Klage an und verlor glänzend.

Tags nach der Verhandlung trafen die Weiber der beiden Brüder einander am Brunnentrog, da ging grade die Grenze, und schlugen sich gegenseitig nasse Fetzen um die Köpfe. Laso hatte eben Pflaumenbranntwein gehoben, kam dahergelaufen und hieß seinen Bruder einen Bauchschlitzer. Andria antwortete mit einem Fluch auf die Sonne, die Taufkerzen und den Dudelsack des Bruders. Darüber ward Laso zornig – und in diesem Zorn, der schon Tobsucht war, vergaß er Familie und Christentum und tat das Unflätigste, was ein krankes Gehirn an Kränkung ersinnen kann: er nannte Andria einen Advokaten.

Einen Advokaten.

Morgens darauf, lang ehe die Sonne aufgegangen war, fuhr Andria, der Beleidigte, aus den Federn; fing seine Stuten ein, die im Zwetschkengarten grasten, löste ihre Fesseln und spannte an; ging ins Haus, wo noch die Eheliebste schlief, und schnürte seine flinken Füße in Bundschuhe. Alles verbissen-schweigsam. Er langte die Waidtasche vom Nagel, tat Brot, grünen Paprika und Knoblauch darein und obenauf eine Kürbisflasche wasserhellen, neuen Schnaps. Da sah die Bäuerin, daß er sich zu einer weiten Reise rüstete.

Mit He und Holla ging's in die Stadt.

Vor dem Haus des Königlichen öffentlichen Notars und Verteidigers, der Herrn Doktors Vilim Šenhofr, hielt Andria. Er war sehr kleinlaut; putzte sogar die Schuhe ab. Am liebsten hätt er sich bekreuzigt. Endlich pochte er mit der Miene eines verprügelten Jungen an. Hinter dieser Tür — er wußte es — streckt sich eine begehrliche Juristenhand nach Vorschuß.

Auf wiederholtes Klopfen endlich ein unwirsches Herein.

Doktor Vilim Šenhofr gewahrte mit Freuden eine alte Kundschaft. Wohlwollend leuchteten seine Augen durch die große Brille. Sie hatte dem armen Andria schon so oft Achtung abgenötigt und blendete ihn heute vollends.

„Guten Tag, Pate!“ sprach der Herr Doktor. „Was führt Euch zu mir? Abermals die Teilung?“

Andria verstand nicht, denn der Herr Doktor sprach das Kroatische schriftgemäß, überdies mit aufdringlichem Anklang an die Mundart seines Großvaters, des alten Wilhelm Schönhofer, der aus dem Schwabenland hierher nach Syrmien gekommen war.

Immerhin begriff Andria, daß er nach seinem Begehr gefragt war, und so erzählte er denn umständlich, wie er mit seinem Bruder Laso uneins geworden war — „Weiß schon, weiß schon“, wehrte der Doktor vergebens —, was seine Schwägerin, Manda, für eine Bestie ist; wie Lasos Zweiter, Franjo, immerfort Äpfel stiehlt und Steine schmeißt nach Andrias Truthühnern — und so kam er endlich auf die letzte Balgerei zu sprechen, wo Laso ihn einen Advokaten geheißen hatte.

Der Doktor zog die Brauen hoch, nahm ein Papier vor und verlangte zehn Kronen für Aufnahme der Information. — Wann sich das alles zugetragen habe?

„Gestern.“

Und welche Schimpfworte Laso nachweislich gebrauchte?

„Er hat mich“, rief Andria erregt, „einen Advokaten genannt — das kann ich beschwören.“

„Und sonst nichts?“

Sonst auch noch allerlei — aber daran erinnere sich Andria nicht mehr.

Der Herr Doktor zog die Brauen schier hinter die Ohren.

„Ja, Mensch, glaubst du denn, daß die Bezeichnung Advokat eine Beleidigung involviert?“

Andria verstand wiederum keine Silbe.

„Glaubst du“, fuhr Šenhofr fort, „daß du jemand verklagen kannst, der dir Advokat sagt? Ist denn das nicht ein ehrenhafter Stand?“

Andria sah bestürzt drein.

„Was denkst du dir eigentlich, du Kamel? Willst du mich zum besten haben? Oder bist du wirklich so verbohrt, daß du Ernst machst, Halunke?“ — Als der Zorn wuchs, fing er gar deutsch an, weil ihm das besser von der Leber ging: „Marsch naus, du Bauernschädel! Und daß d' dich mir fei nie mehr zeige tuscht, sonschten bischt an d' Luft gsotzen, eh daß d' no Muh gmacht hascht.“

Traurig und trotziger denn traurig stieg Andria in seinen Wagen, sprengte die Rößchen ein und galoppierte nach Haus.

Laso, Manda und des feindlichen Ehepaars Monatlöhner standen vor dem Zaun. Weither drohte Andria mit der Peitsche und brüllte:

„Ha, ihr Advokaten! Ich werd euch lehren, ehrliche Leute Advokaten schimpfen.“

Laso wollte sich auf ihn stürzen, doch Manda hielt ihn zurück. „Verklag ihn lieber“, riet die Kluge.

Genau wie tags zuvor Andria, stand jetzt Laso vor der Tür Doktor Vilim Šenhofrs, putzte seine Bundschuhe und pochte an. Der gleiche freundliche Blick durch dieselbe Brille begrüßte ihn. Dieselbe Hand verlangte den gleichen Vorschuß. Es folgte auch die gleiche Information. Nur war diesmal Stana, Andrias Weib, eine böse, nichtsnutzige Trude, und der Sprecher selbst durch die Beschimpfung Advokat so arg ins Herz geschnitten. Was aber folgte, war kürzer als gestern: diesmal warf der Königliche Notar seinen Klienten eigenhändig hinaus und setzte für diese Mühe nicht einmal einen Posten in die Vormerkung.

Und auch den Laso erwarteten wieder seine Feinde vor dem Zaun: Andria, Stana und der Monatlöhner. Doch Laso drohte nicht. Er hielt, sprang auf den Bruder zu und salzte ihm ein Kopfstück. Ein Kopfstück – ein Türke wäre blind davon geworden.

„Eh“, dachte Andria, der Geschlagene, „diesmal gehst du zum Bezirksrichter selbst.“

Und er tat es. Der Herr Richter ließ ihn nach kaum vier Stunden Wartens vor.

„Was willst du?“ knurrte er.

„Hochmögender Herr, unser seliger Vater...“

„Laß ihn ruhen! Sag kurz und bündig, worum sich die Sache dreht.“

Andria machte noch etliche fünfzehn Versuche, beim Vater zu beginnen – vergebens. Endlich rückte er mit der Tatsache heraus: daß ihm sein Bruder gestern eine Ohrfeige gegeben hat.

Der Richter: „Dein Bruder hat ihm also eine Ohrfeige gegeben?“

„Wem – ihm?“

„Na, dem Vater, sagst du.“

„Nicht doch, hochmögender Herr – mir hat er eine Ohrfeige gegeben.“

„Hör einmal, Kerl – du bist wohl ganz von Sinnen? Wie kann dich der tote Vater hauen?“

„Nicht doch, hochmögender Herr! Mein Bruder Laso hat mir eine Ohrfeige gegeben.“

„Und was hat das mit der Leiche deines Vaters zu schaffen, wenn ich bitten darf?“ fragte der Richter bissig und gereizt.

„Nichts, hochmögender Herr. Laso hat mich geohrfeigt, und ich will ihn verklagen.“

„Ist denn Laso tot?“

„Nein, hochmö...“

„Na, also???“

„Ich habe ja nicht gesagt, daß jemand tot ist – obzwar mein Vater wirklich...“

„Dein Vater lebt also? Vorher hast du gestanden, er ist tot."

„Gewiß, er ist tot, aber er gehört nicht zur Sache. Mein Bruder lebt und heißt Laso. Laso hat mich geohrfeigt, und ihn will ich verklagen."

„Endlich ist's heraus. Warum hast du dich nicht gleich klar ausgedrückt? Er, Laso, hat dir also eine Ohrfeige gespendet. Und hast du sie ihm zurückgegeben?"

„Nein, hochmögender Herr."

„Warum nicht?" schrie der Richter.

„Er ist ein starker Mann..."

„Wie? Soll ich dir etwa helfen gehen? Hinnnnnaus – oder ich lasse dich von der Wache befördern, daß du deine Knochen im Leintuch nach Hause tragen kannst. Fehlte mir noch, daß ich für jedes Bauernkopfstück eine Tagfahrt ansetzen müßte – mit Ortsaugenschein und medizinischen Sachverständigen."

Andria trollte sich.

Als er heimfuhr, schwang er die Kürbisflasche traurig gen Himmel, tat einen Schluck und sang ein ganz neu gedichtetes Reigengstanzel:

Ako nije tvoja ćupa luda,
mani se ti kotarskoga suda.
Nagni, Andro, teraj konje stare –
rakija tvoja, sud za gospodare.

Andro, mach dich selber nicht zum Narren,
trinke Schnaps und bleib auf deinem Karren.
Und den Stadtherren lasse ihr Gericht.
Haut dich einer, antwort ins Gesicht.

DER RABBI VON JANOVO

Der Rabbi von Janovo fuhr im Planwagen über Land – auf den Markt nach Pancova. In Mokri wollte er nächtigen.

Das ist leicht gesagt. Wenn aber Markt in Pančova ist, fahren alle Juden nach Pančova, und wenn sie hinfahren, nächtigen sie alle in Mokri. Als der Rabbi ankam, zeigte sich's, daß kein Plätzchen im Wirtshaus mehr unbesetzt war, und es blieb nichts übrig als: auf dem Wagen in der Scheune schlafen.

Moische Bandwurm, der Kutscher, zog den Planwagen unter Dach, band die Pferde verkehrt an die Deichsel, damit sie aus dem Vorderschragen fressen könnten – machte für den Rabbi ein Lager im Wagen zurecht, sich eins unterm Wagen – und schon war's finster.

Als der Rabbi gebetet hatte, sprach er:

„Moische Bandwurm, hast du gebetet, daß uns de Pferde nix sollen gestohlen wern?"

„Nein, Rebbeleben."

„So bet inbrinstig – und bind de Pferd außerdem fest an."

Moische tat, wie ihm geheißen worden.

Als er fertig war, begann der Rabbi wieder:

„Moische Bandwurm – wenn du inbrinstig gebetet hast und hast de Pferd außerdem so fest wie meeglich angebunden und bleibst auch noch wachendig und gebst acht – so ist es trotz dem Marktgewihl meeglich, daß uns de Pferd nix gestohlen wern."

„Ich wer wachendig bleiben und achtgeben", sagte Moische.

Der Rabbi legte ihm beide Hände auf das Haupt, murmelte einen Segen und stieg langsam in den Wagen.

– – –

Mitten in der Nacht ward der Rabbi durch Hundegebell aus dem Halbschlummer des unbequemen Lagers geschreckt und rief nach Moische.

„Was wollt Ihr, Rebbeleben?"

„Schloifst du, Moische?"

„Nein, Rebbeleben."

„Was machst du denn?"

„Ich denk nach, Rebbeleben."

„Über wos denkst du nach, Moische Bandwurm?"

„Ich denk nach, ich denk nach... we es Unschlitt hinkommt, wenn eine Kerze brennt."

„Nü, als du so gescheite Sachen nachdenkst, wirst du doch nix einschlafen", rief der Rabbi beruhigt und wandte sich auf die andere Seite.

— — —

Ein kühler Luftzug ging durch die Fugen des Scheunentors – da erwachte der Rabbi wieder.

„He, Moische!" rief er. „Schloifst du, Moische?"

„Nein, Rebbeleben."

„Über wos denkst du nach, Moische Bandwurm?"

„Ich denk nach… ich denk nach… wo kommt das Holz hin, wenn man en Nagel in en Brett einschlagt?"

„Nü, als du so gescheite Sachen nachdenkst, wirst du doch nix einschlafen", sagte der Rabbi und wandte sich erleichtert linksum.

— — —

Die Sterne verblaßten. Da krähte der Hahn und weckte den Rabbi.

„He, Moische!"

„Was wollt Ihr, Rebbeleben?"

„Schloifst du, Moische?"

„Nein, Rebbeleben."

„Was machst du denn?"

„Ich denk nach, Rebbeleben."

„Über wos denkst du nach, Moische Bandwurm?"

„Rebbeleben – aufrichtig gesagt – ich denk nach… ich denk nach…: die Tore seind zu, grührt hat sich nix – wo seind unsre Pferd?"

DIE METÖKEN

„Sie sind rumänischer Jude? Na, hören Sie: als Jude in Rumänien leben – das bringt auch wieder nur ein Jud fertig."

EINEN TAG LANG KÖNIG

Da lebte vor zwanzig, dreißig Jahren zu Mala-Rastovica im Syrmischen, also jenseits der Save, ein Serbe mit Namen Michael Mihajlović, ein Kerl voller Widersprüche. Er hatte das beste Stück Weinland und trank nicht — zwei Dutzend Hunde und jagte nicht — war kinderloser Witwer und freute sich nicht seines Lebens.

Stundenlang konnte er in der Mitte seiner Koppel unter einem Nußbaum sitzen und in die Ferne starren — auf eine blaue Kuppe, die sich am Rand der Welt, kaum sichtbar im Dunstschleier, erhob. Das war die Avala, dritthalb Meilen südlich von Belgrad.

Zur Avala schwebten auf leisen Flügeln Michael Mihajlovićs Gedanken. Frühmorgens, wenn er erwachte, sah er zuerst nach ihr. Deckte sie der Nebel, dann war der Alte schlechter Laune. Zitterte sie im Sonnenstrahl — das war ihm eine liebe Botschaft.

Abends setzte er sich unter einen Nußbaum, grüßte die Avala und las immer wieder die Chronik des Kaisertums Serbien: vom glorreichen Michael — von Stefan Nemanja, dem Zeitgenossen Barbarossas — von den Zaren Dušan, Uroš, Wukaš — und endlich vom armen Lazar, der gegen Sultan Murad unterlag.

Alle vierzehn Tage einmal kam Michael Mihajlović an das Ende des Buches — zum St.-Vitus-Tag 1389 —, dem unglücklichsten in der serbischen Geschichte. Und sooft der Alte dieses letzte Kapitel las, die Schlacht auf dem Amselfeld — wie Zar Lazar durch Verrat seines Eidams von Janitscharensäbeln fiel, wie Miloš Obilić starb und die andern Kämpen — sooft der Alte es las, krampften sich seine Fäuste zusammen, und seine Augen loderten im Zorn.

So fand ihn eines Tages der Barbier von Mala-Rastovica, ein Schwabe namens Theiner, und fragte, was dem alten Herrn fehle.

Michael Mihajlović erzählte von der Schlacht.

„Bah“, sprach Theiner, „freilich wohl is es a Pech gewest. Aber indem, daß es schon so lang her is, un unsereins hat doch dabei nix verlore...“

„Nichts verloren, Theiner? Ein Kaisertum ist nichts?“ schrie Mihajlović — und begann, dem blöden Theiner haarklein nachzuweisen: daß er, Michael Mihajlović, von niemand Geringern abstammte als von dem ersten Serbendespoten Mihajlo selber. Mit unheimlicher Eile blätterte er die Chronik durch – las hundert Stellen vor, die für ihn sprachen: hier war ein Enkel Mihajlos „nach Norden gezogen" – hier ein Bruder Radovans erwähnt, der „aus dem Eichenwald gekommen war" – eine deutliche Anspielung auf Rastovicza, das serbisch Eichenwald bedeutet –, hier gar ein kaiserlicher Prinz, der Mihajlović hieß.

Am andern Morgen wußte der ganze Ort um Michaels Anwartschaft auf den serbischen Thron und amüsierte sich darüber köstlich.

Athanas Jakobac war immer zu Späßen aufgelegt – hier sah er seinen Weizen blühen. Und pochte an Michaels Gartentor.

Michael öffnete, trieb seine zwei Dutzend Kläffer zur Seite und geleitete den Gast ins Haus. Dort fiel Athanas zu Michaels herzlichem Erstaunen auf die Knie und huldigte dem Hausherrn als dem König von Serbien. Die Skupčina in Belgrad habe, entrüstet über die verlorene Schlacht bei Sliwnica, die Dynastie Obrenović abgesetzt und die Mihajloviće auf den Thron erhoben. Es sei auch schon eine Deputation unterwegs, um dem Hausherrn die Wahlurkunde zu überbringen.

Den alten Mihajlović traf fast der Schlag. Als er sich gefaßt hatte, drückte er Athanas die Hand, ließ sich die Wahrheit der Botschaft beschwören – Athanas schwor meisterhaft – und tanzte im Zimmer auf einem Bein umher.

„Wie das Schicksal doch mit den Menschen spielt!" rief er. „Gestern noch ein Bauer – was bin ich mehr gewesen? – und heute der König eines großen Reiches! Ist es auch wirklich wahr, Athanas, daß sie mich gewählt haben?"

„Hundert Waggons Apostel – pflege ich zu lügen?" entgegnete Athanas treuherzig.

Indessen hatten ein paar Leute aus Pasua, die um den Spaß wußten, vom Kammerdiener des Grafen Magnatenanzüge geborgt und erschienen nun als Deputation der Skupčina. Sie brachten ein schwulstiges Dokument, das war mit Gold und Wasserfarben auf dickes Papier gemalt – trieben allerhand Hokuspokus und – was für Mihajlo die Hauptsache war – sie huldigten ihm. Eingeweihte und Uneingeweihte strömten herzu, belagerten Mihajlos Haus, stachen durch den Zaun nach Mihajlos Haus, stachen durch den Zaun nach Mihajlos Hunden und schrien:

„Živio! Živio srpski kralj! Hoch der König von Serbien!"

Mihajlos war närrisch vor Seligkeit. Er wurde nicht müde, zu danken und sich zu entschuldigen, daß er nicht mehr bieten könne als Fleisch, Brot und Wein.

„Živio! Živio!"

Bald gab es Schaffleisch mit Knoblauch, Schweinsbraten und einen herrlichen dreiundsiebziger Schillerwein, Karlowitzer Wermut und Ausbruch. Das Volk war in glühender Begeisterung.

Am Abend erschien der Pope Jovo, trank vom dreiundsiebziger Schiller, trank vom Karlowitzer, trank auch vom Ausbruch und salbte Mihajlo zum erblichen König.

„Aber ich habe ja keine Kinder", schrie Mihajlo.

„Macht nichts, die kommen schon nach. Du bist noch lang nicht hundert Jahre alt wie Abraham."

Um Mitternacht gab's einen großen Festzug. Wäre die serbische Grenze nur ein wenig näher gewesen – der „Putsch" wäre nach allen Richtungen der Windrose telegraphiert worden.

Am Morgen wollte Mihajlo durchaus nach Belgrad fahren. Man stellte ihm vor, daß erst Milan vertrieben werden müsse, ehe Mihajlo den Thron besteigen könne – und das würde acht Tage dauern.

Der König gab sich nach vielem Zureden zufrieden und blieb.

Er blieb – aber untätig war er darum nicht. Er ernannte den Popen Jovo zum Metropoliten, verlieh auch den Gesandten der Skupčina Ämter und Würden – Athanas wurde – wohl in Anbetracht seiner Jugend – nur Major.

Endlich fanden sich einige Besonnene und taten dem Unfug Einhalt.

Mihajlo wollte es lang nicht glauben, daß er genarrt worden war...

Dann spundete er seine Fässer zu und sagte kein Wort.

Der Küfer erzählt, Mihajlo habe seine vierundzwanzig Hunde halbtot geprügelt, weil sie nicht besser achtgegeben hätten.

Seitdem war er noch mürrischer und noch einsamer. Als er starb, fand man im Testament die Anordnung für seine Grabschrift:

Hier ruht
Mihajlo IV. Mihajlović,
gesalbter König von Serbien,
der einen Tag lang regiert hat.

Wanderer, beneide ihn um das Glück des einen Tages.

— — —

Aber nicht einmal die Grabinschrift erhielt er — der Pope Jovo sträubte sich dagegen.

DIE SCHÖNE HODJINITZA

Von der schönen Hodjinitza hab ich zum erstenmal in Trawnik, Bosnien, erzählen hören und dann noch oft und oft ringsum im Land.

Es gab nämlich in Trawnik einen überaus frommen Hodja, muslimanischen Priester, der stand, so jung er war, schon von seinem Vater und Großvater her im Geruch der Heiligkeit.

Kam ein Mann vom Land nach Trawnik und fragte im Basar: „Sagt, Leute, ist es wirklich wahr, daß euer junger Hodja auserwählt ist im Islam, ein Künder des Glaubens fast schon wie Muhammed Pejgamber?"

„Wills meinen", rühmten sich die Trawniker. „Jeden Abend schickt Allah 20.000 Engel nieder, damit sie unsern Hodja bedienen."

„Engel, sagt ihr — hüh! Schickt Allah. Jeden Abend. — Und gleich 20.000! Was sollen so viel Engel um einen einzigen Mann?

„Nun, ein Engel deckt unserm Hodja den Eßtisch. Einer schüttelt die Matratze des Diwans auf, eh sich der Hodja niederhockt; wieder einer breitet den Teppich aus. Ein Engel bringt das Wasser, einer das Trinkglas, der dritte schenkt ein.

Ein Engel hat das Feuer auf dem Herd gefacht, einer den Topf aufgestellt, einer das Hammelfleisch gekocht…“

„Gut“, meint der Fremde, „nehmt an, es hätten hundert Engel das Abendmahl im einzelnen bereitet… Hundert sind noch lang nicht 20.000. Was tun die übrigen?“

„Wenn der Hodja sein Mahl verzehrt hat, nimmt ein Engel ihn rechts und einer links, und so gleiten sie den Hodja nach seinem Lager.“

„Schön, das sind hundertzwei Engel. Aber die übrigen? Die übrigen?“

„Hat man dir nie beschrieben, Mensch, wie schön unsre Hodjinitza ist? Die übrigen Engel, Mensch, haben alle Hände voll zu tun, unsern Hodja von den Lippen der Hodjinitza zu reißen.“

DIE ERZÄHLUNG EINES ARZTES

(Nach dem Bulgarischen des Georg Stamatoff)

Ich hatte nie den Vollzug der Todesstrafe mitangesehen – weil ich dem Schauspiel auswich und weil die Behörden ihr Werk ebenso heimlich tun wie die Verbrecher selbst – auch sie scheinen ein Gericht zu fürchten. Ich bin immer nur – als Kreisarzt – ins Amtsgebäude gegangen, wenn das Entsetzliche vorbei war – um festzustellen, daß die Behörden die juristische Operation vollführt hatten, wie es sich gehört.

Einmal aber – und ich entsinne mich keines abscheulicheren Augenblicks in meinem Leben – einmal sagte ich dem Staatsanwalt: „Morgen früh komme ich rechtzeitig.“ – Mir war, als hätte ich versprochen, eine ausgepichte Gemeinheit zu begehen.

Am nächsten Morgen war im Gefängnishof alles bereit. Schutzleute mit Gewehren bildeten einen engen Kreis – mitten darin ragte, neu gezimmert, der Galgen. Zwischen zwei aufrechten Balken stand ein Weinfaß; einst hatte es Menschenherzen erfreut – nun war es für die schrecklichste Stunde im Leben eines Menschen vorbestimmt.

An dem Galgen machte sich ein altes Männchen zu schaffen — so gleichmütig, als gelte es, einen Triumphbogen zu bauen. Das Männchen war selbst ein Sträfling, einst zum Tod verurteilt, doch zu ewigen Ketten begnadigt. Vielleicht derselbe Staatsanwalt, der vor Jahren seine Blitze gegen den Kopf des Mörders geschleudert hatte, gab ihm nun auf, seinen Nebenmenschen zu hängen. Dachte der Begnadigte, durch seinen Fleiß das Verbrechen von damals zu sühnen? — oder dachte er gar nichts? Zehn Jahre hatte er schon im Kerker verbracht — wie lange wird die Ewigkeit noch währen?

Daneben der Pfarrer. Ich kannte ihn — von einer Hochzeit; schon da war mir sein teilnahmsloses Gesicht aufgefallen.

Nach einer Weile gab man Befehl, den Verurteilten herbeizubringen. Es kam, von Wächtern geführt, ein stattlicher Bursche, noch ganz jung; er mochte wohl kaum das verhängnisvolle 21. Lebensjahr vollendet haben. Ein Herr vom Gericht las das Urteil; las es so ausdrücklich, als hinge sein eigenes Leben, das Leben aller Anwesenden davon ab.

Die weltlichen Behörden hatten nun mit dem Verurteilten nichts mehr zu tun. Nur der Henker wartete ungeduldig auf den Abschluß der Geschichte.

Der Pfarrer näherte sich dem Burschen.

„Mein Kind", sprach er, „du mußt jetzt diese sündige Welt verlassen und in das ewige Leben Gottes eintreten. Fürchte nichts, mein Sohn! Für dich ist noch nicht alles aus. Dort oben", sagte der Pfarrer und wies nach dem Himmel, „dort..."

Der Unglückliche blickte empor und sah den Galgen.

„Der Strick, Vater...", flüsterte er zitternd, verzweifelt.

Vergebens tröstete ihn der Pfarrer mit Versprechungen auf die andere Welt — der Junge schrie, umklammerte die Hände des Pfarrers: „Der Strick... dieser Strick, Vater..."

In zwei Worten drückten sich die Schauer der Angst aus. — Die Behörden beeilten sich. Henkers-Gehilfen packten den Verurteilten, um sich seiner zu bemächtigen — er aber klammerte sich an den Talar des Pfarrers.

„Mein Kind", stammelte der Pfarrer erschrocken, und bemühte sich, seine Kleider loszubekommen. „Mein Kind..."

„Der Strick...“, jaulte der arme Sünder, „dieser Strick...“

Endlich riß man den Verurteilten los. – Der Pfarrer trocknete sich bebend den Schweiß auf der Stirn.

Ich habe viele Menschen sterben sehen, habe so oft das Auslöschen des Organismus von Minute zu Minute verfolgt. Doch das waren immer Körper, die ich mit all meiner Wissenschaft nicht retten konnte – ich, der Arzt, mußte ihren unvermeidlichen Tod erwarten. Dieser Tod aber, der da vor mir erfolgen sollte, machte jeden Nerv im mir schwingen. Jahrhunderte sammelten Erfahrungen, das Leben um Sekunden zu verlängern – hier soll ein starker Leib, der ein Jahrhundert leben könnte, in einer Sekunde vernichtet werden – man trifft vor meinen Augen kunstreich alle Anstalten dazu, vor mir, dem Arzt, dessen Beruf das Helfen ist...

Endlich gelang es ihnen, ihn auf das Faß zu heben. Er, mit blödem Ausdruck in den Augen, wollte zum Pfarrer.

Da rief der Staatsanwalt neben mir plötzlich und feierlich in die Stille: „Seine Majestät schenkt dir das Leben.“

Ich sah verwundert auf den Staatsanwalt. Er glich jetzt Christo, der Lazarum aus dem Grab ruft.

In mir hallte es nach: „...schenkt dir das Leben...“ Und ich dachte: was schenken sie? – durften sie es denn nehmen?

Die Schutzleute stießen dem Verurteilten in die Rippen: „Schrei doch: ‚Hurrah‘! Schrei: ‚Hoch Seine Majestät!‘“

Gott weiß, aus welchen Gründen, fingen sie selbst zu schreien an: „Es lebe Seine Majestät!“

Die Henker, erstaunt, zogen sich zurück – aber sie schrien weder Hurrah, noch ließen sie jemanden hochleben.

Der Verurteilte hockte immer noch auf dem Faß; sah die Gesellschaft rundum blöd an und murmelte: „Der Strick... dieser Strick, Vater.“ – Der Mann gehörte nicht mehr ins Gefängnis; viel eher ins Irrenhaus. – „Was bedeutet das alles?“ fragte ich den Staatsanwalt.

„Ach, nicht viel“, antwortete er lächelnd. „Wir haben schon gestern das Telegramm aus Sofia bekommen, daß er begnadigt ist; aber wir wollten ihm ein bißchen bange machen – zur Belehrung.“

„Wissen Sie auch, Herr Staatsanwalt, daß er irrsinnig geworden ist?"
„Wozu braucht er Verstand?" meinte der Staatsanwalt leichthin und wandte sich zum Gehen.
Wozu braucht er Verstand?
Eigentlich hatte er recht, der Staatsanwalt.

KELLERMANNS PASS

Ich war einst von Wranja in Altserbien unterwegs nach Ljubotern, das am Wardar liegt, im Wilajet Kossowo, und damals noch Seiner Majestät dem Padischah von Istambul gehorchte.
In Wranja hatte ich Herrn... na, sagen wir Kellermann kennengelernt, reisender Kaufmann aus Proßnitz. Er verkaufte den Eingeborenen eine Ware, deren Bezeichnung im Deutschen keine Mehrzahl hat: den Fes. Von Mekka bis Tanger, vom Tschadsee bis zum Gaurisankar tragen die Moslim den Fes – oft auch mit dem Turbantuch umwickelt –, und alle, alle „Fesse" kommen aus Proßnitz in Mähren.
Bis dahin hatte ich eine bestimmte Abneigung gegen mährisch-islamitische Fesverschleißer – ich weiß schon warum. Mit Kellermann aber freundete ich mich innig an.
„Herr", fragte ich ihn, „wie kommen Sie auf Ihren morgenländischen Reisen über die Schwierigkeiten mit dem Paß hinweg?"
„Paß? Paß ist die Gangart eines Esels."
„Kellermann, tun Sie schon wieder groß? Ohne Paß kommt kein Mensch über die türkische, die serbische, die rumänische Grenze. Wie beschaffen Sie sich immer wieder die Visa der Konsuln, Stadtbehörden, Kaimekams, Delibaschas, Nalis – und so weiter? Das alles ist doch kostspielig, aufreibend und in höchstem Maß zeitraubend."
Kellermann zuckte die Achseln.
„Ich kann darüber nicht mitreden", sagte er, „ich kenne das alles nicht."

Der serbische Schaffner unterbrach uns – er verlangte die Billets zu sehen. Kellermann entfaltete seine Urkunde.

Er entfaltete sie vor dem Polizeigewaltigen von Üsküb, von Ljubotern und vor allen Bahnbehörden des Wardartales.

Endlich, endlich zeigte er sie auch mir, der ich vor Neugier, sie zu sehen, brannte.

Und was war das Ding in Kellermanns Hand, der Schlüssel zu allen öffentlichen Pforten?

Ein längst abgelaufener altösterreichischer Waffenpaß – tschechisch – und lautete auf eine Kapselpistole.

Rätselhaft, nicht wahr?

Ja, aber oben prangte ein Doppeladler von der Größe eines Perlhuhns – und dieser kolossale Vogel war's, der das Pergament zum Zaubermittel machte.

Nicht als ob das österreichische Wappentier so angesehen im Morgenland gewesen wäre. O nein. Die täuschende Familienähnlichkeit mit dem russischen Wappen machte es.

Als ich in Ljubotern die Herberge verließ, in der wir wohnten, hörte ich hinter mir wispern:

„Das ist der Mann, der mit dem Flügeladjutanten des Zaren reist."

SCHÖNE GEGEND

Es war noch vor dem Krieg – ich wollte von Durazzo nach San Giovanni di Medua, über Land. Der österreichische Konsul aber und der Mutessarif rieten mir, zur See zu fahren. Rieten eindringlich – endlich bestanden sie darauf.

„Grade Sie", riefen sie im Chor, „grade Sie dürfen nicht zu Land nach Giovanni."

„Warum grade ich?"

„Im Interesse Ihrer Sicherheit, mein Herr, für die wir sonst keine Bürgschaft übernehmen. Sie haben einen Goldzahn."

„Onkelchen", sagte eines Tages die Teufelsgroßmutter, „so kann's nicht weitergehen. Seit ich meine Zustände mit dem Magen habe, ist himmelschreiende Unordnung bei uns. Gestern erwische ich einen, wie er den Herostratus mit ganz kalten Zangen zwickt, und heute finde ich wieder Nero vergnüglich im starren Schwefel sitzen – das Feuer war ausgegangen. Du wirst auf die Oberwelt gehen müssen."

„Seelen kaufen?" fragte der Teufel.

„Beschrei es nicht! Darüber sind wir, Gott sei Dank, lang hinaus. – Aber nach einer Stütze wirst du dich umsehen müssen."

„Einer Stütze der Hausfrau?"

„In Gestalt einer Schwiegertochter, die fleißig mithilft, die Kessel bereitzustellen, und die beim Sengen und Sieden nach dem Rechten sieht."

So sprach die Alte, zog ihrem Enkel seine besten Kleider an, steckte ihm eine frische Hahnenfeder auf den Hut und entließ ihn mit vielen herzlichen Flüchen auf die Freite.

Vier Wochen später hinkte der arme Teufel zerrissen und zerschlissen die staubige Landstraße daher und dachte an alles, was er erlebt hatte. War nicht viel Erbauliches dabei. Heiratslustige Mädchen hatte er tausend gefunden – fast mehr als heiratsfähige, und auch den Teufel hätten sie genommen. Aber sowie er ihnen was vom Reinemachen der Kessel sprach – plumps, da hatte er seinen Korb. Heute früh hatten sie ihn gar die Treppe hinabgeworfen. Und er hatte sich's doch so schön gedacht, den Ehemann zu spielen...

Als er sich so des Weges trollte, sprach ihn jemand mit „Gnädiger Herr" an. Als er aufsah, war's ein bildsauberes Zigeunerkind, das streckte ihm eine schlanke Hand, um Münzen zu erbetteln, entgegen.

Dem Teufel wurde auf einmal ganz warm, so schöne Augen meinte er noch nie gesehen zu haben. Eine ganze Hölle lag in ihrer Tiefe. „Die und keine andere“, dachte der Teufel bei sich und bat, das Fräulein ein Stück geleiten zu dürfen.

Er sagte ihr schöne Worte und fragte sie um den Namen. „Zora“ hieß sie — das Morgenrot.

„Ein höllisch schöner Name das!“ rief der Teufel entzückt. Und ob sie seine Frau werden wolle, mochte er gleich wissen.

„Warum nicht, wenn es der Ältervater befiehlt?“ antwortete die Zigeunerin und musterte heimlich den Begleiter.

Sie kamen an den Saum des Gehölzes, da standen drei rauchbraune Stangenzelte, nach Osten hin offen. Das war das Lager der Bärentreiber. Der Ältervater, in eine wattierte Jacke mit nußgroßen Silberknöpfen gekleidet, stieg vom Wagen und hieß den Junker willkommen.

Flausen zu machen, ist nie des Teufels Art gewesen. Er sagte rund heraus, was er haben wollte.

„Hm, hm“, machte der Ältervater, „das geht so stürmisch bei uns nicht. Es ist unserer Familie sicher eine große Ehre, mit Euer Gnaden in Schwägerschaft zu kommen. Allein die Bräuche und Sitten der Ahnen verlangen auch ihr Recht. Da wären also noch gewisse Formen zu erledigen, dann können Euer Gnaden sofort mit Zora zur Hölle fahren.“

„Was sind denn diese Formen?“

„Zuerst gebührt jedem der Sippe ein Geschenk nach seiner Wahl. Dann gibt es Hochzeitsschmaus und Ringwechsel. Dann Abschied und Reise.“

Der Teufel war's hochzufrieden und fragte gleich den Ältervater nach seinem Begehr. Der Ältervater wollte einen großen Tanzbären haben und ein schwarzes Pferd vor den Wagen.

„Bewilligt“, sagte der Freier. „Noch heute geh ich's besorgen. Und die Frau Gemahlin?“

Die Ahne hockte am Fenster. Sie war taub. Erst als ihr der Ältervater die Frage ins Ohr schrie, tat sie den Mund auf.

„Ich möchte in der Bibel lesen lernen.“

Der Teufel wurde blaß unter seinem Ruß. Dann aber erinnerte er sich, daß es ja auch eine Teufelsbibel gibt, und nickte lebhaft: Ja. Die übrigen Zigeuner wollten Pelze, Stiefel, Seidentücher. Sollten sie haben.

„Und du, mein Schatz", fragte er die schwarzäugige Zora, „was willst du als Morgengabe?"

„Dukaten, Korallen, Bernstein, einen ganzen Wagen voll."

„Alles, alles will ich bringen", schrie der verliebte Teufel, drückte den Verlobungskuß auf Zoras Lippen und hinkte eilig fort, die Geschenke besorgen.

War das ein Leben drei Tage später bei den Bärenführern! Der Ältervater saß mit der Weinflasche an der Esse und sang die ältesten Lieder, die Bären – jetzt waren ihrer zwei – brummten vergnügt, Daniel stolzierte im neuen Pelz, und Balthasar in roter Seide. Kara, die Schwarze, sprang umher, daß die Muscheln in den Zöpfen klapperten. Nahmuna und Zora schlugen die Becken dazu, und abseits von allen saß der Teufel bei der tauben Ahne und lehrte sie die Bibel lesen.

Wieder drei Tage später sprach der Ältervater zum Teufel: „Schwiegersohn, laß uns den Hochzeitsschmaus halten. Wo ist der Braten?"

„Das fragen Sie mich?" rief der Teufel betroffen.

„Wen sonst? Den Braten stiehlt der Werber. Das ist bei uns so Sitte."

Also ging der Junker noch einmal aus und stahl eine Sau mit sieben Ferkeln. Fluchend kam er zurück. Denn die Bauern hatten ihn erwischt, weidlich geprügelt, und nur mit Mühe hatte er sich und die Beute gerettet. Die Zigeuner zogen tiefer in den Wald, um sicherer zu sein, schlachteten die Sau, und am Abend hatte der Teufel seine Schläge bei Wein, Weib und Gesang vergessen.

Um Mitternacht des dritten Tages ließ der Ältervater ein frisches Feuer anfachen und rief den Freier zum Ringwechsel. In der Glut lag ein offener eiserner Reif, den holte der Ältervater mit der Zange hervor.

Der Teufel schrie: „Was soll das?" und wich vor dem sprühenden Ding zurück.

„Ein Ring nach unsrer Art, Schwiegersöhnchen", antwortete der Zigeuner und fuchtelte mit der Zange, den Hammer in der andern Hand bereit.

„Was, den soll ich über den Finger streifen?"

„Bewahre, der kommt in die Nase. Sieh dir nur unsere Bären an. Sind alle Eheleute."

„Ihr selbst aber habt keine Ringe in der Nase."

„Freilich nicht. Wenn die Zigeuner untereinander heiraten, braucht's dergleichen nicht. Nur für Stammfremde ist das vorgeschrieben."

„Ah, daraus wird nichts", rief der Teufel. „Wie ließe ich mir denn einen Ring durch die Nase ziehen?"

„P, mir ist's gleich", sprach der Ältervater und legte das Eisen in die Kohlen zurück. „Kein Ringwechsel – keine Hochzeit. Mag eine andere die Herdstellen loh halten und in der Hölle Kupfer scheuern."

Ein paar Minuten dachte der Teufel nach. Dann fragte er: „Geht es denn durchaus nicht ohne die peinliche Zutat?"

Die Ahne schüttelte den Kopf, als hätte sie ihn verstanden. Zora redete zu: „Es dauert ja nur einen Augenblick."

So hielt er denn in Teufels Namen die Nase hin. – Glitsch! Ratsch! hatte ihn der Ältervater am Ring, hielt ihm die Nase an den Amboß und schweißte zu, daß die Funken flogen.

Als sich der arme Teufel die Tränen aus den Augen wischte, lag er vor dem Lager an der Kette – rechts ein Bär, links ein Bär – und Balthasar beriet mit Daniel, wie sie den neuen Zögling tanzen lehren sollten.

„Er wird eine Zugnummer ersten Ranges", jubelte der Ältervater ein ums andere Mal und rieb sich die schwieligen Hände. Zora, die fesche Zora, hockte an der Flamme und machte flache Steine heiß zum ersten Unterricht.

Aber da hatten sich die Bärentreiber einen schönen Schüler angeschafft! Ungebärdig und störrisch war er, ein wahrer Teufel. Auf den heißen Steinen ging er so sicher umher wie andere Leute auf der Straße und hinkte, statt zu tanzen. Die ganze Nacht konnte man wegen seines Schreiens und Winselns nicht ruhen – kurz, es war nichts mit ihm. Nicht einmal zu erschlagen war er.

„Ach, Schwiegervater, gern will ich euch in Frieden lassen in Ewigkeit, euren Töchtern will ich das Feuer der Hölle schenken, Schmuck ins Rabenhaar, die Kunst, in der Bibel zu lesen – nur laßt mich frei."

Der Ältervater nahm den Teufel beim Wort. Reizen wollte er ihn schließlich nicht — man weiß nie, wann man wieder mit ihm zu schaffen kriegen kann. So löste er denn am Abend des Teufels Kette.

Noch eine Bitte hatte der Teufel: Er mochte nicht mit ganz leeren Händen heimkehren. Wenigstens die sieben Ferkelchen hätte er gern zum Andenken mitgenommen. Auch die gab ihm der Schwiegerpapa.

Betrübt und krank schleppte sich der betrogene Werber die Nacht über fort. Die sieben Ferkelchen waren sein einziger Trost in dem leidigen Abenteuer.

Als es Morgen wurde, da merkte er erst, daß ihn die braunen Lumpen noch einmal überlistet hatten: was er da im Dunkel mühsam getrieben hatte, das waren keine Schweinchen, das waren sieben Igel.

Seitdem will der Teufel von den Zigeunern nichts mehr wissen, sie aber kennen des Teufels Künste alle.

DER MARKT

Der alte Jure dehnte sich ein paarmal, gähnte ein paarmal, reckte die Schultern — murmelte sein ‚Gegrüßt seist du, Maria' und schritt langbeinig vor die Tür. Auf der Schwelle erwartete ihn der kühle Morgenwind, streichelte ihm die behaarte Brust und huschte ihm spielend unters Hemd.

Jure blickte in die halbklare Dämmerung: das Dorf — Schattenrisse armseliger Bauernhütten — und des Richters Obstgarten, der lag heute wie eine schwere Wolke auf der Kimmung.

„Heilige Jungfrau, voll der Gnaden, Gebenedeite, steh uns bei! Heiliger Anton, lieber Heiliger Josef, beschütz uns — mich, meine Iwa und mein Vieh."

Er schlug sich andächtig die Brust, bekreuzigte sich und wandte sich nach dem kleinen Anbau, der kuschelte sich mit seinem schiefen Dach wie ein verregnetes Vöglein an das Haus. Da stand Jures Vieh: zwei magre Kühe, vier Ziegen, fünf Schafe und an die dreißig Hühner.

„Ah, seid ihr erwacht, meine Lieben?“ rief er. „Seid ihr gesund erwacht? Du, meine Adlerin?“ – Das war die erste Kuh; er zärtelte ihr den Stirnwulst. – „Und du, meine schöne Rose? Meine lieben Ziegen? Ihr kleinen Hühnchen?“

Unerträglicher Dunst erfüllte die Hütte. – Hurtig kamen auf Jures Ruf die Hühnchen von allen Seiten gegackert. Die Schafe blökten, die Ziegen meckerten, und die Kühe begannen dumpf zu brüllen.

„Hungrig seid ihr – was? Na, der alte Jure wird euch gleich zu fressen geben.“

Er suchte den Stall in allen Winkeln ab nach Eiern. Er kannte schon die Nester seiner Hennen. Er fand ein halbes Dutzend Eier und trug sie vorsichtig auf flachen Händen hinaus. Dann fing er zwei Hühnchen ein und brachte auch sie vors Haus.

„Iwa! Iwa! Bist du fertig? Es ist Zeit, daß du gehst.“

„Gleich, Vater“, antwortete eine Stimme aus dem Haus, „gleich bin ich da.“

Während er mit seinen groben Händen die Eier in ein verrostetes Kesselchen bettete, erschien Iwa in der Tür und knotete ihre Schürze zurecht. Sie war ein frisches Ding, ungewöhnlich rot vom Sonnenbrand, und trug eine große Tasche überquer; darin klirrten die Milchgefäße.

„Sonntag heißt es sich sputen, Iwa – sonst versäumst du die Messe. Und du mußt früher als die andern in der Stadt sein – damit du mir Eier und Hühner ordentlich verkaufst.“

„Keine Sorge, Vater. Ich verkauf sie schon.“

Jure war mit seinem Kesselchen fertig und erhob sich. Jetzt erst blickt er die Tochter an.

„Aah – und was ist das?“ – Er trat einen ganzen Schritt zurück und öffnete vor Staunen die zahnlückigen Kiefer. Seine Augen quollen schier hervor – so starr blickten sie auf die Schnur von Glasperlen, die da an Iwas Hals hing.

„Woher hast du das?“

Iwa wurde verwirrt und schob an der Tasche herum.

„Das... das hab ich... das... ist schon alt.“

„O nein." – Seine Stirnadern schwollen. Er stampfte ins Gras, als träte er Lehm. – „Das hast du gekauft. Gekauft hast du's."

Er schielte sie unter den Wimpern hervor mißtrauisch-gehässig an. Täglich, wenn sie zurück aus der Stadt kam, mußte sie ihm Rechnung legen, Kreuzer um Kreuzer abliefern. Denn Jure war ein Geizhals und hätte sich für einen Groschen gehängt. Seit Jahren sparte er, um eine Handbreit Land zu kaufen. Und nun erblickte er am Hals seiner Tochter einen Schmuck, der war nach seiner Schätzung wenigstens dreißig Groschen wert.

„Du hast mich bestohlen. Du hast teurer verkauft und mir weniger abgegeben. Du hast mich belogen."

„Nein, Vater..." – Sie faßte Mut und fuhr fort: „Andre haben ihre Hühner für drei Groschen verkauft, ich für vier. Für Eier habe ich zweieinhalb Groschen bekommen – andre nur zwei..."

Jures Zorn stieg. Er drohte ihr mit geballten Fäusten.

„Die Halskette ist doch nicht vom Himmel gefallen. Woher hast du sie?"

Iwa hatte ihre Tasche von der Schulter genommen, zu Boden gelassen und spielte langsam mit dem Tragband.

„Woher?" schrie Jure wütend. „Rede – oder ich erschlage dich wie eine Katze. Hast du mich bestohlen – ja oder nein?"

„Nein, Vater. Ich hab... ich hab... das Halsband geschenkt gekriegt."

„Von wem? Wofür?"

„Ich habe... gesündigt."

Er ließ beide Arme fallen und blieb wie versteinert. Aus seiner Kehle kam ein fremdartiger Laut, wie das Kreischen einer Säge.

„Ich habe... gesündigt." Sie weinte und wollte sich ihm nähern.

„Rühr mich nicht an!" schrie er. „Solche Dinge treibst du in der Stadt?"

Er faßte sie an den Schultern und schüttelte sie.

Iwa schluchzte, daß es ihr den Leib durchrüttelte und das Rückgrat krümmte.

Das erzürnte den Alten nur noch mehr. Er preßte sie an die

Wand und schlug mit der Faust zu – wohin er eben traf: auf den Kopf, die Brust.

„Und mit wem hast du es getrieben?"

„Mit dem Krämer Lasar."

Sie trug die Schläge gottergeben, suchte sich ihnen nicht einmal zu entziehen.

„...und mit Paja und dem Kürschner Mitar."

„Uh – mit einer ganzen Kompanie. Und alle fremden Glaubens. Gleich drei. Drei brauchst du, Dirne? Brauchst du – ha?"

Er hatte von ihr abgelassen.

Iwa schöpfte Mut und sagte:

„Sie haben Hühner und Eier nur von mir gekauft und mir besser bezahlt als den andern Leuten." – Sie richtete sich vollends auf und rief trotzig: „Keinem Mädel haben sie so viel bezahlt wie mir – und Lasar hat mir die Halskette geschenkt und einen Kopfschmuck. Woher hätt ich dir denn so viel Geld heimbringen können, wenn sie mir nicht so gut gezahlt hätten?"

Betroffen war Jure zurückgetreten. Er spie vor ihr aus – aber er blickte beiseite.

„Was hast du denn viel heimgebracht?" maulte er. „Vorigen Sonntag siebzehn Groschen. Ist das viel? Und andern Glaubens sind sie – Serben. Was wirst du in der Beichte dem Frater sagen? Ha?"

Iwa musterte ihn stumm und scheu mit ihren großen, tränenvollen Augen. Dann bückte sie sich und wollte Tasche und Kesselchen aufnehmen.

„O nein, du gehst mir nicht wieder in die Stadt", sprach er böse. Und entriß ihr die Sachen. „Du nicht. Wenn ich auch alt bin – bis in die Stadt reicht es schon noch."

Er warf die Tasche über, nahm die Hühner und die Eier auf und ging brummend und drohend.

Iwa stand auf der Schwelle und blickte ihm nach.

– – – Jeden Morgen trug Jure nun selbst die Milch nach der Stadt, die Eier und Hühner.

Wenn er zurückkam, blieb er stumm – aber sein Gesicht wurde täglich verbissener, seine Launer böser.

So ging es drei Tage.

Am vierten Tag, in der frühesten Dämmerung, als er sich eben wieder rüstete, auf den Markt zu gehen — da blieb er vor Iwa stehen, als wollte er ihr was sagen — sagte aber nichts und wandte sich wieder zum Gehen.

Er hielt und zögerte. Endlich faßte er Iwa scharf ins Auge und sprach:

„He, du — heute kannst wieder du in die Stadt. Und..."

Jure schluckte, was er sagen wollte, und winkte ab. Er machte sich am Kesselchen zu schaffen.

Endlich überwand er die Scheu.

„... Und wenn du dir hast verdienen können, was du nicht brauchst, so... so sieh zu, daß du einen Fes und ein Halstuch für mich bekommst... Verstehst du?"

„Ja, Vater."

„Und... daß niemand was erfährt... Denn, weißt du, es gibt Mädel, die noch schöner sind als du. Wenn du ihnen erzählst..., wo... wo es bessere Preise gibt — wird man ihre Hühner mit vier Groschen bezahlen und deine nur mit drei."

SCHWÄNKE UND FRAGMENTE

Zu Radautz in der Bukowina lebte ein Mann namens Maucksch, seines Zeichens Agent für Schrotmühlen, ein überaus geriebener Kerl. Der verkaufte an einem Tag zehn und zwanzig Mühlen an die Bauern.

Doch es nutzte nichts, er richtete immer neue Gaunereien an; schließlich mußte man ihn entlassen.

Von Stund an wie abgeschnitten: keiner seiner Nachfolger konnte auch nur eine Mühle loswerden.

Bis sich der Fabriksdirektor entschloß, nach Radautz zu fahren und Maucksch ins Gebet zu nehmen:

„Maucksch, wie haben Sie es immer gemacht? Und warum geht es jetzt nicht mehr?"

Für zweihundert Lei gab er sein Geheimnis preis:

„Man muß wieder die Jelena engagieren."

„Jelena? Wer ist das?“

„Das wissen Sie nicht, Herr Direktor? Jelena, die Zigeunerin. Sie geht von Dorf zu Dorf und prophezeit den Leuten.“

„Was prophezeit sie denn?“

„Nun, sie sagt den Bauern: ‚Es wird ein fremder Mann zu euch kommen, der bringt euch Glück und Segen mit Schrotmühlen.‘ Und der Zigeunerin nach reist dann der Agent.“

Postmeister von Kadiköi – bei Konstantinopel – ist ein kleiner Kaufmann aus Deutschböhmen. Er hat wenig zu tun – ich glaube, gar nichts: das Geschäft geht faul. Und Briefe? Als ich mich da aufhielt, war ich der einzige Postempfänger – auch das nur alle fünf, sechs Tage.

Einmal ging ich zu diesem Herrn Pospischill – fragen, ob nichts für mich eingetroffen sei.

Er lachte schon von weitem. „Gratuliere“, rief er, „gratuliere!“

„Wozu denn?“

Er reichte mir den verschlossenen Brief und sagte:

„Warten Sie nur – Sie werden schon auch lesen.“

Vázsonyi war damals noch nicht Justizminister in Ungarn, sondern vorerst noch der kostspieligste Rechtsanwalt von Budapest.

Eines Tages kommt kreuzunglücklich ein Mann namens Eisner zu ihm ins Büro. „Herr Doktor“, ruft er, „helfen Sie mir; um Himmels willen – ich habe schon wieder eine Vorladung zur Polizei.“

„Ja, was betrifft sie denn?“

„Ich habe keine Ahnung. Mittwoch war ich dort – man hat mir nichts nachgewiesen, aber die Herren waren furchtbar grob... wegen Kettenhandel: sie haben mich eindringlich verwarnt. – Da kommt heut wieder dieser Zettel... Ich flehe Sie an, Herr Doktor: gehen Sie für mich hin!“

„Herr... Wie heißen Sie doch rasch?“

„Eisner."

„Herr Eisner, es ist unnötig und erfolglos, mich in Bewegung zu setzen, ehe Sie wissen, wessen Sie beschuldigt werden."

„Gleichgültig, Herr Doktor... kost's, was 's kost – fahren Sie nur hin!"

Auf der Polizei übergab man dem Herrn Rechtsanwalt Eisners Regenschirm. Den hatte Eisner letzthin da vergessen. „Und wir werden doch", sagten die Herren, „ihm mit seinem Schirm nicht nachlaufen?"

Ich besichtige den Tempel des Wunderrabbis von Sadagora. Als ich ihn besichtigt hatte, wollt' ich dem Diener ein Trinkgeld stiften... „Aber halt, es ist Samstag – Sie werden heute nichts nehmen wollen..."

Da sprach der Diener und nickte ernst:

„Gott könnt scheen froh sein, wenn de Lajt im Krieg mechten nix Ärgeres tun wie an Schabbes Trinkgeld nehmen."

In der Herzegowina, bei Gatzko, ist blanker Karst – da strahlt die Sonne prall auf Stein und Felsen. Hier muß auch die Urheimat sein der Kreuzottern und Skorpione; nirgend sonst gedeihen sie so zahlreich, in prächtigen Exemplaren.

Die Kreuzottern wurden allgemach zur Plage; keine Übung im Gelände, ohne daß ein, zwei Infanteristen von Giftschlangen gebissen wurden.

Da ordnete die Landesregierung an: die Untertanen sollten die Kreuzottern auszurotten trachten; und wer eine Giftschlange dem Amt einliefere, bekomme fünfzig Heller.

Darauf waren sich zwei arme Moslems, Junus-Aga Muhowitsch und Ali Effendi aus Bahori, auf die Kreuzotternzucht. Sie lieferten aus ihren Gehegen in einem Sommer über neuntausend Stück an die Regierung und haben hübsche kleine Vermögen damit erworben.

«Ein hübsches kleines Vermögen» …

...kann man, wie man sieht, schlimmstenfalls sogar mit einer Kreuzotternzucht erwerben. Bestenfalls geht es bequemer und ganz ohne List...

Als ich aus Belgrad abreisen wollte, machte man mir Schwierigkeiten auf dem Bahnpolizeiamt: mein Paß wäre gestern abgelaufen, und ich sollte meine Identität nachweisen.

„Erlauben Sie mir, wie soll ich denn – jetzt bei Nacht?"

Der Beamte gab nicht nach.

Ha, ein Ausweg! Ich kenne den königlich serbischen Tierarzt Perowitsch, und grade er hat glücklicherweis heut Nachtdienst auf dem Bahnhof.

Ich pochte an die Tür seiner Amtsstube.

Alsbald bekam ich einen Zettel durch den Türspalt:

„Mikroskopisch untersucht. Frei von Finnen und Trichinen."

In Jassy war mir meine Brieftasche gestohlen worden.

Ich wollte aufs Polizeipräsidium.

Ich weiß nicht, ob mich der Droschkenkutscher verstanden und was er verstanden hatte – er fuhr mich straßauf, straßab und hielt endlich vor einem verruchten Tanzlokal.

„Ist hier der Polizeipräsident?" fragte ich ahnungslos.

„Nein", sprach eine freundliche Dame – „der kommt immer erst etwas später."

In einem vergessenen Bergdorf an der rumänischen Grenze war ein Pfarrer, der spendete das Heilige Abendmahl in Gestalt von Schnaps.

Der Patriarch hörte davon und ließ sich diesen sonderbaren Seelenhirten kommen.

„Ist es wahr", fragte der Patriarch, „was man mir da berichtet hat, mein Sohn?"

Der Pfarrer, wild genug von Haar und Bart, antwortete:

„Je nun, Eure Heiligkeit, mein Sprengel ist arm – bei uns wächst kein Wein... da muß ich eben Schnaps in den Becher tun."

„Aber!! Das geht doch nicht!!"

„Ich hab es versucht, Eure Heiligkeit. Es geht."

Servus, Herr Hauptmann

FELDZEUGMEISTER GALGOTZY

Er ist ja längst, schon vor dem Krieg, in den Ruhestand getreten und außerhalb des Heeres auch halb vergessen. Der österreichische Offizier wird immer von ihm singen und sagen.

Feldzeugmeister Galgotzy war lange Jahre Franz Josephs ältester General, wenn man die Erzherzöge und Hofchargen aus dem Spiel ließ. Er war, solange Rußland für Österreichs ersten Gegner galt, die Hoffnung der Armee, vorbestimmter Führer im Kriege gegen Rußland; war Generaltruppeninspektor, von dreien der weitaus fähigste, und einst zu großen Aufgaben ausersehen, die ihm das Schicksal nicht mehr stellte.

Er konnte mit seinem neunzigsten Geburtstag allerhand feiern: das Sechzigerjubiläum seiner Generalstabstätigkeit, das fünfundvierzigste Dienstjahr als General, das vierzigste als Exzellenz. Sechzig Sommer hatte er dem Kaiser gedient, als er in den Ruhestand trat – denn die Kriegsjahre 1859, 1866 und 1878 zählen ja doppelt.

Doch Galgotzy feierte nicht – er am wenigsten – Jubiläen. Er ist von jeher abgesagter Feind all des Krams gewesen: der Paraden, Ehrungen und Fahnenweihen. Der Bohemien unter den Generalen. Vielleicht auch der ärgste Grobian unter den Generalen. Manche stellten freilich die Grobheit des Feldzeugmeisters Fiedler obenan, des ehemaligen Korpskommandanten von Wien. Ich habe mich nach langem Schwanken für Galgotzy entschieden. Ich erinnere mich seiner von Sarajevo her. Es muß im Jahr 1882 gewesen sein. Er ging täglich das Ufer der Miljatschka entlang und führte einen Köter hinter sich an einem langen Hanfstrick. Damals ward

Galgotzy zum General ernannt und telegraphierte einem Wiener Schneider:

„Anfertiget Uniform für mittelgroßen General."

Der Schneider bat um Maßangaben. „Stehen in der Adjustierungsvorschrift", antwortete Galgotzy.

Und der Schneider schneiderte die Uniform – zur Sicherheit recht mittelgroß. Sie hätte dem Feldmarschalleutnant Bach gesessen, dem Monstrum unter den Militärtribunen. Galgotzy legte sie an und trug sie noch 1894 als Kommandierender in Przemysl mit sichtlichem Behagen.

Damals, in Bosnien, führte er auch die weißen Sommerkappen ein – anstatt der schwarzen, die den Offizieren auf den Köpfen brannten. Ein Oberleutnant vom bosnischen Korps fuhr auf Urlaub nach Wien und ließ auf dem Kärntnerring seine schöne weiße Kappe bewundern. – Nicht lange. Flugs kam der Platzvogel um die Ecke geschossen, der gefürchtete Oberst Brasseur, dessen Sperberaugen bei Nacht und Nebel sieben Meilen weit die feinsten Nuancen von Vorschriftswidrigkeit erspähten.

„Herr Oberleutnant, folgen Sie mir auf das Platzkommando!"

„Herr Oberst, ich bitte gehorsamst, warum?"

„Sie tragen eine eigenmächtige Kappe."

„General Galgotzy hat uns weiße Kappen erlaubt."

„So? Das wollen wir sehen."

Man schrieb an Galgotzy. – Keine Antwort. – Man schrieb noch einmal. – Sabbatstille. – Man schrieb zum dritten-, vierten-, zehnten-, elftenmal: „Hat das Kommando der I. Infanterietruppendivision in Sarajevo seinen Offizieren erlaubt, weiße Kappen zu tragen?"

Antwort: „Ja, Galgotzy."

Der Oberleutnant rückte von seinem Urlaub ein.

„Sie", sagte Galgotzy, „was Sie für Kappen tragen, is mir Putten. Daß Sie mir aber die Riesenschreiberei verursacht haben, das schenk ich Ihnen nicht."

Und diktierte drei Tage Zimmerarrest.

Irgendwo im bosnischen Karst, am Rand der Welt, stand eine himmeleinsame Defensionskaserne, und die Offiziere baten um ein Maultier zum Wassertragen. Galgotzy bewilligte es. Die k. und k. Intendanz aber fand, „das zur Konsumption notwendige Trinkwasser könne sehr wohl von der die Ubikationen innehabenden Mannschaft tragend beigebracht werden“, und strich das Maultier aus dem Voranschlag.

Galgotzy schwieg. Als aber der Intendant seine alljährliche Inspizierungsreise vollstreckte, war Galgotzy urplötzlich ebenfalls zur Stelle. Natürlich in seinem faltigen Büßergewand — der Intendant im knappen, wohlgefütterten Waffenrock.

Die Suitepferde standen bereit, doch der General machte keine Anstalten, aufzusitzen. Er stieg zu Fuß nach der Defensionskaserne hinan, und dem Intendanten blieb nichts übrig, als sich anzuschließen.

Sie waren etliche hundert Fuß geklettert, da kamen sie an die Quelle.

„Wissen S' was, Herr Intendant? Nehmen wir jeder ein Schaff Wasser mit, das wird eine angenehme Überraschung sein für die arme Truppe.“

Sie schöpften Wasser (die Eimer standen merkwürdigerweise bereit) und klommen höher. Hundert Fuß im ganzen. Dann sah Galgotzy den Intendanten an und fragte:

„Nicht wahr — wir bewilligen ihnen das Maultier?“

„Ja“, hauchte der Intendant (man kann sich ihn beliebig dick vorstellen).

Doch die Sache war damit noch nicht zu Ende. Es gab eine kleine Auseinandersetzung, deren Zeugen verschiedener Meinung sind. Der Intendant wenigstens glaubte, das Wort ‚Maultier‘ in verdächtigem Zusammenhang mit seiner Person vernommen zu haben, und beschwerte sich beim Kriegsminister. Galgotzy sollte sich entschuldigen. Und er tat es auch:

„Herr Intendant“, sprach er, „ich hab angeblich gesagt: Sie sind ein Maultier. Das haben bis dahin nur wir zwei gewußt; jetzt weiß es die ganze Welt. Entschuldigen Sie!“

Indessen war Galgotzy auf der Rangleiter um eine Sprosse höher gestiegen. Und baute in Bosnien eine Straße. Mit viel geringeren Geldmitteln, als die (ohnehin so geizige) Intendanz für den Bau bewilligt hatte. Den ersparten Restbetrag schickte Galgotzy zurück.

Man verlangte, er solle Rechnung legen.

Er antwortete natürlich nicht. Er antwortete ja nie. Man mahnte ihn ein dutzendmal, immer dringender. Galgotzy schwieg.

Endlich, auf die dreizehnte Urgenz, schrieb er auf einen Zettel:

„An den Herrn Generalintendanten. Erhalten 10.000 Gulden. Verbraucht 4220 Gulden. Zurückgegeben 5780 Gulden. Wer es nicht glaubt, ist ein Esel."

Mit diesem unglaublichen Dokument ging der Generalintendant in Audienz zu der einzigen Persönlichkeit – der einzigen, bei der man sich über Galgotzy nun noch beschweren konnte.

Und Franz Joseph las und sprach:

„Herr Generalintendant, der Galgotzy schreibt da: ‚Wer es nicht glaubt, ist ein Esel.' – Ich glaube es. Sie nicht?"

Als er Korpskommandant und Kommandierender General in Przemysl geworden war, konnte Galgotzy seine militärischen Talente erst recht entfalten – soweit das in Friedenszeiten überhaupt angeht.

Sein Befehl war klar und knapp umrissen wie ein Kristall. Seine Urteile von göttlicher Gerechtigkeit, seine Kritiken rücksichtlos wie Blitzschläge: gegen die höchsten Spitzen fuhren sie am liebsten los.

Einmal, nach einer scharfen Übung, die der Oberst Zangel befehligt hatte, versammelte Feldzeugmeister Galgotzy die Zwischenvorgesetzten zur Kritik. Er wandte sich – mit einer Miene, die allerlei schwanen ließ – an den Brigadier und fragte ihn um seine Meinung über den Obersten Zangel. Der Herr General ließ an Zangel kein gutes Haar.

Galgotzys Antlitz verfinsterte sich. Er gab das Wort Seiner Exzellenz, dem Divisionär.

Der Divisionär schloß sich der Meinung des Brigadiers an.

Dann sagte Galgotzy: „Ich finde, Zangels Führung war vorzüglich. Richten Sie sich bei der Beurteilung von Untergebenen nicht nach meiner Visage, sondern nach Ihrem Verständnis – wenn Sie eins haben."

Eine andre Geschichte ist passiert, als Leopold Wölfling noch Erzherzog war und Divisionär.

Galgotzy besprach eben im Kreis seiner Generale die Übung des Vormittags, da wandte sich Wölfling mit irgendeiner Bemerkung an seinen Nachbar.

Galgotzy unterbrach sich, blickte den Erzherzog einen Augenblick an und sagte:

„Kaiserliche Hoheit, wenn ich eine Besprechung halte, halten die anderen..." – lange Pause – „keine Besprechung."

Und einmal – der Prinz hatte einen Angriff geleitet – da sagte Galgotzy:

„Denkbar waren zwei Arten, die Eurer Kaiserlichen Hoheit gestellte Aufgabe zu lösen. Hoheit haben die dritte Art gewählt."

(Ein Ausspruch, den manche auch dem Feldzeugmeister Fiedler zuschreiben.)

Nach einer wütenden Kritik über ein galizisches Manöver sagte Galgotzy:

„Überhaupt hab ich den ganzen Saustall satt – übermorgen geh ich auf Urlaub – und Ihr alle könnts mi..."

Lachte ein Kadett am linken Flügel – und Galgotzy herrschte ihn an:

„Warum?"

Der Kadett:

„Mein Urlaub, Exzellenz, beginnt schon morgen."

Tausendundeinmal hatte Galgotzy es gesagt – zu Hause und öffentlich, im Dienst und privat, bei Besprechungen und Empfängen: er sei ein Feind der Ehe, dulde keine verheirateten Offiziere in seiner Umgebung – und zum Truppendienst taugten Verheiratete nicht.

Eines Tages war es soweit...: er wollte selbst hineinsteigen.

Er ließ den Feldsuperior rufen:

„Hochwürden, ich trete einen achttägigen Urlaub an. Innerhalb dieser acht Tage werde ich heiraten. Sie sind der einzige, dem ich es sage. Sie werden mich dreimal aufbieten. Aber kein Mensch – hören Sie? – kein Mensch darf es erfahren."

„Exzellenz...?"

„Abtreten, Hochwürden!"

Acht Tage später kam Galgotzy vom Urlaub wieder – zur höchsten Überraschung der Garnison als Ehemann.

Und ließ wieder den Feldsuperior kommen.

„Hochwürden, haben Sie meinen Befehl befolgt?"

„Ja, Exzellenz."

„Sie haben mich dreimal aufgeboten, ohne daß ein einziger Mensch es erfahren hat?"

„Ja, Exzellenz."

„Wie ist das zugegangen?"

„Ich habe mir zwanzig ruthenische Infanteristen in die Leichenkapelle kommandieren lassen, Exzellenz, und habe ihnen die Sache auf deutsch verkündigt."

Es wären noch viel, sehr viel Aussprüche Galgotzys aufzuzeichnen – harmlose Bemerkungen und bittere Sarkasmen.

Da war er, zum Beispiel, bei einem Divisionsstab in Galizien zu Gast. Und sagte über Tisch zu einem geschniegelten Major:

„Donnerwetter, haben Sie eine schöne Zigarettentasche! Von Gold... Woher?"

Der Major – geziert: „Es ist ein Präsang, Exzellenz."

„Sappermang, Sappermang", antwortete Galgotzy.

Einmal kaufte Galgotzy ein Pferd vom Husarenleutnant Tanczos (jenem Tanczos, der sich später keinen geringen Namen gemacht hat: als Militärattaché in Belgrad, Bevollmächtigter in Sofia, Vertreter des Ungarischen Königreiches zu Genf). Nicht Galgotzy allein – alle Infanteriegenerale waren mißtrauisch beim Roßtauschen – und bei den Husaren vermuteten sie besondre Listen. Tanczos mußte denn auch eine zweiwöchige Garantie übernehmen für Lammfrommheit seines Pferdes.

Am fünfzehnten Tag ließ der General den Leutnant kommen und sprach:

„Das Biest hat bisher keine Tücken gezeigt – ich kaufe es endgültig und bezahle es. Aber sagen Sie mir jetzt offen: wie haben Sie das Pferd abrichten können, vierzehn Tage artig zu sein, und welche Gemeinheiten hab ich von ihm noch zu erwarten?"

Als Korpskommandant in Przemysl einmal hat Galgotzy die Öffentlichkeit sehr gegen sich aufgebracht. Erst viel später, nach dem Sturz der Monarchie, konnte man den Fall vollends überblicken. Wenn mich mein Gedächtnis nicht trügt, hat sich die Sache wie folgt zugetragen:

Ein Leutnant Stumpf in Przemysl war in Wucherers Hand geraten — so arg, daß er keinen Ausweg sah. In seiner Verzweiflung wollte er sich selbstmorden; doch nicht, ohne den Blutsauger mit hinüberzunehmen. Er lud den Wucherer zu sich in die Wohnung und erschoß ihn; alarmierte Nachbarn verhinderten dann den Selbstmord des Leutnants.

Stumpf kam vor das Militärgericht; gestand, die Tat mit Vorbedacht verübt zu haben. So sehr die Richter mit ihm empfanden — nach dem Buchstaben des Gesetzes mußten sie ihn zum Tod verurteilen.

Nach demselben Gesetz aber war der Korpskommandant Gerichtsherr in seinem Bereich: hatte über Tod und Leben aller Verbrecher vom Oberstleutnant abwärts zu entscheiden. Und Galgotzy begnadigte den Leutnant: zu zwei Tagen Zimmerarrest. Als Galgotzys Entscheidung bekannt wurde, Ärgernis erregte in Parlament und Presse, verhielt Franz Joseph seinen Galgotzy ‚zur Äußerung'.

Galgotzy antwortete — kurz wie immer:

„Allergnädigster Herr!" (So redeten die Korpskommandanten den Kaiser an.) „Ich an Stumpfs Stelle hätte genauso gehandelt."

VON DER MILITÄRGRENZE

Einst wollte Hauptmann Borota seine Kompanie mustern und ließ Alarm blasen.

Alle kamen pünktlich und wohlgerüstet, bis auf den Gemeinen Tošo Mejstorović.

„Tošo“, rief der Hauptmann, warum kommest du nicht rechtzeitig – der Blitz soll dich später einmal erschlagän? Wenn du nicht mein Schwagär wärest, möchte ich sagän, er soll dich auf der Stelle erschlagän.“

Frau Ljuba, Gattin Branko Rodas, des Grenzhauptmanns, wünscht sich immer wieder ein Gebetbuch – wie's die Frau Obristin hat.

„Dumme Gans“, mault der Hauptmann, „– wo du nicht einmal lesän kannst?“

Immerhin – sie wünschte sich's.

Und endlich kauft er ihr's.

Stolz nimmt sie's in die Kirche mit.

Die Frau Obristin guckt ihr über die Schulter und höhnt: „Frau Hauptmann, Sie haltän das Gebetbuch verkehrt in den Händän.“

Ljuba errötet.

„Diese Kindär“, ruft sie, „diese Kindär! Alles müssän sie mir zu Hause umdrehän!“

DER RECHTE MANN AUF DEM RECHTEN FLECK

Ich weiß nicht, wie es bei Ihnen war im deutschen Heer; bei uns im alten Österreich, in der Donaumonarchie, stand im Krieg hie und da der rechte Mann auf dem rechten Fleck – hie und da aber auch nicht.

Einmal war ich bei einer Division in Ostgalizien. Ich hatte ein paar Nächte im Freien schlafen müssen und war davon bocksteif; konnte die Halswirbel nicht bewegen.

„Nehmen Sie ein Bad“, riet mir der Stabsarzt.

„Ein Bad?“

„Im Erholungsheim der Division.“

„Und das wird...?“

„Ja, das wird Sie kurieren."

Gut, ich kriegte einen Zettel, nahm ein Bad und...

„Und hat es Ihnen geholfen?" fragte der Stabsarzt beim Abendessen.

„Danke herzlich", erwiderte ich, „ich bin gesund. Ihr Badewärter ist ein Prachtkerl. Er hat mir den Nacken so liebevoll, so kunstgerecht massiert, so eingehend, daß der Hexenschuß wie durch Zauberei gewichen ist."

„Aha", rief der Stabsarzt, „ich hab es ja gewußt. Der Wärter ist aber auch ein Fachmann allerersten Rangs in diesen Dingen: im bürgerlichen Leben erster Gehilfe des Wiener Scharfrichters."

JOHANN KIEFER

Wer vor dem Krieg in Österreich gewesen ist, muß von Generalmajor Johann Kiefer gehört haben. Kiefer war ja berühmt: als der gütigste, der höflichste Offizier der Armee; wohlerzogen, edelherzig – gütig in jeder Faser, höflich von Blut, Seele und Natur.

Was Kiefer erlebte – ich hab es nicht erfunden – es hat sich wörtlich so abgespielt:

Generalmajor Johann Kiefer war Kommandant der innerösterreichischen Kavalleriedivision.

Und als dieser prachtvolle, grundgütige Generalmajor Johann Kiefer eines Tages hörte, daß bei einem seiner Regimenter – dort unten in Topola, Südsteiermark – ein Fall von Mannschaftsmißhandlung vorgekommen wäre (ein Husar hatte eine Ohrfeige abgekriegt) –, da ließ sich's Generalmajor Johann Kiefer nicht verdrießen, setzte sich sofort auf die Eisenbahn und fuhr schnurstracks nach Topola; versammelte die Offiziere des Regiments um sich – den Obersten und die Rittmeister – und sagte – höflich, wie er von Charakter war:

„Meine Herren! Wir leben im Jahrhundert des Kindes. Ich wünsche, daß Sie meine Husaren wie Kinder behandeln."

Das liebenswürdige Benehmen des Herrn Generalmajors machte den Rittmeistern Mut. Einer von ihnen – eben jener, der in die Ohrfeigengeschichte verwickelt war – trat vor und sagte:

„Herr General, ich melde gehorsamst, wir beziehen unsre Mannschaft aus den fernsten Wäldern Siebenbürgens. Es sind wahre Bären. Wenn ich so 'n Kerl einsperre, legt er sich mir im Arrest auf die Pritsche und pfeift sich eins und ist froh, daß er kein Pferd putzen muß. Da bleibt dem Unterabteilungs-Kommandanten wirklich nichts übrig, Herr Generalmajor, als mal den Handschuh auszuziehen und den Kerl – ohne Brutalität, Herr General – aber doch mit einiger Energie auf den rechten Weg zurückzuführen."

„Nein, Herr Rittmeister, nein und abermals nein. Auch im schlechtesten Schurken steckt ein guter Kern – und nur, indem Sie die Leute im Ehrenpunkt packen, können Sie brave Soldaten aus ihnen erziehen. – Herr Rittmeister! Bitte, bringen Sie mir den Mann, mit dem Sie glaubten in Güte nicht fertig zu werden; gerade an diesem Mann möchte ich Ihnen zeigen, wie ich meine Mannschaft behandelt wissen will."

„Herr Generalmajor, ich melde gehorsamst, es ist ein ganz dreckiger Zigeuner; ich schäme mich geradezu, ihn vorzuführen."

Man brachte den Zigeuner. Nun, der Rittmeister hatte nicht gelogen; das Schwein kam daher... – etwa wie ein Jagdhund, der eben brackiert hat: schmutzig über die Ohren, mit scheu gefalteter Schnauze – das böse Gewissen im Kriegerkleid.

Der General begrüßte ihn mit Geigentönen:

„Nur näher, mein Sohn – du brauchst dich gar nicht vor mir zu fürchten. Weißt du auch, wer ich bin, mein lieber Junge?"

„Der Di..., der Herr Di..., der gnädige Herr Divi..."

„Ganz recht, mein Liebling: der Divisionär. Und du – nicht wahr? – bist Zigeuner. Oh, schäm dich dessen nicht – es ist was Schönes um das freie Leben im luftigen Zelt, unter dem Himmelsdach. Weiß Gott, wenn ich nicht Generalmajor wäre... Aber lassen wir das! Sag, mein Kleiner: wie heiße ich?"

Der Husar schmetternd – man hatte es ihm in hundert Instruktionsstunden tausendmal eingebüffelt:

„Exlex Feldschalleitnant Emmich Plöhn."

„Du irrst, Bester! Exzellenz Feldmarschalleutnant Emmerich von Plöhn war früher dein Divisionär. Jetzt bin ich es. Ich, Johann Kiefer. Begreifst du? – Wie heißt also dein gegenwärtiger Divisionär??"

„Exlex Feldschalleitnant Emmich Plöhn."

„Nicht doch, Junge! Hör mich in Ruhe an: Exzellenz von Plöhn war mein Vorgänger. Er ist nach vierzigjähriger, stets belobter Dienstzeit leider allzufrüh verschieden. Da haben Seine Majestät allergnädigst mich zu seinem Nachfolger zu ernennen geruht. Und hier stehe ich. Ich, Generalmajor Johann Kiefer, bin dein Divisionär. – Nun, mein Mäuschen – wie heißt also dein Divisionär?"

„Exlex Feldschalleitnant Emmich Plöhn."

„Ja, Zigeuner, glaubst du mir am Ende nicht? Der Herr Oberst, die Herren Rittmeister – alle werden dir bestätigen: Exzellenz von Plöhn ist tot. Der geht dich nichts mehr an – du mußt ihn ganz vergessen. Er geht dich..." – (hier verließ den Herrn General einen Augenblick die Ruhe) – „der geht dich einen Dreck an. Und an seiner Stelle bin eben ich da: ich, Generalmajor Jo–hann Kie–fer, bin dein gegenwärtiger Divisionär. – Nochmals also: Wie heißt dein gegenwärtiger Divisionär?"

„Exlex Feldschalleitnant Emmich Plöhn."

Der General wischte sich den Schweiß von der Stirn.

„Es ist doch..." murmelte er, „es ist doch..." Und tremolierte von neuem – lächelnd, gütig, scherzend:

„Fangen wir anders an: Husar! Hast du einen Vater?"

„Nein."

„Du Ärmster! Doch du hast einen Vater gehabt."

„Nein."

Der General – um einen Ton lauter:

„Blödsinn – selbstverständlich hast du einen Vater gehabt, du Trottel. Und er ist jetzt tot. An seiner Stelle bist du da. Nun, und ebenso ist es bei mir: Exzellenz von Plöhn ist tot – und statt seiner bin jetzt ich, Generalmajor Johann Kiefer, dein Divisionär. Siehst du mich? Hier stehe ich vor dir, ich, Johann Kiefer. – Wie heiße ich?"

„Exlex Feldschalleitnant Emmich Plöhn."

„Duu!" ruft der General drohend. „Paß auf, sag ich dir!" – Zu den Rittmeistern (die sich nicht einmal gemuckt haben): „Ich bitte mir Ruhe aus – ich werde es schon noch aus ihm herausbringen. – Aber ich will mich nicht aufregen... Fangen wir mal ganz anders an. – Du bist Husar – wie? Schön, mein Kind, ich bin auch Husar... Laß den Rang beiseite – wir sind Kameraden – Husar und Husar. Wir sehen einander heute zum erstenmal. Wir begegnen einander in der Kaserne – Husar und Husar. Nun möchte ich gern deinen Namen wissen – und du meinen Namen. Gib acht! Grüß Gott, Kamerad! Wie heißt denn du, mein lieber Zigeuner?"

„Johann Kiefer."

Da aber – da holte der General aus und langte dem Zigeuner eine übern Löffel. Und holte nochmals aus und drosch ihm eine links. Er hätte ihm vielleicht noch eine dritte hineingehauen – doch der Rittmeister von Topola sprang dazwischen und sagte:

„Herr General, Verzeihung: der Mann heißt wirklich Johann Kiefer – da ist nichts zu wollen."

– – – In diesem Jahr ließ sich der Divisionär bei den Siebzehnerhusaren nicht mehr blicken.

DIE AUSREDE

Ich war einmal zu meinem Obersten geladen. Was mir sehr unangenehm war, denn beim Obersten spielte man Whist, und ich hatte kein Geld. Absolut kein Geld.

„Du, Laurenz", sagte ich dem Burschen, „spring einmal zu Leutnant Saller hinüber, sag ihm, er soll mir fünf Gulden schikken, und bring mir sie mit irgendeiner passenden Ausrede zum Herrn Obersten."

Laurenz ging.

Laurenz kam und sprach:

„Herr Leutnant, ich meld gehorsamst, hier wärs Geld für die versetzten Hosen."

DER GEMÜTSKRANKE HUSAR

Oberleutnant Baron Hortobágyi von den Fogatsch-Husaren war nicht immer weltabgekehrt. Beileibe. Er soll ja noch kurz vor der Korpsschule die berühmte Husarenprobe bestanden haben: in drei Stunden – drei Meilen zu reiten, drei Flaschen zu trinken und drei Weiber zu lieben – –.

Dann aber kam es über ihn. In Mostymaly, einem ostgalizischen Nest, verschaute er sich vor lauter Langerweile in eine Schlachzizentochter, die sollte zwei Millionen Mitgift haben. – Als sich herausstellte, daß alles purer Schwindel war, wurde Hortobágyi gemütskrank; bekam ein eigentümliches cholerisch-phlegmatisch-melancholisches Temperament.

Er konnte stundenlang am Dnjestr sitzen und den Papierschiffchen nachblicken, die er aus den Mahnbriefen Hirsch Baruch Leimtiegels gefaltet hatte. Wenn eins um die Ecke schwamm, ohne zu kentern, stahl sich in Hortobágyis Züge ein leichter Schimmer von Freude.

Ansonsten befleißigte er sich eines zahmen, gottesfürchtigen Wandels. Nur einmal in jedem Vierteljahr sprang er aus diesem ekelhaften Dasein mit einem Satz heraus und kaufte sich im Hotel de Paris von Mostymaly eine sanfte Berauschung. Hie und da ließ er ein Quartal aus – dann trank er sich am Schluß des nächsten zwei Berauschungen auf einmal an.

Es ist kein Fall bekannt, daß ein Mensch dieser Art wäre bei den Forgatsch-Husaren lange geduldet worden. Wirklich stand sein Name bald unter den Transferierten im Verordnungsblatt. Hortobágyi zog das große Los – er kam nach Budapest.

Seit langem zum erstenmal hatte er zwei Termine verstreichen lassen. In Pest, im heimatlichen Pest wird alles nachgeholt: gleich am ersten Abend, noch frei von den Fesseln des neuen Truppenkörpers, wollte Hortobágyi jung werden, aufleben, das Oberste zu unterst kehren, eine Ergänzung zu sich selber sein.

Als er nach Mitternacht in das Extrazimmer von Szikszay eintrat, wo die Zigeuner so schön spielen — da wußte er, daß er auf dem Weg war, sein Ziel zu erreichen. Sein Blick fiel in den Spiegel: der Zivilist Hortobágyi, der ihn daraus begrüßte — das war der gesuchte andre Mensch, die Ergänzung zu sich selbst: jeder Zoll ein junger Großhändler aus der Provinz, der seine Frau daheimgelassen hat.

Der Kellner wollte fragen — doch das Wort erstarb ihm auf den Lippen, als er Hortobágyi ein Auge zukneifen und an der Zigarre saugen sah. Hurtig mit Donnergepolter bracht' er den eisigen Kübel.

Zigeuner und Raben haben feine Witterung. Der Primgeiger stellte sich wortlos hin und fiedelte:

„Csak egy kis lány van a világon..."
„Nur ein einzig Mädel auf der Welt
Ist's, das mir von Herzen wohlgefällt..."

— fiedelte so traurig und kokett, daß dem armen Großhändler fast die Tränen kamen. War es doch seines Freundes, des Husaren, Leiblied.

Der Großhändler schlenkerte das Taschentuch in der Luft, tanzte sitzend Tschardasch in langsamstem, wiegendem Laschutakt — dann wurden die Zigeuner frischer, der Großhändler desgleichen — und...

„Euer Hochwohlgeboren müssen ajnmal geruht hoben, bei ajnem Raiterregiment zu dienen", meinte der Primasch.

„Worum, Zigajner?"

„Haat, wajl Euer Hochwohlgeboren belieben großartig zu tonzen."

Und sie spielten:

„Megy a gözös..."

„Auf der Donau, auf der Theiß und auf der Marosch
Geht ein Schiff, ein Schiff hinab nach Kaposchwarosch.
Droben sitzt der Máschinführer,
Und er lenkt das Dampf, wohin der Schiff soll fahrosch.

Dreimal hot géschlogen – dreimal hot géschlogen
Der Amsêl, die Amsêl, das Amsêl.
Mir konn nix béfehlen – mir konn nix béfehlen –
Der Richtêr, die Richtêr, dos Richtêr.
Mir befiehlt nur Ferencz Jôszef, mein König.
Ihm muß exerzieren, ihm muß salutieren
Infantrist, Kanonier und Husar."

Hei, war das ein Leben! „Niemals sterb ich", rief Hortobágyi – denn, was sie da spielten, war alles Hortobágyi andres, lustiges Familien-, Stamm- und Leiblied.

Es gibt ein Stadium bei Husaren, wo sie Einkehr in sich halten und allein sein wollen.

Hortobágyi war so weit, hielt Umschau im Zimmer und gewahrte die Anwesenheit zweier alter Herren.

Das tat ihm weh. Doch er wollte zuerst versuchen, sie in aller Güte ans Heimgehen zu mahnen. Er nahm seinen Sektkübel in eine Hand, den Schnurrbart des Primgeigers in die andre und segelte auf die beiden Herren los.

Sie standen artig auf und stellten sich irgendwie vor. Hortobágyi mochte an Lebensart nicht zurückstehen, unternahm ebenfalls eine Verbeugung und sagte einfach:

„Kralitzky."

„Wohl ein Verwandter des Finanzministers Kralitzky?" fragten die Herren wie aus einem Mund.

„Najn. Ich bin dos Minister selber."

„Ah."

Die beiden Herren machten Platz – man setzte sich und redete allerlei. Bald kam es zum Singen, nach etlichen Kelchen zur Bruderschaft. Stefan, der älteste – wie hieß er sonst noch? – sprach einige Worte auf Seine Exzellenz.

Hortobágyi antwortete herzlich mit einem Hoch auf die Steuerkraft der Bürger. Die beiden Herren waren sichtlich geschmeichelt.

Hortobágyi ließ noch einmal „Auf der Donau, auf der Theiß..." spielen und verhieß dem Primgeiger eine leitende Stellung im Ministerium.

So kam das Gespräch auf den Dienst.

Seine Exzellenz schilderte ihn sehr einfach:

„Von acht bis elf schrajb ich Steuern aus, von elf bis ajns kommen die Hofräte und zählen mir den Papiergeld vor. Donn um ajns geh ich wieder auf die Rajtschule – he – ich nenn majnen Kanzlaj nämlich Rajtschule, weil ich immer um die Schrajbtisch herumlauf."

„Ah – darum."

„Jo. Donn moch ich bis abends Staatsschulden und schrajb Mahnbriefen an die Lajt, wos mit Steuern im Rückstand sajn. Sie sajn doch Ihre Verpflichtungen bis hierher immer pünktlichkeitlich nachgekommen, majne Herren?"

„Immer", versicherten die beiden.

„Dos frajt meine Herz von Herzen. Moncher is in diese Bezüglichkajt ohne Gewissen. Der Rothschild, zum Bajspiel, is mit hajte mit ajngeschlossen acht Millionen schuldig gonz allajn für Hundesteuer – ungerechnet dos ondre. Umso mehr bin ich geentzückt von die Ordnungslieblichkajt von majne verehrte naje Frajnderln."

Die Frajnderln verbeugten sich, wobei der eine nur schwer wieder hochkam.

„Zu wenig Gymnastik!" schalt Hortobágyi. „Belieben Sie mich zu onsehen – ich übe täglich mit mir. Ober ich könnte auch wetten, doß ich imstande bin, mit majne rechte Sporen linken Ohr zu kratzen."

„Nicht möglich, Exzellenz!"

Die Wette kam zustande – Hortobágyi zog seinen Stiefel aus und kratzte sein linkes Ohr.

„Verzeihung, Exzellenz", wandte Stefan ein, „es war vom Kratzen mit Sporen die Rede."

„Hundert Hektoliter Tajfel – do hob ich gevergeßt, doß ich nicht bin in Uniform."

„Wie – tragen die Finanzminister Sporen zur Uniform?"

„Haat – weißt du dos nicht? Mit wos möchten s' sonst zu immer ernajerter Tätigkajt anspornen dos gonzen Stetsmanechismus – Stechmasochismus – niederträchtiger Wort! – Staatsmechanismus?"

Doch da half keine Spitzfindigkeit und Ausflucht – der Sekt mußte bezahlt werden.

Der Älteste war hungrig geworden und bestellte Eier und Sardellen. Als er zu essen anfing, winkte Hortobágyi den Primgeiger herbei und ließ den Radetzkymarsch spielen.

Der alte Herr aß ruhig weiter. Das war nicht ganz in Hortobágyis Sinn, den Gemütskrankheit und die verlorne Wette kampflustig gemacht hatten.

„Ich bitte mir aus, daß Radetzkymarsch zu Ehren von Voter Radetzky stehend geonhört wird."

„Wieso –? Wozu?"

„Hauptsächlich wajl ich es hoben will, und dann auch aus kaiserlichen und königlichen Patriotismus."

„So? Na, gut. Zigeuner, komm her! Da hast du hundert Kronen! Spiel bis Mittag die Volkshymne! Ich hoffe, daß Seine Exzellenz sie stehend anhören wird."

– – – Als Hortobágyi am nächsten Morgen mit heftig schmerzendem Kopfhaar erwachte und sich zur Meldung ankleidete, da... war ihm immer, als habe er heute nacht irgendwo einen großen Wirbel gehabt. Er konnte sich bloß nicht erinnern, wo... Doch ja, bei Szikszay. Mit einem alten Herrn... Wie hat er denn schnell geheißen?... Stefan. Herrgott, wenn der am Ende den Finanzminister fordert!

Na, geschehen ist geschehen.

Hortobágyi machte sich fertig, kletterte in einen Wagen und fuhr in die Kaserne, um sich beim neuen Regimentskommandanten zu melden.

Als er die Tür des Dienstzimmers öffnete...

Als er die Tür des Dienstzimmers öffnete, da... da stand am Fenster in Uniform der... alte Herr von gestern.

„Herr Oberst...", stammelte Hortobágyi und kramte in seinem deutschen Sprachschatz angstgemartert nach dem nächsten Wort. Er fand es nicht.

Herr Oberst von Stefani war ein wenig zusammengezuckt, faßte sich aber alsbald und sagte:

„Sie sind offenbar der zutransferierte gemütskranke Herr Oberleutnant? Ja? Dann danke ich für die Vorstellung – ich weiß schon. Was Ihre Pflichten in meinem Regiment sind, brauche ich Ihnen wohl nicht auseinanderzusetzen. — Nur eins, Herr Oberleutnant: ich liebe nicht, wenn man zuviel redet. Ein guter Husar kämpft mit dem Arm und hält das M... und Plauschen haß ich — das ist meine Gemütskrankheit. Ich glaube, wir verstehen uns, Herr Oberleutnant!"

DER FLUSS

Voriges Jahr bei der Hauptprüfung für die Kriegsschule zog ein Husarenoberleutnant die Frage:

„Suworows Feldzug 1799."

Und er begann:

„Als der Suworow über den großen Fluß in Oberitalien hinübergegangen war..."

„Herr Oberleutnant", unterbrach ihn der Präses, „Sie werden doch wohl wissen, wie der große Fluß heißt — ?"

„— — —"

„Denken Sie ruhig nach. Er durchströmt ganz Oberitalien von Westen nach Osten."

„— — —"

„Nun, Herr Oberleutnant! Die Hälfte eines gewissen Körperteils..."

„Weiß ich schon, Herr General: die Aar."

DER PREUSS

Man kann es nicht Manöver nennen — es war ein Schäferspiel.

Um sechs Uhr morgens rückten wir aus. Nicht weit — nur etwa bis an das Ende der Kurpromenade — dort war Dispositionsausgabe. Man stellte sich im Halbkreis auf, und während General Wotzelak mit dem Hornzwicker auf der Nase die Annahme von sich gab, tauschte man über die Nordränder der Karten weg liebliche Blicke mit den Badebedürftigen.

Täglich dieselbe Geschichte: der Feind rückt von Untereisenbad an, und wir aus Schwefelbad sollen ihn am Vordringen hindern; oder auch umgekehrt. Jedenfalls war die Sache um zehn Uhr mehr oder weniger geordnet – „und die sonnengebräunten Krieger" – stand im Kurjournal – „rücken unter schmetternden Klängen ein."

Da war, zum Beispiel, ein Ordonnanzoffizier da, ein Reservebolzen aus Wien, Sohn eines Großviehhändlers, mit etlichen 120 Kilo Lebendgewicht. Er machte vormittags seinen ganzen Dienst, trank zwölf Krügel Bier und tanzte abends auf der Reunion.

Solche Manöver waren das.

– – – General Wotzelak pflegte nach dem Essen im Kurhaus Tarock zu spielen – mit den beiden Infanterieobersten und dem Artilleriehäuptling. Ganz gemütlich, im Extrazimmer, mit offener Bluse – und den Point um einen halben Kreuzer.

Da, eben war Oberst Kandelhofer am Mischen, trat der Kanzleiisraelit von der Brigade ein und brachte dem Herrn General einen Privatbrief.

General Wotzelak besah das Schreiben von allen Seiten, stellte mit Befriedigung fest, daß es von keinem seiner Neffen herrührte – und öffnete es.

Man kann nicht sagen, daß er sich verfärbte. Nein, er behielt sogar völlig seine Selbstbeherrschung. Und doch sahen die Tarockgetreuen, daß dem Gebieter etwas sehr, sehr Unangenehmes mußte widerfahren sein.

General Wotzelak schob den Brief dem Obersten Kandelhofer zu; der Oberst las ihn stumm – mit jener Andacht, die man einer Botschaft des Korpskommandanten schuldet, und gab ihn, ohne erst zu fragen, weiter.

„Lieber Kamerad Wotzelak!

Heute abend wird sich Dir der preußische Artillerieleutnant v. Drosedow vorstellen. Er ist mir empfohlen worden, ich empfehle Dir ihn wärmstens weiter. Gib ihm einen taktvollen, womöglich adeligen Offizier bei, der dem fremden Kameraden alles zeigen und erklären soll.

Besten Gruß, lieber Wotzelak, von Deinem alten

Warney, FML.

P. S. Die Aufmerksamkeit des Gastes wird natürlich mehr auf die Reize der Landschaft als auf militärische Vorgänge hinzulenken sein."

— — — Oberst Kandelhofer legte die Karten hin, denn von einem Weiterspielen konnte bei dieser Sachlage doch keine Rede sein.

Der General aber sprach:

„Der Preiß is an Artillrist, also folglich gehört er den Bimsern."

Der Hauptmann erhob Vorstellungen.

Allein der General blieb fest.

„Da is nix zum Reden, das is selbstverständlich, daß wenn ein Preiß herkommt un is an Artillrist, daß er wieder muß den Artillristen so quasi zugeteilt wern. Wenn im andern Fall ein Gavallerist käm, no so möcht doch kan Menschen einfallen, ihm zu die Bäcken zu schicken oder zu der Sanität."

„Herr General", rief der Häuptling, „ich bitt gehorsamst, ich kann den Preisen doch schon absolut net brauchen. Was soll ich ihm denn zeigen? Die alten Feuerspritzen? Wo 's in Deutschland draußten seit Jahren Schnellfeuergeschütz haben? Es wär a Blamasch für die Armee."

Der General sah es ein. „Gut — alsdann kriegt der Kandelhofer 'n Preisen."

Der Oberst fuhr auf, wie von einer Hornis gestochen. „Herr General! Ich mit meine gflickten Röck?"

„Nein, nein. Bei der Infanterie geht's nicht. Warum willst denn den Preisen nicht zu die Husaren tun, Herr General?"

„Natürlich, zu die Husaren. Die haben a Pferd für ihm, an adeligen Begleiter — schad, daß der Korpskommandant net aa no a Hofdame für in der Nacht vorgschrieben hat; sie haben gute Monturen, sie sollen dem Preisen die Augen auswischen."

— — — Rittmeister Baron Hortobágyi schwankte lange, ob

er es tun sollte – denn der erwartete Preuße war bloß Leutnant und „von“. Doch ihm zu imponieren, war man dem Prestige der Waffe schuldig.

Hortobágyi fuhr also erst mal im Gig beim Kursalon vor und ließ den Alkohol einkühlen. – Dann auf den Bahnhof.

Er wartete lange.

Plötzlich fiel ihm ein: es wäre ja unnatürlich, gradezu grotesk; doch wenn der Preuße wirklich zweiter Klasse daherkäme – alles was recht ist, aber das kann man von einem 17er Husaren, wenn er sich schon zum Entgegenfahren hergibt, nicht verlangen: wenn der Preuße zweiter Klasse kommt, dann wollte Hortobágyi einfach verschwinden.

Er stellte sich so auf, daß er den einbrausenden Zug gedeckt beoachten konnte. Als der Gast standesgemäß eintraf, schritt Hortobágyi vor und stellte sich ihm nonchalant in den Weg, um sich anreden zu lassen. – Er fuhr den Preußen auf das Stationskommando und endlich ins Kurhaus.

Da war alles aufs beste gerichtet: ein Abendessen und Schampus. Und weil man so viel vom Jeu der preußischen Offiziere hört, sollte auch gespielt werden, aber Färbel. Das kann der Preuß nicht – die Husaren machen es unter sich – eine Viertelstunde und um ungewechselte Hunderter. Nachher gibt man sich das Geld heimlich wieder.

– – – Im Café las ein Kadett Witzblätter. Oberst Kandelhofer erblickte ihn und befahl ihm, sofort dem Adjutanten zu bestellen:

„Morgen Paradesorten.“

Der Kadett freute sich ungemein, seinem Hauptmann gegenüber den Unterrichteten spielen zu können, und brachte ihm die Neuigkeit in die Wohnung.

Der Hauptmann war wütend. „Was? Wegen an preisischen Leutnant soll ich meine eingekampferten Monturkisten aufmachen? Wem is denn der Blödsinn eingfallen? – – Aber so sein s', die Herren hier an der Peripherie! Wann zu uns, zu Hoch und Spleni nach Wien, an ausländisches Kaiserhaus mit Generalität is zu Besuch gekommen, hat man bei die Kompagnien nichts davon gewußt, ehe nicht der Waffenrock voll Spinat war.“

Plötzlich glitt der Blick des Hauptmanns am Kadetten herab. – „Ja – Sie! Was fallt denn Ihnen ein? Wo Sie wissen, daß a fremdes Offizierskorps hier is, tragen Sie a Menscherkappl mit vorschriftswidrigem Sturmband? Drei Tage Quartierarrest wegen Komprimittierung Österreich-Ungarns."

Die Kunde von der Anwesenheit des Preußen hatte unter den Damen Bewegung hervorgerufen. In den beiden Offiziersmenagen sprach man nur von ihm. Ein Major, der in Preußen gewesen war, gab seine Eindrücke zum besten: ganz nette Menschen, nur schandbar gfroren und taktlos. Und sie reißen furchtbaren Pflanz und sagen alle „Sie" zueinander. Übrigens, gar so viel, wie man da hermacht, ist an ihnen auch nicht dran.

– – – Indessen saß General Wotzelak bekümmert in der Kanzlei und dichtete Befehle. „Lassen S' gut sein, Rakowitsch, die Sache is kein Spaß. Spion bleibt Spion. Au contraire, ein Spion is mir lieber. Der erzählt wenigstens nicht herum, was er gsehn hat. Aber der Herr von Drosedoff kommt nach Haus und macht sich am End übern Wotzelak und seine Brigad lustig. Schreiben S' hin: Ausrückung vier Uhr. Marschadjustierung mit Feldgeräte, berittene Truppen mit Futter. – Haben S'? – Und alle bisher geduldeten Erleichterungen sind aufgehoben. – Ja, Sie haben leicht reden, Sie tragen ka Verantwortung. Wann ein Pallawatsch herauskommt – auf wen fallt 's? – Auf mich. Eins, zwei – is an Erlaß da vom Ministerium – mit siebenundneunzig deutsche Drucksachen zur Äußerung: wieso ich hab dulden können, daß die Hornisten in Anwesenheit von die ausländischen Gäst falsch blasen. – Aber wenn mir morgen aaner auffallend wird, den sperr ich ein, daß ihm die Schwarten krachen. – Sie sein ja Generalstäbler, Sie müssen doch irgend an taktischen Schimmel bei sich haben. – Den C.v.H.? – Um so besser. Sein S' so gut un schicken S' mir ihn nachher durch 'n Andersgläubigen in die Wohnung. – – – – – Meiner Seel, an Inspizierung von Seiner Exzellenz war mir lieber. Der kennt mi. Der weiß: ich bin der Wotzelak, sieben Jahr Referent für Personalangelegenheiten im Präsidialbüro, mittelst Dekret belobt – 1878 Militärverdienstkreuz mit der Kriegsdekoration. – Aber da kommt so a Preiß daher, an aufgeblasenes Bürschl – irgend aaner patzt, zum Beispiel der Kandelhofer mit seine vorsintflutlichen Ziehungen, oder der Hortobágyi mit seiner Attackiererei... He! Korporal Huhn! – Huhn!! – Sitzen Sie auf die Ohren??"

„Befehlen, Herr General?"

„Dackeln S' hinüber und sagen S', ich laß 'n Herrn Rittmeister Hortobágyi bitten!"

Baron Hortobágyi geruhte, endlich zu kommen.

„No – wie is, Hortobágyi?"

„Herr General, ich melde gehorsamst: ajßerst ongenehm!"

Der Brigadier klopfte ihm auf die Schulter. „Du wirst deine Sache schon machen, das weiß ich. Also wie gesagt: durchaus reserviert; keine Silbe zuviel über dienstliche Angelegenheiten, denn diese Herrschaften haben, wann s' zruckkommen, schriftlich über ihre ‚Eindrücke' im Ausland zu berichten. Heut sagst d' ihm was, und nächsten Monat liest d' es im Militärwochenblatt. Also aufpassen, Hortobágyi!"

„Jawohl, Herr General!"

„Das kann eine europäische Angelegenheit wern. Ich kenn das. Also aufpassen, Hortobágyi!"

„Jawohl, Herr General! Wir reden mit ihm mehr von die Weiber."

– – – Als dieses Manöver endlich zu Ende war, da hielt General Wotzelak auf einem sonnbeschienenen Feld die Besprechung. Eine Besprechung, drei Stunden lang und siebzehnhundert Klafter breit: das Kapitel „Infanteriegefecht" aus C.v.H's „Studium der Taktik", Seite 35 bis 517, erster Band.

Und als auch das zu Ende war, die ganze Aufregung, Schinderei und Wissenschaft, gedachte General Wotzelak höflich zu sein, hängte den hochdeutschen Unterkiefer ein und sprach:

„Nun, Herr Leutnant von Drosedoff – wie behagt es Ihnen bei uns?"

Der Preuß wölbte unendlich langsam die Brauen und murmelte:

„Ejal duhn... ejal duhn..."

„Was sagt er?" fragte man einander.

Hortobágyi war durch persönlichen Umgang in die Geheimnisse der norddeutschen Sprache eingedrungen und dolmetschte schnarrend:

„Komerad konschtatiert hiemit gehorsamst, daß er is seit vierundzwanzig Stund vollkommen besoffen."

Da fiel dem General Wotzelak ein Stein vom Herzen, und er gab Hortobágyi zur Dekorierung ein.

LEUTNANT SPANNAGEL

Leutnant Spannagel, Viererjäger in Weißkirchen – was sollt er in Weißkirchen anfangen? Er fing ein Verhältnis an.

Sie hieß Leni und war Kaffeehauskassiererin.

Ein treues Mädchen, ein liebes Mädchen – doch nach einer Woche mußte Spannagel ins Spital.

Sie kam ihn besuchen.

„Leni", sagte er, „du hast furchtbar gemein an mir gehandelt. Jetzt tu mir den einzigen Gefallen und fang ein Gspusi mit mein Obersten an."

KORPORAL HUHN

Korporal Huhn war eine Schlafmütze. „Er hutscht sich am Gaul wie a Laus auf die Peies", pflegte Rittmeister Baron Härtel zu sagen und meinte mit den Peies die Schläfenlocken des Kantineurs Leib Wolf Eitersack.

Wenn Jakob Huhn es beim Militär gleichwohl so weit gebracht hatte – bis zum Korporal –, verdankte er es ganz allein seiner schönen Handschrift. Ihr verdankte er überhaupt alles: die schonungsvolle Behandlung, die Kommandierung in die Brigadeschule, die Verwendung in der Kanzlei, das Ansehen bei hoch und nieder; und seine Hämorrhoiden. Auch die hatte er – statt wie sichs für Kavalleristen schickt, auf der Reitschule – in der Kanzlei erworben.

Quälende, nichtswürdige Hämorrhoiden – als wäre Korporal Huhn ein Kaderkommandant. Manchmal kam er sich wie zugenäht vor. Das verdüsterte sein Gemüt und ließ in ihm niemals jene Lust am Kriegshandwerk aufkommen, die im Punkt 10 des Dienstreglements, erster Teil, dem Soldaten auch für mißliche Verhältnisse ausdrücklich vorgeschrieben ist. – Korporal Huhn war heimlich für Abrüstung.

„Jainkew Huhn", pflegte Härtel zu fragen, „woran denken Sie?"

Huhn schlug die kalbledernen Lider auf und sagte müd und lächelnd:

„Herr Rittmeister, ich bitt gehorsamst, Se wissen doch: an meiner Prifung."

„An wos für einer Prifung, Jainkew Huhn?"

„Herr Rittmeister, ich bitt gehorsamst, Se wissen doch: an der Geometerprifung. Ka Vatern hab ach nischt, ka Mutter hab ach nischt, hab ach doch aach kä Geschäft. Möcht ach wern Zivilgeometer."

„Jainkew, wann wollen Se machen der Prifung?"

„Im März, Herr Rittmeister, mit Gottes Hilfe."

„Na güt; lernen Se nur fleißig, Jainkew Huhn!"

Und er lernte. Tag und Nacht. Die Schreibarbeiten der Brigadeschule ließen ihm Zeit – die Zeit benutzte er redlich.

Eines Morgens trug er, wie gewöhnlich, den Frührapport in den Stall – da pflegte ihn Härtel auf einer leeren Krippe zu unterschreiben. Und an diesem Morgen war es so weit.

„Herr Rittmeister, ich bitte gehorsamst um Urlaub, ach hab der Prifung am 18. März." – Er zitterte und stammelte dabei, denn er wußte: der Urlaub wird kaum zu haben sein.

Und richtig sagte Härtel:

„Sie, mir scheint, Sie saan da oben net ganz richtig. Urlaub –? Wo i d' halbe Mannschaft im Bett liegen hab mit roter Ruhr?"

„Waaß ach doch, Herr Rittmeister, ich bitt gehorsamst. Aber as ach doch hab studiert äs ganze Jahr ün endlich hab ach gekriegt mit Mihe dem Termin? Hab ach mr gedocht, der Herr

Rittmeister wern hoben ä Einsehn mit en armen Menschen ün wern mr doch doch ja geben dem Urlaub."

„Tja... Hm... Gott, ja... Aber, Huhn, das müssen S' doch um Himmels willen begreifen: wann die rote Ruhr in der Schul is, kann man do kan Menschen rauslassen? Ich dank! Wann Sie mir die Epidemie verschleppen – ? Naa, naa, mei Freund – die Verantwortung nimm i net auf mich. I net."

Huhn hob eines seiner Lider – nur eins – und das Auge darunter stand voll Wasser wie ein Aquarium.

„Herr Rittmeister, ich bitt gehorsamst, es handelt sach doch da um meiner Exestenz. Denn wörum? En andern Termin wern se mr doch nischt mehr geben, de Herren af Krakew."

„Was? Nach Krakau? Auch das noch? – Blank ausgeschlossen. Sie könnten mir ja die ganze Stadt anstecken."

Härtel drehte sich auf dem Absatz um und klirrte davon.

Wenn er aber gemeint hatte, nun Ruhe zu haben, irrte er gründlich: Korporal Huhn wollte Urlaub haben – und wenn er ihn nicht laut zu fordern wagte, tat er es mit hündischen, klagenden Blicken.

Am dritten Tag wurde es Härtel zuviel. Er überlegte, ob er seinen Schreiber einsperren oder den Urlaub bewilligen sollte, und entschied sich für einen Mittelweg.

„Wissen S' was, Huhn", sagte er, „ich wer' Seine Königliche Hoheit fragen."

Seine Königliche Hoheit, das war der Kommandant des 10. Ulanenregiments, die Brigadeschule war ihm unterstellt und er ausnahmsweise nicht in Monte.

Härtel trug also Huhns Bitte Seiner Hoheit vor und erinnerte den Prinzen auch gleich an den Einwand – das mit der Ruhr –, denn Seine Hoheit pflegten Kleinigkeiten des militärischen Lebens gern zu übersehen. Und Härtel wußte zu bewirken, daß Seine Hoheit nicht selbst entschieden (denn das hatte noch immer zu ungeahnten Verwicklungen geführt) –, sondern bei der Brigade mußte der Prinz „unter warmer Befürwortung des Urlaubsgesuches bittlich werden". – Das alles tat Härtel. Nur um Huhns sterbenden Blick nicht länger genießen zu müssen.

„Jainkew, Sie wern zu Ihnerer Prifung fahren därfen. Schon

weil i an Rappen in Krakau kauft hab. Den müssen S' mir auf 'm Rückweg mitbringen. Sie kriegen Ihnern Urlaub. Verlassen S' Ihnen drauf!"

Verlassen – Du lieber Gott! Huhn kannte das. Der Herr Rittmeister hatte schon mehr als dreimal Dinge versprochen, die er dann nicht halten konnte. Huhn, der Kanzleimensch, kannte die Götter, die das Schicksal lenken, und wußte ihre Macht nach Gebühr einzuschätzen.

Indessen lief das Dienststück „Bittet um Urlaub für den Korporal Huhn" bei der Brigade ein – und der Herr Generalmajor, rasend vor Zorn, weil er dem Prinzen nicht ja sagen konnte – wegen der Ruhr – und nein erst recht nicht – wegen der Hoheit –, leitete die Geschichte an die Division. Damit entschwand die weitere Entwickelung den Blicken der Menschheit, so nicht auf den Höhen wohnet.

Nach acht Tagen – prinzliche Bitten reisen schnell – kam eine Korpskommandoverordnung:

„Eine Kommission, bestehend aus einem Stabsarzt, bezw. Oberstabsarzt als Vorsitzenden und zwei Regimentsärzten als Mitgliedern (sämtlich seitens der Division namhaft zu machen), hat alsogleich zusammenzutreten, die Exkremente des Bittstellers, Korporals Jakob Huhn, auf die Ungefährlichkeit derselben zu prüfen, und wird die Kommission nach dem Ergebnis des Augenscheins auf Abweisung oder Bewilligung des Urlaubsgesuches zu beantworten haben."

Die Kommission kam.

„Was nun, Herr Huhn?" fragte Härtel. „Haben Sie eine Bescherung vorrätig?"

Korporal Huhn erbleichte. – Jetzt? Gleich? Bei seinen Hämorrhoiden? – Nicht zu machen.

„Herr Rittmeister, ich bitt gehorsamst, könnt ach nischt in der Frih? Ich bin's eso gewohnt."

„Machen S' kaane Geschichten und kacken S'", rief der Stabsarzt. „Ham me heut noch was andres zu tun."

Huhn setzte sich demütig auf die Schüssel und versuchte sein Glück. Mit Macht. Mit Hochdruck. – Es ging nicht.

„Wo mr alle zusehn, scho gor nischt", winselte er.

„No, was soll me jetzt, meine Herren? Vertag me uns, kummt ihm Geburt, wann me nicht da sein — gilt nix. Oder der Jud is imstand und macht er Kindesunterschiebung."

„Aber wir können doch nicht Wache stehn und warten, bis er geruht...?"

Also beschloß man, um sechs noch einmal zusammenzutreten.

„Huhn, daß Sie bis dahin jedenfalls warten!"

Huhn wartete. Die Kommission kam.

Nichts.

Der Stabsarzt, die Mitglieder — alle waren aufs höchste empört.

Härtel fand das Fiasko seiner Unterabteilung zwar groß, Huhns Benehmen aber immer noch verständlich. — „Sie", sagte er, „Sie haben behauptet, in der Früh geht's. Gut. Wir kommen in der Früh. Aber das sag ich Ihnen: punkt sieben haben Sie geladen zu sein, das ist Dienst—be—fehl."

— — — Drei Stunden später lag Korporal Huhn auf seinem Strohsack und schwitzte. — Wie wär es, wenn er was einnähme — es gibt doch so viele Mittel? — Ja, dann kommt er in den Verdacht der Ruhr und kriegt seinen Urlaub erst recht nicht. — Und ohne nichts? Ob es morgen gehen wird? — Kaum.

Er kannte seine Natur: wenn sie soll, mag sie justament nicht. Hingegen beim Karabinerschießen hatte er schon des öftern unerwartete heftige Dränge verspürt.

Er wickelte sich in die Decke, so hart und rauh sie war, sann nach und schwitzte kalte Bäche.

Die Nacht verstrich zwischen Wachen und Träumen. Er sah sich bei der Prüfung, sphärische Trigonometrie. In jedem Winkel des Dreiecks an Stelle des griechischen Buchstaben die Schüssel. Er sollte was hineinschreiben und konnte nicht. Er bemühte sich aus Leibeskräften. Er drückte, er krümmte sich, er krampfte sich zusammen, da...

...Die Prüfung bestanden.

Und er wach.

Himmlischer Herrgott! Es ist geschehen.

— — — Sieben Uhr. — Huhn stand da, als hätt er über Nacht im Herbarium gelegen.

„Korporal", sprach der Rittmeister, „tun Sie gefälligst!"

Huhn würgte seine Tränen und blieb tatlos stehen.

„Hören Sie, Korporal? Ich hab Ihnen gestern abend befohlen — ich befehle Ihnen wieder: nieder mit Ihnen und vorwärts!"

Huhn rührte sich nicht.

„No, wie lang soll me warten?" mahnte der Stabsarzt.

Huhn brach in halbersticktes Weinen aus. Wozu versuchen? Er weiß ja doch, daß es nicht geht.

„Korporal, bringen Sie mich nicht zum Äußersten!"

„Aber, Herr Rittmeister, möcht ach denn nischt...?" flennte Jakob Huhn.

„So ein Fallot! — Wann haben Sie zum letztenmal gemistet?"

„Ha... ha... heunte nacht."

„Sooo? Aah! Urlaub wollen Sie haben? An Dreck! Nichtbefolgung eines wiederholten Dienstbefehls? Widersetzlichkeit?? Insubordination?? Warnungskonstitut! Sieben Tage Einzelarrest!!!!"

„Abe zerscht", sagte der Stabsarzt, „muß 'r in Isolierbarakken — Beobachtung auf Ruhr. Die Sache mit heut nacht kummt mir nicht ganz sauber vor."

MILITÄRISCHE ETIKETTE

Im Agramer Truppenspital wollten sie mir mal den Blinddarm operieren. — Ich war damals Oberleutnant.

Schon lag ich, wie mich Gott erschaffen, auf der Wachsleinwand des Operationstisches — schon hatte der Herr Stabsarzt dem Sanitätswärter eine Ohrfeige hineingehauen, weil die Gefäße so dreckig waren — und wusch sich sofort wieder die Hände („Weil man, weißt, eine Infektion sorgfältig vermeiden muß") — schon hatte mir der Hilfsarzt die Ätherhaube aufgesetzt — ich zählte: eins, zwei... bis acht — da erinnerte sich der Hilfsarzt: Herr Gott, er hatte versäumt, sich mit mir, dem Rangältern, vorschriftsgemäß bekanntzumachen.

Er riß mir die Ätherhaube von der Nase, knallte die Hacken zusammen, verbeugte sich stramm und rief:

„Herr Oberleutnant! Assistenzarzt-Stellvertreter in der Reserve Robert Ornstein, Sanitätskompagnie Nr. 9, stellt sich gehorsamst vor."

Was, meinen Sie, habe ich ihm geantwortet? — Sie dürfen dreimal raten.

DER UNTEROFFIZIERSBALL IN OTOTSCHATZ

Feldwebel Pero an seinen Freund:

Lieber Bruder Glischo!

Viele Brieflein habe ich Dir schon von Herzen geschreibet aus dem lustigen Ototschatz, aber bei Gott ist unserm Garnisone ein Unteroffiziersball erblühet, ob Du mich nicht für einen Trottel haltest, das war so: Zu Sylvester haben wir etwas laut getrunken, daß der Soldat mit süßem Gefühl tretet ins neue Jahr, da sagen manche: Bald ist Farsching, möchten wir sich unterhalten, sollen die zwei Ältesten, der Pero und der Dimitar, bein k. k. Regimente bittlich werden, ob wir dürfen. Gut, zogen wir sich Parademonturen an, auch Stiefel. Daß sie glänzen, hatte meine Joka schon in der Frühe Knoblauch gegessen; und wurde gegangen. Unsre Suppenbörtel blitzelten Dir in der Sonne. Es vorführete uns der Herr Hauptmann Mojsije Derwodelia dem hohen Regimentsrapporte. Zuerst kamen wir in ein hübsch schönes Zimmerlein mit Fenstern, sagte der Herr Hauptmann: Söhnchen, wartet! und wenn ihr spucket, nur ins Zwiebackkistel. Warteten wir und spuckten, aber der Herr Hauptmann war darinnen, höreten wir nur murmeln. Kam der Herr Adjutante und rief: Unteroffiziere mit Bitte betreffend des Tanzes links um, marsch! Kamen wir in ein großes schönes Gemach mit Fenstern, auch einem Regal für Dienstgeheimnisse und etwas Teppich. Unser Herr Oberst ist ein herrschsüchtiger aber gütiger Befehlshaber, welchen wir lieben im Sinne des Dienstreglements, I. Teil. Gefraget, was wir wollen, sagte er: Gut, sollet tanzen, jedoch am Samstage, daß alles nüchtern sei zum Dienste, beim Kirchengange schadet es nichts, und krieget das Ballkomitee Brotzubuße, daß es besser lustig sei. Also alles bewilliget zur Freudigkeit, und lief uns noch der Herr Adjutante nach, der Herr Oberleutnant Knezevich, sagend: Schreibet auch mich ins Komitee, jedoch als Ehrenmitglied, ohne einem Beitrage oder höchstens am Ersten. Also am Samstage im Farsching war die große Aufgeregtheit, der Saal war geschmücket mit Markierlöffeln und Bajonetten überkreuz. Da war Dir voll Welt aus ganz Ototschatz. Wir haben sich sehr unterhaltet, war Musik, ein Dudelsack von der dritten Kompagnie, ebenfalls Harmonika, diese spielte die Frau Rechnungsführer Mesich. Der Herr Hauptmann Derwodelia riet uns zum Zeremonielle, daß alles sei bei Gott wie in Wien, und mußten rechts die Menschen warten und links die Weiber Habtacht, bis der Herr Oberst Jozo Gruich Edler von Tornistergrund kommet und seine erlauchte Gemahlin Sofia, geborene Mitrecsich aus Karlstadt. Kaum hineingetretet, erhob sie den Finger und winkte: Pero, winkete sie, komme her und walzere mit mir! jedoch wolle mir nicht mein Kleid beschmutzen, dieses ist bis aus Petrinja. Ich war sehr geehrt und fast wenig besoffen. Das Kleidchen war ziemlich nacket, oben mit feinen Schaffell umbuscht, man sah, es ist kleine Brust vorhanden, nicht wie bei Bauern. Ich schwitzete sehr. Auch hatte ich neue Stiefel aus dem Handmagazin, Größenklasse I, die Frau Oberstin aber tragete Größenklasse VI, von den leichten, und statt Fußlappen feine Strümpfe, darunter schon das Fleisch, und wogete der Busen. Wenn sie das Kleidchen wenig aufhebte, hatte sie unten gestickte Hosen. Der Herr Oberst duftete aus dem Knopfloch und war menschlich, er klopfete meiner Joja hinten auf die Hüften und sprach: „Joka, der Mais ist heuer Gott sei Dank geraten, das spüret man." Meine Joka war rötlich beschämet und schlug die Augenbrauen hinter sich. Auch war der Herr Regimentskaplan vorhanden und drohete mit dem Finger, wer da zwickte. Um elf hielt die Frau Oberstin Zerkel, mußte alles vor ihr antreten Habtacht und antworten, bis man gefraget wegen Rindvieh und wieviel

Kinder. Hierauf reichete der Herr Oberst seiner erlauchten Gemahlin die Arme und sagte noch: Ihr Schweine, daß Ihr Euch nicht sehr besaufts. Mit diesen huldvollen Worten schwebeten sie davon. Stewo, dritte Kompagnie, schalmeite ihnen noch Dudelsack zum Tusch nach. Wir unterhalteten sich weiter bis in der Früh. Indem der Herr Oberst gegangen war, tanzte Seine Hochwürden mit meiner Joka und sagte: Pero, du wirst erlauben, daß ich sie in Freundschaft küsse, nur auf die Wange, es ist mehr ein Segen, immer besser, der Mann ist dabei wegen bösen Zungen. Ich erlaubete ihm, wenn nicht *mehr* ist. Wir haben getrinket in Freude Grenzerwein 8 Kreuzer, fünf Faß, dann Schnaps 18 Kreuzer, 27 Maß, zahleten alle zusammen, kam 2 fl. 16 auf die Teilnahme. Als ich erwachet, war meine Joka aufräumen die Regimentskanzlei mit Herrn Oberleutnant Knezevich, sagte der Herr Hauptmann: Lasse sie, jedoch wenn sie revertieret, haue sie, sonst tue ich es von der Kompagnie aus, ob etwas war oder nicht, alles eins, wegen guter Sitte. Lieber Bruder Glischo, schön ist in Ototschatz, melde Dich hierher, habe ich genug geschreibet mit Gott als

Dein lieber
Pero Wergonja,
k. k. Feldwebel am Kordone.

DEUTSCHE IM WALD – 1866

Das Bauerngehöft lag noch in tiefer Finsternis. Die Uhr im Zimmer schlug zwei nach Mitternacht.

Um halb drei sollte die Kompanie abmarschieren.

Signale blies man nicht, man war ja in Feindesnähe. Der Korporal vom Dienst ging zuerst in den Viehstall, da war der zweite Zug einquartiert, und rief:

„Hörts, Burschen! Es ist Tagwach.“

Er mußte nicht einmal sehr laut rufen. Die meisten waren ohnehin schon wach. Je müder der Mensch ist, desto weniger Schlaf hat er.

Die im Viehstall sammelten sich also aus dem Stroh, räkelten sich und wischten die Montur obenhin mit der Hand vom Stroh rein. – In diesem Viehstall und immer auf demselben Stroh hatte heute schon die achte Einquartierung geschlafen – jede Nacht eine andere –, so wie sich die Truppen nordwärts konzentrierten. Das Stroh war klein gebrochen und mürb wie Kleie.

Der Korporal vom Tag weckte in der Scheune noch den ersten und den dritten Zug. Um den vierten brauchte er nicht zu sorgen, der kampierte im Garten und hatte sicherlich schon das Reißen in allen Gliedern von dem verdammten Nebel und Tau.

Dann kletterte der Korporal die Leiter hinan auf den Heuboden. Da schliefen die drei Herren Offiziere, dann der Herr Dienstführende, der Herr Manipulierende, der Herr Kadett-Korporal und – die Herren Offiziersdiener. Allerwärts schmuggeln sich ja die Diener in die Vorrechte ihrer Herren ein.

Eine kleine Viertelstunde später war schon alles parat. Aber der Nebel – der Nebel...

Der Herr Hauptmann nahm die Meldungen ab und kommandierte: – „Habt acht!" – so ernst wie nie, seit sie die Garnison Eszeg verlassen hatten. Da merkten alle, daß etwas Ungewöhnliches vorgehe.

„Burschen", sagte er, „heut führ ich die meisten von euch zum erschtenmal vorn Feind. Nehmts euch zsamm, machts es denen Kapitulanten nach, die was mit mir schon bei Magenta und Solferino gewesen sein. Zeigts denen Preißen, was ihr könnts. – Das gilt auch für Sie, Herr Leutnant."

Darüber errötete der Herr Leutnant. Und ärgerte sich, daß man ihn, den neuausgemusteren Neustädter, mit den Rekruten in einem Atem genannt hatte.

Der „altgediente" präterierte Kadett-Korporal biß sich auf die Lippen.

Dann ging's aus dem Gehöft auf die Straße.

In diesem Augenblick hörte man weit – weit zwei Schüsse hallen.

Der Herr Hauptmann befragte einen vom Adjutantenkorps, der gerade vorbeiritt, und kriegte zur Antwort:

„Ja — es geht los — wahrscheinlich bei Chlum."

Sie marschierten zwei Stunden und rasteten drei Stunden mit den Tornistern auf dem Rücken.

Die Sonne stand ziemlich hoch wie ein silberner Teller am Himmel, aber immer noch Nebel überall. — Wie unheimlich das war: Kanonengrollen auf allen Seiten, und keiner wußte, woher und wohin. Dragoner, Artilleristen, Likaner, Jäger, Husaren, Ulanen, Infanterie, Generale, Sachsen, Ordonnanzen, Adjutanten — alles sah man grau auftauchen, im Näherkommen Farbe gewinnen und wieder verschwinden.

Auf einmal hieß es:

„Habt acht! — Schultert! Marschieren — mir nach! — Kompanie marsch!"

Drei geschlagene Stunden und in welchem Tempo!

Um halb zwei nachmittag, die Landschaft hatte sich ein wenig aufgehellt — da kam ein Reiter und meldete irgend etwas.

Der Herr Hauptmann sah sich um und rief:

„Korporal Enzinger mit zwei Mann! Suchen S' sich die Leut selber aus. Zwaa gschickte ältere Leut. Gehn S' da in das Buschwerk — segn S' dorten die zwaa kleinen Fichten? Dort gehn S' hinein in das Buschwerk, rekognoszieren S' es gut durch und kommen S' mir melden."

Korporal Enzinger war ein syrmischer Schwab, aus Ruma gebürtig, und hatte zwei Landsleute in der Kompanie. Die rief er sich — ein wenig familiär — heraus:

„Geh her do, hörst es, Pfirter — un du aa, Jakob."

Dieser Jakob hieß mit dem Zunamen Pader.

Der Herr Hauptmann hätte dem Enzinger jetzt gern was erzählt über solch lässige Art, zu befehlen, überlegte sich's aber. „Lassen wir's für heut. Wer weiß, ob wir..."

Ehe noch der Gedanke gedacht war, dröhnten in nächster Nähe Kartätschenlagen. Jawohl, Kartätschenlagen — man erkannte es deutlich am Brausen. Und ein Gewehrfeuer, als würde ein Sack Erbsen auf Blech geschüttet.

Korporal Enzinger also ging mit den zwei Gemeinen los — zuerst ein wenig zaghaft, das Gewehr angriffsbereit — los auf die

Fichten. Ihre Silhouette verschwamm wieder von Minute zu Minute.

„Paßts obacht, Burschen, paßts obacht — indem daß man wenig siecht bei dem Nebel."

Pader sagte:

„Herr Kapral, soll aaner von uns zerscht hineinschießen in dö Schikara. Is richtig a Preiß dorten, nachher..."

„Is eh wahr", erwiderte Enzinger. „Alsdann — An! Feuer! — Schieß du!"

Pader schoß mit einigem Widerstreben.

Sie knieten alle drei in einer Rainfurche und starrten erwartungsvoll nach dem Busch. Aber dort rührte sich nichts. Natürlich: der Nebel trog, die Fichten standen eine Stunde weit, aber vor der Sonne.

„Gehn mr."

Und sie gingen weiter.

Als sie endlich bei den Fichten auf dem Bergkamm waren, da sahen die Spitzbuben erst, daß sie mit ihrem Patrouillengang das große Los gezogen hatten: da war keine Seele; man hatte sie offenbar vom äußersten Flügel weggeschickt.

„Alsdann jetzt zruck!" rief Enzinger, ging aber statt zurück, vor.

Die zwei anderen merkten's — er vielleicht auch. Sie sagten aber einer dem andern nichts in ihrer heimlichen Freude. Es war ein Komplott der Seelen, durch kein Wort, nicht einmal durch einen Blick eingestanden.

So gingen sie weiter — immer weiter. Keine Spur von Soldaten. Nicht Freund noch Feind. Sie waren weitab vom Schlachtfeld, der Kanonendonner dröhnte schrecklich hinter ihnen her.

Als die Sonne zur Rüste ging, sah sie die drei Schwaben allein im tiefsten Waldesfrieden.

Der Korporal bekam Angst. Alle möglichen Kriegsartikel drohten ihm mit Pulver und Blei.

„Gemeiner Pader und Gemeiner Pfirter", begann er plötzlich in dienstlichem Ton, „jetz ihr könnt's mir bezeugen: indem daß a so a Nebel war, ham mir halt net zruckgfunden. No — is es so oder is es net so? – Jakob, sag auf dein ehrliches Gewissen: jetz – kannst du dös ableugnen?"

Gemeiner Jakob blieb stehen und sagte mit kristallener Überzeugung:

„Wann mi der Herr Hauptmann fragt: Wo seids ös gsteckt? Jetzt – lugen kann i net, Herr Kapral. Alsdann kann i nur dös melden: Herr Hauptmann, sag i, i meld ghursamst, mir ham rekomesziert, un wie mir zruck san – indem daß mr nindersch net die Kommanie gsegn ham – no ja – so san mir immer weider – immer weider... No ja, lugen kann i do net?"

„So is", bestätigte Pfirter. „Mir ham rekomesziert." Dann legten sie sich in eine Mulde und schliefen wie tot ein. Die Tornister waren ihre Kissen.

Enzinger, Pader und Pfirter versäumten so die Schlacht bei Königgrätz mit all ihrem schrecklichen Blutvergießen – Enzinger, Pfirter und Pader verschliefen so den Rückzug über die Elbe.

Und es fielen in dieser Schlacht vierhundertfünfzig Offiziere und siebentausendzweihundertachtzig Mann.

Pfirter erwachte am anderen Morgen zuerst, denn er war der gefräßigste. Bald fuhren auch die anderen auf, und nun saßen sie da und ratschlagten, was zu tun sei. Daß vor allem menagiert werden sollte, war allen dreien klar. Aber was? – Kommißbrot. – Sie hatten sonst nichts.

Pader meinte, ob man sich nicht etwas schießen könnte.

„Wie willst du denn mit der Kugel?" wandte Pfirter ein.

„Ma könnt a Kugel mit 'n Baganett af Schrot zerhacken."

Ehe sie Zeit hatten, darüber nachzudenken, erfaßte Enzinger mit jeder Faust einen von ihnen eisenfest am Ärmel und blickte starr in eine Lichtung.

Halb verdeckt durch dünne Zweige tanzten dort hinten preußische Pickelhauben.

Die drei syrmischen Schwaben legten sich platt nieder, die

Gewehre auf die Tornister, und warteten, was es würde. – Totenblaß.

„Wie vieli saan's?" lispelte Enzinger.

Keine Antwort.

Er seufzte leise:

„Wenigstens a Sticker zehni wern's sein."

„I siach zwaa." – Wenn Enzinger geseufzt hatte, Pader hauchte nur. – „Zwaa siacht ma. Aber fragen S' mi, wie vieli daß es saan – jetzt dös was i net."

Die drei sahen in herzbeklemmender Spannung die Pickelhauben hinter dem Astwerk wackeln – da knackte und trampfte gerade vor ihnen ein schwerer Tritt durchs Reisig, und im nächsten Augenblick starrte...

Ja, im nächsten Augenblick starrte ein rotbäckiger, schmutziger, hungriger Preuße von drei Schritt weit auf drei Büchsenläufe – die hatten sich unwillkürlich halb und schwankend auf ihn erhoben.

Er gurgelte etwas, erbleichte und stand.

Pader faßte sich zuerst und schlug an.

„Pardon", stammelte der Preuße mit blutleeren Lippen.

Er tat's nicht etwa, um sich gefangen zu geben. Er sagte Pardon, weil... weil... nun, weil... mein Gott, was sollte er sagen? Er ist ein gut erzogener Mensch, Papierfritze von Profession – und da wollen ihn drei in einem böhmischen Wald erschießen. Wenn ein Meteorstein neben ihm niedergesaust wäre – Fritz hätte sicherlich auch Pardon gesagt.

Pader ist ganz Held.

„Alsdann Sö ergöben S' Ihnen?" fragte er den Papierfritzen – leise, aber fest.

Enzinger sieht, daß er jetzt auf dem Punkt steht, seine Autorität zu halten oder zu verlieren.

„Ergebn S' Ihnen oder net?" fragt er und richtet die Spitze des glitzernden Bajonetts gegen Fritzens Brust.

„Pardon."

„Alsdann knien S' nieder!"

Fritze – er heißt wirklich Fritze und ist aus Pankow – Fritze kniet. Jeder Papierhändler an seiner Stelle täte dasselbe.

Die drei Schwaben sehen einer den anderen an. Denn keiner weiß, was tun.

„Gefangener – wie vieli seids ös?" fragt Pfirter – um doch auch Teil am Ruhm der Genossen zu haben.

„Wie bitte, meenen Se?"

„Wie vieli daß ös seids, Gefangener!"

„So. – Es – seitz", murmelte Fritz verständnislos und höflich. Höflichkeit ist die Seele des Papiergeschäftes.

„Wie vieli?" wiederholte Pader.

„'ch so – 'ch so – 'ch so – bitte sehr, wa sinn hier vier Mann, meene Herren, allens jebildete Familienväter – deutsche Familienväter." – Papierfritze heult immer lauter.

„Fritze, Fritze", tönt es von hinten, „wo treibst de dir rum, Menschenskind? Bis de in wat jetreten?"

Die Pickelhauben nähern sich.

Enzinger legt an und schießt. Trifft aber niemanden.

Bum – wrr... schwirrt eine Kugel vom Zündnadelgewehr durch die Luft. Die drei Schwaben machen vorschriftsmäßig ihr Kompliment: die erste Kugel, die so nahe an Fritzen, an Enzinger und den andern vorbeikommt.

Fritze schreit:

„Herr Jefreita! Herr Jefreita! – Hören Sie doch! Ick bin's – Landwehrmann Friedrich Schmidt."

Hier drei und dort drei stehen einander gegenüber, Fritze zwischen den beiden Parteien.

Pader springt auf, nimmt Gewehr bei Fuß und sagt:

„Mir sann deitsche Leit."

Jetzt ist's an den Preußen, sich stumm zu beraten.

„Drei und drei", sagt der Gefreite endlich – „Fritze zählt nich. Ick jloobe, meine Herren, wa tun uns nischt."

– – –

Sie saßen zwei Stunden später in einem kleinen Hegerhaus und teilten vier preußische Erbswürste in sieben Teile. Die Hegerin hatte Milch, Brot und schwarze Pegatsche gebracht.

Sie erzählten einander ihre Erlebnisse, verglichen und betasteten ihre Armatursorten, sprachen von der Politik, vom Krieg, von Weib und Kind, die sie zu Hause hatten – lachten einander mancher Namen und Ausdrücke wegen aus – wunderten sich über die Verschiedenheit ihrer Dialekte – und auch darüber, daß sie alle Deutsche seien, so weit voneinander sie auch ihr Heim hatten.

Sie gefielen einander und beschlossen, die Nacht über beisammen zu bleiben. Und sie blieben auch und schliefen seelenruhig unter einem gastlichen Dach – viel länger und bequemer als jemals seit ihrem Abmarsch vom Haus.

Am nächsten Morgen wollten sie aufbrechen.

Aber wohin?

Aus der Alten brachten sie nichts heraus. Sie konnte nur tschechisch.

„Co se mně ptáte vohyn – vohyn – dyt' Vám nerozumm."

Überdies – mit dem Fortmaschieren hatte es seinen Haken. Da draußen, jenseits des Waldes, hatte eine furchtbare Schlacht getobt, da standen Tausende und Tausende Soldaten beider Heere.

Gingen sie aus dem Wald – konnten sie nicht geradewegs in die Gefangenschaft rennen?

Oder gar in den Tod?

Wer weiß, was draußen vorging?

Das Kanonenfeuer ruhte – aber für wie lange?

Pader hatte eine Idee:

Sie sollten die Monturen tauschen. Sind dann die drei Österreicher als Preußen gekleidet und treten aus dem Wald – auf jeden Fall sind sie sicher: treffen sie auf die Preußen, bleiben sie unbehelligt; man wird sie für Brüder halten. Treffen sie auf Österreicher – nun so geben sie sich gefangen und zu erkennen. – Die Preußen in österreichischer Montur machen's dann ähnlich.

Was? Ein prächtiger Gedanke? Er blieb aber unausgeführt. Erstens, weil er den beiden Kommandanten zu gewagt schien – alles wäre herausgekommen, denn die Maskerade hätte doch erklärt werden müssen. Zweitens, weil Papierfritze heftig widersprach – denn für ihn war kein weißer Waffenrock mehr vorhanden.

Sie berieten und erwogen – unterdessen wurde es Nacht, und sie blieben im Hegerhaus.

Sie fanden ein Spiel Karten, aus denen pflegte die Hegerin wahrzusagen. Das gab eine unterhaltliche Partie Schwarzer Peter – zwei Pfennig für einen Kreuzer gerechnet.

Österreich siegte.

– – –

Die sieben Deutschen saßen am dritten, saßen am vierten Tag immer noch da.

Endlich, als die arme, einsame Alte nichts mehr zu essen für die Krieger hatte, marschierten sie fürbaß. Enzinger, der Älteste, führte. Die Hegerin wies ihnen den Weg.

Am Waldesrand schüttelten sie einander kräftig die Hände – wie innige Freunde, die gemeinsam an ein waghalsiges Werk gehen.

Dann formulierten sie die Bedingungen ihres Separatfriedens:

Je nachdem, ob die erste Truppe, auf die sie stoßen würden, preußisch oder österreichisch wäre, sollte die eine oder die andere Patrouille die Gewehre wegwerfen und gefangen sein.

Die Hegerin ging ins Dorf als Spionin.

Korporal Enzinger Andreas,
Gemeiner Pader Jakob,
Gemeiner Pfirter Josef
und
Gefreiter Müller II.,
Landwehrmann Ostowsky,
Landwehrmann Schmidt,
Landwehrmann Tiedemann

warteten am 8. Juli 1866 gespannt auf die Rückkunft der Wirtin. Es handelte sich darum, wer am dritten Juli die Schlacht bei Königgrätz gewonnen hatte: Preußen oder Österreich.

– – –

Sie saßen im Kühlen.

„Ob wa uns denn nu im Leben wiedasehn?“ fragte Schmidt schwermütig.

„Ja, ja – da Kriech!“ seufzte Tiedemann. „Da dämliche

Kriech! – So jemütliche Leute, die Österreicher! Is nu nicht schade, daß wa nicht beisammbleiben könn'?"

„Wahr is", bestätigte Pader. Die beiden andern Schwaben nickten.

Da kam ein tschechischer Bauer des Wegs. Er führte einen Wagen mit zwei Kühen und erschrak gewaltig, als er die Soldaten im Busch erblickte. Bleich hing er an der Leitkette und glotzte um die Wette mit seinen Kühen.

Korporal Enzinger hatte zehn Dienstjahre hinter sich und konnte sich, wie alle alten Soldaten, armeeslawisch verständigen. Er begann auch gleich ein Gespräch:

„He, guten Tag – dobar den", rief er kroatisch. Und setzte ruthenisch fort: „Kuta wy idschotsche – wohin geht's?" – Polnisch – slowenisch – tschechisch, alles durcheinander, bis der Bauer endlich Laut gab und genug erzählte.

Und was tat der treulose Schlaufuchs Enzinger?

„Brider", sagte er, „indem daß bei eich Preißen alles hin is – ös seid's gschloga – so gengen mir zruck."

Sprach's und marschierte mit seinen Leuten auf und davon.

Als die arme Hegerin am Abend heimkehrte, traute sie ihren Augen nicht: alle Zivilkleider ihres seligen Mannes hatten ihr die verdammten Soldaten gestohlen.

– – –

Vierzehn Tage später waren Enzinger, Pader und Pfirter nach mannigfachen Fahrten und Fährnissen bei ihrem Regiment.

Sie erzählten, sie kämen aus preußischer Gefangenschaft und hätten sich selbst ranzioniert.

Man fragte sie viel und staunte sie gehörig an.

Der Herr Oberst ließ sich sie zum Regimentsrapport vorführen und klopfte jedem besonders auf die Schulter.

BAUERNLIED

Ruft der Richter seine Bauern: „Nehmts den Spaten,
Kummts begraben, kummts begraben die Soldaten!

Sechs Schuh tief und zwanzig Klafter Länge,
Dritthalb Ellen breit, da liegen sie nit enge."

Alstern haben mir die Grube ausgehoben:
Die Gemeinen unten, Korporale oben.

Seitwärts viere, in der Mitten viere,
Überquer die Herren Offiziere.

Is noch manchen aus der Brust das Blut geflossen,
Sauber haben mir s' mit Kalk begossen.

Drauf den Obersten in aaner Truhe –
Jetz haben die Soldaten ihner Ruhe.

HÄUSLICHES

Kam da im April 1915 das deutsche Korps von der Marwitz in die Karpaten – langsam, Eisenbahnzug auf Zug.

Sprang zu Kaschau der Oberst aus dem Abteil, der schneidige Oberst v. Pritzow, versammelte seine Offiziere in einem engen Kreis um sich und sprach scharf, doch mit gedämpfter Stimme:

„M–e Herr'n!! Wa wern nu Schultanschulter mit unsan östreichischen Vabündten kämpfen. Ick vabitte mir alle dahinjehenden Bemerkungen. – 'ck danke, m–e Herr'n!!"

GOTTES MÜHLEN MAHLEN LANGSAM

Wenn Sie sich mit der Geschichte des Krieges auch nur einigermaßen befaßt haben, müssen Ihnen unter den ersten Kämpfen der Österreicher gegen die Russen zwei Schlachten bei Lemberg untergekommen sein.

Nun, die erste Schlacht bei Lemberg hat – nach der Darstellung des k. und k. Generalstabs – überhaupt nicht stattgefunden.

Und die zweite nicht bei Lemberg. Sondern bei Grodek.

Diese zweite Schlacht meine ich.

Sie wurde am 13. September 1914 abgebrochen.

Tags darauf wälzte sich das erschöpfte, hungrige, buntgemischte österreichische Heer durch die Festung Przemysl.

Die jüdischen Kaufleute von Przemysl verriegelten erschrokken ihre Läden... dann faßten sie sich wieder, öffneten kleine Gitterfensterchen und verkauften den Soldaten durch die Gitter, was da im Laden vorhanden war; viel war es nicht: Malzbonbons, Schokoladeplätzchen, Brustzucker – um ein Uhr zu einer Krone das Stück – um zwei Uhr zu zwei Kronen das Stück – um vier Uhr zu sechs Kronen fünfzig...

– – – Drei Monate darnach fuhr ein Kanonier auf der Eisenbahn von Oderberg nach Kaschau; räkelte sich auf seiner Holzbank, langweilte sich und dachte: Ach, was, immer noch besser als damals in der Schlacht bei Lemberg – im Kugelregen, ohne Gulasch und ohne Regenschirm.

Dachte es, blickte hinaus und las den Namen einer gleichgültigen, klebrigen Station.

Blickte auf die Leute, die da auf dem Bahnsteig standen, jüdische Flüchtlinge...

Plötzlich sprang der Kanonier auf, raste hinaus und fragte einen Menschen:

„Sind Sie nicht der Herr Brennschweiß aus Przemysl?"

„Natürlich – Brennschweiß. Wer denn soll ich sein?"

„Ha!" rief der Kanonier – und hieb Herrn Brennschweiß eine fürchterliche Ohrfeige.

Herr Brennschweiß hätte gern gefragt, wofür – denn so etwas interessiert einen doch... Da aber seine Kinnladen im Augenblick nicht aufeinanderpaßten, war Herr Brennschweiß sprachlos.

Der Kanonier aber sagte:

„Herr Brennschweiß! Am 14. September 1914 haben Sie für einen Malzbonbon 6 K 50 von mir verlangt. Sie waren hinterm Gitter. Da habe ich mir in meinem Innern geschworen: wenn ich

Sie mit Gottes Hilfe je einmal im Leben ohne Gitter..."

In diesem Augenblick blies der Trompeter – der Zug fauchte, der Kanonier mußte weiterfahren – und Brennschweiß weiß bis heute nicht, wofür er seine Ohrfeige bekommen hat.

DER REGISTRATOR

Beim 13. Armeekorps in Agram hatte eine Stiftung bestanden – aus ihrem Erträgnis sollte jährlich eine Seelenmesse gelesen werden für die bei Aspern gefallenen Krieger.

Doch wie alles Schöne, Heilige und Große war auch diese Messe in der gottlosen Friedenszeit in Vergessenheit geraten – bis ein General nach Agram übersetzt wurde, der sich dunkel erinnerte, in seiner Kindheit – also als Leutnant – in dieser Messe sehr oft geschlafen zu haben. Und er wollte den schönen Brauch zugunsten des gegenwärtigen Geschlechts wieder aufleben lassen.

Man durchstöberte die Akten. Man suchte unter A–Aspern. Nichts. M–Messe; S–Seelenmesse; St–Stiftung; K–Krieger; G–gefallene Krieger; T–tote Krieger; nirgends eine Spur.

„Wenn da überhaupt zu helfen ist", sagt der Hauptmann-Rechnungsführer, „kann uns nur der alte Registrator Boschner helfen."

Und man rief den alten Registrator Boschner vom anderen Ende der Stadt.

„Aber natürlich", sagte der Jubelgreis, „natürlich besteht eine Messestiftung. Is auch urntlich registriert – noch aus meiner Zeit. Suchts nur!"

„Aber wo, Herr Registrator, wo ist sie registriert?"

„Selbstverständlich unter H."

„Unter H??"

„No – die Messe soll doch stiftungsgemäß am Pfingstsonntag um h-alber zehne gelesen werden."

DAS ERKENNUNGSZEICHEN

An der Nida war es in Russisch-Polen – da rückte der Stab des k. und k. fünften Korps in irgendein Dorf ein; bezog Quartier in einem schönen, großen Bauernhof und schlief da seelenruhig die liebe lange Nacht.

Als aber am nächsten Morgen die Ulanen des Stabszugs auf den Dachboden stiegen, um Heu zu requirieren – da fand man, ja, da fand man Dutzende Kosaken im Heu versteckt. So hatte denn der Stab eines österreichischen Armeekorps viele Stunden unter dem Dach verbracht mit dem wohlbewaffneten Feind.

Exzellenz Puhallo war wütend.

Und damit sich die ausgesucht kitzlige Lage gewiß nicht wiederhole, erließ Seine Exzellenz einen strengen Hirtenbrief:

„Vor dem Beziehen des Quartiers hat die Stabswache die Räumlichkeiten auf das gründlichste zu durchsuchen, hierauf durch eine Postenkette abzusperren – und niemand, wer es auch sei, darf die Postenkette passieren, ohne sich durch Legitimation oder Feldruf ausgewiesen zu haben. – Posten, die sich gegen diesen Befehl vergehen, kommen vor das Kriegsgericht."

– – – Am ersten Abend schon, demnach zu einer Zeit, wo der Befehl Seiner Exzellenz noch frisch war und mit stählerner Festigkeit gehandhabt wurde – an diesem Abend also regte sich Major Riedinger des Generalstabs unruhig in seinem Bett und fühlte... fühlte... daß er wohl genötigt sein würde, noch heute abend die Silhouette der Lyssa Gora im Mondschein zu betrachten...

Doch draußen ist es scheußlich kalt – warten wir mit den Landschaftsbetrachtungen bis morgen! – Riedinger versuchte einzuschlafen.

Leider ließ sich das nicht machen. Riedinger mußte aufstehen – im Nachthemd – und gehen.

Hinaus ließ ihn der Posten ohne weiteres.

Als der Herr Major aber wieder zurück ins Haus wollte, rief der Posten: „Halt, wer da? Feldruf!"

„Feldruf... Feldruf... Donnerwetter – wie war er denn gleich...? Infanterist, lassen Sie mich hinein, mir ist kalt!"

„Feldruf!“ verlangte der Posten noch einmal.

„Sie, Hromadka, erlauben Sie sich keine Späße mit mir! Ich bin der Major Riedinger – Sie kennen mich doch.“

„Feldruf!“ herrschte der Posten.

Der Major fühlte, wie ihm trotz dem Frost der Schweiß auf die Stirn trat. „Feldruf... Feldruf... mir scheint: Trommel.“

„Des war gestern“, sagte Hromadka. „Feldruf!!“

Darauf Riedinger:

„Sie, Hromadka! Wenn Sie mich noch länger in der Kälte verkommen lassen – was ich Ihnen morgen antun werde – – was ich Ihnen antun werde, das wird auf keine Kuhhaut gehen.“

„Herr Major, ich bitt ghorsamst, wann S' keinen Feldruf net wissen, zeigen Sie mir Ihnere Legitimation!“

„Hromadka“, sprach der Major ohne eine Spur von Zorn, „Hromadka! Aus welcher Gegend der Monarchie stammen Sie? Trägt man bei Ihnen Nachthemden mit Taschen? Himmelfixlaudon, ich weiß keinen Feldruf – – Herrgottsakra, ich habe keine Legitimation – zehntausend Brezelbäcken und Hopsasa, lassen Sie mich hinein!“

Hromadka kämpfte mit sich, dann beugte er sich vor und flüsterte:

„Herr Major! Feldruf: Knopfgabel.“

„Knopfgabel!“ wiederholte Riedinger.

„Passiert!“ rief Hromadka.

Und alles war in Ordnung.

– – – Es ist doch was Schönes um Gehorsam und Pflicht.

DAS SYMPTOM

„Jetzt muß also der arme Hauptmann richtig mit Gehirnerweichung ins Garnisonsspital.“

„Ich habs lang geahnt. Er war so freundlich zur Mannschaft.“

Dieser Malchowski war einmal vor vielen Jahren mein Regimentskamerad. Er war damals vier Jahre Oberleutnant – da kann man sich ja ausrechnen, wie lang es beiläufig her ist.

Ein brillanter Reiter. Sogar im Institut hat der Mann seinerzeit Aufsehen erregt. Er brachte eine Beschreibung zum Regiment mit – mit der kann man in bessern Zeiten Bischof werden. Ehe er zu uns kam, hatte ich's ja viel angenehmer gehabt: ich war der einzige Institutler, also Equitationskommandant. Er war um etliche Brottage älter – da wurde er mein Vorgesetzter.

Vielleicht tat mir das in der ersten Woche leid. Später nicht mehr. Nein, sicherlich nicht. Malchowski hatte eine Art, schweigend zu lehren – die zwang einen zum Gehorsam und zur Anhänglichkeit.

Wer ihn nur in seinen kranken Tagen gekannt hat, kann sich den jungen Malchowski gar nicht vorstellen: lauter Kraft und Sehne vom Scheitel bis zur Zehe; langes, schwarzes Haar – und Augen so schwärmerisch und so tief wie eine italienische Frau. Ich habe niemals wieder solche Augen gesehen.

Er war ein Berufsfanatiker. Wozu euch viel erzählen? Ich komm einmal im Winter, früher als sonst, auf die Reitschule, und im Vorflur hockt verschlafen sein Pferdewärter.

„Wie", frag ich, „der Oberleutnant ist schon hier?"

„I meld ghorsamst, der Herr Oberleidnant is seit gestern abend hier."

So hat der Mann gearbeitet. Tag und Nacht war ihm gleich. Wenn er ein diffiziles Pferd hatte, konnte man ihn stundenlang umhergehen sehen und nachdenken. Er lebte und starb für diese blöden Tiere.

Zu uns Herren stand er in einem ganz eigenen Verhältnis: die notwendigsten Ausstellungen beim Reiten und einige gesellschaftliche Phrasen – sonst kein Wort. Und doch – wir hatten fünfzehn Offiziere in der Equitation – jeder, auch ich, hatte ihn ins Herz geschlossen. Eine Perle von einem Menschen. Immer verlangte er von den andern ein Drittel von dem, was er selbst leistete.

— — —

Täglich Punkt ein Uhr nachmittags saß er auf und ritt ins Terrain. Bei der Abendfütterung fehlte sein Pferd. — Ich hatte es oft bemerkt — aber ich kam noch nicht dazu, mir Gedanken darüber zu machen, da hatte die Sache schon aufgehört. Er pflegte nun von der Menage weg nach Haus zu gehen und blieb unsichtbar bis zum nächsten Tag.

Eines Morgens, im Frühjahr, komme ich um drei Uhr den Chargiererstall visitieren. Da steht auch Malchowskis eigenes Pferd. — Der Box ist leer.

„Hallo", frage ich, „wo ist die Stasie?"

Der Stallwart meldet, Malchowski sei ausgeritten. — Ich will natürlich nicht weiterforschen, aber der Mann erzählt ungefragt:

„Herr Oberleidnant reit jetz jeden Abend aus."

Da hatte ich also die Erklärung, warum Malchowski immer so schläfrig ist...

Ich gehe nächstens auf ihn zu und sage ihm:

„Du — wenn es dir angenehm ist, daß ich deine erste Lageabteilung übernehme — ich bin gern dazu bereit."

Er drückt mir die Hand, und die Sache ist abgemacht. Von nun an hat er erst um acht Uhr zu tun, und wir bilden uns ein, daß er etwas besser aussieht und auch besser gelaunt ist.

Unwillkürlich fragt man: was hat der Mann eigentlich von der Mittagsmesse an bis zum nächsten Morgen getan? — Ja — darüber waren wir uns alle zusammen nicht klar. Einmal wollte der Major ganz ernstlich wissen, ob Malchowski nicht im Konkubinat lebe. Davon war natürlich keine Rede. Es war ein Rätsel — und kein so interessantes, daß man darüber hätte viel grübeln mögen. — Mein Gott — er ist ein Sonderling. Ist das nicht Erklärung genug? — — Mir kam eines Tages freilich eine ganz andere Erklärung.

— — —

Wir sind auf der Reitschule.

Malchowski ist sonst pünktlich wie das Verhängnis — heute fehlt er. Er fehlt um acht Uhr und fehlt noch um halb neun. — Das ist schließlich kein Unglück — er ist vielleicht unwohl —

und wenn auch nicht – es ist heute kein besonderer Tag – keine Inspizierung oder dergleichen. Ich lasse also seine Remonten ruhig bewegen.

Um neun Uhr – wir sitzen im Kobel und rauchen –, da sagt einer von den Equitanten: es wäre vielleicht gut, wenn ich Malchowski beim Regiment marod meldete. Man kann doch nicht wissen: am Ende kommt der Oberst und fragt nach ihm.

Mir scheint das sehr plausibel. Ich schreibe einen Dienstzettel in Malchowskis Namen. Da fällt mir plötzlich ein: Malchowski könnte sich ja schon selbst marodgemeldet haben, und der Bursch hat den Zettel vielleicht geradeaus in die Adjutantur getragen.

Ein Kadett läuft in den Stall, ob der Pferdewärter nicht etwas wisse, und kommt bleich und atemlos zurück: Stasie und Dius – Malchowskis Pferde – und Punčikař, der sie putzt, sind seit gestern abend nicht zurückgekommen.

Alle wußten, daß Malchowski hie und da die Nacht auf der Reitschule verbracht hatte – früher, solange er neu in der Garnison war. Daß er aber jetzt regelmäßig spät am Abend auszureiten pflegte – das wußte nur ich allein. – Man kann sich denken, wie verblüfft die Equitanten waren, als sie es erfuhren. Nicht einer war unter uns, der nicht dachte: Malchowski liegt jetzt schwerverletzt in irgendeinem Graben. So groß schätzte man seine Passion ein.

In diesem Augenblick ruft mich ein Feuerwerker hinaus: Punčikař sei mit einem Handpferd eingerückt und habe mir – aber nur mir – eine dringende Meldung zu machen.

„Was ist los, Punčikař?"

„Herr Oberleidnant, i meld ghorsamst, dem Herrn Oberleidnant Malchowski muß a Unglück gschegen sein."

„Ja, bist du denn nicht mit ihm gewesen, daß du es nicht bestimmt weißt?"

Und der Mann erzählt: Malchowski reitet täglich nach einem bestimmten Dorf – der Pferdewärter nennt es. Vor dem Dorf sitzt Malchowski ab, und Punčikař muß die Pferde halten. Früher hat sich das immer am Nachmittag abgespielt – seit einiger

Zeit aber in der Nacht. Diesmal hat Punčikař bis neun Uhr früh gewartet – der Herr ist nicht zurückgekommen...

„Warum hast du nicht nach ihm gesucht oder wenigstens gefragt?"

„Herr Oberleidnant, i meld ghorsamst, i hab net därfen."

Eine Weibergeschichte also...

Die Lage war für mich peinlich: Malchowski hatte mich nicht eingeweiht und war auch nicht der Mann, für unerbetene Einmischung zu danken. – Andrerseits: mit rechten Dingen konnte es nicht zugegangen sein.

Ob ich wollte oder nicht – es blieb mir nichts übrig, als Punčikař weiter auszuholen.

Oh, er wußte genug. Er sagte mir sogar den Namen der Dame – und daß die Bauern ihn schon oft gewarnt hätten: „Paß auf, Soldat! Wenn du einmal knallen hörst, kannst du gleich zu eurem Geistlichen galoppieren, denn für euern Arzt wird's zu spät sein."

Ich befahl dem Pferdewärter, sich mit Stasie und Dius bereitzuhalten und unbemerkt zu folgen. – Den Herren aber rief ich zu:

„Blinder Alarm. Malchowski ist ein Pferd kaufen gefahren, und sein Bursch hat vergessen, mir's zu melden."

Wir trabten ein paar Wände, da sagte ich:

„Zu dumm, diese ewige Knochenmühle. Der Kater ist fort, machen wir uns einen guten Tag."

Alle waren freudig beim Spazierenreiten.

„Feuerwerker, hören Sie, wenn der Herr Oberleutnant Malchowski kommt, melden Sie, ich bin dort und dorthin geritten."

„Was, so weit?" riefen alle verwundert.

Durch die Stadt ging's mit Schwatzen und Lachen. Jeder bat um einen anderen Weg – jeder wollte an seinem Mädel vorbeikommen. Ich aber brannte vor Besorgnis. Kaum waren wir im Weichbild, da schlug ich ein Tempo an, das in keinem Reglement steht.

In dem gewissen Dorf requirierte ich ein paar Bauern zu den Pferden, befahl „Absitzen!" – und schnurstracks durchs Parktor ins Schloß.

Ob ich den Gutsherrn kannte? Keine Spur. Niemand von uns kannte ihn. – Man wird doch bei der Herrschaft Aufwartung machen dürfen?

Und hat sich hier in der Nacht wirklich eine Szene abgespielt – na, wenn wir auch unbewaffnet sind – wir sind unser sechzehn.

Ich lasse mich also melden.

Der Gutsherr kommt uns ein wenig überrascht entgegen. Unsre Reitanzüge sind auch nicht eben so, daß man den Überfall für eine Anstandsvisite ausgeben könnte.

Man sieht ihm's an, dem Guten, wie – ungeladen wir ihm kommen. Er gibt ziemlich deutlich zu verstehen, daß er keine Zeit hat. Aber gerade seine frostige Unart freut mich von Herzen. Ich weiß jetzt: wenn Malchowski überhaupt hier ist – der Mann hat keine Ahnung davon.

Freilich ist Malchowski hier. Das verrät die entsetzte Blässe der Dame des Hauses. Sie erscheint in der Portiere und bleibt fest am Türpfosten haften. Ihr Blick hat schon die Frage getan: Was wollt ihr hier? Kommt ihr mich verraten; kommt ihr mir helfen?

Ja, wir kommen Ihnen helfen, Gnädigste! – Wir haben uns eine halbe Stunde lang abgequält, mit Ihrem Mann Konversation zu machen – höfliche Konversation mit einem Menschen, der uns unhöflich als Eindringlinge behandelt.

Zehnmal muß ich Herren zurückhalten, die durchaus aufbrechen wollen – denn es gibt noch immer solche, die alles nicht verstehen.

Da – endlich tritt er ein – Malchowski. Er hat noch nicht Zeit gehabt, eine Silbe zu sprechen – da stelle ich ihn schon den Herrschaften vor:

„Unser Kommandant. Hat nicht mit uns zugleich kommen können. Ist ein Pferd kaufen gewesen."

Er drückt mir die Hand, wir bleiben noch zehn Minuten. Dann scheiden wir.

Wir schreiten über den knirschenden Kies zum Parktor hinaus. An einem Gitterfenster des Kastells seh ich ein Mädchen mit verweinten Augen. Ich denke mir, es muß die Kammerjungfer gewesen sein. Sie erblickt Malchowski unter uns, da faltet sie die Hände wie zu einem Dankgebet.

Wenn man mich um eine Erklärung des Vorfalls fragt, ich weiß keine. Niemand hat mehr über die Sache gesprochen.

Aber gerade an der Absichtlichkeit des Schweigens merkte ich, daß die Herren samt und sonders begriffen hatten.

Ein Geheimnis, das zwanzig wußten.

Was war damals in der Nacht geschehen?

Ich kann mir's nicht anders zusammenreimen: der Gutsherr muß unerwartet heimgekehrt sein, und der getreuen Kammerjungfer blieb nichts übrig, als Malchowski zu verstecken. Er konnte dann sein Versteck nicht verlassen – bis er sich unbemerkt anschloß – als einer der unsern.

Wie blind alle Verliebten sind:

Malchowski und seiner Dame schien gar nicht der Gedanke an unsre Mitwisserschaft gekommen zu sein. Glaubten die Leute, wir wären zufällig – glücklicherweise – zu Besuch gekommen? Oder liebten sie einander so glühend, daß sie der ganzen Welt Trotz bieten mußten?

Wie immer – Malchowski ritt auch später fast jeden Abend hinaus.

Ein Geheimnis, das zwanzig wußten.

DER GESICHTSPUNKT

Der Kriegsminister arbeitet mit seinem Rat an dem neuen Beförderungsturnus. Es soll auch u. a. ein neuer Generalstabschef für den General der Kavallerie Fürsten Wimbinski-Trambizki ernannt werden. Der Herr Rat schlägt den Obersten Meyer vor, eine bewährte, tüchtige Kraft.

„Nein, nein", wendet Se. Exzellenz der Minister ein, „das geht nicht. Der ganze Stab des Fürsten ist hochadelig – sie würden sich mit einem bürgerlichen Chef nicht vertragen."

„Exzellenz“, sagt der Herr Rat schüchtern, „ich dachte mir... ich dachte mir... es wäre vielleicht doch gut, auch einen für den Verstand hinzugeben...“

DER SYBARIT

Seit der alte General Zimmermann pensioniert ist, genießt er sein Leben auf wahrhaft raffinierte Weise:

Sooft es draußen Sturm regnet oder nasse Harfen schneit, muß ihn der Diener um vier Uhr früh wecken mit den Worten:

„Herr General! Seine Exzellenz, der Herr Korpskommandant befiehlt Ihnen, aufzustehen und auszurücken.“

Dann erhebt sich der alte Zimmermann im Bett und tut einen Blick durchs Fenster.

„Was?“ grölt er mit teuflischem Lachen – „der Herr Korpskommandant ruft mich? – Ich, der pensionierte General Zimmermann, dem niemand nix zu befehlen hat, soll hinaus in die Sintflut? Sag du dem Herrn Korpskommandanten, er kann mich kreuzweis.“

Spricht's, legt sich aufs andre Ohr und schläft selig weiter.

DER HEILIGE

Bei Blagaj in der Herzegowina ist der Ursprung der Buna. Oben auf himmelhohem Grat horsten die Adler, unten gurren die Turteltauben und schießen die Forellen.

Dicht an der Quelle steht eine verfallene Moschee, darin liegt Sarisaltum-Baba begraben, ein Heiliger des Islams. Ein junger Derwisch bewacht das Grab. Und der Derwisch erzählt uns:

„Jeden Abend“, erzählt er, „muß ich meinem lieben Heiligen ein Becken Wasser ans Grab stellen und ein Handtuch hinhängen. Des Nachts, unsichtbar für sterbliche Augen, erhebt sich unser lieber Heiliger, wäscht sich fünfmal, wie es der Koran gebietet — und wenn ich am Morgen herkomme, ist das Waschbecken leer und das Handtuch ist feucht."

Da fragt Hauptmann Ruch, streng, wie er schon redet: „Derwisch Derwisch-Aga! Haben Sie in der Armee gedient?"

Der Derwisch stellt sich stramm.

„Jawohl, Herr Hauptmann. Ich bin Reserve-Gefreiter im vierten bosnischen Infanterie-Regiment."

„Rrreserrrve-Gefrreiter Derrwisch-Aga. Ich frrage Sie im Namen des Allerrrhöchsten Dienstes: Wäscht sich der Heilige fünfmal in jeder Nacht — oder nicht?"

Der Derwisch mit winzigem Stimmchen:

„Herr Hauptmann, ich melde gehorsamst: nein."

JOSEF

Der Einjährig-Freiwillige Feuerwerker-Offiziersaspirant von Janowski hat sich heute nicht einmal rasieren lassen. Denn wozu? In die Oberstadt kann er ja doch nicht gehen.

Er hat zwei Stunden vor dem Gittertor der Kaserne gestanden und sich die Zeit damit vertrieben, die Leute neidisch abzuschätzen: der hat Geld — der hat viel Geld. Ja, das viele Geld, das auf der Welt ist: da gibt es Marmorpaläste und glänzende Gespanne. Janowski möchte jetzt nur so viel haben, wie die Turmuhr gekostet hat. Nein, nur der eine Zeiger. Übergenug wär es für heut abend.

„Tschau!" näselt Leutnant Friedl, ein Akademiker. Er stelzt großartig nach der Oberstadt. Auch so einer: nie ein Moos, schon in der ersten Monatswoche nicht — und doch überall dabei. Wie der das anstellt?

Ein Entschluß muß gefaßt werden. Man kann nicht den Sonntagnachmittag da stehen.

Janowski steckt die Hände in die Hosentaschen und schlendert hinüber in den Beserlpark, den Säbel schleppt er rasselnd hinter sich. Was er dort will, weiß er selbst nicht.

Da sitzt auf der zweiten Bank ein wundernettes Dienstmädchen.

Janowski geht vorüber und denkt sich: ist das ein hübscher Käfer! Auf dem Rückweg blickt er scheu um sich, ob die furchtbare Verletzung der Standesehre auch gewiß keinen Zeugen haben werde, und nimmt dann ebenfalls auf der Bank Platz – mehr gegen den Rand zu.

„Kiß die Chand, Freilein! Sie erljauben schonj?“ Er sagt es mit einem leichten Anklang an die Sprache seiner Ahnen, von denen einjige wenjige polnjische Kennjige gewesen sind. „So alleinj? Am Sonntag?“

Sie seufzt. „Was soll ma machen? Es ist scho so.“

„No, manj geht doch gewennjlich mit dem Schatz aus.“

„Was glauben Sie eugentlich von mir?“ Und sie mißt Janowski mit einem Blick, der könnte Bretter schneiden.

Er wird verlegen und schweigt.

„Diese Männer meinen, wann sie ein Madel alleinich segen, därfet sie schon net anständig sein.“

„Aber ich bitte um Verzeihung, Frjeilein...“

„Ja – bitten! Das könnens s' nachher.“

„...ich chabbe Sie ja njicht krjänken wollen. Das missen Sie doch einjsehen?“

Sie sieht es ein – und man kommt langsam ins Gespräch. Janowski rückt unmerklich näher. Immer näher, doch sprungbereit zu unverfänglicher Entfernung, wenn etwa ein Offizier auftauchen sollte...

Sie heißt Anna.

...Eine Stunde später lustwandeln sie tiefer in die gottverlassene Seufzerallee. Er hat schon den ersten, zweiten und dritten Kuß bekommen. Da fragt sie ihn endlich auch um seinen Namen.

Janowski hat die Geistesgegenwart, sich Josef zu nennen. Einfach: Josef.

„Sein Sie schon lang hier bein Regement, Herr Josef?“

„Seit den Manjövvern.“

„O – erst acht Täge?“ Also darum! Darum ist ihr dieses Glück in den Schoß gefallen, einen wahrhaftigen Feuerwerker – am Ende gar...

„Sein Sie in der Kanzlei? Nein? Sie sein dienstführender Feierwerger?“

„Warrjum freit Sie das so, Frjeilein Annerl?“

„Wissen S', die was in der Kanzlei sein, sein mir nicht sympaathisch. Sie sein auch nicht so wie die Dienstführenden, die sein mehr grandig. Herentgegen die bei der Truppe sein mehr lustig.“

„O! Wocher wissen Sie das, Frjeilein Annerl? Chabben Sie schon so ville Bekanntjschaften gechabbt?“

„Was denken Ssie von mir? Ich weuß daß von die Freundinnen.“

Er drückt sie innig an sich, wird wiederum mit einem Blick gezüchtigt, macht sich aber diesmal gar nichts mehr daraus. Im Gegenteil. Er nimmt ihren Kopf zwischen die Handflächen, sieht mit Wohlbehagen die schwellenden Lippen an und küßt sie.

Da wird sie weich und gesteht:

„Daß ich Ihnen nicht anlüg, Herr Josef... No ja, was soll ich Ihnen anlügen? Die Herren Feierwerger sprechen mitanand ja so nur über uns Madeln. Is glei besser, ich sag Ihnens: ja, ich hab schon einmal eine Bekänntschaft gehabt – mit 'm Herrn Zugsführer Walchner, wie daß er noch is Vormeister bein Kader gewesen. Och Gott – ich hätt mich lieber nicht sollen an ihm erinnern. Was hab ich Nächte wegen ihm geweint!“

„Chat er Ihnen was angetan, Frjeilein Annerl?“

„Was glauben Ssie eigentlich von mür, Herr Josef? Ich laß mir von keinem Mann nix antun. Ich bin kein solches Madel. Sondern beleidigt hat er mich. Überhaupt hat er keinen Charakter. Und ein Mann, der was keinen Charakter hat, das is bei mir kein Mann. Aber nicht, daß Sie ihm's vielleicht entgelten lassen, Herr Josef...“

„Entgelten – wieso, hooljde Ffä?“

„No, Sie sein doch sein Vorgesetzter, Sie könnten ihm wegen mir zwirnen...?“

Anna schwebt im siebenten Himmel. Ein Feuerwerker, in eigener Montur noch dazu, ein bildhübscher, junger Kerl. Und so bescheiden und gebildet. Nicht eine in der ganzen Gasse hat einen Feuerwerker.

„Gehn mir ein bissl am Korso, Josef!" schlägt sie vor, zitternd vor schüchterner Glückseligkeit.

Nein, auf den Korso geht er nicht.

„Also in die Veteranische Höhle."

Nächstens, gern. Heute, nicht.

Er sucht nach einer passenden Ausrede für die Weigerung – sie ist nur dem Mangel an Moneten entsprungen – und gerät auf sein unrasiertes Gesicht. Sie billigt zwar den Grund nicht, doch ihr imponiert der feine Mann, der sich öffentlich nicht zeigen mag, wenn er auch nur einen Tag nicht rasiert ist.

Es beginnt mählich zu dunkeln – der Laternmann zündet an. Vom Festungsturm schlägt es acht, die Glocke bimmelt zum Abendsegen.

Da schrickt Annerl aus Janowskis Armen auf.

„Jessas, schon acht? Ich muß nach Haus, Josef."

„O! Schonj – Schade!" Und er will sich verabschieden.

„Begleitst mich nicht heim?" fragt sie leise.

Er lacht.

„Du könntst mich schon heimbegleiten, Josef... Die gnä Frau is... in Thiater..."

Da durchblitzt ihn ein herrlicher Gedanke. Ja und ja, allen zum Trotz wird er mit ihr gehen. Bei Gott, er wird es wagen. Dieser Götterspaß! Ein wahrhaftes Abenteuer im Soldatenrock, sein erstes. Und finster ist es auch genug.

Er ist wie ausgewechselt. Das Knabenhafte, die Furcht, ertappt zu werden, sind abgestreift. Der Übermut, die Frechheit des ausgepichten Don Juans hat ihn gepackt. Sporenklirrend, mit dem Säbel rasselnd hinter sich und Annerl am Arm – so überquert er die hellichte Kirchengasse, gibt nachlässig den Kanonieren ihren Gruß zurück und steht plötzlich in Annerls Flur.

„Wart nur, Josef, ich mach erst Licht."

Da, als der Dämmerschein der Ganglampe emporwächst, da

fällt Janowskis Auge... auf das Schild der Wohnung, die er betreten soll:

„Frau Bettina Weiß."

Seltsames Schicksal! Vier Wochen hat er jüngst auf Schießübungen – sie hat vier Wochen zur Kur im Bad Daruwar verbracht. Jede Nacht der vier Wochen haben ihm die deutlichen Avancen dieser Frau gekostet, und er konnte seine Blödigkeit nicht überwinden. Seit er in die neue Garnison eingerückt ist, hat er sich täglich vorgenommen, Mut zu fassen, Besuch bei der üppigen Frau zu machen und...

...und nun überschreitet er die Schwelle am Arm ihres... Dienstmädchens.

Wenn sie das wüßte! Doch sie ist... in Thiater.

„Alsdann setz dich, Josef, daß du mir den Schlaf nit wegtragst." Annerl schiebt ihm einen Küchenstuhl hin, noch einen für sich daneben und legt ihren Arm zutraulich um Janowskis Nacken. „Was hast denn? Was bist denn auf einmal so still?"

„O – njichts. Gar njichts", sagt er. Lacht und hat seine Laune wieder.

Es ist auch zu köstlich: er bekommt sogar zu essen. Mit wohlwollender Selbstverständlichkeit beschneidet Annerl das Beefsteak der Herrin – für ihn.

Er erschrickt nicht wenig, als mitten im Mahl ein Schlüssel das Schloß draußen sucht.

„Nur das Abwaschmädel", beruhigt ihn Annerl.

Eine Weile stört ihn die Gegenwart der kleinen Dritten – als aber Anni ihr Benehmen so gar nicht ändert, übersieht auch er sie.

Gegen zehn öffnet Anna das Fenster, schlägt den Flügel der Küchentür auf und zu, um den Zigarettenrauch zu vertreiben, und verbannt ihren Josef ins Dienstbotenzimmer.

„Peperl, steck dir Zündhölzeln in die Sporenradeln – weißt, daß man dich nicht hört."

In ihm prickeln alle Adern vor Vergnügen. Er bedauert nur, daß er nicht auch noch in den Schrank hat kriechen müssen, das gehörte eigentlich so mit dazu.

Am nächsten Tag gegen zwölf Uhr klingelt es.

„Ein Besuch", denkt Annerl und geht öffnen.

Da steht – sie traut ihren Augen nicht – da steht in glänzender Paradeuniform, Lackstiefeln und Tschako – mein Gott, ist er's denn wirklich? – ihr Josef.

„Jesus, Maria, was is dir eingefallen?" möchte sie stammeln, doch sie kommt nicht dazu.

Er überreicht ihr seine Karte – ganz so näselnd wie Leutnant Friedl aus der Akademie.

„Äh... Melden Sie mjich bei der Gnjäddigsten."

Willenlos, zögernd, betäubt trägt sie die Karte fort. Im Gehen liest sie darauf mit weitaufgerissenen Augen, die alles doppelt sehen:

„Stanislaus Ritter von Jan..."

Nun sitzt er drinnen. Und wetteifert an Keckheit mit der genußhungrigsten Frau der Welt. Bettina merkt mit freudigem Grauen die Veränderung an ihm.

Die pikante Lage reizt ihn. Er fühlt sich selbst dieser Lebedame um ein Geheimnis überlegen und gefällt sich groß.

„Darrjf ich um ein Gljas Wasser bitten, Gnjäddigste?"

Frau Bettina klingelt.

Anna, immer noch in ihrem hilflosen Staunen, kommt mit leerem Wasserglas in die Küche zurück – hat die hellen Tränen in den Augen und schreit das Abwaschmädel an:

„Diese Männer! Jetzend hat er die gnä Frau gezwickt."

DIE BELOBIGUNG

Seine Exzellenz, der Korpskommandant und Kommandierende General hatte das Infanterieregiment besichtigt und alles in schönster Ordnung befunden. Er hatte das den Herren Stabsoffizieren und Kompaniekommandanten in einer wohlgesetzten Ansprache gesagt und wollte eben schon ins Hotel zurückfahren – da erinnerte der Generalstabschef Seine Exzellenz an den Dekorierten.

„Ah... ja... ja... richtig", rief Seine Exzellenz gedehnt – „Herr Oberst, bitte, führen Sie mir den dekorierten Feldwebel vor!"

Es geschah.

„Sie also sind der Mann", sprach Seine Exzellenz, „der jüngst durch Allerhöchste Gnade so schön, so herrlich ausgezeichnet wurde. Ihre wackre Tat, die Rettung zweier Knaben vom Tode des Ertrinkens, hat Ihnen die Auszeichnung vollauf verdient. Ich danke Ihnen. Es freut mich, einen Mann kennenzulernen, der nicht nur seine Pflicht voll und ganz getan, nein, der auch noch über seine Pflicht hinaus... Mut, Waghalsigkeit, Wagemut... na, und andere abstrakte Begriffe militärischer Natur bewiesen hat. Ich danke Ihnen, junger Mann, im Namen des Allerhöchsten Dienstes. Es freut mich, Ihnen gratulieren zu können – insbesondere, weil Sie ein längerdienender Unteroffizier sind. Ich liebe die längerdienenden Unteroffiziere. Ich schätze die längerdienenden Unteroffiziere. Sie sind Stützen der Armee. Ja, ich kann sagen: ich verehre die längerdienenden Unteroffiziere. Treten Sie näher, junger Held, und reichen Sie mir die Hand! Nur näher! Ganz nahe, junger Held! Aber rasieren hätten Sie sich sollen, Sie Schweinkerl."

SCHWÄNKE UND FRAGMENTE

Als ich noch in Esseg diente, hatten wir einen Hauptmann, der war überzeugter Junggeselle.

Einmal, beim Batterierapport, sagte er einem Ersatzreservisten:

„Sie sind Familienvater – wie? Möchten heute bis zwölf Uhr nacht ausbleiben – nicht wahr? Liebesabenteuer während der Waffenübung – was? Krank werden, heimkommen, die Frau anstecken, Kinder unglücklich machen? Ja, mein Lieber, ja. Gern. Ich gebe Ihnen Erlaubnis bis zwölf Uhr, Sie Schwein!"

Als ich noch bei der detaschierten Division in Petrinja diente, kam uns einmal der Korpskommandant besichtigen.

Ein gütiger Herr, ein gescheiter Herr – doch voller Schrullen. Er wollte, zum Beispiel, daß die Leutnante in den Familien der ältern Offiziere verkehren.

„Herr Major", fragte er, „besuchen die Herren Offiziere auch Häuser?"

„Jawohl, Exzellenz", sprach der Major, „die jüngern Herrän schon. Ich als Stabsoffizier lasse die Mädchän zu mir kommän."

Der alte Prohaska saß mit verkniffenem Gesicht in der Ecke.

„Na, Herr Oberstleutnant – ?" fragte ich. „Wieder einmal etwas wütend?"

Er knurrte und spuckte und murrte und sprach endlich:

„Ah, hör mir auf! Dö verdammten Alimenten aus meine verschiedenen Garnisonen! Erscht heut früh hab i wieder fümwuvierzig Schilling wegschicken müssen für Alimenten."

„Ich verstehe, Herr Oberstleutnant", sagte ich lächelnd. „Dreimal fünfzehn Schilling."

„Naa, naa, mei Lieber", rief er, „– fuchzehn mal drei Schilling."

Eines Tages kam ein sehr eleganter Herr zum Herrn Obersten und bat um eine Unterredung.

Eine Viertelstunde später geleitete der Oberst seinen Besucher an die Tür und sagte:

„Herr Baron – so peinlich der Fall ist –, seien Sie versichert: was an mir liegt, wird gewiß geschehen, um die leidige Angelegenheit in Ordnung zu bringen."

Nachmittag ließ der Herr Oberst seine Offiziere antreten.

Und hielt eine schöne Rede an sie.

Der Herr Oberst sprach von einem gebeugten Vater, der um das Glück seiner einzigen Tochter zittere...

Und der Herr Oberst sprach von den Pflichten des Kavaliers – einer Dame gegenüber, die vielleicht in einem Augenblick aufwallender Empfindungen zu weit gegangen sein könnte – eben mit diesem Kavalier...

Und der Herr Oberst sagte: er wolle keinen Namen nennen und die Angelegenheit überhaupt möglichst diskret behandeln – der betroffene Herr würde schon selbst fühlen, was er zu tun hat.

Am selben Abend hielten drei Leutnante und fünf Rittmeister um die Hand der Oberstentochter an.

Leutnant Hederhasy hatte drei Tage Urlaub nach Budapest gehabt und kam erfrischt und angeregt zurück.

Der Oberst – jovial:

„Nun, Herr Leutnant? Haben Sie sich gut unterhalten? Wo sind Sie denn abgestiegen?"

„Abgestiegen, Herr Oberst?"

„Na, Sie werden doch in einem Hotel gewohnt haben?"

„Hotel, ich bitte gehorsamst? Bei Tag war ich im Café und bei Nacht im Tingältangäl."

Einer der aufregendsten Augenblicke meines Lebens: das Regimentsrennen der Benziger-Dragoner vor soundsoviel Jahren.

Bei der dritten Nummer, Steeplechase für Chargierer, stürzt Paul Kampff am Wassergraben; Kybeo, dicht auf, landet direkt vor ihm, stürzt natürlich ebenfalls, und die Reiter kommen unter die Gäule zu liegen.

Auf der Tribüne eine Panik, nicht zu beschreiben. Ein Herr von der Bahnaufsicht spritzt sofort hin zu den Gestürzten, kommt zurück und meldet:

„Beide Gehirnerschütterung. Aber zum Diner kommen sie."

In Grodek hatte eine Schwadron vier Spione gefangen. Sie sollten gehenkt werden. Der Auditor fragte die Dragoner: ob denn einer von ihnen sich der Arbeit unterziehen wolle?

Lange standen die Reihen still. Dann trat einer vor aus dem zweiten Glied.

„Sie sind Scharfrichter von Beruf?“ fragte der Auditor.

„Nein.“

„Was sind Sie also?“

„Bürstenbinder.“

„Und Sie glauben… es fertigzubringen?“

Der Bürstenbinder – zögernd:

„Ich will's wenigstens versuchen. Eine Garantie übernehmen kann ich natürlich nicht.“

Debrezin ist eine sehr hübsche, moderne Stadt und hat eigentlich nur einen Fehler: daß man dort jeden Morgen um vier Uhr die Schweine auf die Weide treibt.

Dies Austreiben der Schweine geschieht ziemlich geräuschvoll; der Hirt bläst dazu nämlich eine Trompete.

Als ich nach Debrezin in Garnison kam, blies der Hirt am dröhnendsten immer vor dem Haus Kossuthgasse Nr. 4. – Ich wohnte Kossuthgasse 4 a.

Schon am dritten Morgen ließ ich mir den Hirten rufen.

„Onkelchen“, sagte ich ihm, „Ihr seht, ich bin Soldat. Muß jeden Morgen um vier Uhr aufstehen. Wollte Ihr so freundlich sein, an meinem Fenster besonders laut zu blasen? Ich zahle Euch gern was dafür. Ihr werdts jeden Morgen auf dem Fensterbrett zehn Kreuzer finden.“

Zweimal legte ich das Geld hin.

Und dann nicht mehr.

„So?“ sagte der Hirt zu meinem Diener – „so ist die Sache? Umsonst soll ich es tun? Dann soll sich der Herr Leutnant nur hübsch selber blasen.“

Sprachs und tat nie, nie mehr einen Ton.

Hauptmann Patrontaschewitsch vom Grenzerregiment ist beim Kassagang gewesen. Nun sitzt er in der Kompagniekanzlei und zählt das Geld nach, die Löhnung für die Mannschaft.

Es pocht. Der Oberleutnant tritt ein.

Hauptmann Patrontaschewitsch räumt das Geld hastig in die Tischlade und sperrt ab.

„Herr Hauptmann!! Was soll das?? Ich verbitte mir dieses beleidigende Mißtrauen."

Und der Hauptmann begütigend:

„Aaber, Bruudär! Kein Mißtrauän. Nur Erfahrung: mehr wird es auf keinen Fall."

Dem Kommandanten der Festungsfeuerwehr meldete man eines Tages Großfeuer – Fort 2, Objekt C.

„Unsinn", sagte er. „Das Objekt C im Fort 2 ist von feuersicherm Material erbaut, mit Asbest gedeckt und enthält ausschließlich imprägnierte Gegenstände."

Er fuhr aber doch hin.

Als er hinkam, lag das Objekt da – ein rauchender Schutt.

Nur die Signalraketen fand man unversehrt unter den Trümmern.

Dem Kanonier Wondrak hatte das Zugpferd Bertha vier Vorderzähne ausgeschlagen.

Nach einigen Wochen kam er völlig geheilt aus dem Truppenspital zurück, machte auch anstandslos wie immer seinen Dienst – nur seine Sprache war fast unverständlich.

Der Hauptmann wollte den tüchtigen Kanonier gern für den Allerhöchsten Dienst retten und beantragte, dem Wondrak auf Staatskosten vier künstliche Vorderzähne einsetzen zu lassen.

Nach eingehenden Erwägungen bewilligte denn auch die Intendanz die Zähne. Aus Sparsamkeit nur einen: „als welcher jedoch so breit zu dimensionieren sein wird, daß er die vier fehlenden Vorderzähne vollkommen ersetzt."

Der Kadett hat Kaserneninspektion.

Hauptmann Peškir überrascht ihn im Wachzimmer.

„Kadete", ruft er, „was lesän Sie da?"
Der Kadett reicht ihm das Buch — „Die drei Musketiere".
„Kadete, Kadete, spielän Sie nicht mir Ihrär Karierä — lesän Sie Reglämentä und nicht Duhmaß."

Das Armeekommando telegraphierte an die Division:
„Nummer verfügbarer Kraftfahrzeuge sofort anher mitteilen."
Die Division antwortete gehorsam und prompt:

„11801 13939 25551 44007 68909
Divisionskommando."

Diese Depesche geriet natürlich dem Hauptmann Neidinger in die Hände, der ja alle Depeschen zu dechiffrieren hat, und Exzellenz las eine Stunde später voll Erstaunen:
„Koreanische Kaiserfamilie durch Torpedovolltreffer nächst Marburg in Steiermark mit Rindschmalz verlobt."
Vorsorglich hatte Hauptmann Neidinger darunter angemerkt:
„? Rückfrage an Division rätlich, da Mißverständnis nicht ausgeschlossen."

Österreichische Organisation. Im dritten Kriegsjahr hatten wir noch Kupfer, es war eine Schlacht gewonnen worden. Im Schlachthaus zu Linz arbeiten russische Gefangene. Sie kommen ins Lager zurück. Jeder mit fünf Kilogramm gestohlenem Fleisch. Das wird ihnen von der Wache abgenommen. Aber — und das ist österreichische Organisation — immer nur die Hälfte, sonst würden die russischen Gefangenen nicht mehr stehlen.

Generalmajor v. Severus und Oberst Hassenteufel saßen im Unterstand bei Rzendkowitze. Ein Uhr mittag, die Diener brachten das Essen.
Um zwei Uhr pflegten die russischen schweren Granaten zu

kommen. Wozu auch die Diener gefährden? „Geht ruhig heim!" sagten der Oberst und der General.

Als die Diener etwa fünfhundert Schritt weit waren: ein schreckliches Heulen, ein erschütternder Krach – die erste Granate.

– – – Am Abend kehrte der General zurück in sein Quartier.

„Hab i a Freud", rief der Diener, „naa, hab i a Freud, Herr General, daß S' gsund saan! I war schon besorgt um Ihnen... Nämlich wie die Schwere kummen is, ham der Oberstische und i ham um zwei Sechserln gewett. I hab gsagt, Sö leben; der Oberstische hat gsagt, Sö saan hin. Und jetzt hab i gwonnen."

Major Wägener von den Zehnerulanen erwachte in seinem Unterstand durch einen Gefechtslärm, der vom linken Flügel herscholl.

Vorsichtig, wie er ist, ließ er sogleich dort bei den Husaren anfragen: warum denn geschossen werde?

„Weil Krieg is", antwortete Oberst Sziv.

Als ich beim achten Korps war, kam beim Essen die Rede auf die „Verbrechen wider die Wehrmacht des Staates" – und ich konnte mich der Auffassung der Tischrunde nicht anschließen.

Der Justizreferent des Korps, sagte ich, sollte doch den Streitfall entscheiden.

Mein Auge glitt die Reihen ab des unbekannten Stabes und wollte die Uniform entdecken eines Oberstauditors, das heißt: Kriegsgerichtsrates.

Doch da saß keiner.

„Bei uns", sagten die Offiziere, „macht das alles der Wachtmeister Stanjek von der Feldgendarmerie."

Eines Tages sollte Stanjek den Popen von Josefoff zu Gericht holen – man brauchte seine Aussage.

Etliche Stunden darauf fragte der Vorsitzende des Standgerichtes, ein Major:

„Stanjek! Wo bleibt der Pope, der Zeuge?“

„Jesus“, rief Stanjek bestürzt, „war er Zeuge? Ich hab glaubt, er ist Verdächtiger – hab ich ihn gleich in die Weichsel geschmissen.“

Als der General der Kavallerie Baron Üxküll noch Korpskommandant war in Wien, bekam er einen neuen Ordonnanzoffizier, den Leutnant Fintern.

„Fintern…“, murrte der General sinnend, „Fintern… – wie soll man sich *den* Namen wieder merken können?“

Der Personaladjutant wußte Rat:

„Exzellenz belieben nur an den… – mit Verlaub – an den… Hintern zu denken – dann setzen Exzellenz ein F davor…“

„Sehr gut, lieber Kubitschka, ausgezeichnet!“

– – – Nächsten Morgens scholl himmelweit die Stimme des Generals über den Schmelzer Exerzierplatz:

„Herr Leutnant Farsch!“

Oberleutnant Glauber vom Eisenbahnregiment hatte einen Vortrag gehalten:

„Die Elektrizität im Kriege.“

Exzellenz, der Herr Kavalleriedivisionär, schüttelte Glaubern die Hand.

„Wirklich sehr klar und instruktiv, Herr Oberleutnant! Man hat doch jetzt eine Vorstellung von diesen Sachen. – Nur eins, Herr Oberleutnant: Sie haben von Kilowatt gesprochen; das ist ein kleiner Irrtum; ich kenne den Mann, er ist mein Freund; er heißt Graf Kolowrat.“

Eines Tages standen wir in Reih und Glied im Kasernenhof – schon seit sieben – und warteten auf den Herrn General. Es war halb neun.

Da trat der Schwabe Furtinger, Rekrut-Unterkanonier, aus der Front, legte seine Flinte hin und sprach mit freundlichem Lächeln:

„Dem Furtinger dauerts allweil z'lang."

— — — Tags darauf war Furtinger als „schwachsinnig, auch zu jedem Landsturmdienst ungeeignet" aus dem Heeresverband entlassen.

Schnürte sein Bündel und zog ab.

Der Oberst blickte ihm sinnend nach.

Und sprach:

„Mir scheint — mir scheint, meine Herren: den Allerschwachsinnigsten ham mir da allweil nit entlassen."

Ich stand einst, im Krieg war es, auf der Dorfstraße und blickte in die Ferne.

Da sah ich — weit unten irgendwo — aus einem Tor einen Infanteristen rausfliegen. Offenbar durch einen Fußtritt befördert. — Na, so was kommt ja vor.

Nach einer Weile — was fliegt aus demselben Tor? Ein Infanterist.

Und eine Minute darauf ein dritter.

Ich fragte einen Unteroffizier:

„Um des Himmels willen, was geht denn da unten vor?"

„Nichts Besondres", sagte er. „Da hält unser Herr Regimentsarzt Krankenuntersuchung."

Im Schützengraben ist der Mensch in Lebensgefahr; im Divisionslazarett ist er in Todesgefahr.

Eines Tages im Krieg hatte ich mir einen langen Span in die Hand gezogen — ging zum Herrn Oberstabsarzt und bat ihn, er möchte mir doch den Span entfernen.

Der Herr Oberstabsarzt zückte sofort sein Messer und wollte schon zusäbeln.

Da sagte ich:
„Verzeihung, Herr Oberstabsarzt — darf ich mir gehorsamst erlauben, den Herrn Oberstabsarzt aufmerksam zu machen, daß der Herr Oberstabsarzt Ihr Messer noch nicht sterilisiert haben?“
„Mein lieber Freund“, erwiderte er, „da kämen wir weit beim Militär, wann wir wollten eine jede medizinische Modetorheit mitmachen.“

Im Garnisonslazarett zu Mostar wurde dem Oberleutnant Peier ein lauwarmes Bad verordnet, 28 Grad.
Er stieg vertrauensvoll in die Wanne — und fuhr wie der Blitz wieder heraus, krebsrot am ganzen Leib und verbrüht.
„Nowotny!“ brüllte er. „Krankenwärter! Rindvieh! Was haben Sie mir da für ein Wasser angerichtet? Es kocht ja.“
Nowotny holte ruhig das Thermometer, steckte es in die Wanne und zog es nach einer Sekunde wieder hervor.
„Bitte!“ — mit einem vorwurfsvollen Blick auf den Oberleutnant — „28 Grad.“
Peier wiederholte den Versuch eingehender — das Thermometer wies 43.
„Ja“, sagte Nowotny mit verzeihendem Lächeln, „natierlich — wann man drinlaßt, steigt e furt.“

Fahrkanonier Lendecke hatte sich auf listige Art um die Osterbeichte gedrückt.
Der hochwürdige Herr Feldkurat erfuhr es, ließ Lendecken vor sich kommen und redete dem schlechten Christen also ins Gewissen:
„Lendecke“, sprach er, „genügt es, ein guter Pferdewärter zu sein? Ein geschickter Stangenreiter? Mutiger Soldat? Nein, mein Sohn! Mit diesen militärischen Tugenden kannst du Geschützvormeister werden, vielleicht auch Korporal. So du aber eingehen möchtest in die ewige Seligkeit, o Lendecke, wenn du

teilhaftig werden willst des Paradieses — wohin mußt du vorher deine Schritte lenken?"

„Ins Garnisonsspital Nr. 1", sagte Lendecke.

„Haben Sie auch den Krieg mitmachen müssen, Herr Sieber?"

„Ich konnte leider nicht — ich habe einen faustgroßen Auswuchs am Knie."

„Warum haben Sie ihn nicht abschneiden lassen?"

„Was fällt Ihnen ein? Der muß noch für den nächsten Krieg vorhalten."

Unlängst auf der Strecke nach Magdeburg entflammte unter meinen Reisegenossen ein Gespräch über Okkultismus.

Nach etlichen Reden und Wechselreden mischte sich der Herr aus der Ecke ein — zuerst stellte er sich artig vor:

„Jestatten — Major von Nieber. Die Herren reden von Okkultismus... Jewiß, wer hat das nich mal betrieben... Aber bei uns in den preußischen Kadettenanstalten war strenges Jebot: beim Schlafen sind die Hände über der Decke zu halten."

Der pensionierte General: Auflösung einer großen Erwartung in eine lange Pfeife.

Danzers Armeezeitung hatte einen Preis ausgeschrieben für die kürzeste Bearbeitung des Themas:

„Was haben unsere Generale aus dem Weltkrieg gelernt?"

Die kürzeste preisgekrönte Antwort lautete:

„Nichts."

Der Österreichische Mensch

DER ALTE ÖSTERREICHER

Schnaps, in gehöriger Menge genossen, entzündet im österreichischen Hirn die Erleuchtung. — — —

„Ich lebe ein typisches Schicksal", murrte der alte Petzold, als er sich mit tiefem Rülpsen schlafenlegte. — — — Im Kater des Morgens zog dann sein ganzes Leben an ihm vorüber:

Er war in der allerfernsten Provinz geboren — wirklich, der fernsten: Franz-Josephs-Land.

Um 1872 hatte der Graf Wiltschek — ebenfalls ein guter Österreicher — Gott hab ihn selig! — ein Freund der Künste — echter Kavalier — aber auch ein wahrer Volksmann, hochgebildet und tolerant — er hat immer gesagt: „eine anständige hübsche Jüdin ist mir lieber als ein christlicher Wucherer" — überhaupt ein sehr ein feiner, fortschrittlicher Herr — — — was wollt ich eigentlich sagen??

Um 1872 also hatte Graf Wiltschek eine Nordpolexpedition ausgerüstet — mit der alte Fregatte „Tegetthoff" — die Führer waren auch wieder gute Österreicher, Payer und Weyprecht. Sie entdeckten nördlich von Spitzbergen Land, Franz-Josephs-Land — und hätten sicherlich auch den Nordpol aufgefunden, aber…

Na, man weiß ja, wie es österreichischen Expeditionen zu gehen pflegt.

In Franz-Josephs-Land erlegten sie eine Eisbärin — eben Petzolds Mutter. Den jungen Petzold aber, wie ein Muff war er anzusehen, nahmen sie mit und brachten ihn nach der k.k. Menagerie Schönbrunn.

Er hatte seine Mutter nicht gekannt und nicht die Freiheit. War ja noch so hundsjung; und weich und wollig.

Dennoch empfand er die ersten Zeiten schwer.

Man redet immer von der goldnen sorgenlosen Kindheit. Abgefeimte Lüge: hat der kleine Mensch auch nur kleine Sorgen – für seine ungewappnete Seele sind es fürchterliche Drücke, Eindrücke – und niemehr später lastet das Leben so schwer auf einem wie in den Knabenjahren. Oh, wenn Petzold an die Zuchtrute denkt des k.k. Feldwebels und Tierbändigers Wokurka, an diese primitive Art ärarischer Waisenerziehung – heute noch krampft sich sein Herz in Groll zusammen.

Und es war der erste Sonnentag in des Jünglings Petzold Leben, als man ihm endlich, endlich den ersehnten eignen Käfig anwies, Nr. 170, hinten im Anbau links – dem k.k. provisorischen Eisbäreleven Siegmund Petzold aus Franz-Josephs-Land.

Seine Amtsstunden waren von 8 Uhr morgens bis 8 Uhr abends, ununterbrochen – nur im Winter schloß man um sechs. Er hatte am Gitter zu stehen, wie er es von Wokurka gelernt hatte, und die Parteien abzufertigen.

Tat es rastlos. – Nach einem Jahr rückte er in den Status der definitiven Hofbeamten auf.

Gott, er schwelgte ja auch jetzt nicht in Überfluß. Die Gebührnisse waren gering – fünf Pfund Roßfleisch täglich. Freitags gab es gar nichts; man hat nicht leicht Raubtier sein bei einer so streng katholischen Dynastie.

Immerhin: er freute sich seines sichern Auskommens; von Hofluft umweht – man war jemand; konnte die Besucher nach Belieben warten – warten lassen, anbrummen und schließlich auf das gröbste verscheuchen.

Einmal – das ist Petzolds liebste Erinnerung – kam der hochselige Erzherzog Otto, damals noch ein Knabe, an Petzolds Schalter und unterhielt sich leutselig mit dem Untertanen, grade wie mit seinesgleichen. Ein bezaubernder Junge, der Hochselige...

Nächstens brachte Prinz Otto seinen Bruder mit, den Franz Ferdinand. Und um ein Haar wär es Petzolden schlimm ergangen: Weiland Erzherzog Franz war schon als Knabe ein passionierter, waidgerechter Jäger – er schlug eifrig vor, Petzolden auf einen Baum zu hetzen und herunterzuknallen. Der Erzieher, ein Rittmeister, war sofort einverstanden; zum Glück erlaubten es Seine Durchlaucht nicht, der Herr Obersthofmeister.

Im Laufe der Jahre erschienen noch gar oft Prinzen und Prinzessen an Petzolds Käfig, immer natürlich von ihren Ajas und Erziehern geführt. Petzold könnte stundenlang davon erzählen. Mit Rührung gedenkt er des süßen Erzherzogs Rainer Maximilian – des Hubert Salvator – und besonders der niedlichen Prinzessin Pia Monika Annunziata. Die Ajas und Erzieher sorgten schon, daß die kleinen Kaiserlichen Hoheiten nicht vor dem Affenhaus stehenblieben, wo man nur Schlimmes lernen kann – überhaupt brachte man die jungen höchsten Herrschaften stets an die Gitter der mehr behaarten Tiere.

Als Hofbeamter durfte Petzold selbstverständlich keine Geschenke annehmen; dem Publikum war mittels öffentlichen Anschlags untersagt, die Funktionäre der Menagerie durch Angebote von Nahrungsmitteln in Versuchung zu führen – ja, schon jede unziemliche Annäherung an die Schalter war den Besuchern verboten. – Da war es eine freudige Stunde für Siegmund Petzold, als er die Nachricht von seiner Ernennung zum k. k. Vizeobereisbären erhielt. Nun wird es ein halb Pfund mehr Roßfleisch täglich geben. – Sicherlich hatte er die außerordentliche Beförderung „aus Allerhöchster Gnade“ der Fürsprache seiner hohen Beschützer zu verdanken.

Er war ja nun auch nicht mehr der Jüngste. Sein Haupthaar hatte sich in jahrzehntelanger unausgesetzter Amtstätigkeit gelichtet. Wenn ergrauende Schläfen sein Alter dem oberflächlichen Beschauer noch nicht verrieten: eben nur, weil er weiß von Natur war.

Doch grade jetzt strahlte neuer Glanz um Schönbrunn. Seine Majestät, Kaiser Franz Joseph, gebeugt vom Gram furchtbarer Familientragödien, zermürbt von Regierungssorgen, hatten Allergnädigst geruht, Allerhöchstihren Séjour endgültig nach dem Barockschloß Schönbrunn zu verlegen. Majestät waren ein Frühaufsteher. Um fünf Uhr morgens schon begannen die Ministerempfänge (Se. Exzellenz, der Herr ungarische Minister kamen gewöhnlich direkt aus dem Puff zum Allerhöchsten Vortrag) – um sechs allmorgendlich, keine Minute früher, keine später, traten Majestät, nur mit einem Generalsinterimsröckel und Pejatschewitschhosen bekleidet, an Petzolds Käfig. Da hieß es sich sputen, daß man rechtzeitig in Toilette war – der Allerhöchste Herr dachte sehr streng in diesem Punkt. Wehe, wenn nicht der Pelz blankgebürstet war und die Krallen nach Adustierungsvorschrift genau 1 Wiener Zoll, 1 Linie beschnitten!

Doch wie zufrieden andrerseits lächelte das scharfe Herrscherauge, wo es Ordnung und Gehorsam fand! Petzold verwahrt im Schrein seines Gedächtnisses viele huldvolle Worte Allerhöchster Anerkennung: „Schön, schön – es hat mich sehr gefreut" – „Immer weiter so!" – einigemal sogar: „Herrliches Wetter heute."

Nur einmal war Petzold nah daran, der kaiserlichen Huld verlustig zu werden – und das war so:

Der Monarch war ungewöhnlich herablassend und sichtlich famoser Laune; hatte nicht nur alle drei oberwähnten Sätze hintereinander aus Allerhöchstem Mund zu äußern geruht, sondern auch darüber hinaus:

„Ma werd alt, mei lieber Petzold!"

Diese huldvolle Bemerkung gab Petzold den freveln Mut ein, um eine kleine Gnadengabe für das herannahende Greisenalter allersubmissest bittlich zu werden.

Der Kaiser wandte sich rasch ab mit den Worten:

„Mir bleibt doch auch nichts Erspartes" – ein Ausspruch, der dann von den Zeitungen entstellt und weithin verbreitet wurde.

Doch haben Majestät Ihrem Petzold die Kühnheit weiter nicht verübelt.

Es brach der Krieg herein – und mit ihm unheilvolle Zeiten.

Nun zeigte sich der Kaiser kaum je mehr im Park. Man sah Allerhöchstdenselben nur mehr manchmal am Schloßfenster, betend für das Heil Seiner zahlreichen Völker. (Bekanntlich ist Allerhöchstsein Flehen indessen, was die Deutschösterreicher betrifft, nicht an das Ohr des Höchsten gedrungen.)

Schon nach den ersten Monaten des Krieges wurde das Fleisch knapp. Richtiger: es gab Fleisch, Roßfleisch in Fülle –

auf den Schlachtfeldern Galiziens; doch kraft der österreichischen Schlamperei gelangte es nicht nach Wien. Oh, Petzolden troff manchmal das Wasser aus den Lefzen, wenn er im Generalstabsbericht von den Niederlagen der Kosakenheere las.

Noch war Frieden mit Italien, und es gab Apfelsinenschalen. Anfangs mochte ja Petzold nicht hinlangen, wenn die Kinder ihm sie zuwarfen; doch nach dem vegetarischen Beispiel des Berberlöwen im Käfig gegenüber verwand er bald seinen Widerwillen.

Wozu jene grausen Hungerjahre im Geist nocheinmal heraufbeschwören? Es ballte sich ja dräuend Entsetzlicheres: der Zusammenbruch.

Niemand dachte an den Verpflegungsstand der k.k. Hofmenagerie Schönbrunn.

Es kam der rote Schrecken – die Republik – der Frieden – der Ersparungskommissar – der Völkerbund.

In diesen trostlosen Läuften hat sich Petzold die Zähne an den Gitterstäben ausgebissen, die Augen fast blindgeweint – ist in schlaflosen Nächten ein dürrer, ruppiger Greis geworden.

Und wieder eines Tages traf ihn das schwärzeste Los:

Im 48sten Jahr der für die Pension anrechenbaren Dienstzeit, mit dem Rang eines Hofbären II., Titular-I.-Klasse, ward er abgebaut.

Abgebaut. Man gab ihm die Abfertigung nach § 115 und stieß ihn auf die Straße. Was sollt er nun? In seinen späten Tagen?

Das Jagen hatte er nie gelernt – seine Instinkte bei so langer Tätigkeit im warmen Büro längst verschwitzt.

In der Donau nach Nahrung tauchen? Hätte er es selbst gekonnt: wer bezahlt die Fischkarte?

In die Heimat wandern? – Wer schreibt ihm einen Paß, dem Bürger von Franz-Josephs-Land? Woher das Reisegeld?

– – – Das Ende des Bären Siegmund Petzold ist rasch erzählt:

Er trieb sich elend, jammervoll umher – planlos und verzweifelt. Sein Pelz wurde immer zausiger.

Ein neues Gesetz verbot ihm sogar, sein wohlerworbenes Adelsprädikat „von Schönbrunn“ zu führen.

Er bettelte um Arbeit, um Brot, zuletzt um Almosen vor den Hotels der Innern Stadt. – Solange distinguierte Fremde nach Wien kamen, brachte er sich einigermaßen durch. Die Skandinavier und Lappen pflegten ihn mitleidig reichlich zu beschenken.

Doch die Lappen blieben allmählich aus: es war ihnen zu teuer und zu kalt in Wien.

Einmal lernte er den Redakteur Dietrichstein vom Neuen Wiener Journal kennen – der sah auch so schäbig aus. Auf Dietrichsteins Anregung sog Petzold an seinen Tatzen und schrieb Erinnerungen nieder an die verblichenen Habsburger. Dafür bekam er einiges Honorar, Papierkronen. Er konnte die Aufsätze sogar zu einem Buch sammeln. So merkten die Kaiserlichen Flügeladjutanten, daß sich Geld aus Erlebnissen schlagen läßt – besannen sich – schrieben gleichfalls Bücher – und Siegmund Petzold war von der Schmutzkonkurrenz an die Wand gedrückt.

Die Verhältnisse gestalteten sich immer trauriger; Roßfleisch erschwinglich nur mehr für die oberen Zehntausend; Petzolds einziger Anzug mottig und zerschlissen.

Noch versuchte er es als Chauffeur – dazu war er durch sein Äußeres wie geschaffen. Doch bald mochte auch niemand mehr einen so mottigen Chauffeur.

– – – Als er nun gar so wüst umherstrolchte, sprach im ersten Stock am Fenster eine junge reiche Frau zu ihrem Mann:

„Schau den Alten da unten! Es ist zum Erbarmen. Dabei merkt man, er muß bessere Tage gesehen haben: der Pelz war doch einmal schön."

Der Mann darauf: „Meinst du den Zottigen dort? Wahrscheinlich Hofrat oder General. Läßt die Schultern hängen grad wie Franz Joseph. Das ist die Haltung der ganz vornehmen Schönbrunner Clique."

Die Frau: „Geh, Nazischatzi! Willst du nichts für ihn tun?"

Der reiche Herr sann nach und murmelte: „Mbo! Eigentlich kann man so einen alten Aristokraten und Trottel mit seinen Verbindungen brauchen – für alle Fälle."

Zehn Minuten darauf war Siegmund Petzold-Schönbrunn Verwaltungsrat einer sehr anrüchigen Aktiengesellschaft.

Verwaltungsrat. – Als er nun immer noch lumpiger wurde, denn man altert, und der Pelz läßt im Frühling Flocken – als er garso greulichgelb, unappetitlich aussah, sagten sich die Leute:

„Dieser alte Filz, der nie einen Groschen sehen läßt, so wenig auf sein Äußeres hält, muß ja Milliarden erspart haben."

Man lud ihn zu Soupers, um ihn sich warm zu halten. Man amüsierte sich, nannte es seine Note, wenn der Geizkragen in seiner scheußlichen Kombinäschen kam, mächtig fraß und die Dienerschaft um das Trinkgeld blitzte.

Die Dienerschaft vor allen fand, er müsse unermeßlich reich sein. Ein Legendenkranz wob sich um sein Vermögen.

Als die „Bank der größten Kartoffeln" einen Präsidenten brauchte: wer war geeigneter als der knickerige Bär, der selbst soviel Geld hatte und nichts davon anrührte? – Er wurde Bankpräsident.

Und als die Bank verkrachte, kam er vor das Landesgericht.

Als Präsidenten steckte man ihn auf zehn Jahre ins Gefängnis.

Hallelujah! Nun ist er am Ziel seiner Wünsche: genau wie einst im Käfig ist er versorgt; hat seine Ruhe und lebt hübsch auf Staatskosten.

DER VEREIN

In Wien gründeten sie einmal einen „Verein zur Bekämpfung des Antisemitismus"; an der Spitze des Komitees – von lauter freisinnigen Würdenträgern – der Kommerzialrat Pomeisl.

Erhob sich in der ersten Sitzung Herr Taller, Minister a.D.: ob man denn nicht auch den jüdischen Mitbürgern sollte den Beitritt freistellen? – wo es doch um ihre eigenste Haut geht? – Die Gesellschaft stimmte ihm einhellig bei.

Da sprach Pomeisl:

„Endlich wollt i in eim Verein sein ohne Juden. Wann Sö mir da aa wieder Juden einilassen, dank i scheenstens." – Und trat aus.

DAS GOLDNE WIENERHERZ

Wie man dem Wienerherzen wehetut

Man geht vom Stephansdom fort, die Kärntnerstraße entlang – geht – geht – bis man einem richtigen Wiener begegnet von vierzig Jahren.

Vierzig – da ist das Wienerherz am weichsten.

Und ihn fragt man:

„Señor! Gönn Sie sahen: wo is Stefansblatz?"

„Was wollen S', gnä Herr?"

„Uo is Sstefänsblätz, Sir?"

„Ich versteh allweil Stephansplatz?"

„Voui."

„Oh, gnä Herr, da gehn S' ja verkehrt. Da müssen S' Eahna umdrahn und schnurgrad furt – nacher saan S' am Stephansplatz, 's is gar net zan Fehlen."

Doch du, Fremdling, statt dem vernünftigen, blitzeinfachen Rat zu folgen, blickst den Wiener mißtrauisch an, schüttelst den Kopf und wandelst deines Weges – vom Stephansplatz weg.

Das Weh erwacht im Wienerherzen.

Er fleht dich an:

„Aber, gnä Herr! Wann i Eahna sag! I wir do wissen... I bin do a Hiesiger, a Weaner..."

Du schüttelst störrisch den Kopf und wanderst – immer weiter nach der Wieden zu.

Der Wiener fleht immer verzweifelter:

„Gnä Herr! Maanen S' denn, i will Eahna anschmieren? I sag's do, wie's is: umdrahn müssen S' Eahna und zruck."

Du winkst ihm heftig ab.

Er faßt dich am Rockknopf — und jammert — jammert — fast möcht er dir zu Füßen fallen:

„Gnä Herr! Glauben S' mir denn nöt? Schau i aus wiar a Gauner? A Plattenbruder?"

Du schiebst ihn beiseite mit einer großen Gebärde und schreitest aus — unverzagt die falsche Richtung.

Da schwillt endlich das goldne Wienerherz. Er blickt dir nach und ruft:

„Hatsch nur, du Fallot, du dünngselchter! Hatsch nur am Naschmarkt! Wirst es scho bereun — wann's zu spät is, du damischer Kosak, russischer überanand!"

Wie man das Wienerherz mißbraucht

Ich besteige auf dem Franz-Josephs-Kai die Elektrische, will nach der Oper. Unterwegs werde ich „Roda Rodas Roman" vornehmen.

Doch ich kenne mich: sowie ich ein Buch in der Hand halte, lese ich — lese immerzu — alles um mich versinkt, und ich versäume, rechtzeitig auszusteigen.

Das muß verhütet werden.

In Wien geht das sehr leicht: indem man das goldne Herz der Urbevölkerung mißbraucht. Wie folgt:

Ich frage laut, sowie ich auf dem Kai die Elektrische bestiegen habe: „Ui is ueit nach Opera?"

Sogleich schwirrt es im Publikum:

„Aha — an Ausländer!" — „Er will zur Oper." — „Was sucht an Ausländer bei der Oper?" — „Gewiß a Musiker. A Franzos." — „Ah wo! In an Hotöll wird er halt wohnen, bei der Oper. An Engländer is's." — „An Engländer? Und da sagen s', mir ham kan Fremdenverkehr z' Wean." — „Ham S' scho ghört, Frau Kranzelstock? An Engländer is da — möcht zruck in sei Hotöll und findt nöt." — „Ja, mei! 's is halt schwer für an Menschen in der Fremd, wann er d' Sprach nöt varrsteht."

(Ich lese ruhig „Roda Rodas Roman".)

„Reisen! Dös bildet! I — wann i reisen kunnt, wiar i möcht!

Nach Graz fahret i, nach Grammat-Neusiedel, nach China. Muß scho was Schöns sein – wann ma 's Göld hat."

(Ich höre kein Wort; bin sozusagen aufgelöst in Lektüre.)

„Uniferssitätt – i muß aussteigen. Gengan S', Herr Nachbar, saan S' so gut: der Herr – an Engländer – der möcht zur Oper. Alsdann machen S' eahm aufmerksam..." – „'s saan no zwaa Haltestellen – man sollet eahms sagen, daß er nöt per Zufall weiterfahrt." – „Lassen S' eahm – 's is no Zeit – er leest."

Ich lese, und all die guten, guten Menschen passen erregt auf und erinnern einander, um mich ja nicht über mein Ziel hinauszulassen.

Knapp vor der Oper rufen mich zwanzig an:

„Gnä Herr! Jetzt war's hexte Zeit."

Ich klappe mein Buch zu und gehe ohne Gruß.

Zehn Menschen drängen mir nach, sehen mich mit bewundernden Augen an, und zehn ausgestreckte Arme weisen mir die Oper.

DAS ALTE WIEN

In einem Vorort.

Ein Auto fährt durch.

Zwei Bürger am Weg blicken ihm sinnend nach.

Da sagt der eine:

„Werd aa wieder abkummen."

Gab es da einen schwerreichen Kohlenmagnaten mit Namen Lissauer, der war winzig klein von Gestalt.

Er hatte eine Stiftung gemacht, war dafür Bergrat geworden – ganz Wien nannte ihn: Zwergrat –, und beglückt durch den Titel, wie er war, ging er zum Kaiser in Audienz, um für die Auszeichnung zu danken.

Lissauer trat ein – Franz Joseph stand abgewendet.

Kehrte sich auf das Geräusch der Schritte Lissauern zu – sah ihn an und sprach ernst:

„Stehen Sie auf! Man kniet nur vor Gott."

Einst verbot die Wiener Zensur ein Stück von mir und Väterchen Rößler.

Ortskundige rieten uns: wir sollten uns beschweren gehen.

Wir gingen auf die Statthalterei.

Ein wilder Regierungsrat empfing uns. Und schrie:

„Beschwerde?? Schön. Aber das sag' ich Ihnen: solange Österreich steht, wird dieses Stück nicht aufgeführt werden."

„Schön", meinte Väterchen Rößler, „dann warten wir halt noch die paar Wochen."

WIEN

Ich wollte in der Czerninschen Galerie den Rubens sehen, „Drei Frauen", und fragte im Flur unten die Diener: wo denn das Bild hänge.

„Im dritten Saal, pittäh, links, Nr. 168."

Als ich wiederkam, nach einer Viertelstunde, geleitete mich der Diener hinaus; verbeugte sich beim Abschied tief und fragte:

„Waren zufrieden, pittäh? Mit Herrn Rubens?"

DER DIENSTMANN

Im Mittelalter hatten die Fürsten ihre Dienstmannen, die Grafen und Herren, Bischöfe und Äbte.

Überall im Römisch-Deutschen Reich sind die Dienstmannen allmählich in den Adelsstand emporgestiegen – nur in Wien sanken sie herab – zu Dienstmännern, Eckenstehern – bestellen Briefe, führen Fremde und tragen Kofferchen – immer erst nach langwierigen Lohnverhandlungen mit dem gnä Herrn-Auftraggeber; Lohnverhandlungen, die sich bald als illusorisch erweisen, indem der Dienstmann nach getaner Arbeit unter Hinweis auf seine zahlreiche Familie, das teure Schuhwerk und die ungünstige Wetterlage doppelt mehr Bezahlung, als bedungen war, verlangt.

Arme Menschen, die Wiener Dienstmänner, und man muß sie bedauern.

Am tiefsten wohl jenen Dienstmann Nr. 404, der an der Aspernbrücke steht – denn er ist blind.

„Mensch", frage ich ihn erschüttert, „sind Sie im Krieg um Ihr Augenlicht gekommen?"

„O naa, gnä Herr. Früher."

„Und haben Sie nie versucht, Pflege in einer Anstalt zu finden?"

„Versucht – ja. Aber man hat mi net aufgnommen – weil i doch mein Erwerb hab."

„Um des Himmels willen – wie können Sie denn Ihren Beruf ausüben – wie können Sie Fremde führen, Briefe bestellen – als Blinder?"

„'s geht scho, gnä Herr, 's geht scho. Mir saan ja net in der Wildnis irgendwo, mir saan in Wien. Man muß es nur bezahlen, so findt man Hilfe. Wann i zum Beispiel mit an Brief wohin will oder mit an Kofferl – no, so nimm i mir halt an Dienstmann, und der führt mi."

Der Herr aus Wien erzählte:

„Merkwürdig sind bei uns die Dienstmänner, Eckensteher. Sie sind findig, verschwiegen – und vor allem ehrlich. Man kann einem Dienstmann zum Beispiel jede Summe Geldes anvertrauen, damit er sie auf die Bank bringe. Erst auf der Bank wird das Geld gestohlen."

GESELLSCHAFT

„Heute geben wir ein Souper. Zwanzig Menschen kommen. Achtzehn davon sind mir verhaßt."

FRAU VON POLLACK

„Ganz Wien trifft man doch bei Ihnen, Frau von Pollack — die berühmtesten Namen, die elegantesten Kavaliere."

„Das ist noch gar nichts. Wenn Sie erst wüßten, wer alles abgesagt hat!"

Als Frau Pollak begraben wurde, sagte der Pfarrer: Vor drei Jahren habe ich sie getauft, nun muß ich sie begraben.

FRÄULEIN POLLACK

Fräulein Pollak ist anläßlich ihrer Heirat zum Glauben des jungen Ehemannes übergetreten, des Barons Reiff.

Nach der Trauung stellt die alte Pollak befriedigt fest:

„Sehr taktvoll vom Pfarrer. Er hat kein einziges Mal Jesus erwähnt."

DAS MUSTER

Ich hatte einen Onkel in Wien, den Onkel Aloys.

Er war ein Zierde der Familie, war Großkaufmann.

Und dieses vorbildliche Leben: vier Tage wöchentlich verbrachte er zu Hause. Samstag, Sonntag, Montag aber — im Sommer, im Winter, ob schön, ob Regen: Samstag, Sonntag,

Montag stieg er auf die Rax. Atmete die frische Bergluft ein, schrieb uns regelmäßig eine Ansichtskarte von den Gipfeln – und kam Dienstag früh zurück, gradeaus in die Kontore.

Immer frisch und guter Dinge. Wenn die Tante ihn lobte, wie prächtig er aussehe, da setzte sie auch hinzu:

„Na ja, bei deiner Lebensweise?"

Unlängst legte sich Onkel Aloys hin und war krank zum Sterben.

Ehe er aber starb, faßte er mich an der Hand und sprach:

„Lieber Neffe! Ich weiß, du hast ein Frauenzimmer. Aber, glaub mir, es is nichts mit den Frauenzimmern. Sie machen uns alt. – Höre, mein Junge, was ich dir rate: geh drei Tage jede Woche in die Alpen. Schau dir meinen Buchhalter an, wie gut es ihm getan hat! Er ist stark und jung. Seit Jahren hab ich ihn auf die Rax geschickt, meine Ansichtskarten aufgeben. Und schau mich an: wie elend sie mich gemacht haben – die Stadtluft und die Frauenzimmer..."

Onkel Aloys tat einen schweren Seufzer und verschied.

WIE MAN BEGRÜSST WIRD

wenn man nach zehnjähriger Abwesenheit wiederkehrt:

In Ungarn:

„Jaj, Allergnädigste sind um zehn Jahre jünger geworden."

In Wien:

„Kiß die Hand – Gnädigste haben sich aber gar net verändert."

In Berlin:

„Ja, Frau Oberrejistrator – zehn Jahre sind eben 'ne lange Zeit."

DIE GESCHICHTE

Sooft ich nach Wien komme, begegne ich ihm auf dem Kärntnerring, dem alten Hauptmann. Nur heißt er jedesmal anders.

„Oh, grüß dich Gott, Roda", ruft er, „wo steckst denn immer? Du mußt an wahnsinnigen Urlaub haben – i sieg dich scho a paar Wochen net in der Garnison."

„Ich lebe seit vielen Jahren in Deutschland."

„Was d' net sagst! Und von was lebst du? – Richtig, du stellst ja Artikeln für die Zeitungen zsamm, hör ich. – Ja. – Alsdann: früher hab ich, zum Beispiel, aa manchesmal so allerhand zsammgstellt – an Sprachunterricht für böhmische Rekruten – und so. Aber es zahlt si ja net aus. Ma hat mehr Unkösten davon, als was es aam einbringt. – Richtig... du, sag amaal: rückst du net hie und da in die Witzblätter ein? Alsdann, waaßt, Freunderl, da waaß i dr a Gschicht, die m–u–ß–t unbedingt in den ‚Simplicissimus' einrücken. Also so was Komisches – wann da d' Leut net lachen?... Alsdann: aamal ham mir in der Menasch Speckknödeln – und die Ordonnanz, dös Viech, Walaschek haaßt er, der bringt dir a Schüssel Speckknödel herein – no waaßt, so – faustdick. Auf aamol stolpert er, waaßt, der Ordonnanz – un dö Knödeln, i lüg dr net, die fliegen dir – also so was Komisches – die fliegen dir im ganzen Menaschlokal herum. Also – wann da d' Leut net lachen...? – Die Gschicht m–u–ß–t un–be–dingt in den ‚Simplicissimus' hineinschreiben."

DER STEINERNE GAST

Eines Tages fuhr Exzellenz Enenkel, der österreichische Minister, von Wien nach München.

Unterwegs, in St. Pölten, öffnete sich die Tür des Abteils – ein wildfremder Herr trat ein und setzte sich dem Minister gegenüber.

„Verzeihung", sagte Exzellenz, „das Coupé ist reserviert."

Der Fremde rührte sich nicht.

„Herr! Das Coupé ist reserviert", sagte Exzellenz deutlicher.

Der Fremde rührte sich nicht.

„Herr! Sie wissen offenbar nicht, mit wem Sie es zu tun haben. Hier meine Karte."

Der Fremde steckte sie gleichmütig ein.

Da wurde der Minister aber böse; stürzte hinaus – auf den Beamten zu, der mit der roten Kappe auf dem Bahnsteig stand, und rief:

„In mein reserviertes Coupé hat sich ein Fremder eingedrängt – ich bitte, sofort amtszuhandeln!"

„Des wern mi glei ham." – Der Beamte suchte den fremden Herrn auf und stellte ihn zur Rede.

Statt aber nur eine Silbe zu antworten, reichte der Fremde steinern die Visitenkarte hin – nämlich jene, die er eben erhalten hatte.

Der Beamte las den Namen darauf – verfärbte sich – kehrte zu Exzellenz zurück, der auf dem Bahnsteig den Erfolg der Mission abwartete...

„Bitt scheen", raunte der Beamte, „nur ka Aufsehen! Mir zu Gfallen! Es ist der Enenkel, der Trottel – da kann ma nix machen."

DAS WIEDERSEHEN

Als ich unlängst nach so langer Zeit wieder nach Wien kam, war mein erster Gang natürlich zu Frau Wattner. – Ich ließ mich nicht melden, ich wollte sie überraschen.

Sie polierte eben die Fingernägel. – Ich begrüßte sie mit echter Herzlichkeit und ließ mich durch ihr steifes Gebaren nicht im mindesten anfechten. Das kenne ich an ihr, das hat sie zu Anfang immer. Eine Mimosennatur.

Wir sprachen vom Reisen – ich erzählte ihr die Historie von meiner hungrigen Fahrt nach Brindisi.

Nach einer Weile – Frau Wattner hatte die Augen schmal gemacht und fixierte mich – da war mir, als suche sie einen verschollenen Begriff; und plötzlich meinte sie:

„Sagen Sie, bitte: nicht wahr – Sie sind nicht Herr Kuhlemann?"

„Wie? – Kuhlemann –? Ich heiße doch Roda –."

„Ach, Verzeihung" – sie hatte ihr verführerisches Lächeln wieder –, „Verzeihung – ich behalte Namen so schwer."

Das Geständnis amüsierte mich.

„Gnädige sollten sich aber an mich doch etwas lebhafter erinnern können."

„Warum?"

„Mein Gott – wenn man sieben Monate ein Verhältnis mit jemand gehabt hat..."

Da war das Lachen an Frau Wattner. Sie lachte silberhell, wenn sie auch dabei über beide Ohren erröten mußte.

„Nein", rief sie, „es ist zu komisch! Wie mir das hat passieren können! – Aber" – sie streckte mir die Hand entgegen –, „nichts für ungut. Seien Sie mir willkommen, Alter! Wir wollen auch ferner gute Freundschaft halten."

„Freundschaft – –?"

„Pfui, Sie Nichtsnutz! Und Hände weg von meinen Angelegenheiten! Reden Sie lieber klug – ich höre Ihnen gern zu."

Wir sprachen nun von den neuen Ausschnitten an den Ballkleidern und verglichen sie mit den Ausschnitten vergangener Saisons.

Da sagte Frau Wattner:

„Hören Sie, Roda, ich glaube... Ich weiß nicht recht, wie ich mich ausdrücken soll..."

„– ? –"

„Sie haben doch vorhin von unserm Verhältnis gesprochen, das sieben Monate gedauert hat –?"

„Nun –? Und –?"

„Ich denke und denke immerzu nach – aber ich kann mich absolut an nichts dergleichen erinnern. Wir zwei – Sie und ich sollten...? Töten Sie mich – ich weiß nichts davon."

– – – Ich war sehr schwer zu überzeugen – doch der Gewalt der Tatsachen mußte ich mich beugen. Der Irrtum war wirklich auf meiner Seite. Ich hatte Frau Wattner mit einer gewissen Frau Hänsel verwechselt; die ist auch so blond und mimosenhaft.

DAS ZIMMER IN DER BOGNERGASSE

Was ich jetzt erzählen werde, ist gar nicht von mir, sondern von Franz Molnár. Er wird es zu bestreiten suchen. Darauf werde ich entgegnen:

Aber, aber, Herr Molnár! Erinnern Sie sich denn nicht mehr? Im Herbst 1914? Als Sie eben zu uns ins Kriegspressequartier gekommen waren? Wir zwei und Ihr Freund Fakler fuhren nach Przemysl. Unterwegs, in Sanok, blieben wir im Brei stecken. Es war Abend, ein Regen wie aus Kannen. Der Ort zur Hälfte verbrannt, der Rest von Truppen überfüllt. Ein alter, müder, erregter Oberleutnant im Stationskommando knurrte:

„Meine Herren, ich habe nur ein Quartier für Sie: die Totenkammer des Choleraspitals. Sie ist zufällig frei. Sie wollen nicht? Fürchten die Cholera? Die können Sie überall anders eher bekommen als da – die Totenkammer ist wenigstens desinfiziert."

Wissen Sie noch, Herr Molnár? Wie wir eine Stunde umherirrten, hundertmal abgewiesen – bis wir schließlich, windelweich vom Regen, klappernd vor Frost in die Totenkammer einkehrten? Und waren noch froh, in diesem Weltuntergang ein sicheres Dach zu haben. Zwei Tragbahren als Betten. Desinfizierte Bahren. Ein Kerzenstümpfchen brannte. Vielleicht war es sogar geweiht...

Man mußte etwas gegen die Graulichkeit der Umgebung tun: mit Absicht trinken, mit Absicht reden. – Sie gluckten Ihre Feldflasche leer und riefen:

„Bon, ich habe Phantasie genug, mir einzubilden, wir wären im Hotel Hungaria."

Doch, zum Teufel – wo ist Fakler geblieben? Unser dicker Genosse Fakler?

„Ich wette“, sagten Sie, „der Schlaukopf hat ein Quartier gefunden, ein schönes, wohlfeiles Zimmer — wie damals in der Bognergasse.“

Und als ich fragend aufhorchte:

„Roda, Sie kennen nicht die Geschichte von Faklers Zimmer? In der Bognergasse, Wien? Ziemlich komische Geschichte. Die müssen Sie schreiben.“

„Warum tut es Franz Molnár nicht?“

„Unmöglich. Fakler risse mich einfach in Stücke.“

„Er wird auch mich...“

„Daran liegt mir erstens nicht soviel — und zweitens wäre die Frage erst zu klären, ob Fakler kräftiger ist als Sie.“

„Gut“, sagte ich, „ich werde versuchen, mich zu wehren. Erzählen Sie!“

„Wenn Sie mich aber als Quelle nennen, leugne ich.“

— — — Dieser Fakler also war aus den Alpen nach Wien gekommen, ärmer denn je — aber mit einem Herzen voller Gefühle, und suchte nun ein möbliertes Zimmer, um die Gefühle in Ruhe niederzuschreiben.

Er suchte vormittag von acht bis eins in der Innern Stadt — treppauf, treppab; alles zu teuer. Nachmittag im Alserviertel: unter vierzig Schilling nichts zu haben. In Faklers Haushaltsplan waren aber nur dreißig für Wohnungsmiete ausgeworfen.

Da, auf dem Heimweg, in der Bognergasse, liest er plötzlich einen Anschlag:

„Sehr elegantes Zimmer, sehr billig.“

„Holla, mein Fall!“ Und er stieg mit schmerzenden Beinen Stock- um Stockwerk hinan, um mit diesem letzten Versuch sein sparsames Gewissen zu beruhigen. Wenn es auch hier fehlgeht, will er verzweifelt den Haushaltsplan umstoßen; den Beruf wechseln.

Ein Blick ins Zimmer, und Fakler macht kehrt. Er hat sichs ja gedacht: Gardinen, Tapeten, Messingbett, schwelgende Sofas — nein, so elegant wohnen kann ein Dichter nicht.

„Wohin, Herr?“ — Die Wirtin ist herzugesprungen und hat ihn mit schüchterner Dringlichkeit an den Schultern erfaßt. — „Hören Sie doch erst, ich bitte! Das Zimmer ist sehr billig.

Schütteln sie nicht den Kopf. Es ist sehr billig. Sie werden staunen."

Fakler – tonlos:

„Wieviel?"

Die Wirtin:

„Fünfzehn Schilling monatlich."

Als er stumm bleibt, setzt sie fort:

„Samt Bedienung. – Verehrter Herr, wozu Sie irreführen? Sie würden es ja doch innerhalb von einigen Minuten merken... Ja, das Zimmer hat einen großen Fehler. Wir haben ein schwächliches Kind. Unser Arzt, der Naturarzt, hat ihm Ziegenmilch verordnet. Wir halten eine Ziege. Die Ziege steht nebenan. Sie mekkert manchmal... am Abend... spät am Abend... am Morgen... sehr zeitig... Das heißt: sie meckert Tag und Nacht. Hören Sie nur!"

‚Mähähähäck!'

„Ein Mieter nach dem andern ist uns deswegen ohne Kündigung ausgezogen." – Die Frau wirft sich dem dicken Fakler fast an den Hals. – „Aber Sie – nicht wahr? – werden sich daran gewöhnen. Ich versichere Ihnen, Sie werden sich gewöhnen. Wir, mein Mann und ich, hören es gar nicht mehr. Ein so nützliches Tier. Und die gute Milch. Und das arme Kind. Das elegante Zimmer. Nur fünfzehn – nur dreizehn – was sage ich? – nur zwölf Schilling – samt Bedienung. Gut: auch die Beheizung ist inbegriffen. Ach, bleiben Sie!"

Er blieb. Er war so müde des Suchens und Treppensteigens, daß er selbst in der Hölle geblieben wäre.

– – – Er schrieb:

„Ich liebe Nebel, die aus feuchten Wiesen
Wie Feen in den Sommerabend steigen.
Grauseidne Schleier schwingen sie zum Reigen,
Goldbunt und leis in stummen Paradiesen."

‚Mähähähäck!'

„Nein", sagte er, „das geht nicht. Die Stimmung ist hin." – Knüllte das Blatt zu einem Kloß, warf es in den gestickten Plüschkorb und fing eine erregte Ballade an:

„Fürstin Elisabeth von Siebenbürgen
Ließ täglich hundert Kinder erwürgen.
Im Lande schrie der kalte Schreck..."

‚Mähähähäck!‘

„Das geht noch weniger", murmelte Fakler und schmiß auch die Ballade in den Winkel.

Er legte sich schlafen. – Die Ziege meckerte ihn munter. Sie redete zudringlich in seine Träume.

Am Morgen nach der ärgerlichen Nacht – nein, spät am Vormittag – er schlief noch bleiern und erwachte erst vom Klappern eines üppig besetzten Teebrettes. Zeitfremd fuhr er auf.

„Das Frühstück ist ebenfalls inbegriffen", sprach die Wirtin schüchtern... „Hoffentlich sind Sie nicht zu arg gestört worden. Mimi hat heute leider schon in der Dämmerung begonnen..."

„Mimi?" fragte er, „welche Mimi?"

„Nun ja, Sie wissen doch, die..."

‚Mähähähäck!‘

„Ach so... Ich habe nichts gehört."

„Na, sehen Sie! Mein Mann und ich hören sie auch nicht mehr. Lassen Sie sich den Tee schmecken! Ziehen Sie Schinken oder Eier dazu vor?"

„Donnerschock", sagte sich Fakler und fraß und trank, „ein Philosoph kommt über Zahnschmerzen weg – und wenn auch nicht: Cervantes hat im Kerker gedichtet; ich werde der Welt zeigen, daß ein dummes Vieh von einer Ziege..."

‚Mähähähäck!‘

„... von einer Ziege..."

‚Mähähähäck!‘

„... von einer Ziege mich nicht um meinen Gleichmut bringen kann." – „Mähähähäck!" äffte er ihr nach und – dichtete.

„Mähähähäck!" rief er ihr höhnisch zu, als er sich die Seele aus dem Leib geschrieben hatte.

Die Ziege antwortete.

Es wurde ein hübsches Duett.

– – – Am zwanzigsten Tag – er formte eben ein Ritornell

— da stand er in seltsamer Unruh vom Sofa auf. Was ist es nur? Was fehlt ihm heute?

Es pocht an die Tür. — „Herein!" — Die Wirtin kommt mit rotgeweinten Augen.

„Sie werden es schon gemerkt haben, Herr Fakler... Das Unglück, das uns getroffen hat..."

„Was denn, Jesusmaria?"

Die Wirtin: „Mimi ist verschieden. Tot. Ach, ach, ein großes Unglück für uns."

Fakler war aufgesprungen und durchkreuzte sorgenvoll das Zimmer.

„Ein Unglück auch für mich, liebe Frau." (Denn nun wird sie natürlich kündigen.) „Ich hatte mich schon so gewöhnt..."

„‚Mä—hä—hä—häck!' hat sie noch gesagt — fiel um und streckte alle vier von sich."

„Wie hat sie noch gesagt, liebe Frau? Bitte wiederholen Sie es! Es fehlt mir schon den ganzen Morgen."

„Achachach, und wie fehlt es unserm Kindchen! Das Kindchen hat an Mimi so gehangen. Nun ruft das Kindchen — ruft und regt sich auf und fiebert. Wir dürfen gar nicht verraten, daß Mimi entschlafen ist — das Kindchen würde unaufhörlich weinen. Ich bin außer mir — mein Mann ist außer sich — wir, mein Mann und ich, sind außer uns. Wir haben alles mögliche erwogen — nirgends ein Ausweg. — Achachach, lieber, lieber Herr Fakler! Sie allein können uns helfen. Darf ich sprechen?"

„Sprechen Sie!"

„Lieber, lieber, guter, bester Herr Fakler! Meckern Sie!"

„Waaas soll ich?"

„Meckern sie nur einmal — Sie können es so gut — damit sich das Kindchen drüben beruhigt!"

„Mähähähäck!"

„Wie danke ich Ihnen! Horchen Sie nur — das Kindchen ist still geworden, es ist zufrieden. Achachach, lieber, lieber Herr, tun Sie uns den Gefallen! Mein Mann und ich — nehmen Sie es nicht übel auf, lieber Herr Fakler — wir wollen Ihnen gern fünf Schilling von der Miete ablassen, wenn Sie so freundlich wären, hie und da..."

„Hie und da..."

„...zu meckern. Sie brauchen es nicht fortwährend zu tun – nur wenn Sie grade Zeit haben – einmal, zweimal die Viertelstunde..."

– – – Fakler blieb. Und meckerte. Er schrieb meckernd seinen dicken Band Gedichte in der Bognergasse.

Als er sich verlobte, amüsierte sich seine Braut anfänglich über sein Gemecker; dann begann sie sich zu schämen und errötete, sooft er es tat. Sie brauchte im Ehestand Monate, um ihm wenigstens das öffentliche Meckern abzugewöhnen. Daheim im trauten Kreis meckert er noch heut.

ANTIPELLIN, DAS BESTE MOTTENPULVER

No, was haben S' denn?" fragte Dr. Brzezlarzik – wie schon der Name sagt, Universitätsprofessor zu Wien.

„Was haben S' denn?" fragte er freundlich.

Der Fabrikant biß sich in die Lippen. – „...Herr Hofrat", sagte er, „da... muß ein Irrtum geschehen sein."

„No, no, wo is denn ein Irrtum geschehen? Mir werden schon machen."

„Alsdann... Sie erinnern sich vielleicht, Herr Hofrat, daß ich da vor ein paar Wochen bei Ihnen war – wegen einem Zeugnis, ich bitte?"

Professor Brzezlarzik konnte sich aber nicht erinnern.

„Wegen einem Zeugnis, ich bitte, Herr Hofrat. – Mein Name ist Edhofer."

„Ah so – ja, ja, ich weiß schon. Die Malzbonbons."

„Nein, entschuldigen schon, Herr Hofrat, keine Malzbonbons. – Antipellin."

Herr Edhofer lehnte sich zurück und erzählte:

„Antipellin, das beste Mottenpulver. Seit zwanzig Jahren erzeugen wir, ich bitte, Insektenpulver aller Arten. Es fehlt uns nicht an Anerkennung – wir sind auch Hoflieferanten gewesen Sr. Majestät des Fürsten Nikolaus von Montenegro. Wir haben

Dankschreiben für unser Insektenpulver von alle mögliche Kapazitäten und hohe Herrschaften – aber, mein Gott, man kann die Dankschreiben nicht veröffentlichen, denn wer weiß, ob's denen Herrschaften recht wär. – Und da haben verschiedene Schwindelfirmen in der Insektenpulverbranche Atteste von – Gott weiß, was für – obskure Assistenten und Czernowitzer Professore. Hab ich mir gedacht: Mein lieber Edhofer, gehst hin zu unserm berühmten Hofrat Professor Brzezlarzik, bringst ihm ein paar Flascheln Antipellin und bittest ihm, das Antipellin genau zu untersuchen, wissenschäftlich zu untersuchen – chemisch, bakteriologisch, experimentell – und mir dann ein Zeugnis auszustellen, was man in die Zeitungen inserieren kann. Und so bin ich halt die Täg dagewesen."

„Ja, ja, ich weiß schon. Vor zwei Wochen – nicht wahr?"

„Jawohl, Herr Hofrat. Und da vor drei Täg schick ich meinen Prokuristen her – und er legt, ich bitte... no, ich erwähn's ja nur der Ordnung halber... er legt ein Kuvert mit fünfhundert Kronen auf den Tisch... und... bekommt ein Zeugnis."

Herr Edhofer zog einen Bogen hervor.

„No also, Herr Edhofer – Sie haben ja das Zeugnis, wie ich sehe?"

„Ja, Herr Professor – ein Zeugnis hab ich schon bekommen... aber was für eins! Bitte, lesen Sie's selbst!"

Der Herr Hofrat schob die Brille zurecht und las das von ihm selbst ausgestellte und unterschriebende Zeugnis. Es lautete:

„Ich habe mit dem mir vielfach empfohlenen und auf der Weltausstellung zu Chicago mit der Goldnen Medaille ausgezeichneten Antipellin-Mottenpulver wissenschaftliche Versuche angestellt und folgende Ergebnisse erzielt:

Eine Brut der Pelzmotte (Haarschabe, Tinea pellionella L.) ist, in das Antipellin gebracht, schon nach überraschend kurzer Zeit vorzüglich gediehen. Die Raupe, welche sonst nur etwa 6,7 mm lang zu werden pflegt, war, unter Beisatz von Antipellin erzogen, 10 mm groß, voll entwickelt und überaus kräftig.

Ein noch größeres Resultat ergab die Raupe der Kleidermotte

(Tinea sarcitella L.), welche, mit Antipellin ernährt, Prachtexemplare lieferte, die von der Schnauzenspitze bis zum letzten Hinterleibsring 11,05 mm maßen.

Ich stehe daher nicht an, das Antipellin für das beste aller existierenden Mottenpulver zu erklären, und bitte Sie, mir noch sechs Flaschen davon für meinen Privatgebrauch zu senden.

gez. Dr. Brzezlarzik,
o. ö. Universitätsprofessor."

Das war das Zeugnis. Der Gelehrte faltete es und sprach:

„Ja, sehen S', mein lieber Herr Hoflieferant, dieses Zeugnis ist ein Blödsinn – das seh ich ein. Das is halt in meiner Abwesenheit von meinem Herrn Assistenten verlämmert worden. – Aber machen S' Ihnen gar nix draus, Herr Edhofer – ich bin ein reeller Mensch, ich hab das Prinzip: Nichtkonvenierendes wird anstandslos umgetauscht. Lassen S' Ihnere Flascherln da – lassen S' das Zeugnis da – ich wer' persönlich eine neue wissenschaftliche Versuchsreihe anstellen – das wird dann ein ganz andres Zeugnis. – Aber wer ist an dem Mißverständnis schuld? Sie, Herr Fabrikant. Nur Sie. Wenn ein Gelehrter, ich bitte, eine wissenschaftliche Versuchsreihe anstellen soll, ich bitte, muß man ihm vorher klar und deutlich sagen: das und das soll sich bei die wissenschaftlichen Versuche herausstellen. Danach richtet der Gelehrte seine wissenschaftlichen Versuche ein, und sie gelingen."

DER SANITÄTSRAT

Mein Vater hatte in seinen späten Tagen einen Leibarzt gehabt, den Dr. Schabuschnigg. – Na, als ich nach Innsbruck kam, ließ ich es mir natürlich nicht nehmen, den alten Schabuschnigg aufzusuchen.

Er blickte von seinen Präparaten auf, öffnete weit die Augen – dann rief er, herzlich erfreut:

„Ah, sieh da! Mein lieber verstorbener Gutsverwalter Roda!"

Ich machte ihm klar, daß ich nicht der tote Vater bin, sondern der lebendige Sohn.

Da aber geriet der alte Herr in Bewegung.

„Zu dumm! Kommt einmal im Jahr ein lieber Mensch zu mir – und was hab ich ihm anzubieten auf dieser verdammten ungastlichen Klinik? Wann ich wenixens an Cognac hier hätt oder ein Butterbrot! Nix – Aber weißt was? Leg dich nieder aufn Bauch – ich geb dir ein Nährklistierchen."

Ärztekongreß in Berlin. Sanitätsrat Schabuschnigg erzählt einen interessanten Fall aus seiner Praxis:

„...Die Patientin hat also an Magenkrebs gehabt und zugleich a Schnürleber. Jetzt weiß ich ja net, wie's in Norddeutschland is; aber bei uns in Österreich wird der Magen auf der rechten Seiten zum Teil vom Leberlappen überdeckt..."

Ende einer Unterredung zwischen Schabuschnigg und der schwedischen Frauenrechtlerin Fräulein Key:

„Wenn ich Ihren Vortrag also recht verstanden habe, Herr Sanitätsrat, wollten Sie sagen: daß die Frau von heute, vernünftig auferzogen gleich dem andern Geschlecht, sportgewandt, mit ihren wohlgebildeten, gelösten Gliedern leichter gebiert als die Frau der vorigen Generation?"

„Naa, naa, Fräuln, da bin i mißverstanden worden. Von leichter Gebären hab i nix gsagt. Sondern: daß d' Madeln heutzutag, wos ewig mit die Buam beisammen saan in der Koedukation und beim Skifahrn – daß d' Madeln heute leichter schwanger wern – des hab i gsagt."

WOHNUNG IN INNSBRUCK

Ein belangloses Erlebnis. Ist es überhaupt wert, erzählt zu werden?

— — — Niemand hat ein so kurzes Gedächtnis wie die Menschen. Wer weiß heute noch, wie Dotschen schmeckten und schwarz geschlachtete Kaninchen?

Mir wollten sie gar nicht behagen — Herbst 1919 in München —, und ich beschloß, meinen Sitz nach einer nahrhaftern Gegend zu verlegen. Schlug die Karte vor mir auf und wählte Innsbruck.

Natürlich: Innsbruck. Eine Stadt des Fremdenverkehrs — sie muß alle Einrichtungen der Herberge enthalten. Hier wird ein Autor willkommen sein: er schreibt Geschichten, macht die Stadt bekannt. Und die Kühe von Tirol geben Milch. Aus Milch macht man Butter. Die Kälber geben Schnitzel. Schnitzel schmecken viel besser als schwarze Kaninchen. Ich ziehe nach Innsbruck.

— — — Am Morgen darauf schickte ich dem Oberbürgermeister von Innsbruck mein Karte. Drei Minuten später ward ich zu ihm geführt. Er hielt meine Karte in den Fingern und wies auf einen grünsamtnen Sessel.

„Womit kann ich dienen?“ fragte der Herr Oberbürgermeister.

„Ich bitte um eine Wohnung.“

„Sie beabsichtigen hier zu bleiben, Herr... Herr...“ (er las meine Karte) „...Roda Roda? Hm... Ja... Gewiß... Ich möchte nur gleich aufmerksam machen: das Stadttheater ist verpachtet, an Herrn Exl; er hat seine engagierten Kräfte; und der Magistrat... wir haben keinen Einfluß auf die Besetzung der Rollen; gar keinen.“

Diese Worte des Herrn Oberbürgermeisters wunderten mich ein wenig. Man muß wissen: ich bin kein Schauspieler.

Er fragte: warum, wozu... was ich gerade in Innsbruck wollte?

Ich konnte ihm aufrichtig antworten:

„Die Kühe von Tirol geben Milch; die Kälber... usw.“

Doch das tat ich nicht. Ich sagte mir: man muß seine Ellenbogen gebrauchen in dieser trüben Zeit. Muß sich Platz schaffen wollen und seinen Willen durchsetzen. Man muß gelten — auf Kosten der Ehrlichkeit.

Und in dieser Erkenntis, in dieser frechen Absicht sagte ich: „Herr Oberbürgermeister! Ich habe ein umfangreiches Werk vor: ‚Innsbruck im Jahre 1848'. Zwei Bände sind so gut wie geschrieben. Für den dritten habe ich die Urkunden noch nicht beisammen. Sie sehen ein, daß ich die Quellenstudien nur am Ort, in Innsbruck..."

In dieser Sekunde blickte der Oberbürgermeister nach mir auf. Grassel hieß er, glaub ich. Ein überaus würdiger alter Herr mit grauem Vollbart, mit großen, saphirblauen, schönen Augen. Ich verstummte sofort; in diese Augen konnte ich nicht lügen.

Der Herr Oberbürgermeister sagte, ich würde Bescheid bekommen – und ich ging.

– – – Na, dacht ich mir, da hast du was Schönes angerichtet!

Aber schließlich: man ist entschuldigt durch die trüben Zeiten. Es gilt, die Ellenbogen zu gebrauchen, sich Platz zu schaffen. „Innsbruck im Jahre 1848" – das kann doch nicht so schwer zu schreiben sein. Es müssen ja nicht gleich drei Bände werden – ein einziger genügt, mit drei Hauptstücken. Ich gehe auf die Universitätsbibliothek – man wird mir das Material bereitstellen – in etlichen fleißigen Wochen bin ich fertig...

– – – Der Herr Kustos der Bibliothek – verdammtes Pech! – hatte wiederum saphirblaue Augen. Er sah mich damit an und sprach gütig wie zu einem Kind:

„Herr Roda Roda! ‚Innsbruck im Jahre 1848' – glauben Sie mir, Sie konnten kaum ein weniger ergiebiges Thema wählen. In Paris, in Madrid, Neapel, Mailand, Berlin und Baden, in Wien, Budapest, Prag – – man kann sagen: fast in ganz Europa sind 1848 überaus aufregende Dinge vorgefallen – – nur gerade in Innsbruck ist nichts, aber auch nicht das allermindeste geschehen. Als die Kaiserin einfuhr, hat ein betrunkener Bauernjunge ‚Nieder!' gerufen. Er ist sofort von der Polizei geschnappt worden. Um aber nicht den geringsten Schein von Illoyalität auf der Stadt sitzen zu lassen – keinen Schein von Illoyalität gegen das Allerhöchste Kaiserhaus –, hat auf die Flegelei des Bauernjungen hin ein gewisser Pater Baumgartner ein Gedicht verfaßt: ‚Huldigung des biedern Tiroler Landels für seine heißgeliebte angestammte Herrscherin‘. Dies Gedicht ist gedruckt worden – ich kann es Ihnen geben, Herr Roda – natürlich gegen Bestätigung, denn es ist ein sehr kostbares Stück – es stellt die ganze Innsbrucker Literatur dar über das Sturmjahr 1848.“

So sprach der Herr Kustos.

Der Diener brachte einen Zettel aus dem Rathaus: man werde mir „mit Rücksicht auf mein löbliches wissenschaftliches Vorhaben“ eine Wohnung einräumen.

Ich habe keinen Gebrauch von der Willfährigkeit des Herrn Oberbürgermeisters gemacht.

Wie hätt ich ihm noch können in die Augen schauen?

Ich bin weggefahren.

ÖSTERREICHISCH-UNGARISCHES STAATSRECHT

Zur Zeit, als die Donaumonarchie noch stand – da gab es einmal Aufläufe in Agram – und die Blätter schrieben darüber – schrieben allerhand, was einem so von Sonntag früh bis Freitag abend einfällt. (Samstags dürfen die Wiener Journalisten nämlich nicht schreiben.)

Na, und ein Herr aus Deutschland las das alles und wurde daraus nicht klug und fragte mich: worum es sich eigentlich in Agram gehandelt habe.

Das wußte ich allerdings auch nicht, nur war ich aufrichtiger als die Herren Journalisten und gab es offen zu. – Über die Stellung aber des Dreieinigen Königreichs Kroatien-Slavonien-Dalmatien, über die Konstruktion der Donaumonarchie überhaupt hielt ich dem deutschen Herrn einen Vortrag, der alle Zweifel löste und alles Dunkel erhellte.

„Österreich-Ungarn“, sagte ich ihm, „besteht aus zwei Teilen: der historischen, parlamentarisch vertretenen Monarchie – und dem okkupierten, später annektierten Gebiet. – Ist doch sehr einfach, nicht wahr?“

„Ja", bestätigte der Herr aus Deutschland.

„Na, sehen Sie! – Der erste Teil, die konstituionelle Monarchie, besteht wieder aus zwei Teilen."

„Österreich und Ungarn", fiel der Herr ein.

„Nein. Er besteht aus den im Reichsrat vertretenen Königreichen und Ländern – und den Ländern der heiligen Stefanskrone. – Ebenfalls sehr einfach – nicht wahr?... Was nun die Länder der heiligen Stefanskrone sind, so bestehen sie aus zwei Teilen: dem eigentlichen Ungarn und Kroatien-Slavonien. (Nebenbei bemerkt zerfällt das eigentliche Ungarn in ein ganz eigentliches Ungarn und Fiume, oder kürzer: das separatum sanctae regis coronae adnexum corpus. – Doch das ist Detail, bleiben wir bei der Hauptsache!) – Das Dreieinige Königreich Kroatien-Slavonien-Dalmatien hat – überrascht Sie das? – zwei Teile: der eine ist da, der andre nicht – und der letzte heißt Dalmatien. Dalmatien gehört nämlich zu Österreich. – Aber auch der Teil, der da ist, hat zwei Teile: Kroatien und Slavonien, von denen der eine, Slavonien, nicht erwähnt werden darf, weil er von Rechts wegen nicht existiert. – Ebenso steht es mit dem ganz eigentlichen Ungarn. Dort gibt es ein noch viel eigentlicheres Ungarn und dann Siebenbürgen, das zweite ist aber staatsrechtlich nicht vorhanden. – Bis hierher ist die Sache ungemein klar und durchsichtig. Die Schwierigkeit fängt beim Verwaltungsgebiet an, dem ehemaligen Okkupationsgebiet. Es besteht nämlich aus zwei Teilen, von denen der eine durch Österreich-Ungarn besetzt, verwaltet und endlich annektiert wurde; der andre Teil, das Sandjak Nowibasar nämlich, wurde nur besetzt und später aufgegeben. Freilich hat dann der verwaltete Teil zwei Teile: Bosnien und die Herzegowina. – So weit sind wir. Nun kehren wir zu den im Reichsrat vertretenen Königreichen und Ländern zurück. Ob Sie es glauben oder nicht – sie bestehen aus zwei Teilen. Der eine, große, ist wirklich im Reichsrat vertreten. – Wie, gehört nicht hierher. – Der andre ist unvertreten, heißt Meerauge und soll sehr schön gelegen sein."

Nach diesem Vortrag drückte mir der Herr aus Deutschland warm die Hand – und ich telephonierte um die Rettungsgesellschaft.

Er bildete sich ein, aus zwei Teilen zu bestehen, von denen der eine vom Reichsrat besetzt ist und der andre staatsrechtlich nicht vorhanden.

SCHWÄNKE UND FRAGMENTE

Rittmeister v. Pakosdy – zum Tee bei Mänzels.

Frau Mänzel zwitschert wieder einmal auf das lieblichste – ein Dutzend Geschichten, die sie alle heute früh erlebt hat.

„Ich gehe die Kärntnerstraße entlang – plötzlich rutsche ich aus und sitze da auf meinen vier Buchstaben...“

Pakosdy voller Interesse, aber ganz und gar verständnislos: „Sitzen auf Ihre vier Buchstaben, Gnädigste? Wie is dos gemeint, ich bitte?“

Man erklärt es ihm pantomimisch.

„Ach so!“ ruft Pakosdy.

Und nach einer Pause des Nachdenkens:

„Entschuldigen – das sein aber fünf Buchstaben.“

Baron Meyringer sah, daß es so nicht weiterging – sein Vermögen war tschari, nur seine drei Autos waren ihm geblieben – da gründete er die Erste Wiener Autounternehmung.

Wenn man aber in Wien ein Lohnfuhrwesen betreiben will, muß man eine Lizenz haben.

Eine Lizenz bekommt man nur, wenn „die fraglichen Fuhrwerke in ihrer Gänze oder den überwiegenden Teilen nach inländischen Ursprungs sind“.

Meyringers Wagen waren französischen Ursprungs.

Was tun?

In solchen Fällen geht der Österreicher auf die Statthalterei, „um sich das zu richten“. – Meyringer ging auf die Statthalterei.

Jede höhere österreichische Behörde hat einen sogenannten Präsidialisten, dessen Aufgabe es ist, wenig erfahrenen, jedoch durch ihre Geburt bevorzugten Klienten die Wege zu weisen zur Umgebung der Gesetze.

Der Präsidialist ließ sich den Fall Meyringer vorlegen und dachte lange nach.

Dann sprach er:

„Soviel is gwiß, der überwiegende Teil der Wagen muß heimischer Erzeugung sein. Könnten S' net, zum Beispiel, für Ihnere Wägen Wiener Laternen anschaffen?"

„Was mach i mit die alten?" wandte Meyringer ein.

„Oder Wiener Fußteppiche?"

„Drei Stück... Es kost't halt Geld..."

Der Präsidialist sann und sann.

„Eine Idee, Herr Baron: das Wasser im Kühler; wir haben das berühmte Wiener Hochquellwasser..."

Meyringer nickte.

Und bekam die Lizenz.

In Österreich irgendwo, in einer kleinen Stadt. Reingrubers hatten einen etwas primitiven Sohn – und ohne ihn viel zu fragen, verlobten sie ihn mit Fräulein Sofie Heumatinger aus Tegernsee.

Am Morgen vor der Trauung sah Reingruber junior seine Braut zum erstenmal; Sofie war dick wie eine Tonne.

Überglücklich fiel der Junge seiner Mutter um den Hals und schrie vor Freude: „Mutter! Wirklich? Das alles für mich?"

Klagenfurt in Kärnten ist die Heimatstadt eines großen, großen Staatsmanns.

Als sein sechzigster Geburtstag herannaht, tauchen mannigfache Vorschläge auf, wie das Stadtkind zu ehren wäre; doch da eine starke Minderheit im Gemeinderat der Politik Seiner Exzellenz abhold ist, wird man über eine ehrende Depesche schwer hinausgehen können.

Selbst an dieser Depesche nörgelt die Opposition – bis endlich, nach langwierigen Verhandlungen, folgende Kompromißlösung zustandekommt:

„Genehmigen Eure Exzellenz die tiefergebensten Glückwünsche Ihrer in Liebe und Verehrung zugetanen Heimatstadt. Die hervorragenden Verdienste Eurer Exzellenz haben Ihren Namen weit über unsre Grenzen berühmt gemacht und erfüllen uns alle mit Stolz und Ergebenheit. Wir erwarten aber bestimmt, daß Eure Exzellenz Ihre vaterlandsverräterische Tätigkeit nunmehr einstellen werden."

„Sie, Herr Steißhuber", sagte Karl, „wissen S', was i mir wünsch? So vüll Geld möcht i ham als wiea der Rothschild, un ausschaun möcht i akrat als wiea Sie."

Herr Steißhuber – äußerst geschmeichelt: „Ah, gehn S', Herr Karl! Grad a so möchten S' ausschaun? Als wiea ich?"

„Ja, Herr Steißhuber! Denn wann i soviel Geld hab als wiea der Rothschild, nachher is mir scho wurscht, wann i aa blöd ausschau."

Eine sehr alte Geschichte – und in der Steiermark hat sie sich zugetragen:

Eine Frau aus Graz, schon recht hoch in Jahren, hatte nochmals geheiratet, nach Leobersdorf – doch es gefiel ihr da nicht; der Gatte gefiel ihr nicht, ebensowenig die Stiefkinder – am wenigsten konnte sie sich an die neue Luft gewöhnen.

Die arme Frau wurde krank. Kam schließlich zum Sterben. Rief ihren Gatten und sprach zu ihm:

„Holzhuber, es hat net sollen sein – mir zwoa haben unser Glück net gefunden. Verzeih mir, Holzhuber, und hör mein letzte Bitte an: I möcht net hier in Leobersdorf begraben werden. Sondern wann i stirb, laß mi auf Graz überführen."

Holzhubern traten die Tränen in die Augen.

„Mariedl", sagte er, „i versteh di ganz guat. Aber schau... bei diese teuern Zeiten... I mach dir an Vorschlag: probier's a Weil in Leobersdorf; und wann's dir dann net behagt, so können mr di ja immer noch überführen lassen."

Kein Wunder, daß er Karriere gemacht hat, er war vom Glück begünstigt. Ich hatte alle Mühe, einfacher Österreicher zu werden. Er ist schon als Oberösterreicher geboren.

Andere Länder; Andere Sitten

AMERIKA

Mr. White sprach:

„Man darf das Glück nicht abwarten — man muß ihm entgegengehen. Nur ein Fall aus meinem Leben: vor Jahren hatte ich eine kleine Fabrik für Federstiele in Pennsylvanien. Damals kamen eben die Füllfedern auf — ich hatte für meine altartigen Stiele immer weniger Absatz — schließlich sollt ich meine Fabrik schließen. — In diesem Augenblick brannte sie ab. Ich erhielt von der Versicherung eine schöne Summe ausbezahlt und konnte ein Unternehmen mit Füllfedern beginnen."

„Mr. White! Inwiefern ist dieser Fall ein Beweis dafür, daß man dem Glück entgegengehen muß?"

„Bin von der Anklage der Brandstiftung freigesprochen worden."

Wir saßen in New York — die Herren erzählten von ihren armseligen Anfängen und ihrem Aufstieg.

„Ich", sagte Mr. Brown, „bin mit einem einzigen Dollar in der Tasche hergekommen — heute habe ich meine lohnende Agentie."

„Das ist noch gar nichts", erwiderte Mr. Black. „Ich habe mit 3000 Dollar begonnen."

„3000 Dollar sind ein schönes Geld — damit hochzukommen, war doch keine Kunst."

„Oh", meinte Black, „keine geringe Kunst: der die 3000 Dollar in der Tasche hatte, trug einen zugeknöpften Überzieher."

In Chicago gab es vor Jahren einen Polizeichef — nun, wo er leider verblichen ist, darf ich's ja sagen: er war mein liebster Freund.

Wir sprachen von dem Raubanfall auf die Illinois People Bank und warum man ihn nicht aufkläre — solch ein schweres Verbrechen inmitten des Loop, des Stadtinnern...

Da sagte Tomy, eben der Chef:

„Verdammt schwierig, weißt du, die Sache aufzuklären: es haben sich zu dieser Untat die gerissensten Sträflinge des Polizeigefängnisses verbündet mit meinen besten Detektivs."

„Und du?" fragte ich atemlos. „Und du?"

„Oh, von mir stammt nur der Entwurf."

Sie erinnern sich der schönen braunen Tausendmarkscheine, die wir in der Inflationszeit hatten?

In New York trat eine junge Dame an den Bankschalter, reichte dem Kassierer einen Tausendmarkschein und sagte:

„Please, wechseln Sie mir dies Geld."

Und der Kassierer warf ihr drei Cent hin, Kupfermünzen.

Die Dame darauf:

„Sie haben mich offenbar mißverstanden. Sie sollten mir diese schöne, große ausländische Banknote einwechseln."

„Nun ja", meinte der Kassierer, „das macht eben drei Cent; drei Kupfermünzen."

„O Gott", seufzte die junge Dame, „und ich hab ihn auch noch zum Frühstück dabehalten."

Der Negerpastor hatte eine Predigt angekündigt:

„König Salomon und seine Kebsfrauen."

Da kamen die Negerinnen und fragten:

„Herr Pastor! Herr Pastor! Was ist eine Kebsfrau?"

„Ach", sagte er, „...Kebsfrau... ist so 'n griechischer Ausdruck für Stenotypistin."

Jungfrau und Jüngling sind hier, anders als in Europa, Freunde, Kameraden; und in Freundschaft gibt man sich hier alles, wozu ihr in Europa die große Liebe braucht.

DIE FLAMME AUS OHIO

„Kleine Techtelmechtel hab' ich ja viele gehabt", sagt Nestroy, „aber wahrhaft und tief geliebt hab' ich nur sechzehnmal."

Sechzehn muß eine triftige Zahl sein in der Magie des Herzens, Ich, Roda Roda, habe sechzehnmal im Leben vorbeigeschossen...

— — —

Am kläglichsten endete mein Ansturm auf Elisabeth.

Ich war damals dreißig — aber vom Land, aus Slavonien — an Erfahrung ärmer als ein Berliner Primaner. — Elizabeth aus Ohio bezauberte mich auf dem Fleck. Keine Milliardärin — im Gegenteil: sie hatte zu Hause eine Hühnerfarm. Doch was galt mir der Mammon? — Übrigens esse ich Hühner nicht.

Am ersten Tag der Bekanntschaft huldigte ich ihrem indianischen Typus. — Sie wollte es nicht wahrhaben. — Darauf lud ich sie zum Abendessen ins Restaurant. Sie sagte: Ja.

Die Sache lief wie geölt. Beim Braten schon ließ sie etliche meiner Fragen offen. Beim Kompott murmelte sie: Vielleicht. Ich schlug vor, wir sollten aufbrechen, ganz im stillen. — Sie forschte nicht: Wohin? — Ein gutes Zeichen.

An der Tür holte uns die Kellnerin ein: „Und die Rechnung?"

Donnerwetter; ich hatte zu zahlen vergessen; kehrte um und holte es nach.

Wir gingen wieder von dannen — nun blickten die Leute ringsum schon ein wenig nach uns.

Am Ausgang — ich hatte Elizabeth den Vortritt gelassen — zupfte mich ein Herr. „Verzeihen Sie", sagte er, „das ist mein Mantel", und reißt mir ihn einfach vom Arm; schnellt auf mich einen Blick ab mit Widerhaken.

Umständliche Entschuldigung. „Mein Mantel, sehen Sie nur, ist genauso kariert wie Ihrer." — „Bitte, bitte — sowas kann einem ja passieren..." — Elizabeth wartet, ein wenig zappelnd, das Ende des Disputs im Türrahmen ab.

Es war aber leider noch nicht das Ende. Im letzten Augenblick jagte mir eine Frau nach und wand mir den Schirm aus der Hand.

Wirklich, nun fiel mir schreckhaft ein: Ich hatte ja gar keinen Schirm mitgehabt.

Ich wollte zurück zu Elizabeth – sie war verschwunden; spurlos.

– – –

Glaubst' wohl, ich hätte sie nie mehr wiedergesehen? Du irrst.

Etwa zwei Wochen später nämlich fragte ich meine Hauswirtin nach einem Schirmladen.

„Ach", rief sie, „Sie wollen Ihren Schirm reparieren lassen? Dann tun Sie mir doch einen Gefallen: nehmen Sie auch zwei von uns mit." – Und sie packte mir gleich drei auf.

Drei und einer macht vier. Ich saß in der Straßenbahn mit vier Schirmen.

– – –

Eine Stimme erhob sich. Ich blickte auf – da war's Elizabeth.

Sie sprach:

„Nun, Sie scheinen ja heute Erfolg gehabt zu haben."

DIE FIXE INTERVIEWERIN

Ort der Handlung: eine Stadt des amerikanischen Mittelwestens, der Gegend also am Mississipi. Name der Stadt: uninteressant und gleichgültig. Es gibt zwei Tagesblätter da, die scharf miteinander konkurrieren; das genügt.

Ich bin um elf Uhr abend angekommen, Samstag. Der Hotelinterviewer (Reklamemanager des Gasthofs) wartet schon. Fragt mich kurz nach meinem Namen, Beruf, meiner Herkunft und Absicht – und verschwindet wieder.

Um 11 Uhr 10 der Photograph des „Herald" – das ist die eine Tageszeitung. Arbeitet natürlich mit Blitzlicht, dampft damit mein Zimmer voll. Und geht.

11 Uhr 15 der Interviewer des „Herald". Begnügt sich mit den üblichen Phrasen: Seit wann ich in Amerika sei? – Seit vier Monaten. – Wie es mir gefalle? – Außerordentlich gut. – Die amerikanischen Frauen? – Die schönsten der Welt. – Das ame-

rikanische Publikum? – Das dankbarste der Welt. – Die Eisenbahnen und Hotels? – Die bequemsten der Welt. – „Und wie denken Sie über den Mordprozeß Schneider? Die Chancen von Mr. Smith von Albany bei den Präsidentenwahlen?" – „Herr, es ist fast Mitternacht..." Er versteht, lächelt und lüftet zum Abschied den Hut. Bisher hatte er ihn nämlich auf dem Kopf behalten. – Sagte ich übrigens: „lüftet den Hut"? Dann habe ich übertrieben. Er rückt den Hut zum Gruß nur etwas in den Nacken.

11 Uhr 50. Ein muntrer, ein schmetternder junger Mann tritt ein und ruft – auf deutsch: „Oh – wie tust du? Ich kann deuts – mein Tant is übern Deutsland. Ich will machen ein Bild von dich. Für ‚The World'. Aber nicht hier. Hier ist Rauch. Komm hinauf den Dach." – Er schleppt mich in den Fahrstuhl, zehn Stockwerke empor.

– – – Dann, Punkt zwölf, kam die fixe Interviewerin. Ein hübsches, schlankes Mädel. Blond – selbstverständlich geschminkt – wir sind ja in Amerika.

Sie setzte sich mir gegenüber und begann mich auszufragen. Wie ein Untersuchungsrichter genau – fanatisch ernst und duldete nicht die geringste Abschweifung. Schrieb alles mit, was ich antwortete – in ein Buch, das auf ihren Knien lag – schrieb mit, Kursiv. (Ich bin noch keinem amerikanischen Journalisten begegnet, der stenographieren konnte; man wird wohl auch nicht eben die ersten Kräfte in den Dienst des Interviewens stellen.) – Sie schrieb also alles mit; blickte aber nicht etwa in das Heft, sondern mit suggestiver, kalter Strenge mir in die Augen, ohne auch nur einmal wegzugucken.

Zuerst die Personalangaben – dann: woher? wozu?

Ich gab Bescheid.

„Please, more detailed!"

Da nahm ich all mein Englisch zusammen und erklärte ihr: daß ich Schriftsteller bin, aus Deutschland, Satiriker, zuweilen, in guten Stunden, Humorist; daß ich morgen, Sonntag, einen Vortrag hier halten werde – im Deutschen Verein; nicht Politik, nichts Aktuelles; und daß ich viele Bücher geschrieben habe...

„O, I know. You speak in the church."

Himmel und Wolkenbruch! Ich – in der Kirche reden? Predigen? Ist das Weib bei Troste?

Und ich beginne von neuem – englisch:

„Sie haben mich mißverstanden. Ich bin Satiriker; zuweilen Humorist. Ich halte heitre Vorträge – in deutscher Sprache – früher in Europa, jetzt in Ame..."

Sie – eigensinnig:

„But I know. You speak in the Jesus Church." (Dschieses tschörtsch.)

Da gab ich es auf. Mag sie in ihrem ketzerischen Aberglauben verharren.

Sie aber fuhr zu fragen, zu bohren fort:

„Wie denken Sie über die Franzosen? Die Dinge am Rhein?"

„Miss Harrington! Wenn Sie schon die einfache Darlegung meiner Kunst und meiner Pläne hier so gründlich mißverstanden, daß Sie annehmen konnten, ich würde morgen, Sonntag, eine Kirchenpredigt halten..."

„Mr. Roda, really – you will speak in the Jesus Church..."

„Lassen Sie den Unsinn!... Ich weigere mich, über ein so schwieriges Thema wie die Rheinfrage ohne Dolmetsch mit Ihnen zu reden."

Sie hat immer noch mitgeschrieben, ohne ihre Sehstrahlen aus meinen Pupillen zu lenken, springt plötzlich auf:

„Sie wünschen einen Interpreten? Gern."

Bringt mich in eine Zelle mit zwei Telephonen; ruft die Zentrale auf:

„Bitte ein deutsches Fräulein. Übersetzen Sie!" – Um 12 Uhr nachts.

Ich spreche deutsch in die Muschel; aus der Zentrale kommt der Wortlaut sofort englisch zurück – Satz für Satz – Frage und Antwort.

– – – Am nächsten Morgen, Sonntag, bringen „Herald" und „World" Porträts und Interviews. „The World" drei Spalten.

Am nächsten Abend holen mich die Herren des Deutschen Vereins zum Vortrag ab.

Geleiten mich in die Jesus-Kirche.

Der Pastor stellt mich der Gemeinde mit ein paar netten Worten vor.

Und nun solle ich loslegen. Ungeniert. Man sei hier keineswegs engherzig.

SAISONWECHSEL

Ich teile das Jahr in zwei Abschnitte: die schlechte Jahreszeit – vom ersten Frost bis zum ersten Hitzschlag; die gute Jahreszeit – vom ersten Hitzschlag bis zum ersten Frost.

In der schlechten Jahreszeit trage ich eine Pelzkappe; in der guten einen Panamahut.

Meine Pelzkappe ist schön; edelster Seal. Hüte leiden unter den Unbilden der Witterung, besonders Zylinder ertragen nicht, daß man sich auf sie setze. Ob Regen prasseln, ob Stürme toben: meine Sealkappe glänzt schwarz und blank.

Die Leute in Amerika haben kleine Wohnungen.

Sie haben keine Kleiderschränke.

Sie brauchen Schränke auch nicht, weil sie Kleider nicht aufbewahren. Der Amerikaner kauft sich im Frühling einen Frühlingsanzug neuester Mode – mit Anbruch des Sommers wirft er den Anzug weg.

Der Amerikaner trägt darum auch immer nur den Hut neuester Mode, „style 1932" – trägt ihn drei Monate. – Pelzkappen sind völlig unbekannt.

Ich trage meine Pelzkappe schon zwanzig Jahre.

Als ich nun in New York mit der Pelzkappe umherging und – o Wunder in diesem Menschengedränge! – den Leuten auffiel, da sagte man mir:

„Oben an der 86. Straße sieht man ebenfalls einen Mann mit einer Pelzkappe."

Dem Herrn an der 86. Straße wieder erzählten die Leute:

„Auch unten an der 43. Straße gibt es einen Mann mit Pelzkappe."

So kannten wir uns, ohne einander je gesehen zu haben.

Und eines Tages – es war am 1. Mai, recht heiß –, ich hatte meine Pelzkappe noch nicht abgelegt, ich wartete auf die Nachricht vom ersten Hitzschlag – am 1. Mai also – wen traf ich an der 72. Straße? Den legendären andern Mann mit der Baranchenmütze.

Wir lächelten einander von weitem zu – wir streckten einander die Hände entgegen – wir stellten uns vor:

„Roda Roda."

„Stanislawski." – Der Leiter des Moskauer Künstlertheaters.

Auch ihm perlten schon winzigkleine Schweißtropfen aus dem Baranchen – und ich lud ihn augenblicks zu einem Icedrink.

Beim zweiten Ice-drink wußte er ein Lokal, wo man trotz Prohibition gekühlten Soda-Whisky bekam. Wir eilten dahin, und Stanislawski labte mich mit einigen Gläsern.

In der Erleuchtung fiel mir ein Drugstore ein, wo es Sherry-Brandy gab. – Hier schenkte mir Stanislawski nach der neunten Runde seinen Baranchen.

Ich kaufte ihm als Gegengabe nebenan einen Panamahut.

Er ließ sich nicht spotten und spendete mir ebenfalls einen Panama.

Gerührt und als gute Freunde nahmen wir Abschied.

Er nach der 86. Straße in sein Theater.

Ich nach der 43. Straße ins Hotel Astor. Wobei ich – trotz der mörderischen Hitze – zwei Pelzkappen übereinander auf dem Kopf trug und oben darauf einen Panama.

KANSAS

Es ist das ein Erlebnis im Schlafwagen – ab Saint Louis sieben Uhr abend, an Hutchinson, Kansas, neun Uhr vormittag. – Die Schlafwagen in Amerika sind nicht, wie unsre, in Kabinen abgeteilt – die Gelasse sind nur durch Vorhänge getrennt.

Lispelt Macpherson seiner Freundin zu:

„Schatz, hab wieder einen Augenblick Geduld... Der schreckliche Leibschmerz hat sich noch nicht beruhigt... Ich bin gleich zurück..."

Zum sechstenmal in dieser Nacht. Entweder ist der Hummer in Saint Louis verdorben gewesen oder die Ice-cream; wenn nicht gar der Whisky giftig war.

Zum sechstenmal in dieser Nacht... Miss Sylvia, Tänzerin aus der „Alhambra", Saint Louis, seufzt. Schöner Weekend-Ausflug das!

Ein Mr. Collin im Nachbarverschlag hört dies Seufzen und flüstert:

„Miss Sylvia!"

„Wer sind Sie? Was wollen Sie?"

„Leise, um des Himmels willen, Miss Sylvia! Ich bin es, Ihr glühender Bewunderer, der blonde junge Mann, der gestern abend in der Loge an der Bühne gesessen hat. Goddam, ich gäbe hundert Dollar drum, wenn ich Ihre Bekanntschaft machen dürfte."

„Sind Sie verrückt?"

„Wahrscheinlich, Miss Sylvia. Infolge Ihrer schönen Augen."

„Noch ein Wort und ich kratze Ihnen die Ihren aus."

Kommt in dieser Sekunde Macpherson von seinem schweren Gang zurück; hat Sylvias Zornesausbruch vernommen; verlangt Aufklärung; und bekommt sie: Sylvia, das dumme Ding, erzählt, was ihr passiert ist.

Eh aber Macpherson seinen unglücklichen Nebenbuhler Collin hat empört aus dem Fenster schmeißen können, den Wölfen der Prärie zum Fraß – leider gibt es in Kansas keine Wölfe –, eh überhaupt noch ein einziges böses Wort gefallen ist, steht ein wildfremder wildbärtiger Mann da, im Nachtgewand, vor Collins Bett und richtet einen furchtbaren Revolver auf den armen Sünder.

„Aber!" stammelt Collin. „Was wollen Sie? Sie? Ihnen habe ich doch nichts getan?"

Da sagte der Fremde fest und sonor:

„Habe alles gehört. Bin aus dieser Gegend. Ich dulde nicht, daß man die Preise in Kansas so hoch treibt."

ER KENNT SEIN AMERIKA

Einmal in New York war ich nach dem Washington Square zu Abend geladen.

Der Washington Square liegt etwas abseits der Untergrundbahn. Das Wetter war schlecht. Als ich ans Ziel kam, waren meine Stiefel nicht gesellschaftsfähig. Ich mußte mir sie putzen lassen.

Im Laden kniete ein alter Mann vor mir nieder. Italiener.

Tat schweigend seine Pflicht – unterbrach sich plötzlich und fragte, um sich die zweite Frage zu ersparen, gleich auf italienisch:

„Lei è straniero?" („Sind Sie Ausländer?")

„Si."

Er – nun knurrig, aber schon sehr knurrig:

„Was wollen Sie hier?? Sie passen nicht für Amerika. Werden in diesem Land nur unglücklich werden. Sehen Sie, daß Sie sofort wegkommen! Ein so verwöhnter Mensch, der Stiefel trägt nach Maß."

HEIDENMISSION

„Häuptling", sprach Reverend James Carleton Phillis, „ich verkündige dir die Botschaft Gottes, des Herrn im Himmel und auf Erden, des einzigen Gottes und Herrn, der da war, ist und sein wird. Alles, was du schauest, hat Er geschaffen – nichts, was da kommen wird, geschieht ohne Seinen Willen. – Höre auf meine Worte, Häuptling – denn, wahrlich, deine Seele wird dereinst dort oben vor Seinem Richtertisch erscheinen müssen, und der HERR wird deine Seele donnernd fragen: ‚Hast du vernommen die Botschaft von Reverend James Carleton Phillis der Christlichen Missouri-Kirche?' – Und deine Seele wird erbleichen und schlottern und zitternd stammeln müssen: ‚Wehe HERR, ich habe vernommen die Botschaft von Reverend James Carleton Phillis der Christlichen Missouri-Kirche, doch der Botschaft nicht geglaubet.' – Da wird deine Seele verdammet sein, o Häuptling, in den glühendsten Pfuhl der Hölle und in stinkendem Schwäfel ersticken – in Aewigkeit, Amen."

Der Häuptling schüttelte den Kopf und zwitscherte: „Alle Christen, sagst du, kommen in den Himmel?"

„Nicht alle, Häuptling. Nur jene, so wohlgetan haben auf Erden."

„Und Kapitän Smith, der meinem Neffen die Ohren abgeschnitten hat?"

„...Nicht deines und meines Amtes ist es, ihn zu richten; der Herr in der Höhe sieht das Gute und das Böse. Er wird lohnen und strafen nach Seiner Weisheit."

„Ich aber sage dir, Fremdling: ich glaube an Witzli-putzli, den Sonnengott – an Okimbete, den Regengott – an all die Geister und Götter unsrer Väter."

„Du willst also nicht der Christlichen Missouri-Kirche beitreten, o Häuptling, auf daß du dereinst..."

„Nein."

„Um keinen Preis?"

„Um keinen Preis."

„Unter keinen Umständen?"

„Unter keinen Umständen."

„Auch nicht, wenn ich dir verspreche...?"

„Spare dir, Fremdling, deine Versprechungen – sie werden mich nicht umstimmen."

„In Ewigkeit nicht, Häuptling?"

„Nein, Fremdling, in alle Ewigkeit nicht."

Da öffnete Reverend James Carleton Phillis seinen Koffer und sprach:

„Da du dich nicht bekehren lässest, Unglückseliger, zum einzig wahren Glauben der Christlichen Missouri-Kirche, so sage ich dir, o Häuptling: es ist immerhin besser, du bleibst bei der harmlosen Anbetung deiner Götter, als daß du dem verderblichen Irrglauben und Hosenhandel der katholischen oder gar der protestantischen Mission am Zambesi verfielest. – Ich offeriere dir hiermit als Generalvertreter der Heidnischen Götzenfabriks-Aktiengesellschaft, Chicago

&New York, zu Fabrikspreisen, netto Kassa und äußerst – per Dutzend:

Witzli-putzlis und Okimbetes in Zinn,
1 Fuß englisch .... 4 Dollar 80
– Dieselben mit Stahlplatte, fein geschliffen .... 6 Dollar –
– Dieselben in Bronze, dauerhaft .... 9 Dollar –
– Dieselben in echt Chinasilber, unverwüstlich und stets weißbleibend .... 12 Dollar –

Unsre Fabrikate sind vom vereidigten Obermedizinmann von Timbuktu umtanzt und eingeweiht und übertreffen sowohl an Eleganz der Ausführung wie an Verläßlichkeit der segensreichen Wirkung alles bisher Dagewesene. Garantie: Geld zurück, wenn bei inbrünstiger Anbetung unsrer Regengötter von neun Dollar aufwärts nicht binnen acht Tagen ein Wolkenbruch erfolgt."

SEGEN DES SCHIFFSRADIOS

Eine bejahrte kränkliche Dame, Missis Mabel Greeneisen, fuhr auf der „Berengia" von New York nach Cherbourg.

In der Gegend der berüchtigten Roaring forty, des „Teufelslochs", am 40sten Längengrad, kam ein Sturm auf und wütete immer ärger. Missis Greeneisen leidet an einem schmerzhaften Nervenübel – die Seekrankheit verschlimmerte den Zustand zur Qual. Sie, Missis Greeneisen, mußte Thanatofugin haben, ein Mittel, das sie in ähnlicher Lage mit Erfolg genommen hatte – oder, fürchtete der Arzt, sie würde den Zielhafen nicht lebendig erreichen.

In der Apotheke der „Berengia" war Thanatofugin nicht vorhanden.

Der Schiffsarzt wandte sich an den Kapitän.

Der Kapitän beorderte den Bordfunker, einen Hilferuf in den Äther zu senden.

Auf der vielbefahrenen Route fingen nicht weniger als drei

Dampfer den Hilferuf auf. Die „Berengia“ verlangsamte ihre Fahrt – „Mauretania“, „York“ und die „Bremen“ wetteiferten, die alte Dame mit dem rettenden Medikament zu versehen.

In dem Rennen siegte die „Bremen“; trotz ungestümem Wellengang und finstrer Nacht konnte auf offenem Meer ein Boot der „Bremen“ längsseits der „Berengia“ beilegen und eine Dosis Thanatofugin herüberreichen.

Da sagte Missis Greeneisen:

„Oh! Sie bringen Pastillen mit Himbeergeschmack? Ich nehme sie nur mit Erdbeer.“

FRÖMMIGKEIT

Folgender Fall hat sich, sagt man mir, in Folkestone ereignet; in Folkestone, sprich „Fooksten“ – dem reizlosesten aller Badeorte der englischen Südküste:

Es hielten sich da zwei Ehepaare aus Brentford auf, über Wochenende – schon zum fünften- oder sechstenmal. Man kannte einander; saß und schwatzte – wie es sich eben traf: bei Schönwetter am Strand, des Abends und bei Regen in der Hall des Gasthofs.

Vorigen Sonntag nun – die Damen waren zeitig schlafen gegangen – spielten die beiden Herren Schach.

Beenden ihre Partien – gähnen leise – wünschen einander Gutenacht und wollen eben die Treppe emporschreiten nach ihren Zimmern 12 und 12a – was passiert?

Es versagt die elektrische Leitung. Stockfinsternis.

In der Finsternis tappen die Herren weiter.

Und haben einander verloren.

Mr. Browne findet die Tür; öffnet leis – um die offenbar schlafende Gattin nicht zu wecken; kleidet sich leise aus; kniet, wie jeden Abend, nur diesmal im Dunkeln, nieder, um zu beten...

...da flammt das elektrische Licht auf – und Mr. Browne

sieht sich, bestürzt und beschämt, vor dem Bett von Missis Shuttleworth.

Rasch, mit inniger Bitte um Verzeihung, weicht er zurück; packt sich mit einem Schwung seine Kleider auf und springt davon. Ins andre Zimmer.

Ins andre Zimmer war Herr Shuttleworth geraten. Er ist Atheist.

ITALIEN

Ich stellte ärgerlich meinen Wirt zur Rede: ich muß seit Monaten zehn Lire Pension zahlen – und mein Nachbar, der Berliner, zahlt für das gleiche Zimmer, die gleiche Küche nur sieben.

Der Wirt zuckte die Achseln.

„Was wollen Sie“, sagte er „– è fortunato. Er hat eben Glück.“

DER KONSUL

Ein Ausflug nach dem Cannaregio, ans äußerste Nordwestende der Lagunen. Da gibt es manches zu schauen; die herrliche alte Synagoge der Spaniolen, zum Beispiel, und den hebräischen Wolkenkratzer; ein Riesenbau, neun Stockwerke hoch, in den man einst die Juden von Venedig pferchte.

Als ich heimkam, passierte mir etwas sehr Unangenehmes: ich fand die Hotelrechnung auf meinem Tisch. (Geduld, es kommt noch schlimmer.) Ich zückte einen Scheck auf Dimitrianu & Cie., dreihundert Franken, und übergab ihn dem Hotelwirt. Hundert Franken die Rechnung – den Rest ließ ich mir auszahlen.

Als ich nachmittags wiederkam, erwarteten mich der Hotelier, der Hausdiener, der Portier und zwei Kriminalbeamte: das Bankhaus Dimitrianu & Cie. hat vor grauen Zeiten Pleite gemacht. Der Scheck ist wertlos. Und ich...?

Ich habe kein Geld. – Was tun?

„Geh einfach zum österreichischen Konsul", riet ein Genosse.

Ich legte ihm eine Athletenhand auf die Schulter.

„Freund", sprach ich, „als ich noch jung war und gut wie du, da ging auch ich aufs österreichische Konsulat, wenn mich des Lebens Flut bedrohte. Einmal. Zum zweitenmal. Dann nie mehr. – Weißt du, welche geheime Aufgabe die österreichischen Konsulate haben? Wir sind ein Volk der Sehnsucht, Heroen des Gemüts. Solange wir zwischen Donau und Brenner bleiben, schmähen wir unser Österreich, ‚an Siegen und an Ehren reich', wie das Lied mit dichterischer Übertreibung kündet. Wenn uns das Schicksal aber von der Heimatscholle fort in ferne Länder trieb, da loben wir monatelang Gott, daß wir nichts von der Lage der deutschen Brüder in Böhmen hören – von Taxischoffören, die ‚kan Richter nöt brauchen, gnä Herr', – und fühlen uns frei und groß, weil kein Hausmeister über uns ist und das Bezirksgericht in der Josefstadt so weit. – Plötzlich, eines Morgens, erwacht das Heimweh in uns – durch einen verwehten Walzertakt vielleicht, durch die Vorstellung eines Krügels Pils – wer weiß? Und in diesem Augenblick schickt uns die Vorsehung aufs Konsulat. Wir erfahren dort, daß wir unsre Übersiedlung aus der Calle del Pestrin 2316 nach dem Ponte delle Ballotte nicht rechtzeitig gemeldet haben; daß die Gesuche um Enthebung von persönlichem Erscheinen beim Konsulat gestempelt und spätestens 92 Tage vor dem 10. November überreicht sein müssen; daß der Reisepaß abgelaufen ist und unsre Ehe nur innerhalb des Burgenlandes (jedoch mit Ausnahme von Mattersburg) giltig. Kurz, das Konsulat heilt unser Heimweh. Neu gestärkt verlassen wir die duftigen Räume und fühlen uns wieder frei und groß. – Uns vom Heimweh zu kurieren – das ist der geheime Zweck der österreichischen Konsulate."

Also sprach ich zu meinem Genossen – er aber riet mir, meine Geldnot dem Hilfsverein zu klagen.

Ich gab ihm keine Antwort. Ich nahm eine Gondel und fuhr, mit den beiden Kriminalbeamten an der Seite, nach dem Rio di San Moisè. Dort ist das Konsulat von Haiti.

Zuerst hieß es, der Herr Generalkonsul schlafe. Als ich ihm

aber bestellen ließ, ein Bürger der Republik Haiti wünsche ihn zu sprechen, da kam er herbei.

Er heißt Zanetti und ist Venezianer.

Er kam herbei, sah mich an, und Tränen sprangen ihm in die Augen. Nie habe ich soviel Rührung – die Rührung einer Nation – konzentriert in einem Mann gesehen.

„Nach dreißigjähriger Amtstätigkeit", sprach er, „bekomme ich endlich, endlich einmal einen Haitianer zu Gesicht."

Er hieß mich niedersitzen, und ich mußte ihm immer wieder erzählen: von der schrecklichen Revolution zu Hause, von dem Erdbeben, das wir durchgemacht haben, und meinem ungültigen Scheck.

Signor Zanetti übergab mir sofort – nicht dreihundert, nein – fünfhundert Franken aus dem Dispositionsfonds des Konsulats, lud mich zu Tische, räumte mir einen Trakt seines Palazzos als Wohnung ein – und als er mich am Abend ins Theater führte (Romagnoli gastierte eben), da legte er die große haitianische Diplomatenuniform an. Der Degen, die Epauletten und Sporen waren mit Krepp umwickelt – wir Haitianer haben seit der Hinrichtung unsrer Minister Hoftrauer.

LE SUD-EXPRESS

Aus dem Reklameheft:
„Ist es nicht zauberhaft, mein Herr? Sie besteigen um 12 Uhr 20 in Lissabon Ihr luxuriöses, reserviertes Compartiment – nehmen zwei exquisite Soupers, einen Lunch – und befinden sich, mein Herr, um 22 Uhr 25 des nächsten Abends in Paris."

Für uns wickelte sich die Sache ganz so glatt nicht ab.

Zunächst waren wir gar nicht in Lissabon, konnten also das luxuriöse Compartiment da nicht besteigen; sondern waren unterwegs, in Coimbra, drei Stunden nördlich von Lissabon.

Ich ging Montag zum Stationschef von Coimbra und sprach zu ihm:

„Eure Exzellenz! Kann ich Ende dieser Woche, Freitag, zwei Plätze im Südexpreß nach Paris haben?"

„Gewiß, Exzellenz", antwortete er. – So höflich redet man einander in Portugal an.

„Und wie hoch ist der Fahrpreis?"

„Das weiß ich nicht, Exzellenz. Ich muß erst nach Lissabon telegraphieren."

„Ich danke, Exzellenz."

„Oh, bitte, es wird mir stets ein Vergnügen sein, die Befehle Eurer Exzellenz zu vollziehen."

– – – Donnerstag:

„Haben Eure Exzellenz geruht, nach Lissabon zu telegraphieren?"

„Jawohl, Exzellenz! Die beiden Plätze sind Ihnen gesichert."

„Wieviel beträgt meine Schuldigkeit?"

„Das weiß ich nicht, Exzellenz. Sie werden dem Schaffner im Zug bezahlen."

„Ich danke, Exzellenz."

„Bitte. Die Ehre, Eurer Exzellenz gedient haben zu dürfen, wird mir zeitlebens unvergeßlich bleiben."

– – – Freitag:

„Der Train kommt um 16 Uhr 15, Exzellenz?"

„Sehr wohl, Exzellenz."

„Und werden meine Frau und ich ihn besteigen können?"

„Ohne Zweifel, Exzellenz – falls zufällig Plätze frei sind."

„Aber Exzellenz haben doch telegraphiert?"

„Ich wünsche Eurer Exzellenz die angenehmste Reise."

Der Expreß läuft brausend ein – wir springen das Trittbrett empor – der Expreß läuft brausend weiter. Zwischen meiner Frau und mir hüben – dem Zugspersonal andrerseits erbittertes Getümmel.

Doch halt – nicht so: der Handstreich auf den Train ist gelungen – wir stehen auf der Krete des Bollwerks, gedeckt durch eine schnell aufgeworfene Brustwehr (unser Gepäck). Die Feinde (Zugführer, Schaffner, Schlafwagenmann) sind dem plötzlichen Überfall gewichen.

Im nächsten Augenblick haben sie sich gefaßt und stürmen

vor. In drei Sprachen johlt ihr Kampfgeschrei – portugiesisch, spanisch, französisch:

„Absoluto impossibel! Absolutamente imposible! Absolument impossible! Es ist alles besetzt."

Ich kann meine Frau nicht von dem Vorwurf reinigen: sie erweist sich als feig; sie erblaßt, ist drauf und dran zu fliehen.

Der Zugführer, spanischer Torero, nimmt die Schwäche meiner Stellung wahr und richtet den Angriff wütend gegen die schwache rechte Flanke.

Doch ich verliere die Besinnung nicht: mit dem roten Mantel – nein, ich habe ja keinen roten Mantel – mit geschwungenem Zehndollarschein lenke ich die Wut des spanischen Stiers auf mich und...

„M'sieur, tout sera arrangé", brummt der Stier zufrieden. „Es wird alles nach Ihrem Wunsch geregelt werden."

Hierauf verschwindet der Zugführer, um nach einer Weile wiederzukommen:

„So – Ihr Gepäck ist verstaut. Bis Salamanca nehmen M'sieur et Madame mit Stühlen vorlieb. Hierauf werde ich Betten freimachen. – Und hier Ihre Fahrkarten. Ich bitte um 1630 Escudos. – Ah, 1700! Danke sehr!"

Er übergab mir zwei Zettel – Quittungen über 1500 Escudos.

– – – „Na also", rief meine Frau erleichtert. „Wenn es bloß an der französischen Grenze ebenso rund geht wie hier."

„Französischen Grenze??"

„Weißt du denn nicht??" fuhr sie fort. „Wir haben doch kein Visum."

„Liebste! Wieso denn nicht?"

„Ganz einfach: als ich auf dem Konsulat war, sagte man mir, wir brauchten kein Visum... vielmehr: wir könnten es nicht kriegen, weil die Amtsstunden vorüber sind."

Ich wurde der Antwort durch den Schlafwagenmann überhoben, der mir zwei rosa Scheine übergab – „die Bettbillette – 212 Peseten."

„Habe keine Peseten."

„Vueseñoria können auch in Dollars zahlen – ein Dollar zu fünf Peseten."

Schweinebande! Auf der Börse gilt er acht.

Noch hatte ich es nicht gesagt, als ein bisher unbekannter Würdenträger auftauchte und um je fünf Escudos bat: „die Ausreisegebühr".

„Ich habe sie schon auf der Polizei erlegt — hier im Paß die Bestätigung."

„Das gilt nicht." Schön, ich gab sie nochmals hin.

„Und auch gleich 14 Escudos 80", verlangte ein Vollbart und schob mir grünliche Ausweise zu. „Die Sobretaxa de velocidade für das portugiesische Gebiet. Sollten Euer Gnaden gleich auch das Boletin del viajero bis Salamanca einlösen wollen — 18 P. 30 — so erhalten Sie die gelben Talons."

„Ist dann endlich alles erledigt?"

„Durchaus nicht, Vossa Senhoria! Auch für die Teilstrecken Salamanca—Medina —, ferner bis Hendaye gibt es Geschwindigkeitszuschläge: allerdings betragen sie nur zweimal 6 und 53, zusammen 131 Peseten."

„Das ist doch gar nicht durch zwei teilbar?"

„Der kleine Rest ist nicht der Rede wert, Majestät."

(Er nannte mich nicht wirklich ‚Majestät'. Ich schreibe es nur so hin, weil ich solchen Aufstieg allmählich erwartet hatte; ein Anrecht darauf erkauft zu haben glaubte.)

Doch um es kurz zu machen: auch die Geschwindigkeitszuschläge Hendaye—Bordeaux und von da bis Paris blieben mir nicht erspart; im Gegenteil: und sie kosteten in Franken zweimal 45 = 112. Ich durfte aber in Rubeln zahlen: ein Goldrubel gleich minus zehn Franken.

Der Train ratterte in die Nacht. Bald mußten wir die spanische Zollstation erreichen. Ich lehnte mich in den Stuhl zurück — mit dem Gefühl eines Mannes, der alle Schuldigkeit bis Paris getilgt hatte — alles bis ans Ziel.

Da verbeugte sich ein glattrasierter Herr mit violetter Kappe und sagte: „Mein Herr, ich bringe die dunkelblauen Scheine."

„Die dunkelblauen? Kreuztafel! Gibt es auch hellblaue?"

„Es gibt auch hellblaue, von ihnen ist aber hier noch nicht die Rede. Die dunkeln beziehen sich auf die Distanz von Lissabon bis Porto."

„Da bin ich ja doch gar nicht gewesen?“

„Oh, was hätten Sie da auch zu schaffen? Wir aber mußten zwei Fauteuils für diese Route Ihnen zu Gefallen freihalten – damit Sie eben Plätze finden, wenn Sie und Ihre Frau Gemahlin die Reise unterwegs, von Coimbra anzutreten belieben.“

„Plätze finden? Sie sehen, wir sitzen auf Stühlchen.“

„Allein Sie hätten Plätze finden *sollen* – kraft dieser dunkelblauen Scheine à 15 Escudos 53.“

„Verehrter violetter Herr! Möchten Sie nicht die Gelegenheit benutzen, auch die hellblauen zu präsentieren? Weil ich eben in Gebelaune bin?“

„Gern. Sie beziehen sich auf die Zweiglinie Madrid–Irun. Ich hoffe, Sie verzichten auf die Begründung der Forderung, wiewohl Sie die Zweiglinie nicht benutzt haben, die Berechtigung Ihnen also wohl nicht gleich einleuchten wird; sie gründet sich auf §§ 329 bis 31 des Königlichen Betriebsreglements.“

Ich verzichtete und bezahlte.

Ich hatte nun Fahrkarten für sämtliche iberischen Bahnen, darunter jene von Penaranda nach Avila; sie ist im Bau, man hofft sie in zwei Jahren zu vollenden.

Es trat nur noch der Torero auf, mild lächelnd:

„Durch ein Versehen wurde bisher die Vormerksteuer nicht eingezogen, Eure Heiligkeit. Sie beziffert sich auf je zehn Escudos. Sie werden vielleicht einwenden wollen, daß Sie ja Billette nicht haben vormerken lassen, sondern auf gut Glück zu uns gestiegen sind: das ist eben Ihr Versäumnis, Herr Zebaoth, für das unsre Gesellschaft nicht haftbar ist.“

Wir waren in Salamanca. Mitternacht. Ich hörte Geschrei aus dem Nebenabteil – Baß und Sopran. Das Geschrei verhallte.

Und wir bekamen Betten.

„Ich habe“, sprach der Torero, „zu diesem Zweck zwei Herrschaften in einen andern Wagen rangiert.“

– – – Am Morgen erwachten wir in Irun, an der französischen Grenze. Keine Rede, daß wir das französische Visum „nicht brauchten“. Wir mußten die Fahrt unterbrechen, den Zug verlassen.

„Schade“, sagte uns zum Abschied der Torero. „Unter solchen Umständen hat es eigentlich nicht recht gelohnt, daß ich mitternachts den alten Herrn und die Matrone in den andern Wagen legte... Wie laut haben sie sich gewehrt! Und werden vielleicht bedauern, eben um diese Stunde in Madrid eingetroffen zu sein – wo sie doch eigentlich hatten nach Paris wollen."

– – – Auf dem französischen Konsulat von Irun gab man mir sogleich das Visum.

Leider nutzte es mir nicht viel. Als ich nächsten Tags am Süd-Expreß erschien, fand ich ihn komplett. Man nahm mich nicht mit.

Ich komme nun jeden Morgen an den Süd-Expreß. Er ist täglich komplett.

Die Schaffner kennen uns schon und winken von weitem ab: „Komplett."

Jeden fünften Tag begleitet der Torero den Train und spricht uns Trost zu.

Irun ist ganz modern gebaut; liegt reizend, am Meer. Die Kirche Nuestra Señora del Juncal ist zwar nüchtern, hat aber einen pompösen Altar und hübsche alte Grabmäler. Das Rathaus an der Plaza de la Constitucion soll aus dem 17. Jahrhundert stammen; ich glaube es nicht.

Der Alcalde, Bürgermeister, ist ein entzückender Mensch; er war einmal in Madrid – als Kaiser Wilhelm da Busennadeln verteilte. Wir spielen immer Tresillo im Café, spanischen Skat; das hab ich hier erlernt.

Auch den hiesigen Dialekt habe ich erlernt.

Meine arme Frau langweilt sich sehr; Irun ist klein.

Leider liegt der Bahnhof weit außerhalb der Stadt; es ist so umständlich, jeden Morgen um sechs mit dem ganzen schweren Gepäck zum Süd-Expreß zu pilgern.

> „Ist es nicht zauberhaft, mein Herr? Sie besteigen um 12 Uhr 20 in Lissabon Ihr luxuriöses, reserviertes Compartiment – nehmen zwei exquisite Soupers, einen Lunch – und befinden sich, mein Herr, um 22 Uhr 25 des nächsten Abends in Paris."
>
> *Das Reklameheft*

REISEEINDRÜCKE

Rußland

Frau Mender reiste jüngst von Petersburg nach Moskau.

Dicht vor dem Ziel geriet das Holz auf dem Tender in Brand – es qualmte so, daß Frau Mender fürchten mußte, zu erstikken.

Sie zog die Notleine.

Der Schaffner erschien und fragte übellaunig nach dem Grunde.

Frau Mender wies auf den Brandherd.

Darauf kopfschüttelnd der Schaffner, überaus verwundert: „Du scheinst, Genossin, dein Leben merkwürdig hoch zu schätzen."

Litauen

Als ich das Hotel in Wilna verließ, hielt mich an der Tür der Portier auf und wünschte Trinkgeld.

„Aber, Mensch", rief ich, „ich habe Ihnen ausgiebiges Trinkgeld doch schon gegeben!"

„Gewiß, Herr – ich danke Ihnen auch bestens. Doch Sie haben während Ihrer Anwesenheit Ihre Koffer versperrt gehalten, so daß ich Ihnen nicht die üblichen zehn Prozent Leibwäsche entnehmen konnte."

HANDELSSITTEN

Ein Mann mit Namen Meier war zu Kur in Karlsbad.

Trat in den Laden und verlangte einen Hering.

„Eine Tschechokrone", sagte das Fräulein.

Meier bot 70 Heller. – Vergeblich.

Er steigerte sich auf 80; 90.

„Bedaure“, sprach das Fräulein unwirsch, „wir haben feste Preise.“

„Geb ich Ihnen 95.“ – Es nutzte nichts.

Da legte Meier seufzend die blanke Tschechine hin, nahm seinen Hering und schritt von dannen.

An der Tür aber wandte er sich noch einmal zurück. „Wenn Sie wirklich eine Krone haben wollen, Fräuln, fordern Sie gefällig 1 Krone 20. Denn: zahlen müssen, was Sie verlangen, Fräuln – Fräuln, das tut weh.“

ZUR KRITIK DER SPRACHE

Seit einigen Tagen ist ein netter junger Rumäne in München; er ist mir empfohlen – ich mache ihm die Honneurs der Stadt.

Und wir plaudern...

„Dominul Roda?“

„Dominul Ghizu?“

„Ist es wahr, Dom'nul Roda, daß der Englische Garten ein öffentlicher Garten ist?“

„Gewiß.“

„Und der Tiergarten in Berlin ebenfalls? Hat jede deutsche Stadt einen öffentlichen Garten?“

„Natürlich. Nicht einen, sondern viele.“

„Diese Gärten sind das ganze Jahr geöffnet? Sommer und Winter?“

„Was wundert Sie daran?“

„Dom'nul Roda! Im kältesten Winter?“

Er bricht in einen Dithyrambus aus:

„Was seid ihr Deutschen ein abgehärtetes Volk! Eine Nation, die im kältesten Winter öffentliche Gärten besucht – – wirklich, man mußte euch entwaffnen. Doch die Entwaffnung wird euch nur aufhalten, nicht abhalten, den Erdkreis zu erobern. – Auch wir Rumänen haben öffentliche Häuser. Häuser, Dom'nul – nicht Gärten!! Und die Häuser sind schon vom Herbst an warm geheizt.“

ZIGEUNER SIND EHRLICH

Frau Maria erzählt:

Als ich noch ein kleines Mädchen war, an die neun Jahre alt – da fiel mir eines Tages ein, den alten Awram zu besuchen. Er war ein Zigeuner vom Stamm der Kesselschmiede; wohnte einen Büchsenschuß von der Pußta am Anfang des Dorfs Ilintzi in einer Lehmhütte. Ein Gesicht hatte er, schwarzrissig wie Eichenrinde, Brauen von Watte und einen Bart wie ein Weihnachtsmann.

„Guten Tag, mein goldnes Fräuleinchen!" grüßte er. „Schön, daß du dich deines alten Freundes noch erinnerst."

„Gott helfe dir bei der Arbeit, Onkel Awram! Ich komme mit einer Bitte."

„Mit einer Bitte, Rubinblume? Was mag es für eine Bitte sein?"

„Man hört so viel von Räubern und Dieben erzählen, und ich bin neugierig, einen zu sehen. Möchtest du mir einen Dieb zeigen? Nicht einen gewöhnlichen Gänsedieb wie Ilia – keinen, der nur Trauben stiehlt wie Schweinehirts kleiner Stephan; nein, weißt du, einen wirklichen, einen echten, rechten Spitzbuben."

Der alte Awram schüttelte verwundert den Kopf.

„Was die Herrenleute doch für Einfälle haben schon von Kind auf! Du willst Diebe sehen und kommst zu den Zigeunern? Zigeuner sind ehrlich, Euer Gnaden, kleines Mädchen, nur schrecklich arm. Sie müssen Kessel flicken und allerhand Schmiedearbeit tun für eine Handvoll Weizen – und doch verhungern, wenn ihnen gute Menschen nicht hie und da einen Löffel Schmalz dazu schenken. – Sag, hast du einen Löffel Schmalz bei dir, gute Tochter, einen Finger Speck, eine Pfeife Tabak? Du hast noch nie so tanzen sehen, wie der alte Awram tanzt, auf alte Zigeunerart, über zwei Axtstiele. Gib Geld, gute Tochter – du wirst es nicht bereuen! Nicht alle Zigeuner können wie Kröten über zwei Axtstiele hüpfen."

Ich gab ihm zehn Kreuzer. Er küßte mir die Hand.

„Und wo sind die zwei Äxte, Euer Gnaden, kleines Mädchen,

damit ich wie eine Kröte nach alter Zigeunerart darüberhüpfe? Hast du sie mitgebracht, gute Tochter? Denn wisse, der alte Awram ist so arm, daß er keine Äxte im Haus hat. Wieviel Geld könnte sich der alte Awram noch verdienen – von Herrschaften und Grafen – wenn er zwei kleine hübsche Äxte hätte, um darüberzuhüpfen! Geh, meine süße Braut, geh heim und hol zwei Äxte her: es wird dich nicht gereuen."

„Nein, nein. Äxte darf ich dir nicht bringen, Papa leidet es nicht. Weißt du noch, wie er gescholten hat, als ich dir ein Kalb gab für eine Maultrommel?"

„Freilich weiß ich es noch, Töchterchen. Das Kalb ist unterdes ein großer Stier geworden und weidet mit dem herrschaftlichen Vieh. Sooft ich ihn sehe, kommen mir Tränen in die Augen, und auch der Stier blickt mir so traurig nach. Was hat er für ein Leben in der großen Herde? Bei mir wäre er der einzige gewesen, ich hätte ihn wie einen Sohn gehalten. Erst unlängst ist er mir wieder brüllend nachgelaufen. Er weiß ganz gut, daß er von Rechts wegen mir gehört, durch redlichen Handel."

„Die Maultrommel", wandte ich ein, „war nur vier Kreuzer wert."

„Kind, das sagen Leute, die sich nicht darauf verstehen. Es ist ein Unterschied zwischen Maultrommel und Maultrommel. Meine war aus Amerika, ich hatte sie von meinem süßen Schwiegersohn, der ist dort Bärentreiber. Mein leiblicher Bruder, Geiger des Königs von Londonland, kann es bestätigen."

„Awram", unterbrach ich, denn ich wollte zur Sache kommen, „sieh, hier hab ich einen Silbergulden, den hat mir mein Großpapa geschenkt. Ich geb ihn dir, wenn du mir einen Dieb zeigst."

„Gib her, goldnes Grafenkind, gib mir ihn! Der alte Awram wird tanzen."

„Tanzen sollst du nicht. Du sollst mir einen Dieb zeigen."

„Einen Dieb? Woher nehmen und nicht stehlen? Doch ich will's versuchen, Euer Gnaden, mein Mädchen. Nichts ist dem alten Awram zu schwer, wenn du es verlangst. Wir wollen zusammen fortgehen, einen Dieb suchen. Komm, komm, Töchterchen!"

Awram holte einen Sack vom Herd, warf ihn über die Schulter, und wir gingen. Die Sonne brannte heiß, der Staub war knöchelhoch. Nie zuvor war ich so weit zu Fuß gewandert.

„Sind wir bald da, Awram?"

„Noch ein kleines Stündchen, Kind, dann zeige ich dir einen Dieb."

„Einen richtigen, einen tüchtigen?"

„Kind, vor dem, den ich dir zeige, haben selbst die Herren Gendarmen Angst. Wenn dir der alte Awram einen Dieb zeigt, ist es kein hergelaufener. – Siehst du den Turm? Das ist das Schwabendorf. Dort werden wir ruhen, Wasser trinken und uns einen Dieb ansehen."

Awram schritt wieder aus und warf seinen Sack über die andere Schulter.

„Was klirrt in deinem Sack?"

„Das Handwerkzeug zum Kesselflicken, sieben Dinge: Hammer, Zange, Nietenkopf; Amboß, Lötkolben, Zinn und Kohle. Nicht eins darf man vergessen."

„Du willst Kessel flicken, Awram?"

„Wie klug du bist! Alles errätst du; das Geheimste bleibt dir nicht verborgen. – Hast du auch noch deinen Gulden, den du dem armen Awram geben wolltest?"

Ich griff in meine Tasche und bejahte.

„Tu ihn lieber in deinen seidnen Kittel, Töchterchen, damit du ihn nicht verlierst!"

Ich gehorchte.

„Höre, Awram, was für einen sonderbaren Ring hast du?"

Er war von Eisen und trug eine Spitze, gleich einem Hufstollen.

„Der Ring, gräfliche Rubinblume? Der Ring? Wie du ihn gleich erspäht hast! Er ist des armen Zigeuners Arbeitgeber. Solange ich ihn trage, gibt es Kesselchen zu flicken."

„Ist das ein Zaubermittel?"

„Ein arabischer Zauber. Er lenkt mich dahin, wo es schlechte Kessel gibt."

„Das möchte ich sehen."

Wir waren im Schwabendorf angekommen, doch Awram ging an den ersten Höfen stumm vorüber. Da sei er unlängst eingekehrt, erzählte er. Ins achte, neunte Bauernhaus trat er vorsichtig ein. Die Hunde kläfften toll. Eine Frau erschien im Säulengang.

„He, silberne Frau Mutter, habt ihr löcherige Kesselchen in euerm Steinhaus? Hundert Jahre mögt ihr leben und Brot mit einem Zahn kauen für ein wenig Arbeit."

„Nichts da! Pack dich, Zigeuner!" schrie die Alte, und ihre Hunde heulten lauter denn zuvor.

„He, Schaffnerin, so laßt mich doch eure Kesselchen sehen, vielleicht haben sie hie und da ein Löchlein, klein wie ein Nadelöhr. Flick ich sie heute, kostet es ein Weizenkorn; morgen hat das Feuer schon den Boden weggebrannt und den Trank gesoffen statt der Schweine."

Alles ging in den Wind; die Frau zeigte ihre Kessel nicht.

„Weiter denn in Gottes Namen!" sagte Awram, ging wieder stumm vorbei an sieben Türen, ehe er die achte öffnete.

Diesmal traf er eine junge Bäuerin; sie hatte freilich für ihn keine Arbeit, ließ die Kessel aber wenigstens untersuchen.

„Du guckst vergebens nach schadhaften Stellen." – Die Frau lächelte.

„Dankt Gott, Hausfrau, daß ich gekommen bin! Denn seht, hier ist ein Loch!" Und schon steckte Awram seinen Finger durch das Kesselblech. Die Frau war bestürzt und wollte es zuerst gar nicht recht glauben. Dann bat sie Awram um Hilfe. Unter einem Maulbeerbaum am Brunnen fachte der alte Zigeuner Feuer an und nietete und hämmerte drauf los. Es gab noch ein Feilschen um den Preis, und weiter ging es – mit wechselndem Glück.

Gegen Abend sagte Awram: „Siehst du nun, Euer Gnaden, wie mich der Ring geführt hat?"

„Er hat dich geführt?"

„Nicht? Wenn ich einen Kessel ansehe, ist er durchlöchert wie mein Hut."

„Unsinn! Ich habe schon heraus, wie du es anstellst, Awram: wo ein Strich mit roter Kreide an der Tür ist, da trittst du ein. Wer hat den Strich gezogen? Wohl andre Zigeuner, die vor dir da waren?"

„Kind, du irrst. Alles macht mein arabischer Zauber.“

„Das glaub ich wohl. Sowie man dir einen Kessel in die Hand gibt: knacks! – bohrst du ein Loch ein mit dem Stollen deines Ringes.“

Awram beteuerte bei allen Heiligen seine Unschuld; doch ich glaubte ihm nicht.

„Wenn du so redest, Tochter, geh lieber deiner Wege! Es ist schon spät; du kannst nicht immer beim armen Awram bleiben; er hat ohnehin so viele Kinder zu ernähren.“

„Aber du hast mir doch wollen einen richtigen Dieb zeigen?“

„Morgen, nächstens“, brummte er, „wenn du artiger gewesen bist.“

„Awram“, bat ich, „meinen Silbergulden schenk ich dir, wenn du's noch heute tust.“

Er blickte auf und lachte.

„Einen Dieb? Für einen Silbergulden? Kind, wo hast du deinen Silbergulden?“

Ich griff in die Tasche – ich suchte – vergebens. Mein Gulden war weg.

Je länger mein Gesicht wurde, desto vergnügter schmunzelte der Alte.

„Töchterchen, wenn du Diebe sehen willst, darfst du sie nicht bei den Zigeunern suchen. Zigeuner sind ehrlich, du meine fürstliche Braut. Zigeuner sind ehrlich wie Apostel.“

„Awram, du hast mir den Gulden gestohlen.“ – Ich wollte weinen.

„Gestohlen, feines Herrenkind? Ich – den Gulden gestohlen? Ei, so geh nach Haus und leg dich in dein seidnes Bett, denn du hast einen Dieb gesehen. Morgen aber bring mir den Gulden, den du mir als Lohn dafür versprochen hast. Und bring auch die Äxte, damit ich nach alter Zigeunerart darüberhüpfe. Töchterchen, ganz wie eine Kröte, ganz wie eine Kröte. Du hast noch nie was Hübscheres erlebt.“

EINE VERWICKELTE FAMILIE

Die Sache ist ganz von selbst entstanden, unter einfachen, braven Leuten – Leuten, die sich nicht bewußt waren, etwas Sündhaftes oder auch nur Sittenloses zu tun:

In Wotschin saß ein Forstmeister, Lippinger – seit Menschengedenken; der alte Graf Sokoly wechselte ja niemals seine Beamten – er wollte keine neuen Gesichter um sich. – Die Bauern von Wotschin sahen seit Generationen diesen Lippinger auf dem Thron – sie hatten ganz vergessen, daß „Lippinger" nur ein Name war – sie meinten, das Wort bezeichne den Rang; und pflegten zu sagen: „Wenn unser Lippinger einmal stirbt, und es kommt ein andrer Lippinger, werden wir nichts zu lachen haben."

So weit kam es aber nicht – das heißt: Lippinger dachte nicht daran, zu sterben – doch nach Sokolys Tode wurde das Gut Wotschin verkauft, an die Gebrüder Wollak, die Holz-Wollak – die wußten mit dem Jubelgreis nichts anzufangen und pensionierten ihn.

Wotschin ist ein kolossales Waldgut, 42.000 Joch. Ein Teil streckt sich in die Ebene, bis Slatina; die andre Hälfte ist wildes Gebirge. Dazwischen liegen fünf, sechs Dörfer.

Gebrüder Wollak, rührige Menschen, wollten gleich eine moderne Forstwirtschaft aufziehen und sagten sich: „Die Fläche zerfällt von Natur in zwei geschlossene Bezirke – Wotschin und Slatina – Gebirg und Ebene; setzen wir an Lippingers Stelle zwei Lippinger – einen nach Slatina, einen nach Wotschin." – Es fanden sich zwei feste, gebildete Jungen, Bing und Rathsamer, die bekamen die Posten.

Zufällig waren sie Freunde; fuhren hinaus und sahen sich die Klitschen an. In Wotschin stand ein kleines, verwanztes Dienstgebäude – vom steinalten Lippinger her –, da sollte, mitten in den Bergen, der eine Forstmeister hausen. In Slatina, dicht am Bahnhof, in der Stadt, hatten Gebrüder Wollak eine hübsche Villa für den andern angekauft.

Im Winter wird in Wotschin der Schnee klafterhoch liegen – wen das Los trifft, Lippinger von Wotschin zu sein, er ist sechs

Monat im Jahr von allem Verkehr abgeschnitten; unter Bauern, mutterseelenallein. – Der Lippinger von Slatina aber, im Badeort, wird ein Sybaritenleben führen.

Den Brotherren, Gebrüdern Wollak, war gleichgültig, wie sichs die beiden Beamten einteilten – die Jungen sollten sich selbst einigen. Und so beschlossen Bing und Rathsamer: sie werden jährlich tauschen; zu Georgi; wer den Winter über in Wotschin war, geht im Frühling nach Slatina und bleibt dort – wieder bis zum Frühling.

Gut, so vollzog sich der Wechsel zweimal in voller Ordnung.

Da geschah, daß Rathsamer, dort oben in Wotschin, sich sagte: „Ich werde nicht blöd sein – ich nehme mir für die kurzen Tage und langen Nächte ein strammes Bauernmensch ins Haus." – Es dauerte nicht lang, war sie in andern Umständen. Schon im Mai wird das Kind dasein. Eine bildhübsche Bäuerin übrigens.

Bing, unten in Slatina, hat eine kleine Baronin kennengelernt, mit ihrer Mutter, einer feinen Frau, Kurgäste aus Wien. Auf Ja und Nein ist Bing Ehemann; äußerst glücklich.

Frühling – – und der Krach ist da, im Gebirg und in der Ebene:

Die Bäuerin erwartet ihr Kind – sie will, hochschwanger, nicht umsiedeln, ehe sie geboren hat; und überhaupt: sie war noch nie aus ihrem Dorf und schämt sich, „so" in die Fremde zu gehen.

Die kleine Baronin in Slatina hat ihre Mutter bei sich. Hat sich die Villa kostbar eingerichtet – schon das Klavier hinauf in die Berge zu schaffen, auf halsbrecherischen Pfaden... Monate verbringen dort in dem klammengen, verwanzten Felsennest?

Andrerseits ist Rathsamer aber der Idylle von Wotschin überdrüssig, verträgt den Einton der Verbannung nicht – besteht auf seinem Pakt, will unter Menschen.

Was nun? Rathsamer läßt seine Bäuerin, wo sie ist, zieht „einstweilen" allein nach Slatina – ebenso verabschiedet sich Bing unter Tränen von seiner jungen Gattin, dem schönen Heim, Geselligkeit, Klavier und Schwiegermutter, packt seine

Flinten in die Futterale und zieht für ein Jahr in die Wildnis. – Er soll täglich schreiben? Oh, gewiß.

Der Wagen rollt davon, die Straße nach Wotschin. Bing überdenkt sein Schicksal; und findet es nicht mal so uneben: ein paar Monate frei zu sein von Badegesellschaft und der hochvornehmen alten Baronin. Sie ist in der letzten Zeit manchmal spitz geworden, zuzeiten sogar bissig. – Auch das Bergdorf hat seine Freuden: Jagd – gefällige Landmädchen – die Gebrüder Wollak in wohltuender Entfernung.

Also zog Rathsamer in die Villa ein und erhielt eine Stube nach dem Hof zu, mit besonderm Eingang; essen aber wird er mit den Damen.

Er sang auch mit der jungen Frau – beide hatten gute Stimmen und spielten Klavier; menagierten prächtig. Wurden allmählich vertrauter – und nach vier Wochen beugte sich die Baronin zurück und seufzte: ihr Gerdo habe ihr zehn Tage nicht geschrieben.

Oben in Wotschin vollzog es sich langsamer, doch das Unausweichliche geschah auch da: Mara hatte ihr Kind gekriegt und erschien strahlender denn je. „Gospodin Lippinger", sagte sie, was sagen Sie dazu? Der Herr und ich haben einen Knaben erwartet – es ist leider ein Mädel geworden. Aber wenigstens ist es, Gott sei Dank, überstanden – ich kann Ihnen wieder Wirtschaft führen."

Sie führte die Wirtschaft – zu Sommers Anfang war sie in der Hoffnung. Bing litt übeln Kummer davon.

Gleichzeitig standen dem armen Rathsamer in Slatina die Korinthen auf der Stirn, und die Baronin klagte, sie überlebe „es" nicht. – Da aber schließlich ein Vergehen sozusagen das andre aufwog, nahmen Bing und Rathsamer die Pistolenforderung zurück; sprachen sich gründlich aus und blieben Freunde.

Es ist eine stehende Einrichtung geworden und funktioniert bis heute: die Forstmeister von Gebrüder Wollak wechseln jährlich ihre Posten. Die Frauen bleiben, wo sie sind, die Freundschaft bleibt.

MISSGLÜCKT

Ein frommer Derwisch kehrte auf seiner Wanderung bei einem Gutsherrn ein und wurde aufs beste bewirtet.

Als eine Woche vergangen war, sprach des Grundherrn Weib zu ihrem Mann:

„Herr, sie zu, daß du den Derwisch loswirst – denn wisse, er ißt uns arm."

„Ich kann nicht, Weib. Es wäre eine Sünde, dem frommen Pilger die Tür zu weisen."

Als wieder eine Woche vergangen war, sprach des Grundherrn Weib abermals zu ihrem Mann:

„Herr, sieh zu, daß du den Derwisch loswirst; denn wisse, wir haben nichts Eßbares mehr im Haus."

Nun mußte der Grundherr es tun – wohl oder übel.

Der Derwisch saß eben im Garten auf dem Rasen und sann über den Wandel der Sterne nach. Mit demütiger Miene trat der Gutsherr vor ihn und sprach:

„Ehrwürdiger Vater, tausend Dank, daß du mein armes Haus mit deiner beglückenden Gegenwart gesegnet hast. Allein, Allahs Wille scheint es zu sein, daß ich die Auszeichnung jetzt anderen gönnen muß – unser letzter Hammel, unsre letzte Dattel sind verzehrt."

Der Gottesmann nickte ernst und antwortete:

„Sei es denn! Weck mich morgen mit dem frühesten, damit ich auf meiner heiligen Wallfahrt weiterziehe."

Am Morgen, als die Sterne verblaßten, berührte der Grundherr leise des Derwischs Schulter.

„Erwache, Gottesmann, zur Wanderung – der Hahn hat schon gekräht."

„Wie – du hast noch einen Hahn?" sprach der Derwisch – und wandte sich auf die andere Seite, um weiterzuschlafen.

DIE KOLONIE

Eine Wand in Moosbauers Zimmer ist benagelt mit Andenken aus den Tropen: Negerlanzen – Schlangenhaut – Köcher – Pfeil und Bogen.

Zwischen zwei Fados, die er aus der Viola zupft, erzählt Moosbauer:

„In Portugal ist die Todesstrafe abgeschafft. Hat man auch nicht nötig – man deportiert die Verbrecher nach Loanda.

In Loanda ragt ein Fort, heißt Sao Miguel; sieht aus wie die Hohensalzburg. Das Fort hat Keller bis tief hinunter ans Meer; wer da sitzt, braucht keine Uhr: zweimal täglich kommt ihm die Flut in die Zelle, reicht ihm an die Brust; nach drei Stunden nur noch ans Knie; dann an die Fersen.

Es gibt aber auch eine kürzere Art, die Menschen umzubringen: man treibt sie in die Tse-Tse-Sümpfe und läßt sie eine Stunde ohne Hut in der Sonne dunsten; das genügt.

Die dritte Methode wieder ist langsamer: mit den Erdflöhen; die Erdflöhe sind winzig klein, man sieht sie mit freiem Auge kaum; sie legen ihre Eier unter die Zehennägel.

Wer sich auf Sao Miguel sechs Jahre brav gehalten hat, kann ausgekauft werden; er arbeitet dann in der Stadt, im Zivilanzug, und muß sich nur jeden Freitag auf der Festung melden – in seinem Ornat: blau, mit der Nummer auf der Schulter.

Ich war neu in Loanda, ich wußte noch nicht Bescheid.

Einmal auf der Hauptstraße – vor dem Hotel de Paris rede ich mit dem Buchhalter eines Kaffee-Exporteurs – kommt Doktor de Tavaros und sagt mir:

‚Sie, was haben Sie mit dem Buchhalter geredet?‘

‚Nichts... ein paar Worte: daß es so heiß ist und so...‘

‚Sie sind offenbar noch neu in Loanda‘, sagt der Doktor. ‚Darum sind Sie so leichtsinnig. Hier muß man sich erkundigen, ehe man sich mit jemand zeigt. Wissen Sie, wer der Buchhalter ist? Ein gewisser Albuquerque.‘

‚Nun? Und?‘

‚Haben Sie von dem Fall Albuquerque nicht gehört? Der

Mann hat doch die Nationalbank ausgeraubt. Lassen Sie sich gewarnt sein!'

Ich drücke ihm zum Dank die Hand – und er geht.

Ist noch nicht um die Ecke – da stürzt mein Chef auf mich zu:

‚Senhor Moosbauer! Was fällt Ihnen ein? Dem Tavaros drükken Sie öffentlich die Hand? Einem Menschen, der seine Großmutter verführt hat?'

Kommt der Hotelier und klärt mich über meinen Chef auf: Wechselfälschung.

Der Hotelier hat nicht viel auf dem Gewissen gehabt: Techtelmechtel mit einer Straußin.

Ich selbst bin dann wegen einer ganz dummen alten Geschichte verhaftet worden – alles in allem wegen eines Perlenkettchens in Lissabon...

Nach drei Monaten war ich frei, und die Genugtuung ist denn auch nicht ausgeblieben: der exklusivste Klub von Loanda hat mich einstimmig zum Ehrenpräsidenten gewählt."

OSTAFRIKA

In Ostafrika lebten die Stationsleiter sehr einsam und abgeschlossen, jeder Leutnant mit seinen 35 Askaris, und sahen oft jahrelang keinen Weißen bei sich. Die Phantasie wucherte, doch der Kreis des Gedächtnisses – so fern von Europa – schrumpfte ein. Nach etlichen Jahren wußte der Herr Leutnant noch einen Witz zum besten zu geben; seinen Witz.

Da geschah, daß eine Jagdkarawane nach Iringa kam, zu Leutnant Plitz, 2te Kompagnie.

Am Abend, beim sauern Bier, fragte der Leutnant den Gast:

„Kennen Sie den Unterschied zwischen einem Weihnachtsbaum und einem kleinen Kind? – Nein? – So passen Sie auf: der Weihnachtsbaum wird zuerst geputzt, und dann kommt die Bescherung; beim kleinen Kind aber..."

„Sehr gut! Hahaha!"

Ein halb Jahr drauf kommt die Karawane nach Ubena, zum zweiten Zug der Kompagnie.

Fragt am Abend beim sauern Bier Leutnant Griesbacher: „Kennen Sie den Unterschied zwischen einem Weihnachtsbaum…"

„…und einem kleinen Kind?" vollendet der Gast. „Ja. Das hat mir schon Leutnant Plitz in Iringa erzählt."

Griesbacher versteinte. „Wird zuerst geputzt, und dann die Bescherung?" sprach Griesbacher tonlos. „Hat Ihnen Plitz erzählt? *Meinen* Witz? – Das nenne ich taktlos und unkameradschaftlich."

Schon nach 13 Monaten erfuhr Plitz um Griesbachers abfällige Äußerung. Bei nächster Gelegenheit – nach 21 Monaten – ließ er den Beleidiger fordern.

Man einigte sich – nach 37 Monaten – auf Pistolen, dreimaligen Kugelwechsel.

Im 48sten Monat sollte der Zweikampf steigen.

Da kam der Weltkrieg.

GLAUBE

Diese Geschichte ist keineswegs erfunden; sie hat sich getreulich so abgespielt, auf Neu-Guinea – der Pariser Maler Kelen kann es bestätigen:

Ein malaiischer Händler, seines Namens kann sich Kelen nicht mehr entsinnen – der Malaie also hatte drei Ladungen Kokosnüsse gekauft, von einem Papua. Am Zahltag aber leugnete der Händler kalten Herzens:

„Du – du – willst mir Kokosnüsse geliefert haben? Wo ist die schriftliche Bestätigung? Wo sind die Zeugen?"

„Tumanbanga ist mein Zeuge", sprach der Papua mit der Gewißheit des ehrlichen Herzens und blickte vertrauend zum Himmel auf.

„Dein Tumanbanga kann mir den Buckel runterrutschen", antwortete der Händler.

Schmerzlich berührt von so viel Lüge, vor allem: beleidigt über die Verunglimpfung seines obersten Gottes, trug der Papua den Streit vor den englischen Kommandeur. Zur höchlichen Enttäuschung des Papuas ward ihm da kein Recht: auch der Kommandeur fragte nach dem Schein; nach Zeugen; und als sich der arme Papua nur auf Tumanbanga zu berufen wußte und niemand andern, erging das beschämende Urteil: die Forderung abgewiesen – drei Shilling Prozeßkosten hat der Papua zu tragen.

„Siehst du?" raunte draußen der Malaie. „Hab ich's dir nicht gesagt? Dein Tumanbanga kann mir den Buckel runterrutschen."

Vom Fleck machte der Papua kehrt – zurück zum Kommandeur.

„Herr", rief er tieferregt, „ich klage den Malaien nochmals an: eben – aber eben, auf der Schwelle deines Hauses hat er wiederum meinen Gott geschmäht."

„Ich schwöre", entgegnete der Malaie, „es ist nicht wahr."

Da mußte der Papua sechs Shilling zahlen „für Belästigung des Gerichtes".

Vor dem Tor flüsterte der Malaie:

„Nun? Glaubst du mir endlich? Dein Tumanbanga kann mir den Buckel runterrutschen."

Der Papua:

„Mir auch."

SCHWÄNKE UND FRAGMENTE

Der Staat Virginia hat die erzwungene Sterilisierung von Schwachsinnigen beschlossen. Wenn sich das Verfahren verbreiten sollte, ist mit dem Aussterben vieler vornehmer Familien zu rechnen.

Ich traf Mr. Browne, den Schriftsteller aus Arkansas.

Er sei nun schon sechs Wochen hier in Wien, erzählte er, und sammle Eindrücke.

Ein Wort gab das andre – plötzlich rief er:

„Was ihr aber für komische Namen habt für eure Zeitungen in Europa!"

Entfaltete die letzte Nummer des Journals und zeigte auf die dicke Aufschrift:

„Schreckenstaten eines Geisteskranken."

Der Amerikaner hatte die Schlagzeile für den Namen der Zeitung gehalten.

Im Palacehotel, Lugano, lebte Missis Greenfield aus Baltimore – zwei Zimmer mit Bad und voller Pension.

Wenn sie mittags zum Lunch kommt, prüft sie die Menükarte, rümpft die Nase und sagt:

„Statt der Consommé bringen Sie mir Kopfsalat; statt der Omelette möchte ich Sardinen; und statt des Rebhuhns Hummermayonnaise."

Einmal kam der Direktor:

„Gnädigste sollten nachmittag keinen Ausflug machen – es droht ein Gewitter."

„Well, bringen Sie mir statt dessen ein Roastbeef", sagte Missis Greenfield.

In Chikago vermietet man möblierte Wohnungen mit Katze, Kanarienvogel und Goldfisch. Wer nicht will, kann Fisch und Vogel von der Katze fressen lassen.

Die Heilsarmee hält Gottesdienst auf freiem Feld, mitten im Bergwerk.

Miss Young ist verzückt.

„Andächtige", ruft sie – „gestern noch schlief ich in den Armen des Satans. Heute ruhe ich am Busen des Engels..."

Paddy, der besoffene Ire:

„Und morgen, Jungfer – seid Ihr da noch frei?"

Der Nordpolfahrer Leden erzählt: in Nordwest-Canada, wenn der Eskimo einen Fremden liebgewinnt, bietet er ihm seine Frau an.

Die Sitte beginnt sich, wie alles Amerikanische, auch in Berlin einzubürgern. Ich bin so beliebt – ich werde müssen meinen Verkehr einschränken.

Im Club de la Levante im Smyrna war ein kleiner Skandal ausgebrochen. Muschu Patsikakis, Rosinengroßhändler, hatte Herrn Bedros Bagratunian beleidigt.

Man nahm einmütig Partei für Herrn Bagratunian; er war ein anständiger, durchaus friedfertiger Mann, hochangesehen und offizieller Kuppler des Klubs.

Und man redete auf den ekelhaften Großhändler ein:

„Überhaupt, Muschu Patsikakis! Haben wir jemals Ehre mit Ihnen eingelegt? Als unlängst Seine Exzellenz, der persische Gesandte am bulgarischen Hof, zu Besuch bei uns weilten – was haben Sie getan? Geprügelt haben Sie Seine Exzellenz. Exzellenz waren genötigt, sich ein künstliches Hammelauge einsetzen zu lassen. Und beim Essen, beim Trinken, beim Spielen – immer handeln Sie gegen die Gesetze des Klubs. Sie rauchen im Damenzimmer. Sie spucken im Flur. Sie gerben im Salon. Muschu!! Es gibt nur einen Punkt der Klubgesetze, den Sie noch niemals übertreten haben: das Verbot des Trinkgeldspendens an die Dienerschaft."

Einst berief Menelik II., Herr von Abessinien, die Vertreter der europäischen Mächte zu sich und eröffnete ihnen: er habe seinen Großneffen zum Nachfolger auf dem Thron bestimmt.

„Warum den Großneffen, Majestät? Warum nicht den Neffen?"

„Weil mein Neffe zu dumm ist."

– – – Die Gesandten gingen heim. Unterwegs sprach Marquis A zu Baron B:

„Geben wir es auf, Exzellenz! Wir werden dieses sonderbare Volk doch nie verstehen.“

Herr Erzinghian aus Brussa hatte seinen Sohn auf der Universität in Leipzig.

Doch der Sohn tat nicht gut. Eines Tages mußte ihn der Vater heimberufen.

„Schicket Reisegeld, dann komme ich“, drahtete der Sohn – und der Vater tat es.

Was aber geschah? Erzinghian, der jüngere, fuhr bis Wien, lebte da drei Tage in Herrlichkeit und depeschierte nach Brussa: sein Reisegeld wär ihm unterwegs gestohlen worden, er bitte um neues.

„Stiehl ebenfalls und komm“, antwortete der Vater.

Willem Reibetanz hatte eine Farm bei Windhuk und wollte gern auch eine Frau. Er gab ein Inserat auf im „Hamburger Echo“.

Es kam zu einem Briefwechsel mit Lina und Käthe Tiedemann. Zuerst zum Spaß und dann im Ernst. Eines Tages reiste Lina zu ihrem Bräutigam nach Windhuk ab.

Lange warteten die Eltern auf eine Hochzeitskunde.

Endlich kam ein Kabel:

„lina ankam gestorbenem zustande verweigere annahme zusendet kaethe.“

Ein wunderhübscher Mensch, der Schwede: schlank, blond, übergroß – mit blitzendblauen Augen und blitzendweißen Zähnen. Natürlich hat er unverschämtes Glück bei Frauen; und erwartet es auch.

Unlängst begegne ich ihm irgendwo in der Fremde – er ist eben aus einem kleinen Königreich zurückgekehrt.

„Nun, Nils! Wie hat es Ihnen da gefallen?“

„Oh, ein abscheuliches Land! Alle Frauen dort verlangen Geld. Nur die Königin macht es umsonst.“

Der deutsche Forscher Ado Baessler hat einen Indianerstamm in Peru gefunden, der kennt nicht die Worte „Guten Tag“ – „Lebwohl“ – „Auf Wiedersehen“.

Was weiter? In Europa gibt es Mädchen, die können nicht „Nein“ sagen.

Wenn man in Polynesien erben will, veranlaßt man den alten Herrn, auf einen Baum zu klettern, und schüttelt dann daran; ist der alte Herr nicht kräftig genug, sich zu halten, fällt er sich eben tot.

Eine ähnliche Methode hat man in Paris. Nur tritt hier an die Stelle der Kokospalme ein Frauenzimmer.

Ein Mann aus Ostpreußen erklärt mir:

„Sehen Sie, bei uns ist das so:

Der kleine Beamte *muß* sich mit dem Landrat gut stellen.

Der Bürger *sucht* sich mit dem Landrat gut zu stellen.

Der Nuancenunterschied nur zwischen ‚muß‘ und ‚sucht‘ – das ist unsre bürgerliche Freiheit.“

Du holde Kunst!

DAS ARME DIRNLEIN

Es war einmal ein Dirnlein, stramm und sauber; doch die Eltern waren ihm gestorben, die Brüder nicht eben wohlgesinnt – da beschloß das Dirnlein, in die Stadt zu gehen und einen Dienst zu suchen.

Richtig ging es in die Stadt und trat gleich ins erste Haus – zu einem Kaufmann. Er tänzelte geschwind herbei und fragte mit freundlichem Lächeln:

„Mehl, Schokolade, Heringe gefällig, schönes Fräulein? Oder frisches Waschblau angenehm? Belieben vielleicht Zitronen oder Kandis?"

„Nein", sagte das Dirnlein verwundert, „ich suche einen Dienst."

„Hm. So. – Wer ist man denn?" antwortete der Kaufmann um einen Ton kühler.

„Kennen Sie mich denn nicht?" rief das Dirnlein. „Ich bin die deutsche Sprache."

Da sagte der Kaufherr: „Auf Ihre geschätzte mündliche Offerte vom 19. currentis bedauern wir, durch Vorliegendes erwidern zu müssen, daß wir in offerierten Leistungen bereits mit kommerziell geschulten Kräften hinreichend versehen, und sind wir daher in angezogenem Artikel derzeit bedarfslos. – Ohne Mehranlaß – achtungsvoll – per procura Schmudickes selige Witwe & Cie: Giesecke."

Das Dirnlein verstand zwar nicht, las aber aus den Mienen des Kaufherrn die Abweisung und schritt weiter, um sein Glück im Nachbarhaus zu suchen.

Dort schaltete der Redakteur des Intelligenz-Journals, Herr Doktor Papierdeutsch. – Er legte alsbald die Schere beiseite und sprach:

„Unter den mannigfachen Forderungen des Tages, welche derselbe einem vielgeplagten Ritter von der Feder zu Gehör bringt, kann diese Forderung platterdings als eine der eigentümlichsten bezeichnet werden. Dieselbe ist in ihrer Gänze ein charakteristisches Bild der sowohl im Leserkreis als auch über denselben hinaus weitverbreiteten, jedoch völlig aus der Luft gegriffenen, bestenfalls auf entschwundene Traditionen begründeten Ansicht, daß die Fähigkeit des logischen Gedankenausdrucks in der deutschen Sprache mit der Kenntnis derselben in mehr als fakultativem Maß verbunden sei..."

Er wollte noch weiterschwatzen – das Dirnlein aber kehrte ihm unmutig den Rücken und trat in das dritte Haus.

Zum Amtmann. – Er hörte die Bitte kaum an.

„In Erwägung", sagte er, „daß Petentin vermöge Mangels der im Sinne wiederholt erflossener Dekrete der h. h. Oberbehörden erforderlichen Studiennachweise zu der ihrerseits erstrebten Position hieramts als unqualifiziert bezeichnet werden muß, findet das Amt zu entscheiden, daß Petentin unter Wahrung des ihr laut Paragraph 137, Alinea c, an die h. h. zitierten Behörden offenstehenden Rekursrechtes abweislich zu bescheiden sey."

Das Dirnlein verstand wiederum nicht und schritt weinend aus der Stadt – mutlos aufs Feld hinaus, einen Bach entlang...

Unter Weidenbüschen saß ein Jüngling mit himmlisch klaren Augen und träumte im Wachen.

Als er des Dirnleins Schritte hörte, schrak er selig empor. Als er ihr holdes Angesicht sah, da meinte er vor Glück zu sterben. Er eilte auf das Dirnlein zu und schloß es in seine Arme – so fest – so treu und zärtlich, daß ihm das Dirnlein gut sein mußte, ob es wollte oder nicht.

Und sie küßten einander und liebten einander und ließen nimmer, nimmer voneinander – die deutsche Sprache und der junge Dichter.

DER DICHTER

Noch mit dem Hauche deines ersten Kusses
auf meinem Mund ging ich in die Kanzlei
von C. V. Gold und fragte: „Bleibt's dabei
hinsichtlich unseres Vertragsentschlusses?"
Das Fieber loht in mir
noch mit dem Hauche deines ersten Kusses.

Und mit dem Dufte deines lieben Haares
in meiner Nase heischt ich zehn Prozent
vom Ladenpreise des im Sortiment
condition verkauften Exemplares.
Ich weinte fast –
bei der Erinnerung deines lieben Haares.

Was auch an Vers mir aus der Seele fließen,
aus unsrer jungen Liebe sprießen mag:
mein heute abgeschlossener Verlagsvertrag
mit C. V. Gold wird es schon in sich schließen.
Ich unterschrieb...
nun laß mich das Gefühl in Formen gießen.

DIÄT

Frau Tonis erstes Verhältnis war ein junger Dichter.

Er sagte:

„Die Bestimmung deiner Seele ist: in einem zarten Gehäuse zu wohnen. Es wäre Barbarei, dein wunderbares Skelett, die Elfenbeinschnitzerei eines kunstfertigen Gottes, mit Fettmassen zu polstern. Also: Bitterwasser; Tee ohne Zucker; kaltes Gemüse; Zwieback. Fertig."

Nach zwei Monaten sah sie aus wie ein Überseepapier. Wenn sie im Mondschein am Fenster stand, warf sie keinen Schatten.

Wenn sie im Bett lag, strich der Dichter über die Decke und seufzte:

„Wo nur die Toni bleibt?"

Hierauf betrog sie den Dichter mit Robert Wellmann.

Wellmann sprach:

„Ich liebe, weißt du, die Frauen von Rubens. Ich liebe, weißt du, den Perlmutterglanz ihrer Haut; den rosigen Schimmer strotzender Brüste. Tizians Flora gefiele mir, weißt du, wenn sie um eine Idee voller wäre. Also: vier weiche Eier zum Frühstück, Kaviar, ein Glas Milch, weißt du, Beefsteak la Tartare und Polenta."

Nach kurzen Wochen zog sich der Dichter von Frau Toni zurück.

Wellmann tat desgleichen, als Frau Toni kurzatmig wurde.

In diesem Zustand heiratete sie einen Bankgouverneur.

Die Ehe ist glücklich.

Der Herr Bankgouverneur war vordem ein Schürzenjäger, weil ihn nur Abwechslung reizte.

Jetzt hat er die Abwechslung im Ehebett: alljährlich im Oktober fängt Frau Toni an, für einen Maler zu schwärmen, und schafft ihrem Mann einen warmen, weichen Winter; im Frühjahr berauscht sie sich an einem Dichter, worauf ein kühler, trockener Sommer folgt.

POETIK

Ein Mann allein . . . . Lyrik
Zwei Männer . . . . Ballade
Ein Mann und eine Frau . . . . Novelle
Zwei Frauen und ein Mann . . . . Roman
Zwei Männer und eine Frau . . . . Drama
Zwei Männer und zwei Frauen . . . . Lustspiel

Aus einem Buch abschreiben, gibt: ein Plagiat.
Aus zwei Büchern abschreiben, gibt: einen Essay.
Aus drei Büchern wird: eine Doktordissertation.
Aus vier Büchern: ein fünftes gelehrtes Buch.

DER NACHGIEBIGE

In Prag meldete sich ein Mann bei mir – telephonisch, schriftlich und zuletzt in Person: Herr Teller. Er wird mir unvergeßlich bleiben – schon weil er „Euer Hochgeboren" zu mir sagte.

„Euer Hochgeboren, der Zweck meines Besuches ist: daß ich ein Gedicht auf Hochgeboren gemacht habe."

„Wie hübsch von Ihnen, Herr Teller! Muß ich es gleich lesen?"

„Stecken es ein, Hochgeboren, und lesen es später! – Aber ich rechne auf eine Erwiderung."

„Ich soll nun meinerseits ein Gedicht auf Sie machen, Herr Teller?"

„Nein. Eine Gefälligkeit sollen mir Hochgeboren erweisen. – Ich bin Kaufmann."

„Ein schöner Beruf."

„Er freut mich nicht. Ich möchte weg von hier – nach München. Und bitte um die Fürsprache Eurer Hochgeboren."

„In München, Herr Teller? Da lebe ich ja gar nicht mehr."

„Um so besser. München, heißt es, ist in Niedergang. Gehe ich schon lieber an den Rhein."

„Herr Teller, ich warne Sie. Am Rhein gibt es viel Arbeitslose. Sie werden schwer unterkommen."

„Meinen, Hochgeboren? Dann verzichte ich. Ich werde nach Berlin machen und von meiner Dichtkunst leben."

„Ich fürchte, Sie werden Enttäuschungen erfahren; es müssen zahllose Autoren von Namen darben."

„So? Na, so häng ich halt die Leier an den Nagel. Und versuchs in der Politik."

„Welcher Partei gehören Sie an, Herr Teller?“
„Gar keiner.“
„Wie wollen Sie dann Ihren Unterhalt mit Politik verdienen?“
„Geht das nicht, Hochgeboren?“
„Mir ist kein Weg bekannt…“
„Nicht?? Schadt nichts. Ich mach mir ohnehin nicht viel aus Politik. Aber wie wäre es mit dem Sport, Hochgeboren? Sport ist doch im Aufstieg?“
„Haben Sie starke Begabung dafür, Herr Teller? Auch dies Gebiet ist nämlich recht übervölkert.“
„Ha! Laß ich den Sport.“
„Herr Teller, ich rate Ihnen: schlagen Sie sich alle phantastischen Pläne aus dem Kopf, bleiben Sie auf Ihrer sichern Stelle – in Prag – und bleiben Sie, was Sie sind – Kaufmann!“
„Glauben, Hochgeboren? Schön. Bleib ich eben.“
Er hatte sich erhoben und blickte nachdenklich. Dann sprach er:
„Alsdann bitt ich wieder um das Gedicht. Ich werd es umarbeiten. Auf Hochgeboren Heinrich Mann.“

DER STOFF

Ich habe einen kleinen Sohn. Ferner hab ich eine Katze.
Eines Tages wird die Katze krank. Da sagt Großmama:
„Die Katze muß zum Tierarzt.“
„Ha!“ ruft mein Sohn, erstaunt und erschrocken. „Tierarzt? Tierarzt? Welches Tier ist denn Arzt?“
Diese schlichte Begebenheit ließ mich einen Blick tun auf den Grund der Kinderseele. Wie unmittelbar, wie ergreifend richtig: Der Menschenarzt ist ein Mensch; also wird der Tierarzt wohl ein Tier sein. Welches von den vielen? Der weise Uhu, der schlaue Fuchs, der habgierige Hamster?
Und als ich bald darauf in der Straßenbahn dem Dichter Beer-Hoffmann begegne – er ist mir als Kinderanbeter bekannt –, erzähle ich ihm brühwarm die Geschichte.

Sechs Wochen später steige ich in die Straßenbahn. Beer-Hoffmann sitzt darin; begrüßt mich und beginnt:

„Ich weiß, Sie sind Kinderanbeter. Da muß ich Ihnen was erzählen: Wir haben eine Katze. Eines Tages wird die Katze krank…" (Folgt wörtlich meine Geschichte.)

Diese schlichte Begebenheit ließ mich einen Blick tun in den Abgrund der Dichterseele. Der Dichter hatte sechs Wochen mit dem Problem gerungen – es war sein geworden.

Beer-Hoffmann stieg aus, ich fuhr in tiefem Sinnen weiter.

„Hallo, Roda", rief eine Baßstimme. „Warum so nachdenklich?"

Wer war's? Fräulein Kügele, die feine Psychologin.

Ich erzählte ihr: „Ich habe eine Katze…" (Die ganze sonderbare Sache – bis zum Aussteigen Beer-Hoffmanns.)

Zwei Wochen danach las ich es von A bis Z im „Muntern Seifensieder". Titel: „Der Poet und der Hund. Originalsatire von Anneliese Kügele."

Dies Erlebnis deckte mir die Seelenklüfte der deutschen Schriftstellerin auf.

Drei Monate Pause.

Es kamen jene schönen Maientage, da der Winter in München einzieht, um hier Sommeraufenthalt zu nehmen. Ich traf Artemisius Pflanz-Brei im Englischen Garten. Er zog die Brauen hoch und ließ die Mundwinkel fallen. Ich kenne das: wenn er die altchristliche Miene umhängt, wünscht Pflanz-Brei gefragt zu werden, welche Thesen er wälze.

Ich in meiner Höflichkeit, die mich hilflos macht im Leben, fragte.

Und Pflanz-Brei gab Bescheid:

„Mir dämmern wie erstes Morgengrauen Träume von der Schlange, die in einer Hütte lebt, einer brahmanischen Greisin; einem Hinduknaben; die Schlange ist krank; der Sänger tritt hinzu… Nebelferne; vor tausend Millionen Jahren muß ich es in einer frühern Inkarnation erlebt haben. Wenn ich es greifen will, zerrinnt es mir unter den Händen. Und doch ist mir, als hätte mein Ahnherr solch ein Kapitel der Bhagawadgita geschrieben…"

Diese Rede gewährte mir einen Blick in die Seele des deutschen Mystikers.

Nun bin ich auf alles gefaßt:

Mitte Juli war die Geschichte noch von Hanns Heinz Ewers (schrecklich grausig). Nicht für lange: Spätestens im Dezember wird sie von Bert Brecht sein.

DER HERAUSGEBER

Es sind in einem Leipziger Verlag Goethes Briefe an Frau von Stein erschienen, Auswahl in fünf Bänden, erläutert und herausgegeben von Professor Dr. Hermann Camillo Kellner, einem Zwickauer Schulmann.

Im ersten Brief redet Goethe seine Freundin an: ‚Liebe Frau'.

Im zweiten Brief: ‚Liebste Frau'.

Hierzu Fußnote des Herausgebers:

„Die Leidenschaft steigt!"

BERÜHMT

Die kleine Frau Horwat sitzt am Frühstückstisch und wartet auf ihren Gemahl. Er hat heute Geburtstag.

Vor ihr stehen ein Blumenstrauß und ein frisch angeschnittener Kuchen. Dazwischen liegt eine Zigarrentasche mit kunstvoll gesticktem Monogramm und – ein funkelnagelneues Buch.

Dieses Buch streift die junge Frau mit ängstlichen Blicken. Es ist ein Band wie tausend andere: mäßig dick, im üblichen Oktavformat, rot eingebunden, mit Goldschnitt. Wenn man näher zusieht, findet man aber doch etwas Besondres daran – den Titel:

„Frauen-Lieb und Leid, Novellen von Andreas Horwat."

Frauen-Lieb und Leid – du lieber Gott, darüber kann Frau Horwat mitreden.

„Guten Morgen, Marie!" Der Herr Professor ist eingetreten. Ein Mann hoch in den Vierzig, mit spärlichem Haarwuchs.

Marie springt auf und reicht ihm beide Hände.

Der liebste Schatz runzelt die Stirn.

„Guten Morgen! Einen schönen Glückwunsch zum Geburtstag, liebster Schatz!"

„Ach so, ja, ich danke dir, Kind. Ist der Kaffee da? Ich habe um neun Uhr Kolleg."

Sie füllt mit zitternden Händen seine Tasse.

Andres hat das Bukett ergriffen und riecht daran.

„Das ist wohl für mich?" Er langt nach der Zigarrentasche. „Ah, sehr hübsch, wirklich sehr hübsch, Marie! Leg es in meine Schreibtischlade."

Die junge Frau hat eine Serviette über das Buch geworfen. Eine Viertelstunde findet sie nicht den Mut, ihre Hauptüberraschung darzureichen.

Endlich sagt sie mit unsicherer Stimme:

„Andres, ich habe noch etwas für dich. Früher – nämlich als ich mein Geschenk zu arbeiten anfing – da dachte ich ganz sicher, daß es dir Freude machen würde. Jetzt... fürchte ich mich ein wenig..."

„Nun, was ist's denn?" fragt er herablassend. Kann die Frau kindisch sein!

„Du bist ein Feind der Blaustrümpfe, Andres. Und ich habe immer – schon als junges Mädchen – ein wenig geschriftstellert... Vor ein paar Monaten habe ich Nagy... ein Bändchen Novellen geschickt... Er hat es in Verlag genommen."

Der Professor macht immer rundere Augen.

„Und, Andres, weil ich wußte, daß du es nicht gern sähest, wenn deine Frau... und ich wollte dir eine Freude machen... da habe ich es... habe ich es unter... deinem Namen veröffentlicht."

Sie hat mit heroischer Anstrengung vollendet und zieht das Tuch weg. Der Band liegt da in seiner ganzen aufdringlichen Röte und zeigt in glänzenden Goldlettern den Namen „Andreas Horwat".

Eine Weile bleibt es still.

Marie sitzt und wartet. Sie wartet eigentlich ganz bestimmt auf ein dankbares Lob ihrer Selbstentäußerung. Es ist ihr doch, weiß Gott, trotz aller Liebe ein wenig schwer gewesen, auf ihre Autorschaft zu verzichten.

Der Professor wartet auch. Er wartet, daß er aus dem tollen Traum erwache. Denn daß diese – diese Frechheit seiner Marie Wirklichkeit wäre, nein, das ist unmöglich!

Die Sonne scheint durch die herabgelassenen Vorhänge auf den Tisch, die Rosen duften, vom Ring tönt das Klingeln der elektrischen Bahn, das Rollen der Fiaker... es ist Wirklichkeit.

Er nimmt das Buch und liest den Titel.

„Das ist zuviel!" schreit er zornig. „Weibergeschichten, süßlichen Firlefanz hast du gewagt, unter meinem Namen, unter meinem geachteten Namen zu veröffentlichen. Das ist unerhört. Du hast mich unmöglich gemacht, du... du Gans!"

Marie ist wie versteinert.

„Ich... ich dachte, du würdest dich freuen", bringt sie mühsam hervor.

„Freuen!" ruft er und lacht grell auf. „Freuen! Schämen muß ich mich. Das wandert noch heute in den Ofen, verstehst du? Das und die ganze Auflage. Das muß spurlos vom Erdboden verschwinden."

„Unmöglich, Andres! Das Buch ist bei allen Redaktionen, und hier" – sie hält ihm eine Zeitung entgegen – „hier ist die erste Kritik. Eine... gute Kritik."

Er überfliegt die Zeilen: „...wirkliches Talent... feine Seelengemälde... Frauenstudien..."

Die Tür schmettert ins Schloß. Der Herr Professor stürmt auf die Straße, und Frau Marie versteckt schluchzend die feinen Seelengemälde unter einen Stoß von Tischtüchern im Wäscheschrank.

Drei, vier Tage gehen die Eheleute grollend aneinander vorüber. Drei, vier Tage überlegt er, was zu tun wäre. Daß er in seinen Kreisen lächerlich gemacht ist, sobald erst die Geschichte von seinen „feinen Seelengemälden" ruchbar wird, das steht felsenfest. Zu dumm! Wenn dieses Frauenzimmer wenigstens noch sechs Wochen gewartet hätte, bis er Ordentlicher Professor ist! Aber nein. Grade jetzt muß sie ihre Bombe platzen lassen, grade jetzt.

Die öffentliche Kritik – nun, die wird schonend darüber hinweggehen. Man wird ein paar höfliche Phrasen sagen, weil er eben der Professor Andreas Horwat ist. Aber was werden die Leute unter sich, und was werden seine Intimen sagen?

Schon am nächsten Donnerstag, als er in den Siebnerklub tritt, wird ihm darüber Gewißheit. Wenn sich Herr Tarhonya, der kleine Sekretär im Unterrichtsministerium, diese Gelegenheit erspart hätte, einige Witze anzubringen, wär's ein Wunder gewesen. Professor Horwat tut so widerhaarig, wie man ihn nie vorher gesehen hat.

Freitag morgen liest er gespannt die Zeitung – zum erstenmal im Leben die Rubriken „Kunst und Literatur“ und „Vom Büchermarkt“. Zu seiner unsäglichen Freude ist „sein“ Buch nicht genannt.

Sonnabend klopft ihm sein Kollege Mihaly auf die Schulter. Er doziert neue Literatur und ist der Büchermann des „Budapesti Hirlap“.

„Mein lieber Andres“, sagt er, „was hast du eigentlich mit deiner ‚Harfensängerin‘ beweisen wollen? Wenn du die Geschichte mit dem Tod Hannas geschlossen hättest...“

Professor Horwat sieht den Kollegen durchdringend an und furcht die Stirn. Er erwägt, ob es nun heraus müsse, daß sich seine Frau, seine streng beherrschte, folgsame Frau, den dummen Streich erlaubt hat, ihr Buch unter seinem Namen herauszugeben. Er erwägt, ob es ihn weniger lächerlich mache, ein schlechtes Buch verfaßt zu haben, oder als Held einer mehr als eigentümlichen Familienaffäre dazustehen.

„Mihaly, sag mir als Freund und Kollege – ist das Zeug etwas wert?“ – „Ich selbst verstehe nichts davon“, setzt er in Gedanken hinzu.

„Nun, lieber Freund“, antwortet Mihaly, „da du mich so eindringlich fragst: Ja. Es ist etwas darin, was die ungarische Literatur noch nicht besessen hat. Es wird Aufsehen erregen. Es wird viel, sehr viel Staub aufwirbeln.“

Andres Horwat fühlt einen kalten Schauer über den Rücken gleiten.

Und Mihaly fährt fort:

„Ich wage sogar, zu behaupten, daß auch das Ausland Notiz von deiner Arbeit nehmen wird. Aber, du vertrittst da Ansichten, die ich nicht teile. Ansichten, die wir alle bekämpfen, du bis gestern, wir andern heute und in alle Zukunft. Wenn du, zum Beispiel, den Karl in der ‚Weltfabel' sagen läßt…"

Professor Horwat unterbricht ihn hastig:

„Auf Einzelheiten einzugehen, erlaubt mir leider meine Zeit nicht."

Und schon ist er fort.

Er läuft in die nächste Buchhandlung und fragt mit erzwungener Ruhe:

„Haben Sie vielleicht Professor Andreas Horwats…"

„Jawohl – o natürlich – bitte, sofort", antwortet der Kommis geschäftig, „Frauen-Lieb und Leid."

„Was", fragt der Professor entsetzt und versucht zu lächeln, „so viele Exemplare haben Sie davon? Wird es denn so viel gekauft?"

„Gewiß, die ersten zehn sind gestern weggegangen – heute haben wir dreißig nachbestellt und schon sechs abgegeben."

Andres zahlt und läuft. Läuft eilig nach Haus, sperrt sich ein und liest.

Die Lektüre stimmt ihn nicht milder. Die Sache ist ja so übel nicht – er hätte das seiner Marie eigentlich gar nicht zugetraut, aber… viel hält er nicht davon. Trotzdem entschließt er sich, die Familienaffäre zu vermeiden.

Er küßt seiner Frau die Stirn und sagt gütig:

„Mein Kind, das Malheur ist nun einmal geschehen. Wenn du aber nächstens wieder etwas schreibst, so gib es mir im Manuskript, ich werde sprachliche Feilen daran legen."

„Ich werde nicht mehr schreiben, Andres", erwidert Marie demütig.

Byron stand eines Morgens auf und war berühmt. Andres Horwat ging es nicht anders. Sonntag war in Budapest kein

Blatt, das sich nicht irgendwie mit ihm beschäftigte. Man schrieb für und wider. Zu Mittag waren zwei Interviewer da, und die Post brachte Verlegerangebote, Einladungen zur Mitarbeit, zwei Anträge deutscher Übersetzer, Probenummern und – sogar die Bitte um ein Autogramm.

Ein Photograph kam, um eine Aufnahme von ihm für das Schaufenster von Calderoni zu machen.

Jeden Tag neue Überraschungen. Mittwoch ward Professor Horwat Ehrenmitglied des Dramatischen Vereins, Donnerstag bat ihn der Pensionsfonds der Schauspieler, eine Vorlesung zu halten, und Freitag bekam er von allen literarischen Klubs, deren Mitglied er noch nicht war, Adressen. Alle, auch die entferntesten Bekannten beeilten sich, ihn zum Souper zu laden.

Ihn. Denn sie war nur das Anhängsel ihres glänzenden Gatten. Viel zu schüchtern und unbedeutend für die geistreiche Gesellschaft.

Ein Redakteur des „Pester Lloyd" bat ihn persönlich um einen Beitrag für sein Blatt. Horwat bedauerte unendlich, daß seine karge Zeit ihm nicht erlaube, sich ganz der Schriftstellerei zu widmen.

Ein bekannter Dichter, dessen Stücke im Lustspielhaus sehr gefallen hatten, machte ihm seine Aufwartung, erinnerte Andres an einen fidelen Abend, den sie angeblich bei Drechsler zugebracht hätten, und machte ihm den Vorschlag, Andres' Novelle „Der Eremit" zu einem Lustspiel umzuarbeiten. Er schilderte in glühenden Farben die Effekte, die er sich dafür ausgedacht hatte, und baute vom Fleck weg Aktschlüsse mit den verzwicktesten Situationen.

Eines Morgens, er hatte eben einen liebenswürdigen Brief Koloman Mikzaths gelesen, des berühmten Autors und nunmehr Kollegen, sagte Horwat seiner Frau:

„Du, Marie, schreib irgend etwas – denn endlich muß ich doch wieder ein Feuilleton veröffentlichen..."

Er lächelte verlegen dazu.

Marie ist selig und schreibt. Ihr Mann sonnt sich im Glanz seines Ruhmes.

Wenn sie eine Arbeit beendet hat, legt sie sie ihm vor. Er feilt, verbessert sie nicht immer und spinnt sich so tief in den Stoff ein, daß er Geist von seinem Geist wird. Er verkehrt im Verein der Schriftsteller und fühlt sich sehr wohl unter gleichgestimmten Seelen. Grade an den Vereinsabenden arbeitet sie am fleißigsten.

Da geschieht ein großes Unglück.

An einem kalten, regnerischen Herbstabend – das Ehepaar Horwat kehrt von einer Soiree zurück – erkältet sich Marie und stirbt an einer Lungenentzündung.

Seit ihrem Tod findet man in den Blättern immer wieder die Klage, daß der begabte vaterländische Dichter Andreas Horwat, erschüttert durch den Verlust seiner heißgeliebten Frau, der Dichtkunst vollkommen entsagt habe.

Er hat es – und das steht nicht in den Zeitungen – erst nach etlichen verunglückten Versuchen getan.

GANGHOFER

Ein Erlebnis Ludwig Ganghofers, das er mir einmal erzählt hat:

Er hatte als Schüler auf dem Gymnasium zu Regensburg ein langes Lied verfaßt: „Sehnsucht". Es schilderte die ferne Waldheimat. „Und schaue ich" (hieß es da ungefähr) „im Geist die vertrauten Berge wieder, die blühenden Täler –

– da denk ich nur das eine:
Ich weine!"

Jede Strophe schloß mit dem Kehrreim:

„Da denk ich nur das eine:
Ich weine!"

Es gelang dem jungen Dichter, das Lied in einer Zeitung unterzubringen.

Stolz las Ganghofer eines Sonntags sein Gedicht gedruckt.

Doch wie schrecklich hatte ein Druckfehler die letzte Strophe verstümmelt!

„Ich seh die Anverwandten alle –
Mit geistgem Aug, so fern sie sind.
Der Oheim sitzet in der Halle –
Die Tante wiegt ihr blondes Kind.
Der Vetter füttert seine Pferde,
Die Base kocht und bäckt am Herde –
Da denk ich nur das eine:
Schweine!"

Als Ludwig Ganghofer 1881 sein erstes Lustspiel aufführen ließ, „Anfang vom Ende" –, auch da versauerte ihm ein Druckfehler den Erfolg. Ein Wiener Blatt schrieb, man habe sich vorzüglich unterhalten bei dem Erstlingswerk „des blinden Aasgeiers".

Es sollte natürlich des blonden Allgäuers heißen.

Einst hielt Ludwig Ganghofer einen Vortrag in Schwerin. Er sagte sich: „Heute mußt du hochdeutsch reden, sonst versteht man dich hier nicht."

Und er bemühte sich heiß, der Mundart seiner oberbayerischen Väter auszuweichen, das blankste Schriftdeutsch zu sprechen.

Als er aber, schweißtriefend ob so ungewohnter Anstrengung, vom Podium abtrat, mußte er durch den Garderoberaum des Publikums.

Und hörte zwei alte Damen reden:

„Haben Sie *een* Wort verestann? Ich nich."

ROSEGGER

Was kann ich dazu, was kann ich dafür, daß Gott ein heimtükkisch-mißtrauisches Herz in meinen Busen pflanzte? Wenn da einer meiner Zeitgenossen so für recht bürgerbrav und bieder gilt, da flüstert das häßliche Mißtrauen in mir, ob der Mann nicht am Ende virtuos posiere, ob er nicht im Tiefinnern ein schlechter Kerl sei?

Also wandte sich einmal zu toller Stund' die Bosheit in mir gegen den guten, alten Rosegger, der doch wahrhaftig die Lauterkeit selber war, und ich glaubte ihm plötzlich sein stoansteirisches Gmüat nicht, seine kreuzehrliche Waldhoamat und 's patzwoache Sölnleben. – Just waren die schäbigen Reste der elf Scharfrichter auf Gastspiel in Graz, mit ihnen Arcus Troll und ich.

Arcus Troll – Ostpreuße, Bildhauer, Maler, Dichter und Rezitator, sprach zu mir: „Weißt du Bescheid in Graz? Hier jibt es doch den ausjezeichneten Loden. Kannst du mir einen guten Schneider empfehlen?"

Da antwortete, ohne den Verstand zu befragen, mein heimtückisches Herz:

„Es lebt ein sehr berühmter Schneider hier von europäischem Ruf – Herrengasse Nr. 10, zwei Treppen links."

Das war die Wohnung Roseggers, und Rosegger ist in seiner Jugend Schneider gewesen.

Als nun Arcus Troll bei Rosegger erschien und dem Meister zumutete, ihm einen Anzug anzumessen – da wurde der alte Herr nicht etwa fuchsteufelswild, sondern er blickte Arcus Troll nur prüfend in die Augen und sprach:

„Wer hat Sie zu mir geschickt?"

„Mein Frejnd Roda Roda; er weiß gut Bescheid in Graz."

„Ich übe aber das Gewerbe nicht aus", antwortete Rosegger. „Seit Jahren nicht mehr."

Da krümmte Arcus Troll ein artiges Buckelchen. – „Verzeihen Sie! Guten Tachch!" – und ging. Ahnungslos, wie er gekommen war.

Ich aber, als ich aus Trolls Mund den einfachen Hergang erfuhr – was nun? Was tun, wenn der alte Meister Rosegger mich zur Rede stellt?

Ich legte mich im Gasthof zu Bett und gab Order: ich sei krank, wolle niemanden sehen und mit niemanden sprechen.

Am anderen Morgen klopfte es zag an meine Tür – ganz zag

– und herein tritt ein eisgraues, zartes Männchen mit goldener Brille.

Rosegger.

„Sie sind krank, höre ich", sagte er melancholisch.

Ich zähneklappernd: „Jawohl, krank. Katarrh."

Da wird das Männchen lebhaft. – „Sie sollen sich nicht ins Bett mummeln, glauben Sie mir! Glauben Sie mir! Kalt Wasser, Eiskompressen! Es ist das einzige. Ich habe Erfahrung, leide oft an Katarrh... Wo ist doch die Klingel? – Stubenmädchen! Ach Fräulein, bringen Sie rasch ein Becken kaltes Wasser und aus der Küche Eis! Handtücher! – Nein, nein, wehren Sie sich nicht. Glauben Sie mir, Herr Roda! – Sie sprechen von Bemühen? Bitte, bitte, bitte – ich tu es gern – man muß den Menschen beistehen, wo man kann – besonders Leuten, die hilflos krank sind in der Fremde. So – so – eine Eiskompresse über die ganze Brust! Oh, schütteln Sie sich nicht – es ist gesund. Wenn die erste Kompresse am Körper lau geworden ist, kriegen Sie gleich eine zweite – und ich verlasse Sie nicht, eh Sie wohlauf sind."

– – – Als er endlich, mittags, gegangen war, der alte Herr, nach dreizehn Eiskompressen...

Wirklich, ich wußte erst recht nicht: ist er bürgerbrav und bieder? Grundgut und edelhilfreich?

Oder ein ganz raffiniert abgefeimter, rachsüchtiger Unmensch – dieser Petri-Kettenfeier-Rosegger?

WEDEKIND

Vor vielen Jahren war's, da kam Frank Wedekind nach Berlin. Es war eben zur Zeit, als er am schwersten um seine Anerkennung ringen mußte.

Er trat – in Begleitung einer kleinen Kabarettdiseuse – ins Bierhaus Siechen und fand da Hartleben.

Rasch wollte er sich abwenden, denn er war auch mit Hartleben zerkracht.

Da erhob sich Hartleben, ging auf Wedekind zu und begrüßte ihn:

„Frank – wenn alle dich anfeinden, will wenigstens ich mich mit dir versöhnen. Reich mir die Hand!"

Wedekind antwortete gerührt:

„Gestatte, lieberr Otto Errich, daß ich dirr zum Zeichen meines tiefen Dankes dieses junge Mädchen dediziere."

Lange vor dem Krieg pflegte Wedekind wahrzusagen:

„Der Militarismus Europas – vierzig Jahre Probe und keine Aufführung... Schrecklich, schrecklich, wie das Stück einst durchfallen wird!"

Felix Holländer traf im Jahr seines Todes Wedekind in Zürich. W: In diesem Jahr werde ich sterben. Wie kommen Sie auf den sonderbaren Gedanken? Ich fühle mich krank, und ich habe mein Lebenswerk erfüllt. Es war sehr schwer, hier Wohnung zu finden. Endlich fand ich ein möbliertes Zimmer. Die Knie wankten mir, als ich merke, es ist das Zimmer, in dem ich „Frühlings Erwachen" geschrieben habe. Da sah ich, daß mein Kreis vollendet ist.

BEKENNTNISSE

Die Wiener Verlagsanstalt G.m.b.H. fragte mich: ob ich wohl ein Buch österreichischer Anekdoten für sie schreiben könnte.

Ich antwortete der Wahrheit gemäß:

„Schreiben könnt' ich das Buch schon, aber ich will nicht."

Man wirft mir vor, ich produziere zu viel, zu wahllos, und schade dadurch meinem Ruf.

Unsinn. Ich halte mich an das Beispiel Gottes: was hat Gott nicht alles geschaffen – wieviel Mist ist darunter – und was hat Gott für einen Namen!

Ich rasierte mich, wusch mir sauber den Hals – dann fuhr ich mit der Tram zu Glinkes Nachfolger.

Eine Lawine fiel mir vom Herzen: ich fand ihn freundlich und aufgeräumt. Er ist überhaupt ein famoser Mensch; raucht Zigaretten – schon das macht mir ihn sympathisch. – Glinke selbst hatte dicke Zigarren gemummelt, darin blieb immer gut die Hälfte seiner Versprechungen stecken. Und Glinkes Vorgänger erst – oh! er priemte. Da konnte er absprechende Urteile über meine Werke furchtbar verstärken. – Ich würde nie mehr Bücher einem Verleger anbieten, der Tabak kaut.

„Tach!" rief Glinkes Nachfolger fröhlich, „Tach! Wat sagen Se zu meinem Erfolg mit Dürkheimers Lustspiel? Unerwartet – wie? Am 1. November hatten wa die Uraufführung hier im Thaliatheater – nich wa? Am 10. November feierten wa das fünfundzwanzigste Jubiläum – Ende November das hundertste. Dabei son Mist. Aber gerade das gefällt. Geben Se acht – der Mist läuft noch bis in den Frühling – im Mai sehen Se eine rotgedruckte, lorbeerumkränzte „1000" an de Litfaßsäulen prangen. Nu rechnen Se erst die Provinz dazu! Und der Stuß ist schon ins Lappländische übersetzt, ins Özbegische und Österreichische."

„Darum eben", begann ich bescheiden, „darum eben, Herr Glinke, komme ich zu Ihnen. Sie sollten auch für mich etwas tun; für meinen Roman."

„Richtig, Ihr Roman!" schrie Glinke. Ein Klingelzeichen gellte hinüber zur Sekretärin. – Schon erschien sie rotblond in der Tür.

„Schnucki-Gucki", sagte Glinke, „gucki mal nach dem Akt Roda Roda und schnucki mir ihn mal rüber!"

Sie kam nach einer langen Weile und sagte:

„Ich kann nichts finden. In der Korrespondenz kommt Roda überhaupt nicht vor."

Glinke – mehr für sich: „Sonderbar." – Zu mir: „Wie steht denn die Sache überhaupt? Is der Roman schon erschienen?"

Ich: „Herr Glinke!! Erinnern Sie sich denn nicht? ‚Die Mutter im Moor'. Erstes bis vierzigstes Tausend."

Glinke: „Natürlich, natürlich. Famose Sache. Geht doch ooch soweit janz jut – nich? Drei- oder vierhundert Exemplare müssen schon abjesetzt sein, wenn ich mich recht besinne. Die Restauflage – ebenfalls son Stücker drei-, vierhundert – na, die bringen wa schon noch an, verlassen Se sich drauf."

„Aber dann, Herr Glinke! Aber dann?!"

„Jott, dann drucken wa gleich das 70. bis 210. Tausend – wieder achthundert Stück."

„Heißen Dank, Herr Glinke!"

„Na also? Wenn et weiter nischt is? Auflagen könn se bei mir in jeder Höhe haben."

„Und... Honorar?"

„Immer kommen mir die Herren mit dem Honorar! Sehen Se, ich als Verleger muß sagen: mein Unternehmen is lang nich so bloß auf Erwerb jerichtet wie Ihrs. Da sollten Sie sich 'n Beispiel nehmen an die Autoren, die wo schon über dreißig Jahr tot sind. Wie die aber auch im Buchhandel jehen! Wie die warmen Semmeln. Na, lassen Se nich den Kopf hängen!" Er drückte mir feucht die Hand zum Abschied. „So richtig volkstümlich wird 'n Autor erst nach dem Tode. Mut! Auch Ihre Zeit wird kommen, lieber Roda. Auch Ihre Zeit."

DAS TELEPHON

Ich: „Hallo, hallo! Ist dort das Sekretariat des Komödienhauses? Wollen Sie mich mit Direktor Barnowsky verbinden?"

Eine Stimme: „Wer spricht, bitte?"

„Roda Roda."

Die Stimme: „Einen Augenblick – ich werde sehen."

– – – Nach einer Weile: „Bedaure, Herr Direktor ist seit vier Monaten verreist."

DER FESTTAG

Womit alles die Malersleute zu tun haben: den sieben Farben des Regenbogens in Öl und Wasser; mit Sepia, Beinschwarz, Tusche, Kohle; mit Bleistift, Firnis, Leim und Eiern; Gips, Mörtel, Graphit; und immer wieder mit Kohle.

Jeder hat seine Technik; drückt, zum Beispiel, den Ocker in Würstchen aus der Tube, schmeißt mit einem Löffelstiel Dreckhäufchen auf das Bild, verteilt sie mit dem Daumen, kratzt sie mit dem Nagel des Zeigefingers zurecht – und wenn die Dreckhäufchen hübsch getrocknet sind, schleift er sie mit Glaspapier und Messer wieder ab. – Ein schmieriges Gewerbe.

– – – Man sehe sich aber unsern Alois Ginsler an: eine Narzisse. Blütenrieselweiß der Kragen, weißgolden das Haar, und Backen wie Wildrosen. Er hat Hände – keine Fürstin hätte sich ihrer zu schämen. Hosen, bitte, mit Bügelfalten, mit Bügelfalten, bitte. Seidenhemd. Diamantnadel. Oben blanke Augen, unten Stiefel mit Lackspitzen. So ist Alois Ginsler; ein Elegant.

Seit er nämlich die Erika Schlips geheiratet hat. Man sollte nicht glauben, was Musikerinnen für Hausfrauen sein können. Alles in ihrem Umkreis ist quintenrein. Auf ihrem Ruf, auf ihrem Flügel ist kein Stäubchen. Die Wohnung eine Vitrine von Kristall. Und so leuchtendsauber wie ihre Wohnung, wie ihr Ruf, ihre Seele ist auch ihr Mann, der Alois Ginsler.

Einmal fahren wir auf einem italienischen Dampfer im Mittelmeer – große Gesellschaft – Alois Ginsler darunter, seine Erika und ich.

Wir nähern uns Corfu; es ist Mittag; wir in den Liegestühlen.

Da fällt mir ein: ich habe seit dem Morgen Ginslern nicht mehr gesehen; wo bleibt er denn?

„Unten in der Kajüte“, sagt Frau Erika und lächelt.

„In der Kajüte? Bei so blauer See? – so zartem Wind?“

„Lassen Sie ihn!“ sagt Frau Erika. „Er hat heute Geburtstag. Und an seinem Geburtstag – dieses Recht hat er sich bei der Verlobung vorbehalten –, einmal im Jahr darf Alois leben, wie er will: da bleibt er bis elf im Bett, frühstückt im

Bett – da wäscht er sich nicht, putzt sich nicht die Zähne, rasiert sich nicht und wechselt keine Wäsche. Kurz, da darf er ein Ferkel sein – einmal im Jahr, an seinem Geburtstag –, darf leben, wie alle Männer, ach, so gerne lebten, wenn es keine Frauen gäbe. –

Ich aber will ihn so nicht sehen lassen – hockt er halt in der Kajüte."

ICH HABE GEFILMT

Es gibt ein Stück von Carl Rößler und Roda Roda, „Der Feldherrnhügel"; ist vor und nach dem Krieg oft gespielt worden; sehr oft; in Berlin vielleicht tausendmal.

Nun haben es die Filmmenschen jetzt mit dem Militär – kein Wunder, daß sie ihre hervorquellenden Augen endlich auf unsre Komödie richteten. Der Angriff des Films auf den Feldherrnhügel geschah so, daß man uns erst aus der Ferne, dann immer mutiger plagiierte – worauf telephonische Aufforderungen ergingen, das Werk, wie es stand, dem Feind zu übergeben. Man wandte alle im Krieg bewährten Mittel an: Aushungerung, Bestechung; lähmte die Zuversicht der Verteidiger, indem man Pressenotizen lancierte: wir seien schon gefallen. Ein goldbeladener Esel in Gestalt eines Münchener Agenten drang in die Bresche. Durch Kettenhandel kam das Sujet dann – über Wien und Budapest – in den Besitz einer Berliner Firma.

Ich wollte die Gelegenheit, Geld zu verdienen, nicht vorübergehen lassen und erbot mich, eine Rolle in der Filmkomödie zu übernehmen. Etwa den Korpskommandanten, im letzten Akt. Den Filmleuten gefiel der Vorschlag: immerhin ein wenig Reklame für das Stück. Es kam zu Gageverhandlungen. Ich verlangte erkleckliche Summen – man liest doch immer, wieviel die Mary Pickford bezieht und was Charlie Chaplin für eine herrliche Villa hat. Die Filmidioten lachten mich aus. Ich ließ nicht locker und drängte. Endlich bewilligten sie mir eine Fahrkarte dritter Klasse München–Wien und für jeden Aufnahmetag zwanzig Mark. In den Blättern erschien eine Nachricht: es sei den Filmioten unter kolossalen Opfern gelungen, den berühmten Schriftsteller für die Darstellung zu gewinnen.

— — — Montag, den 14. Juni traf ich in Wien ein. Es regnete heftig. Im Atelier waren Arbeiter beschäftigt, Kulissen entzweizuhämmern — hinten liefen zahlreiche Herren mit amerikanischen Brillen um und geboten teils Ruhe, teils vermehrten sie den Lärm. Auf einer kleinen Bühne zwischen violetten Lampen agierte in Husarenuniform Harry Liedtke — in luftigem Gesellschaftskleid Fräulein Mindszenty — sie gespenstisch geschminkt, er in jugendlichem Übermut —, lächelten zähnefletschend, verbeugten sich und umarmten einander — die Herren rundum tanzten und brüllten erregt — einer schrie: „Aufnahme!" — zwei kurbelten — drei winkten Harry Liedtken verzweifelt zu — vier machten Fräulein Mindszenty leidenschaftliche Verbeugungen vor — fünf rangen die Hände — sechs hielten sich kopfschüttelnd die Schläfen... plötzlich hieß es: „Fertig!" — und alle Erregung war zusammengeklappt. Die Gruppen lösten sich. Dreiundzwanzig Menschen überfielen mich, stellten sich mir mit überaus hohen Titeln vor, sprachen je einen halben Satz zu mir und rannten sofort wieder davon.

— — — Das Hämmern hatte bedeutend zugenommen — ich stand hilflos in der Ecke — als ein Mann des Mittelstands erschien und sagte: ich sollte mit ihm in die Stadt fahren, in eine Leihanstalt für Theatergarderobe.

Wir bestiegen ein Taxi. Ich war sehr besorgt, weil die Uhr schon 23,70 zeigte, doch meine Sorge erwies sich als unbegründet — am Ziel zahlte der Mann des Mittelstandes. Ein zweiter Mittelstandsherr hielt schon vor einem gewaltigen Haufen von Generalsuniformen.

Man wußte hier genau, wem jedes Kleidungsstück einst gehört hatte. Der Verleiher maß mich mit einem Blick und sagte: „Feldmarschalleutnant Bach."

Ich habe ihn gekannt, den Feldmarschalleutnant Bach. Er hatte die Landwehrdivision in Agram, war klein und brünett — und für sein stieres Geschau nannten wir ihn in der Armee den Pikkönig. Ausgeschlossen, daß seine Uniform mir passen könnte.

„Nein?“ rief der Verleiher. – „Dann: Marschall Rohr.“

„Ich bitte Sie!“ entgegnete ich. „Rohr hat doch die Kärntner Front kommandiert – und als die Italiener durchbrachen, hat er in Person die Lücke gefüllt. Ich bin nicht halb so dick. Haben Sie nicht den Generalobersten Tersztyansky? Der war von meinem Format.“

„Gewiß haben wir ihn“, sagte der Verleiher und brachte mir den Rock von Tersztyansky. Die Ärmel erwiesen sich als viel, viel zu lang. – Ich machte die interessante Beobachtung, daß sämtliche k.u.k. Heerführer überaus entwickelte Vorderextremitäten gehabt hatten. Einst, im Glanz der Uniformen, war mir das nicht so aufgefallen.

Wir einigten uns auf den Rock des Generalmajors Jablanczy de Felschö-Eörsch et eadem, die Hosen Weiland Seiner Kaiserlichen Hoheit, des Erzherzogs Albrecht, Siegers von Custozza, und die Stiefel des ehemaligen Chefs des Generalstabs Exzellenz von Arz, sehr schöne Stiefel.

– – – Einst hatte mir, als ich Fähnrich war, eine Zigeunerin prophezeit: ich würde als hoher General durch die Stadt Wien reiten.

Damals hatte ich es nicht glauben wollen.

– – – Es regnete. – Im Atelier zertrümmerten zahlreiche Arbeiter mit dröhnenden Hammerschlägen die Kulissen. Hinten die Herren mit den amerikanischen Brillen geboten teils Ruhe, teils vermehrten sie den Lärm. Auf einer kleinen Bühne zwischen violetten Lampen, gespenstisch geschminkt, in luftigem Gesellschaftskleid verführte die Olga Tschechowa einen Leutnant. Einer schrie: „Aufnahme!“ – zwei kurbelten – drei winkten dem Leutnant verzweifelt zu – vier machten der Tschechowa Verbeugungen vor – fünf rangen die Hände – sechs hielten sich kopfschüttelnd die Schläfen – und niemand, niemand kümmerte sich um mich.

Da sich niemand um mich kümmerte – ich soll doch zwanzig Mark bekommen für jeden Aufnahmetag –, versuchte ich, die Aufmerksamkeit auf meine Begabung zu lenken, indem ich herzige Attitüden annahm, wie das, den illustrierten Blättern zufolge, seitens unsrer Lieblinge, der Filmdiven, geschieht. – Niemand kümmerte sich um mich.

Da war es drüben zu Ende – die Würdenträger der Filmbranche stürzten sich auf mich. Anfangs alle gleichzeitig, wiederum nur mit halben Sätzen – wobei sie mich auf Würstchen mit Senf hinwiesen –, später kamen sie einzeln, kauend, und warnten mich voreinander – der andre sei das, wofür er sich ausgibt, nur pro forma – in der Tat habe der jeweilige Sprecher allein das Ganze unter sich, während die übrigen nur reden, aber völlig unbrauchbar seien und nächstens fliegen würden. – Ich sollte mich schminken lassen – dazu rieten sie mir einstimmig.

Unter hallenden Rufen „Herr Schleimberger! Herr Schleimberger!“ führte man mich in Schleimbergers Atelier.

Niemand. Erst auf den sechzigsten Ruf – nachdem man Hunderte von Hypothesen über Schleimbergers Verbleib geäußert hatte – erschien er; er war auf dem Abort gewesen.

Und ohne Zögern, ohne zeitraubende Faxen griff er in einen Tiegel und salbte mir das Antlitz. – Herr Schleimberger hatte jüngst in München geweilt, auf dem Kongreß der Schminkmeister; es gab einen großen Empfang im Hofbräuhaus und zahlreiche Episoden im Franziskaner, auf dem Nockerberg, im Schwabingerkeller und bei Donisel. – Genau mit der Beschreibung der Kongreßfeierlichkeiten, auf die Sekunde, endete die Schminkarbeit. Ich sah nun auch wie die Mindszenty aus und die Tschechowa.

Doch niemand kümmerte sich um mich.

Draußen regnete es. – Im Atelier zertrümmerten Arbeiter mit dröhnenden Hammerschlägen die Kulissen. Hinten die Herren mit den amerikanischen Augengläsern geboten teils Ruhe, teils vermehrten sie den Lärm. Auf einer kleinen Bühne zwischen violetten Lampen agierte gespenstisch Frau Zwerenz. Einer schrie: „Aufnahme!“ – zwei kurbelten – drei winkten leidenschaftlich – vier machten der Zwerenz Verbeugungen vor – fünf rangen die Hände – sechs hielten sich kopfschüttelnd die Schläfen – und niemand, niemand kümmerte sich um mich.

Als sich nun so gar niemand um mich kümmerte – es war schon drei nachmittag, und ich wartete seit neun Uhr morgens

–, da ging ich auf einen Herrn zu, der sich mir durch seinen schäbigen Anzug und absolute Untätigkeit als wahres Oberhaupt der Unternehmung zu dokumentieren schien, und ihm sagte ich:

„Ich bitte um 33 Mark für die Fahrkarte München–Wien und um 20 Mark Taggeld, zusammen 53 Mark."

Ein Wink des Schäbigen – mit einem Zauberschlag war alles anders: im Nu hatte man die Zwerenz stehengelassen, den Harry Liedtke, die Tschechowa und Mindszenty – die Arbeiter hielten im Hämmern ein – dreiundzwanzig Herren mit Brillengläsern, sechzehn Jupiterlampen, neun wirklich geheime Regisseure bemühten sich um mich.

Man brachte ein Pferd – ich sollte mich daraufsetzen und mitten zwischen die Lampen reiten. Einer schrie: „Aufnahme!" – zwei kurbelten – drei winkten mir leidenschaftlich – vier machten mir Verbeugungen vor – fünf rangen die Hände – sechs wollten sich kopfschüttelnd an die Schläfen fahren – doch sie kamen nicht dazu –, denn das Pferd riß aus, schleuderte mich in die Kamera – die Kamera schmiß die Lampen um – die Lampen klirrten auf den Schäbigen – der Schäbige sagte Konkurs an (oder hat mir das nur geträumt??) – –

Um vier erklärte der Chef des Operativen Büros: die Großaufnahme sei wundervoll gelungen – im übrigen werde man sich mit einem Stellvertreter zu 5 Mark behelfen, der mir sehr ähnlich sehe und nur von hinten gezeigt werden würde.

Um 4 Uhr 15 legte ich alles ab: den Rock des Generalmajors Jablanczy de Felschö-Eörsch, die Hosen Weiland Erzherzog Albrechts und die schönen Stiefel.

Mit 53 Mark in der Tasche, um 16 Uhr 49, fuhr ich nach München.

Ich hatte gefilmt.

Es war sehr hübsch gewesen. Ach, könnt ich es doch bald wieder tun!

MUSIK

„Meister, welche Methode des Gesangsunterrichtes halten Sie für die beste?"

„Die, wo das Honorar im vorhinein bezahlt wird."

DAS KUNSTVARIETÉ

Eines Tages erheischten meine Finanzen dringend der Ordnung. Eben zur rechten Zeit sprach draußen im Flur ein Herr vor und nannte sich Direktor Geißler.

Ich empfange Direktoren nur ungern. Was heißt: Direktor? Direktor ist ein jüdischer Vorname, sagt man in Berlin.

Dennoch – diesmal war ich zu Hause und hatte es nicht zu bereuen.

Direktor Geißler war eine mittelgroße, kräftige Erscheinung mit reinem Kragen, kurzgestutztem Bart und einem Glasauge. Wohlwollend richtete er es auf mich, nachdem er Platz genommen hatte, und sprach:

„Sie werden bemerkt haben, Herr Roda Roda, daß das Varieté von heute dem Verfall entgegengeht."

„Dem Verfall, Herr Geißler? Die Leute machen doch faustdikke Geschäfte!"

„Sag ich doch!" rief der Direktor triumphierend. „Leben wir denn in einer vernünftigen Zeit? In einer konsequenten Zeit? Wo man sagen kann: das und das ist gut, das wird bestehen? Nein. Die Welt ist ja verrückt. Zu Mittag himmelhoch jauchzend, am Abend verheiratet. Darum, weil das Varieté von heute voll ist, sage ich: es trägt schon den Keim der Pleite in sich."

„Ach so?"

„Woher aber diese fürchterliche Katastrophe des Varietés?"

Ich überging Geißlers rhetorische Frage mit Schweigen.

„Falsch!" schrie er. „Die Kinos tragen keine Schuld. Das Varieté ruiniert sich selbst – durch seine Indolenz. Wo alles ringsum sich die Kunst dienstbar macht, wo man jeden Nachttopf, jeden Lausekamm von einem Professor entwerfen läßt, bleibt das Varieté bei seinem alten Flitterkitsch. – Herr Roda, ich gründe das neue, das Kunstvarieté mit einem Aktienkapital von fünf – was sage ich fünf? – mit einem Kapital von zehn Millionen Märkern, und Sie sind meine erste engagierte Kraft. Haben Sie die Güte, einstweilen die Taxe des Autos auszulegen, das unten auf mich wartet."

– – – Ich habe vielleicht unterlassen, zu bemerken, daß sich die eben geschilderte Szene in München abspielte. Wir haben da oberhalb der Theresienwiese eine gigantische Festhalle, die für gewöhnlich leersteht. Sie regt unternehmende Köpfe immer wieder zu Plänen an. Es ist wahr, die Halle liegt etwas abseits, man braucht bei gutem Wetter eine Stunde, um zu ihr zu gelangen. Und wieviel bei schlechtem Wetter? Das hat noch niemand ausprobiert.

Einmal gastierte Barnum in der Halle. Zehntausend entzückte Besucher. Am nächsten Morgen schrieben die Zeitungen, es wäre halbleer gewesen.

Einmal ankerte das Zeppelin-Luftschiff darin. Dem Grafen gab man ein Bankett im Rathaus. Als er nachher in die Halle kam, um sein Schiff zu suchen, fand er es nirgends. Es hatte sich hinten in die Proszeniumsloge gesetzt.

Einmal wollte ein findiger Mann die Halle benutzen, um der Menschheit das Planetensystem in natürlicher Größe vorzuführen. Die Sache scheiterte am Widerstand der Zentrumspartei.

Ein hoffnungsloser Bau. Von Zeit zu Zeit macht die Fußartillerie darin ihre Schießübungen, das ist alles.

– – – „Unter diesen Umständen, Herr Direktor, werden Sie mir, fürchte ich..."

„Keine hohe Gage zahlen wollen? Das erstemal natürlich nicht viel – ich weiß nicht, wie Sie meinem Publikum gefallen..."

„Und das zweitemal bin ich nicht mehr neu. Ich kenne das."

„Sie werden bitter, Herr Roda. Ich mache Sie aufmerksam: Ihre sehr geschätzte Kraft ist mir nicht unbedingt vonnöten.

Es ist da eben ein dressierter Buckelochse frei, der gleichfalls sehr humoristisch wirkt."

Eingeschüchtert unterschrieb ich den Vertrag.

– – – Ich will von dem Kunstvarieté nicht viel erzählen. Es hatte bald ausgelitten.

Ein Riesenbetrieb. Kein Mensch kannte sich aus.

Da war zunächst Geißler, der Direktor. Er hatte einen artistischen Sekretär, einen Geschäftssekretär und einen Dramaturgen. Der Dramaturg war mit zwanzig Prozent beteiligt, dem einen Sekretär gebührte die Hälfte des Reingewinns, dem andern ein Viertel der Bruttoeinnahme. Alle Herren zusammen hießen: die Konzessionäre.

Da war der Verwaltungsrat mit einem Präses, einem Vorsitzenden und einem Vorstand. Sie hießen zusammen: das Kassendepartement.

Da war der repräsentative Ausschuß, an seiner Spitze eine senile Exzellenz. Lauter Herren, die täglich in der Presse erklärten: ihre Namen wären ohne ihre Einwilligung auf die Liste gekommen.

Endlich das Regiekollegium. Es bestand aus jenen berühmten Malern, die immer wieder die Kunstkommission bilden – ob es sich nun um einen Vereinsball handelt, eine Rindviehausstellung oder ein Denkmal für die Kriegsgefallenen. Sie wählen jedesmal aus ihrer Mitte den „engern künstlerischen Beirat" und protestieren dann gegen ihn.

Der wichtigste Mann aber im Varieté auf der Theresienhöhe war der Portier. Er war nämlich der Kapitalist.

– – – Unsre Bühne hatte auch sogenannte Ziele. Die Programmschrift war von einem Professor verfaßt. Es sollte bei uns „zum erstenmal auf europäischem Boden gezeigt werden, daß das Varieté des üblichen Tandes entbehren könne, um, anknüpfend an die Idylle der Biedermeierzeit, das Gauklertum in seiner primitiven Gestaltung, frei vom Snobismus einer dreimal verdammten, nun, dank den verfeinerten Sinnen unsrer Zeit, überwundenen Epoche falscher Prachtentfaltung, wieder in jener Keuschheit zu zeigen, die uns die Körperkultur in ästhetisch-harmonisch angepaßter Umgebung bewundern läßt; nicht

Alhambrahöfe, nein, den Dorfmarkt mit seinem malerischen Getriebe wollen wir zum Schauplatz unserer Seiltänzer erwählen".

Goldne Worte – wie?

Schon vor der ersten Vorstellung klagte mir Geißler über mangelhaften Besuch – ich möge eine Reklame aushecken. Ich schlug vor: er sollte sich aus Verzweiflung die Pulsadern aufschneiden – am Vorabend, aber doch zeitig genug, damit es noch in die Morgenblätter käme. Geißler meinte – mit einem Blick auf mich –, er würde den Unfall eines engagierten Mitglieds vorziehen.

Der Morgen vor der Eröffnung war nervenerschütternd. Unsre Soubrette (am Abend die erste Nummer) fand plötzlich: ihr Repertoire sei zu intim für diesen Raum. Sie müßte etwas Jahrmarktgemäßes haben.

Geißler verlangte, ich sollte ihr ein Lärmcouplet dichten, spätestens bis elf.

„Ich kann nicht dichten. Und Couplets schon gar nicht."

„Hätt ich nur den Buckelochsen engagiert", jammerte Geißler. „Hätt ich ihn nur engagiert!"

Geistesgegenwärtig, wie ich bin, stahl ich ein Lied: den Text von Viktor Léon, die Musik von Oskar Straus. Nachmittag war uns die Aufführung durch einstweilige gerichtliche Verfügung verboten, und man bezichtigte mich des Plagiats; hinsichtlich des Textes tat es Welisch, hinsichtlich der Musik Friedrich Holländer.

Ich schrieb sofort nagelneue Verse:

„Ach, jeder Kuß
Schafft Hochgenuß –
Drum küsse, o küsse nur zu!
Sieh doch, voll Lust
Hebt sich die Brust,
Ach, meine Seligkeit bist nur du."

Da meldeten sich sämtliche lebenden Librettisten als Verfasser.

Der Abend war ein einziger Kampf mit den Mächten des Himmels, des Staates, der Kunst und des Magistrats.

Der Amerikaner mit seinem Sketch hatte vorausgesagt: nach dem ersten Bild würde es schüchternen Beifall geben – das wär immer so –, nach dem zweiten starken Beifall, nach dem dritten „kämen die Galerien herunter". – Man hörte plötzlich schüchternen Beifall; der ganze Sketch war vorüber.

Die zwölf English girls hatten alle miteinander keine Stimme; der Agent hatte garantiert, sie hätten zwölf Stimmen.

Die chinesische Tragödin verlor auf offener Bühne ihre chinesischen Füßchen.

Dem Kunstschützen versagte die Flinte – die Ziele hagelten trotzdem im Polkatakt herab.

Ich sollte, als vierte Nummer, die Situation retten und trat mit ganz neuen Geschichten auf. Kaum fing ich eine an, riefen mir die Leute aus dem Parkett die Pointe zu.

„Stören Sie meinen Humoristen nicht!" zischte Geißler beschwörend ins Publikum.

„Was heißt Humorist?" antwortete ein Literaturfreund von unten. „Roda Roda is ä ernster Künstler."

Die jugendliche Oteritta hatte eben zu tanzen, da kam ein Mann und sagte: er dulde nicht, daß seine Mutter sich öffentlich preisgebe.

Dem Löwen fiel das künstliche Gebiß ins Orchester.

Der Herkules-Jongleur vermißte sein Kanonenrohr; das Bübchen des Kapellmeisters war mit dem Rohr davongelaufen.

Unsre Hoffnung war noch der sprechende Hund – die Zensur verlangte seine Texte in zwei Exemplaren und verbot ihm wegen Aufreizung zum Klassenhaß das einzige Wort, das er sprechen konnte: Hunger.

Indessen suchte Geißler unten die Zuschauer immer wieder zu beruhigen. Da kam (ist es verwunderlich bei diesem Riesenbetrieb?), da kam der Logenschließer, der Herrn Geißler nicht kannte, und schmiß ihn als ruhestörend hinaus. Schmiß Herrn Geißler hinaus; den eigenen Direktor.

Die Athleten vom Sketch forderten ihre Gage. Von wem? Von mir. Ich wies sie an den Geschäftssekretär. Sie ergriffen ihn und wollten ihn unter sich aufteilen. Er rief nach dem Dramaturgen

— der Regisseur meldete: „Ist beruflich verhindert; wird eben gepfändet."

Schon hatte der sprechende Hund den Löwen verbellt, als auf einmal Stille in die streitende Gruppe kam; die städtischen Elektrizitätswerke hatten das Licht abgedreht, weil die Rechnung nicht bezahlt war.

In der finstern Halle aber tönte die Stimme Geißlers:

„München — dieses Saunest! Hier ist ja nichts zu machen. Geben Sie mir augenblicklich meine fünfzehn Mark heraus! Ich gründe in Berlin einen Schauspielkonzern."

DIE GRÜNDUNG

In Berlin war wieder einmal ein Theater erbaut worden.

Wermes, der kundige Thebaner, verschaffte sich und mir Eintritt zur Eröffnungsvorstellung.

„Amice", sagte Wermes nach dem zweiten Akt, „ich schlage vor: wir gehen. Sonst kommen unsre Überzieher in die Konkursmasse."

DAS THEATER

Als Essegg noch eine große Festung war, gab es dort ein Garnisonstheater. Ein Fürst Dietrichstein hatte es einmal gestiftet — anno 1776 — „dem Vergnügen der Garnison."

Jetzt gibt es längst kein Theater mehr, das Haus dient als Stabsoffizierswohnung.

Aus den Fenstern blickt Frau Major-Auditor Maschke.

Und darüber steht noch immer:

„Gewidmet dem Vergnügen der Garnison."

DIE NOT DES THEATERS

Ich begreife nicht, wie die Direktoren über das Theatergeschäft klagen können. Sie haben Abend für Abend Geld in der Kasse – und jeder eingenommene Pfennig ist Reingewinn –, wo die Direktoren doch Tantiemen, Lustbarkeitssteuer und die Pacht schuldig bleiben.

ALLES MIT DER RUHE

Balder Olden sollte einmal – es ist noch gar nicht so lange her – einen Vortrag halten im Brandenburger Stadttheater, Anfang halb acht.

Es ist dreiviertel – von Balder keine Spur.

Erregt geht der Intendant umher, läuft endlich nach der Treppe – da kommt Balder Olden ganz gemütlich.

„Aber!! Herr Olden!! So spät??"

„Spät? Wieso? Hat es denn schon angefangen?"

VÄTERCHEN RÖSSLER

Väterchen Rößler hat den achtundsechzigsten Geburtstag längst hinter sich. Er erlebte dies traurige Ereignis in Berlin, Essenerstraße 31. Beileidsbezeugungen in Gestalt einer Freundesfeier hat er abgelehnt.

Er wurde in Wien geboren – gleich mit seinem jovialen Greisengesichtchen. Die Eltern nannten ihn Karl. Er bestand eine Zeitlang hartnäckig darauf, sich Franz zu nennen, und zwar Franz Ressner.

Auf dem Gymnasium erwarb er jene Lücken der Bildung, die er später nie mehr hat ausfüllen können. Darauf tut er sich was zugute und verweist auf Newton und Liebig, die in der Schule auch nicht fortkamen.

Er wandte sich dann der Bühne zu, zunächst in Oberösterreich. Heute noch ist dort unter den Landleuten ausgesprochene Theatermüdigkeit zu bemerken.

In Schärding, als Erster Liebhaber, wohnte er in einer Mansarde. Eines Tages kündigte ihm der Wirt. Väterchen war ungehalten. Er hatte doch seine Miete pünktlich bezahlt? Hatte nicht gelärmt, keine Besuche empfangen, hatte sich überhaupt gesittet und rücksichtsvoll benommen? – „Ja, aber segen S', Herr Ressner", meinte der Wirt, „Mittwoch is Markt. I brauch mei Zimmer. Die Hur kommt."

Zu Teplitz in Böhmen wirkte Ressner auf jener berühmten Bühne, deren Direktor in nervösen Momenten zu grollen pflegte: „I verbitt mir a solches öffentliches Benehmen, meine Damen! Mei Freudenhaus is kein Theater."

DER PRÄZEDENZFALL

Meinen Freund Carl Rößler brauche ich Ihnen nicht erst vorzustellen – Sie kennen ihn aus seinen Werken. „Die fünf Frankfurter" sind sein berühmtestes – und unlängst hat er die „Fledermaus" für Reinhardt bearbeitet – nicht wahr?

Leider hat Väterchen Rößler einen peinlichen Charakterfehler: er spielt so gern; Karten nämlich. Und einen zweiten Fehler: er verliert immer.

Da, voriges Jahr im November, werde ich des Nachts durch Klingeln aus dem Schlaf geweckt. Ein Boy. Aus einem Club. Mit einem Brief. Von Rößler:

„Lieber Roda, schick mir sofort 500 Mark. Zu Neujahr hast Du sie wieder – mein Ehrenwort."

– – – Nun, ich brauche Ihnen wohl nicht erst zu versichern, daß mir Väterchen Rößler dies Jahr *nicht* zu Neujahr gratuliert hat.

Der März stieg auf – Juni sank hernieder – September war im Land... nichts.

Erst dieser Tage – wiederum im November – abermals

des Nachts: ein Boy; aus einem Club; mit einem Brief. Von Rößler:

„Lieber Roda, hier hast Du Deine 500 Mark. Ich weiß, ich sollte Dir sie schon zu Neujahr zahlen, auf Ehrenwort. Ich hatte das Geld damals auch. Aber ich wollte, weißt Du, keinen Präzedenzfall schaffen."

Rößler: In Czernowitz im Puff sang eine junge Dame herrlich. Man fragte sie: Warum gehen Sie nicht zum Theater? „Das erlaubt mein Vater nicht."

PARISER ERLEBNIS

Gemminger, der arme Maler, mußte übersiedeln. Ich wollt ihm ein wenig helfen: rief ein Taxi, lud Gemmingers Bilder in den Wagen, setzte mich neben den Schofför und fuhr los – weit, weit hinaus nach Passy, Gemmingers neuer Wohnung.

In Passy lud ich die Bilder aus, wollte den Schofför entlohnen – da zeigte zu meiner Überraschung die Uhr nur: Taxe I – 23 Frank 75.

Der Schofför sah mich fast traurig an und sprach:

„Monsieur, ich war berechtigt, Taxe III einzuschalten. Aber ich hatte Ihre Bilder gesehen."

MONTPARNASSE

Entwurf zu einem Roman

Eine der östlichen Regierungen – Petljura etwa oder Skoropadsky – hat es am dreiundzwanzigsten Tag ihres Bestehens mit dem Ehrgeiz der Geistigkeit bekommen; hat etliche junge

Leute zur Erlernung der Kultur nach Paris geschickt. Darunter Pawel Medwedjeff, Maler.

Einmal, eben knapp vor der Abreise aus Kiew, hat man Medwedjeff sein Stipendium ausbezahlt; dann nie mehr: die Regierung daheim war am neunundzwanzigsten Tag gestürzt.

Pawel hat sich durch sein Mißgeschick nicht unterkriegen lassen; er hat Fuß auf dem Montparnasse gefaßt.

Zuerst große Ölgemälde; eins davon, eine nackte Frau mit riesenhaften Schenkeln, sogar verkauft; für 50 Frank an einen Metzger; der hat es jetzt im Laden hängen, zwischen den Ochsenvierteln.

Dann vom Louvre gehört, hingegangen. Drei-, viermal. Raffael – Tizian – Cranach – Cézanne, Goya – Manet, Monet. Den Kopf verloren, sich erschlagen gefühlt.

Durch Hunger geweckt. Zeichnet nun tappend.

Wird nichts los.

Erhält Nansenpaß. Leute mit Nansenpaß sind privilegiert. Nansenpaß ist beinah wie Ehrenbürgerbrief. Der Inhaber darf zwar den Standort nicht verlassen – allein man kann ihn auch niemals ausweisen: weil kein andrer Staat ihn aufnimmt.

Pawel muß sich nähren. Porträtiert eine Concierge und erlangt so ein Atelier. Porträtiert Chauffeure in der Brasserie – sie sitzen willig und ahnungslos geschmeichelt. Wenn sie das Porträt dann belobt haben, bietet er es ihnen an. Manche, Fürsten und Generale, sind nobel und zahlen dementsprechend. Manche geben nur fünf Francs: immerhin das Abendessen. Manche werden zu ihrem Wagen gerufen, den draußen eine Kunde bestiegen hat: das Porträt bleibt unvollendet, die Müh ist vertan.

Pawel zeichnet auch „Dessins“; im Café du Dôme pflegt der berühmte Kommunist Rappaport Zeitung zu lesen, der Spanier Unamuno; Pawel skizziert sie und verkauft endlich: den Kommunisten mit einer witzigen Unterschrift an den „Rire“ – den Spanier (König Alfonso ist eben in Paris) als Tagesgröße für 20 Francs dem „Matin“.

Einmal fängt Pawel durch eine Karikatur, die er im Café entwirft, einen Amerikaner und seine Tochter ein: Mr. and Miss

Totslager aus New Jersey. Sie versprechen, ins Atelier zu kommen. Porträtieren? Nein. Aber Mr. Totslager will kaufen. Rasch alles Fertige ausgebreitet. Mr. Totslager hat Notizbuch gezückt und fragt:

„Uiviel kosten Leinwand, Farben, Öl, Lack zu eine Gemälde? Uiviel Zeit nimmt zu Herstellung?" Multipliziert angegebene Stundenzahl mit Tariflohn amerikanischen Spezialarbeiters, schlägt Materialaufwand hinzu, 25 Prozent allgemeine Spesen, 17½ Prozent Verdienst und schreibt Scheck:

„Dollar vier 80/100 – ‚Landschaft im Mai'; Dollar fünf 26/100 – ‚Tänzerin'."

Selbst der Bettler hat einen Stecken, der ihm dient – selbst der Hund des Zigeuners hat anhängliche Flöhe, die an ihn glauben, weil sie von ihm leben. Und so hat Pawel Medwedjeff einen Famulus: Fabricci. Fabricci teilt Pawels Atelier und Sorgen.

Das Atelier ist ein großer, dreckiger Raum. Paradestücke: zwei Plüschsessel, die aber unbenutzbar sind (durch warnende Aufschrift gekennzeichnet), weil eine unbekannte, äußerst unangenehme Insektenart darinnen nistet. – Im Atelier, dem großen Fenster gegenüber, eine Art Holzbrücke oder Altan, „Balkon" genannt, über eine Treppe ersteigbar: da steht Pawels Bett; daneben ein stets trockener, verkrusteter Waschtisch. Pawel schläft auf dem Altan, im breiten französischen Bett; Fabricci zu ebener Erde; man begreift nicht, wo.

Fabricci macht sich sehr nützlich. Wenn dem Meister nämlich die Leiwand ausgeht, zieht Fabricci mit fünf, sechs alten Gemälden in die Stadt zu den Kunsthändlern. Oh, nicht um zu verkaufen; das hat sich längst als aussichtslos erwiesen; doch Fabricci weiß die Gemälde beim Händler stets so geschickt hinzustellen, zur Ansicht, daß er, vom Händler abgewiesen, immer ein Bild, das hinter dem angebotenen Gemälde stand, kann mitgehen lassen. Das wird dann, willkommene Diebesbeute, von Pawel zu Hause übermalt.

Immer träumt Pawel von einem Leben in wohlgeheizter, satter Bürgerlichkeit. Von Mr. and Miss Totslager, die eines Tages reuig zurückkehren könnten, um ihren Segen auszuschütten. Doch es scheint reiche Amerikaner nicht zu geben. Oder sie wollen keine Bilder. Oder sie haben kein Geld; oder sie geben ihr Geld nicht her.

Was tut aber ein Maler, der was verdienen möchte, ohne malen zu können? Er gründet eine Malschule. – Pawel möchte eine Schule gründen.

Einmal hört er im Café Rotonde von einem jungen, strebsamen Menschen in Fontainebleau, der hat eine Schule für Freskomalerei aufgemacht und soll bannigen Zulauf haben.

Von diesem Gedanken infiziert, eitert Fabriccis Hirn weiter. Eine Freskoschule – das hat Nährwert, Kalorien. Man braucht Farben, Leim – gut. Man braucht aber – oder kann wenigstens zum Freskomalen brauchen: Milch, sogar Eier. Welch herrliche Aussicht, Schüler zu kapern, die einem Milch, Eier müssen ins Haus bringen, conto des Schulgeldes!

Es läßt Fabricci gar nicht mehr los, und er liegt dem Meister damit in den Ohren: Freskoschule.

Eines Tages schlägt er eigenmächtig im Café auf dem Montparnasse buntgekleckste Plakate an:

Cours de fresque – Professor Paul Medvédyeff,

Membre de l'Académie Russe – 23. rue de la Gaieté – 11–1 h.

In Frankreich müssen Ankündigungen einen staatlichen Abgabenstempel tragen; der strebsame Fabricci hat den Stempel gleich mit aufgemalt.

Dann fegt er das Atelier, wäscht die Fenster, rückt die Insektensessel zurecht (nachdem er die Warnungstafeln entfernt hat). In der Nacht holt er vom nächsten Neubau eine Bütte, einen Sack Gips, eine Kelle, eine Zimmermannsklammer. Die Mulde Mörtel ist ihm zu schwer – da muß der Herr Professor mithelfen.

Mit der Klammer schlägt der Famulus im Atelier ein Stück Mauer bloß – hier wird der Unterricht stattfinden. Den Jammer der Concierge begütigt Pawel durch Porträtierung der Conciergetochter. Rosette ist sehr hübsch und ist sich über ihren Beruf im klaren, kann ihn aber einstweilen nur heimlich ausüben, denn sie ist noch um ein Jahr zu jung.

Den Abend verbringt Pawel im Café du Dôme – in der Absicht, da bei einem gewissen Litwinoff (dem Mann aus Fontainebleau) Erkundigungen über die Freskotechnik einzuziehen. Leider ist Litwinoff ausnahmsweis nicht da. Pawel beschließt, in den ersten Unterrichtsstunden noch nicht auf den Gegenstand selbst einzugehen, sondern sich mit Vorübungen zu befassen (Herstellung von Mörtel).

Um elf sitzen Pawel und sein Famulus und warten auf Schüler. Fabricci hat eine Art Livree an (vom Concierge). Niemand kommt.

Am zweiten Tag erscheinen – fast gleichzeitig – zwei Damen. (Dabei ist es dann geblieben – weil ein Agent die Stempelfälschung entdeckt, die Plakate als corpora delicti eingezogen hat.)

Die zwei Damen: eine riesenhafte Norwegerin Sigrid – mit männlicher Stimme und Seehundspranken – und ein schüchternes altes Jüngferchen, Fräulein Hanstein aus Hannover.

Sigrid scheint sich nicht sehr zu interessieren – hingegen ist das Altjüngferchen ganz bei der Sache. Pawel nimmt sich vor, Litwinoff um jeden Preis festzukriegen, um wenigstens eine Ahnung von Freskomalerei zu erlangen; sonst ist er, bei Fräulein Hansteins steiflächelnder Gründlichkeit, verloren. – Auf Fabriccis wiederholte Mahnung gibt Pawel den Schülerinnen auf, morgen bestimmt je eine Flasche Milch und zwei Eier mitzubringen, als Lehr- und Malmittel; ferner Wasserfarben.

Auch diesen Abend erscheint Litwinoff nicht im Café. Der Riesin gegenüber hat es Pawel nicht schwer – sie bleibt gleichmäßig freundlich – ja sie entledigt sich des Obergewandes, um Mörtel zu mischen. – Fräulein Hanstein bei ihrem Lerneifer zeigt etwas Mißtrauen in die Fähigkeiten des Lehrers; sie läßt sich aber beruhigen, als Pawel ihr aufgibt, zunächst mit Bleistift Ornamente auf dem frischen Mörtel zu entwerfen; das kann sie verblüffend gewandt. Es zeigt sich – o Schrecken –, daß das Altjüngferchen durchaus kein Neuling ist; sie kopiert seit Jahren im Louvre, mit bestem Erfolg. – Dafür kann Sigrid nichts, gar nichts. Lädt aber die beiden Maler zum Abendessen. Nach dem Abendessen kommt sie auf das Atelier mit und besteigt mit Pawel den Balkon. – Fabricci muß – auf Pawels

Wink — auf dem Flur nächtigen. Er scheint sich aber im Lauf der Ereignisse eingeschlichen zu haben; man findet ihn morgens in tiefem Schlaf auf dem Estrich des Ateliers.

Sigrid hat den Balkon besetzt und etabliert da ein Schrekkensregiment. Leider ist oben — Pawel hat es vergessen — fließen des Wasser im Waschtisch. Um elf Uhr kommt die kleine Rosette (die vom Concierge), um Unterricht in Freskomalerei zu nehmen; Sigrid vertreibt sie durch Lärm und Güsse aus dem Waschbecken.

Am siebenten Tag — Sigrid ist noch immer nicht vom Balkon gewichen — will sie sogar Fräulein Hanstein mit Schimpfreden und Wasser vertreiben; das dulden Pawel und Fabricci denn doch nicht.

Sigrid haust auf dem Balkon wie ein Lämmergeier, stets zum Stoß bereit.

Fabricci findet die Sache anfangs amüsant — dann beginnt er zu leiden. Noch klagt er nur mit den Augen eines sterbenden Huhnes, wenn er Pawels Blick kreuzt.

Pawel selbst rückt mit der Absicht heraus, das Riesenweib loszuwerden, denn sie frißt ihn kahl. Aber wie loswerden?

Fabricci soll sich doch vom Herrn Professor auf einer Untreue ertappen lassen — er und Sigrid.

Gut, Fabricci ist bereit.

Vom Balkon führt eine Klingel nach der Wohnung des Concierge. Fabricci legt die Leitung um — mit dem Taster ans Balkonbett selbst. Pawel soll unten beim Concierge warten; Fabricci wird im rechten Augenblick signalläuten.

Die Tatsache der Untreue herbeizuführen, ist nicht schwer — das gelingt rasch. Doch das Nachrichtenrelais versagt. Vielmehr: auch das Relais hätte funktioniert; nur hielt Sigrid den Famulus mit Eisenarmen fest — er konnte nicht zeitgerecht an den Taster.

Der arme Pawel versucht, mit einfachen Vorwürfen, aus der Luft gegriffenen Verdächtigungen ans Ziel zu kommen; die Furie antwortet mit Lügen, Lärm, Wasser, Pech und Schwefel.

Pawel klagt sein Leid dem Fräulein Hanstein. Sie lächelt fadendünn und sagt:

„Seien Sie man sstill, Liebster – das will ich schon veranstalten.“

Nächsten Tags ziehen Pawel und Fabricci ab, angeblich um Entwürfe für Schachteldeckel an einen Bonbonfabrikanten zu liefern. – Fräulein Hanstein redet auf die Riesin ein.

Mit erfreulichem Ergebnis; die Riesin erklärt: auch sie habe Pawel satt, den Balkon satt und ebenso Paris; wenn sie etwas Geld hätte, ginge sie nach Norwegen.

Am übernächsten Tag bringt dann Fräulein Hanstein jenen vorzüglichen Isaak Ostade herbei, ein Meisterwerk ihrer Kopiertätigkeit im Louvre – mit dem Signum des Malers und der Jahreszahl 1648 –, jenen Ostade, der später Gegenstand geworden ist eines Strafverfahrens wegen Betrugs gegen die Kunsthändler A. & F. Laurent. Fräulein Hanstein selbst hat der Riesin die Adresse von Laurents gegeben.

Mit diesem Ostade schwindet die Riesin nach der Stadt ab. Zeigt sich noch einmal im Atelier, um ihre Sachen zu packen, und dann nimmer.

Als die Riesin verschwunden war, atmen Pawel und Fabricci befreit auf. Gehen in den „Jokey“ und tanzen – Fabricci mit Rosette (der Kleinen vom Concierge). Vom „Jokey“ trennen sich ihre Wege: Fabricci und Rosette bummeln mit versiegelten Ordres ins Weite; Pawel und eine Negerin trinken im Ravachol; trinken im Bullier; trinken beim Grand Fou.

Als Pawel aber mit der Negerin auf dem Balkon erscheint, hellen Morgens, traut er seinen Augen nicht: da liegt Fräulein Hanstein.

Sie ist auch nicht von da wegzukriegen.

KLEINES ABENTEUER IN KARLSBAD

Gleich zu Beginn (ich hielt eine Vorlesung im Karlsbader Kursaal), schon während der ersten Gedichte fiel mir unter den Zuhörern ein Mann auf, der grinste mir auf besondre Weise zu; wollte offenbar erkannt sein. – Wer war es? Erikson aus Helsingfors, der alte Schwede, der Lyriker. — Ist der Bursche aber dick geworden!

Nachher in der Bar erklärte er mir: Der Fettansatz komme von der verdammten Prohibischen, die sie in Finnland haben. Wenn er nämlich nichts zu trinken hat, sagt Erikson, schmeckt ihm das Rauchen nicht; und wenn er nicht raucht, muß er Schokolade essen. Darum eben sei er aus Finnland weg, sagt er, habe die Lyrik aufgegeben und lebe in Karlsbad als Hoteldirektor. — Vom Lyriker zum Hoteldirektor — Donnerwetter, das nenn ich mir einen Aufstieg!

Pünktlich um Mitternacht sagte ich: „Genug, ich gehe."

„Was??" maulte Erikson. „Sind Sie wahnsinnig, Roda? Jetzt — zu Bett?? Wo ich eben erst in Schwung gekommen bin??"

Ich hörte nicht auf ihn, winkte ihm freundlich und schritt von dannen. In die graue Nacht. — Die Straßen menschenleer. Wie in Karlsbad immer, von neun an.

Ich wohnte im Gasthof... — im Gasthof... — Warum den Namen verschweigen einer hübschen, alten, saubern Herberge mit so hübschen alten Biedermeiermöbeln? — Ich wohnte also im Gasthof Paradies.

Das Paradies lag finster. Selbstverständlich: Karlsbad — 0 Uhr 15 nach Mitternacht. — Ich klingelte.

Um 0 Uhr 30 klingelte ich noch immer.

Um 0 Uhr 35 begann ich zu trommeln. — Man glaubt nicht, was Türfüllungen, was Fensterscheiben an Gewalteingriffen aushalten, wenn man es nicht selbst einmal ernstlich versucht hat.

Um 1 Uhr kam die Straße her ein lahmer Mann, sah mir ein Weilchen zu, wie ich trommelte — dann sagte er:

„Warum leiten S' nicht?"

„Leiten??"

„No jo. Mit die Glocke? Mit dem Tupfer? Mit die Glingel?"

Ich klärte ihn über die Sachlage auf. Er überlegte und sprach: „Glauben S' mir, er schlofft. Der Nachtportihr schlofft."

Und humpelte seiner Wege.

Ich schellte von 1 Uhr bis 1 Uhr 10, dann trommelte ich bis

1 Uhr 20. Zwei späte Wandrer waren bei mir stehengeblieben, beobachteten die Vorgänge.

„Belieben hier zu wohnen?" fragt der eine. „Weil sonst währ nehmlich komisch, daß Sie mechten hier so trommeln. – Wann man Ihnen aber nicht hineinlaßt, Herr, werden schwärlich ein andres Quartier finden in Karlsbad – es is jetz nehmlich alles iberfillt mit Paschaschere."

Und der andre:

„Haben, pittäh, bein alten k. und k. Infanterieregiment Nr. 42 gedient, pittäh? Ernst August Herzog von Kummberland? Weil, was Sie trommeln, is der Grenadiermarsch – den hat im alten Estreich iberhaupt nur ein Regement därfen trommeln – die Kummberlander – wegen ihre große Kienheit; in der Schlacht bei Aspern; gegen die Preisen."

„Aber ich", unterbrach der erste, „ich an Ihrer Stelle mechte lieber leiten."

Diesmal hielt ich mit der Schilderung der Sachlage zurück, denn ich sah noch fünf andre Leute auftauchen aus verschiedenen Gegenden des Horizonts und wollte warten, bis sie alle zur Stelle wären, um mich nicht so oft wiederholen zu müssen. – Sie umstanden mich, und ich begann:

„Verehrte Anwesende! Meine Damen und Herren! Raten Sie mir nicht, zu klingeln, denn das tue ich seit Stunden. Helfen Sie mir lieber trommeln!"

Die Rede fand Beifall. Nun trommelten wir alle acht. Fünfzehn. Dreiundzwanzig.

„Wahrscheinlich schlofft er", argwöhnten einige und schwanden entmutigt ab. – „Er dirfte schloffen, der Nachtportihr."

Ein Fräulein, sehr niedlich, mit spanischen Fransen über den Schultern, sagte:

„Ich mecht ihm ja zu mir nähmen, den armen Herrn, daß er bei uns auf dem Sofa schlofft..."

„No, warum nähmen S' nit, Fräuln Resi?" ermunterte sie ein alter Mann.

„Die Mutter wär vielleicht bäs, wann ich mecht bei Nacht an Herrn mitbringen. Nachmittag is was andres."

„Bis Nachmittag kann der arme Herr nit warten."

Da kam der Schutzmann. Er hatte das Getöse von weitem gehört und entschied:

„Das is allenfalls nächtliche Ruhestärung."

„Natirlich muß man ihn stären, den Nachtportihr, wann er schlofft."

„Ich hab es satt", sagte ich. „Wir werden das Tor gewaltsam öffnen."

„Das mecht allenfalls ein Einbruch sein", bemerkte der Schutzmann ganz richtig, — „aber" — und er zwinkerte mir vertraulich zu — „ich will nichts gsegen haben." — Schon war er um die Ecke.

Zwölf Männer und drei Frauen halfen. Wir stießen und stemmten; zuerst ungeregelt — dann auf Kommando.

Ein Krach — die Tür des Paradieses flog aus den Angeln.

„Kude Nacht! Kude Nacht! Treimen Sie siß!" riefen die Leute; drückten mir warm die Hände — ja, sie warteten auf der Straße, die Guten, bis sie Licht bei mir oben sahen im dritten Stock — dann erst, mit herzlichen Wünschen für mein Wohlergehen, verlief sich die Menge.

— — — Am Morgen entschuldigte sich der Gastwirt bei mir aufs innigste. Das Versäumnis werde sich gewiß nie mehr wiederholen. Der Nachtportier sei fristlos entlassen — dieser versoffene Schwede Erikson aus Finnland.

TOURNEE

Die Sache liegt nun weit genug hinter mir, ich kann ohne Groll darauf zurückblicken.

Es war einige Jahre vor dem Ersten Weltkrieg, da kam ein Mann zu mir mit Namen Szuster. Er bat mich um Verzeihung, wenn er etwa störe („Oh, bitte — fast gar nicht", versicherte ich), und erzählte mir: das Interesse des galizischen Publikums an meinen Werken und meiner Person sei so stark, daß man es ohne grobe Übertreibung als aufrichtiges Interesse bezeichnen könne. Er, Szuster, habe also beschlossen, die Bekanntschaft zwischen mir und dem Publikum Galiziens zu vermitteln, und zu diesem Behuf unter den zwei vorliegenden Möglichkeiten die einfachere gewählt: daß ich nach Galizien reise.

„Herr Szuster", sprach ich höflich, „Ihre Versicherungen und Vorschläge überwältigen mich. Ich kann nur stammelnd beeiden, daß ich die Sympathien Galiziens herzlich erwidere. Galizien ist von jeher das Land meiner Träume gewesen. Und wenn sich mir Gelegenheit bietet, dahin zu kommen – warum sollte ich zögern? Ja – warum? Weil ich nicht einsehe, welchen Nutzen es für mich hätte, mutwillig meine Illusionen zu zerstören. So schön, wie ich mir Ihre Heimat vorstelle, kann sie in Wirklichkeit unmöglich sein. Der Anblick der unverschleierten Königreiche Galizien und Lodomerien würde mich vielleicht zutiefst enttäuschen."

„Mein Herr", sagte Szuster, „ich verstehe: Sie wollen's nicht umsonst machen. Das sollen Sie auch nicht."

Und Szuster entwickelte mir seine Pläne: wir reisen gemeinsam durch das herrliche Land – er als Impresario, ich als Vortragskünstler. Für den Gelderfolg bürgt ein ungeheurer Reklameapparat.

Szuster wird einen Riesenlinoleumteppich malen: „Roda Roda kommt"; einen zweiten: „Er ist da!" Diese Teppiche breitet man über die Hauptplätze der Örtlichkeiten aus. Szuster wird Säle mieten, Regimentsmusiken chartern...

„Halt, Herr Szuster! Verlangen Sie Vorschuß?"

„Zehntausend Kronen."

„Ich bin glücklich, den Betrag erlegen zu dürfen, wenn Sie imstande sind, mir einen Kredit in dieser Höhe zu verschaffen. Zur Sicherstellung kann, denke ich mir, eine Hypothek auf eines ihrer Güter eingetragen werden."

An Szusters unmotivierter Weigerung scheiterte das ganze Projekt.

Kurze Wochen später erschien ein neues Anzeichen meiner wachsenden Beliebtheit. Der Mann, um den es sich da handelt, hieß Möhl und war Auspressario von Beruf. Er hielt mir keine

Schmeichelreden; er verwarf die Linoleumidee und war Gegner von Regimentsmusiken. Er suchte mich auch nicht in interessante, aber abgelegene Gegenden zu locken – „Deutschland, Deutschland über alles“ war sein Wahlspruch – und er verlangte einen erschwinglichen Vorschuß. Mit diesem Möhl verabredete ich meine erste Tournee.

Man kann über derlei Reisen verschieden denken, und es gibt keine Ansicht darüber, die ich nicht schon gehabt hätte. Einmal sechzehn an einem Tag – immer vier und vier zugleich. Der Mensch sollte aber durch gründliches Erwägen dazu kommen, über jeden Gegenstand nur zwei Ansichten zu haben. Das entmischt die Gefühle und erspart einem viele Seelenkämpfe.

Möhl hatte mir einige große Städte aufgezählt, die wir gemeinsam abgrasen sollten: Aachen, Breslau, Köln, Danzig. Elberfeld usw. usw.... bis Königsberg und Konstanz...

Da unterbrach ich ihn.

„Herr Möhl, die Entfernungen sind mir zu groß. Ich vertrage das Reisen so schlecht. Müssen wir die Städte unbedingt in alphabetischer Reihenfolge durchnehmen?“

„Eine gewisse Ordnung muß allerdings sein“, belehrte mich der geschäftskundige Möhl, „sonst könnte es geschehen, daß wir in eine Stadt zweimal kommen, und wir bringen unsere Freikarten nicht an. Da sich aber Ihre Künstlerlaune gegen die alphabetische Ordnung wehrt, will ich die Tournee gern anders arrangieren. Wir beginnen im Süden und schreiten langsam nach Norden vor.“

„Warum im Süden, Herr Möhl?“

„Die Leute sind da dankbarer, wärmer. Sehen Sie – in Berlin zum Beispiel gibt es keinen Abend, der den Freischärlern Vergnügen macht; die Leute sind nicht naiv genug zu künstlerischem Genießen. Und das übrige Publikum? Wer sich heutzutage noch ein Billett kauft, ist zwar naiv genug; aber er sagt sich den ganzen Abend: ‚Verdammt – und dafür hab ich drei Mark hergeben müssen?‘ – *Das* Bewußtsein erstickt alle Empfänglichkeit. – Im Süden ist das ganz anders. Wir beginnen im Süden.“

– – –

Graz, Landschaftlicher Rittersaal. – Ich habe da ein paar Geschichten auf der Walze – die sind so komisch, daß sie Tote aus dem Grabe kitzeln müssen. Und ich lege los.

Nach dem ersten Satz rutscht eine wundervolle Dame herein.

„Die Minni Kropfinger“, wispert man im Publikum.

„Was die für einen Hut aufhat!“

„Haben Sie schon gehört? Sie hat sich mit Viki Preininger verlobt.“

„Also doch?“

„Ja. Die Eltern sind dagegen.“

Ich aber – auf dem Podium – las und las. Der Schweiß rann mir von der Stirn.

„Warum sind die Eltern dagegen? Er ist doch eine ganz gute Partie.“

„Gute Partie? Erlauben Sie – für ein Mädel mit *der* Vergangenheit ist er ein Haupttreffer.“

Zweite Geschichte. – Ich mimte und brüllte. Die Fensterscheiben zitterten. Minni Kropfinger zitterte. – Meine erste Nummer hatte ich nicht vollenden können – aber die zweite, Donnerwetter, die sollte schon einschlagen.

Minni Kropfinger zitterte immer mehr. Und wankte plötzlich und tat einen Seufzer:

„Wasser! Wasser!“

„Ihr ist nicht wohl. Man muß sie hinaustragen.“

Ja, hinaustragen –! Als sie Minni an die Tür brachten, war die Tür versperrt. Und der riesige Hüter des Eingangs rief von außen:

„Während des Vortrages bleiben die Saaltüren geschlossen.“

Ich – auf dem Podium – hielt inne, man hatte mich darum ersucht. Und wartete, bis der Diener zur Vernunft und Minni zur Besinnung kam. Sie setzte sich wieder hin, und alles war in Ordnung. – Dann begann ich mit der dritten Nummer.

Ich kann nicht behaupten, daß es mich erheblich störte, als plötzlich zwei Männer mit einer Tragbahre erschienen. Das Publikum aber wurde unruhig.

Die Männer mit der Bahre fragten:

„Wo ist der Leichnam?“

„Entschuldigen“, sagte ich, „hier ist ein humoristischer Vortrag." Worauf die Zuhörer – zum erstenmal an diesem Abend – lachten.

Ich ließ die dritte Nummer sein und begann die vierte. – Ein Platz, knapp vor mir, war bisher frei geblieben – ihn nahm nun ein Herr ein, der zu spät gekommen war. Ein rundlicher Mann mit einer Glatze.

Gott, ich habe ja gegen Herrn Franz Prohaska durchaus nichts. Er hat mir einmal vor Jahren aus einer großen Verlegenheit geholfen. Hat mich auch seither oft und, ach, immer vergeblich gemahnt: 154 Kronen im ganzen. – Daß er mich aber hier gefunden hat, der Schurke – daß er sich grinsend in die erste Reihe setzte und mir immerfort ein Schriftstück zu sehen gab, die amtliche Bewilligung zur Pfändung der Abendeinnahme – das... das schmerzte mich tief.

Ich – oben – las und er – unten – grinste. Ich las, und er murmelte in den Stimmungspausen:

„Ha... hamm... hammer dir amol, amol,
An dein verrissenem Kamisol..."

„Herr Möhl", sagte ich, „unter diesen Umständen kann ich nicht heiter sein."

Möhl drückte mir sein Beileid aus und tröstete mich:

„Machen Sie sich nichts draus, Herr Roda! Geben Sie mir ruhig einen neuen Vorschuß und schlafen Sie süß! Um vier Uhr siebzehn frühmorgens fahren wir nach Wiener Neustadt, da soll's Ihnen besser gefallen."

Schon der Hausknecht im „Goldenen Hirschen" zu Wiener Neustadt empfing mich mit sonderbarem Augenblitzen. Das Stubenmädchen des Gasthofs sagte mir gradezu: auf viel Besuch dürfe ich nicht rechnen, denn ich hätte es im vorigen Monat hier gar zu toll getrieben. Wobei sie verständnisinnig lachte.

„Wie, bitte? Toll getrieben? Ich bin in Neustadt nie vorher gewesen?"

„Ach", rief der Gastwirt, „ach – jenun! Sie sind nie hiergewesen, sehr verehrter Herr? Sagen Sie lieber: so eine Sittenlosigkeit ist noch nie dagewesen; nämlich die, was Sie unter Führung eines gewissen Szuster in Ihrem letzten Vortrag verzapft haben."

Da ward uns klar, mir und Möhl: Szuster reiste durch die Welt mit einem falschen Roda.

Ich sollte tags darauf in Sankt Pölten Vortrag halten – Anfang acht Uhr – und saß um dreiviertel acht im Künstlerzimmer. Es flog die Tür auf – ein Schrei, und eine Dame stürzte auf mich zu. Die Dame blieb erschreckt, wie angewurzelt, stehen und stammelte:

„Aber, das bist du ja gar nicht?"

„Verzeihen Sie, Gnädigste! Wer bin ich nicht?"

„Mein Verführer."

Ich bedauerte in der Tat, nicht rechtzeitig zugezogen worden zu sein – übrigens hauptsächlich die Schuld Möhls, der mich immer hinter Szuster und meinem Doppelgänger herzotteln lasse und mich durch seine Energielosigkeit noch um allen Lorbeer bringen werde. – Das Fräulein bat ich, jedenfalls nach zehn nochmals vorzusprechen, wenn mein Vortrag zu Ende sei.

Davon wollte sie nichts wissen, kam aber pünktlich. Ich erfuhr alles: Szusters Roda hatte das arme Wurm so betört, daß sie trotz einer auf religiös-sittlicher Grundlage beruhenden Erziehung...

„Wie hat der Elende das fertiggebracht?" fragte ich neugierig, bewundernd und empört.

„Durch Gedichte."

Mordskerl. Durch Gedichte. Und ich Esel hatte meine Gedichte fühllosen Zeitungen geschickt. Ein anderer erst muß mich auf die Kraft aufmerksam machen, die darin steckt.

Sie hatte die Gedichte bei sich. Doch welch herbe Enttäuschung! Sie waren von Stefan Zweig.

In Linz an der Donau endlich kam es zum Zusammenstoß der beiden Unternehmungen. Als ich mit Möhl eintraf, hatte Szuster eben seinen, seinen Roda an den Straßenecken angekündigt. Der Saal war gemietet und beleuchtet, das Volk versammelt – ich mußte mich sozusagen nur auf das warme Podium setzen.

Im Flur des kaufmännischen Vereinshauses brach die Schlacht aus. Szuster saß ahnungslos am Kassentischchen und verkaufte Eintrittskarten zu drei Kronen, als Möhl ihn am Hals packte und heftig würgte. Das Tischchen fiel um, die Impresarii wälzten sich auf dem Boden. Ich sah zu und stellte mit Behagen fest, daß Möhl mit außerordentlichen Körperkräften begabt war; doch auch Szuster ließ seiner nicht spotten.

Ein hübscher junger Mann, der abseits gestanden, mit zufriedenem Lächeln wie ich, trat auf mich zu, verbeugte sich und stellte sich artig vor:

„Roda Roda."

Er sagte, er wolle die Kämpfer trennen, und bat mich, ihm dabei behilflich zu sein. – Leicht ging es nicht.

Von uns festgehalten, setzten die Impresarii die Feindseligkeiten fort in einem homerischen Rededuell. Ich nahm wahr, daß die beiden, Möhl und Szuster, einander seit langem kennen mußten.

Szuster behauptete auf das bestimmteste, Möhl verdanke seine gegenwärtige Freiheit ausschließlich seiner verblüffenden Geschicklichkeit im Durchfeilen von Fenstergittern, während Möhl mehr den unkünstlerischen Zug betonte, den er in Szusters Geschäftsführung wahrgenommen haben wollte. Dabei boten sie einander zahlreiche Ohrfeigen an.

Es war acht Uhr geworden – der Vortrag mußte beginnen. Wer sollte ihn halten? Er oder ich? Höflich ließ ich dem fremden jungen Mann den Vortritt. Er nannte sich den Zuhörern gegenüber: Roda. Ich ebenfalls einfach: Roda. Zusammen Roda Roda.

In der großen Pause sahen wir hinaus auf den Flur. Unsere Impresarii rauften noch immer.

„Wie wird es ausgehen?" war unser beider einziger Gedanke, während wir auf dem Podium in schöner Abwechslung des Programmes zweiten Teil vollführten.

Nach dem Vortrag, um zehn, fanden wir die Feinde im tiefsten Frieden. Sie waren in Kompanie gegangen, hatten die Konzertdirektion Möhl & Szuster gegründet. Möge sie blühen und gedeihen für und für!

Szuster mit seinem Roda wandte sich nach den Alpenländern und Galizien; Möhl mit mir nach Mitteldeutschland.

MEIN LETZTER WILLE

Wir leben – was übrigens viele meiner Mitbürger noch nicht bemerkt zu haben scheinen – in schweren, schweren Zeiten. Fast gewaltsam heißt es sich durchs Leben schlagen – dabei nimmt die Gesetzlichkeit des Alltags erschreckend überhand und beraubt einen aller halbwegs leichten Erwerbsmöglichkeiten. Ein Schritt abseits vom ehrlichen Weg, dem längsten zum Elend – und du bist die Beute der Polizeihunde. Feste arbeiten, intensiv und rechtzeitig vorsorgen tut not. Vorsorgen nicht nur für sich – nein, seit die Witwenverbrennung abgeschafft ist, diese prächtige wirtschaftliche Maßregel unsrer Altvordern – auch vorsorgen für die geliebten Rechtsnachfolger.

In dieser Erwägung habe ich beschlossen, schon jetzt mein Testament zu fertigen. Hier der Entwurf.

– – –

„Bei vollkommen klarem Verstand, so klar, wie ich ihn mein Lebtag nicht gehabt habe, verfüge ich, was folgt, als meinen Letzten Willen:

Mein Vermögen mit allen Bar- und Liegenschaften gehört meiner Frau. Die Barschaften sind in etlichen Westentaschen zu finden, ein großer Teil liegt, mit einem Verbot behaftet, auf dem Gerichtsdepositenamt. Mein unbewegliches Vermögen besteht aus dem Stammgut meiner Familie, das mir mein älterer Bruder samt dem Erstgeburtsrecht für ein Linsengericht überlassen hat. Ich trage ihm die Übervorteilung aber weiter nicht nach.

Unbeschadet dieser Verfügung über mein Gesamtvermögen soll mein Freund Dr. Hermann Sinsheimer das Recht haben, aus meinem Nachlaß einen beliebigen Gegenstand zum Andenken auszuwählen, im Wert nicht über 1 RM 50, schreibe, eine Reichsmark fünfzig Pfennig.

Die Tantiemen aus meinem vor sechzehn Jahren verfaßten Lustspiel „Der Räuber von Crucina“ schenke ich meinem Verleger – unter der Bedingung, daß er in der Uraufführung persönlich die Titelrolle kreiere. Die im letzten Akt vorgeschriebenen Torturen sind genau durchzuführen.

Viele meiner Bekannten waren Maler. Ich begnade sie nun mit den Bildern, die sie mir einst gestiftet haben. Doch soll jeder Maler ein von seinem Nebenbuhler gemaltes Bild erhalten.

Meinem Paten Paul Geier fällt jener schwersilberne Löffel zu, den er mir zu meiner Taufe gespendet hat. Der Löffel ist abgenutzt und schwärzlich; er muß daher vernickelt werden, um genau so täuschend auszusehen wie damals. Zwei andre, mit G. B. gravierte prächtige Löffel hinterlasse ich meinem liebenswürdigen Gastfreund und Mäzen Professor Georg Bernhard. Er wird sie hocherfreut begrüßen, sie fehlen an seinem Dutzend.

Meine Kämme, Schwämme, Bürsten vermache ich Erich Mühsam, dem Münchener Freund. Er möge sie nicht achtlos beiseitelegen, sondern die Gebrauchsanweisung lesen und beherzigen, die ich für ihn verfaßt habe – dann wird er die Scheu vor Kamm und Seife bald überwinden.

Mein Patent als Freischwimmer hinterlasse ich der Kirche meines Heimatortes.

Das Sterbequartal meines k.u.k. Pensionsanspruchs von 28 Gulden habe ich vor Jahren Herrn Moritz Knochenmehl verpfändet. Man bestreite es ihm nicht.

Ich wünsche, an meinem Rasiertag zu sterben – und bei heftigem Regen, jedoch ohne überflüssigen Pomp begraben zu werden. Drei oder vier Priester, etwas Chor und fünfzig bis sechzig Meter Vereine genügen mir. – Von Blechmusik hingegen sehe man ab; die Leute verlangen jetzt schon 20 M pro Kopf und Bestattung – ein Preis, der in keinem Verhältnis mehr zu dem Vergnügen steht. – Am Grabe möge Dr. Faktor jene Rede halten, die uns von frühern Trauerfeierlichkeiten her so vertraut ist.

Künstliche Blumen weise ich als gesundheitsschädlich zurück, andre Liebesgaben erbitte ich in bar. Meine treue Schreibmaschine soll, mit einem neuen Farbband gezäunt, hinter meinem Sarg hergeführt und dann mit mir bestattet werden.

Ich wünsche, in Deutschland begraben zu sein – meine Eingeweide aber bitte ich in meinem teuern Österreich beizusetzen. Die Leber, mein kostspieligstes Organ, händige man unserm Hausarzt aus, worauf er seine Diagnose vermutlich doch noch ändern und die ärztliche Praxis aufgeben wird.

Ich zähle auf die Pietät meiner Erben, wenn ich erwarte, daß man mich neben meine letzte Geliebte, Frau......[1] betten wird. Schlimmstenfalls lege man mich zwischen meine literarischen Freunde Franz Blei und Karl Kraus. Man traue aber ihrer einfachen Versicherung nicht und überzeuge sich, am besten durch Beträufeln mit heißem Siegellack, daß sie wirklich schon tot sind. Auch dann muß mein Sarg eine Vorrichtung erhalten zum Verriegeln von innen.

Den Sarg befehle ich hölzern; in einem metallnen könnte ich mich niemals behaglich fühlen. Mein Schädel muß eine Etikette tragen mit der Jahreszahl 19.. – ausdrücklich: post Christum natum. Ich will nicht nach ein paar Jahren als Neandertaler herumgezeigt werden.

Über die Vollziehung all dieser Anordnungen hat als Testamentsvollstrecker mein Rechtsanwalt zu wachen, dem ich da zum erstenmal Vertrauen schenke.

Freunden und Feinden, die ich je im Leben mündlich, schriftlich oder tätlich beleidigt habe – ihnen allen sei hiemit verziehen.

Mein letzter Wunsch: legt mich in Asche!

Geschlossen und gefertigt zu München im Hornung[2] 1933."

SCHWÄNKE UND FRAGMENTE

Wir rüsteten uns, ins Theater zu gehen. Im letzten Augenblick bemerkten wir:

„Onkelchen! Du hast ja dein Gebiß vergessen."

„Wozu brauche ich's Gebiß?" brummte Onkelchen. „Is Maria Stuart was zum Lachen?"

1 Der Name ist mir natürlich heute noch nicht bekannt, ich werde ihn nachtragen.

2 Hornung – so nennt der gebildete Münchner mit Recht den Karnevalsmonat sive Februar.

Unlängst, als ich zu Darmstadt aus dem Theater ging – nach Wedekinds „Erdgeist" –, sagte vor mir eine Dame zur andern:

„Und die schönen Stücke von unserm Mariechen nehmen sie *nicht.*"

Als sie aus dem Theater ging, sprach plötzlich ein wildfremder junger Mann sie an:

„Gnädiges Fräulein, finden Sie nicht, daß Pallenberg sehr gut gespielt hat?"

Das Fräulein – überrascht, betreten, hilflos: „Ja."

„Na also, Gnädigste! Dann sind wir ja einig. Wo wohnen Sie?"

Wir erörtern ein beliebtes Thema: die künstlerische Kultur von Wien und Berlin.

„Segen S'", sagte Mitterhuber, „ein ungeheurer Unterschied is scho: wann in Berlin a Künstler verhungert, kümmert sich ka Mensch um eahm; in Wien, wanns passiert, stengen Hunderte um eahm herum und sagen einmütig: es müsset eigentlich was für ihn gschehgen."

Ich saß mit Ruhmann im Volkskeller.

Die Damenkapelle spielte.

Wir brüteten.

„Freunderl", sagte Ruhmann plötzlich, „ob du mich für narrisch haltst oder net – es is ein historischer Augenblick in meinem Leben. Nie hab ichs glaubt, wann die Leut von einer Liebe aufn erschten Blick reden – aber ich bitt dich, schau dir die Cellistin an! Hast du schon so was von Anmut gesehen? So eine schlanke Fülle? So ein volles Schlankerl? Meiner Six, ich wer die Person heiraten un wer ihr Schklave sein fürderhin. Du verstehst? Fürderhin? Pikkolo! Pikkolo! Obst hergehst, Lausbua?! Siegst das Fräuln oben, die was Cello spielt? Augenblicklich sagst ihr, ‚Fräuln', sagst ihr, ‚unten is a Herr', sagst ihr, ‚in geordnete Verhältnisse, der bietet Ihna Herz und Hand fürs Leben'. Oder weißt was, Pikkolo? Sags lieber der Trommlerin."

Der Herr Kapellmeister hatte eine Operette komponiert — die Partitur lag hochaufgeschichtet auf dem Schreibtisch.

Da geschah es, daß Mimi, das Äffchen der Frau Kapellmeisterin, auskam, auf den Tisch kletterte und die Partitur in Atome zerriß.

Kapellmeisters kamen heim und sahen die Bescherung.

Er wollte Mimi erdrosseln.

Die Kapellmeisterin aber legte ihm die Hand auf die Schultern und sprach gütig:

„Franzl! Sei net gach! Es wiiird dir schon wieder was einfallen."

In München war ein junger Musiker, den lernte eines Tages eine steinreiche Amerikanerin kennen und lieben — und als Morgengabe schenkte sie ihm eine Stradivarius.

Wir in der Schwabinger Kneipe hörten davon und gratulierten ihm; tranken ihm zu — und endlich baten wir ihn, uns auf der Stradivarius was vorzuspielen. Er ging heim und holte die Geige.

Nach dem Largo von Händel spendete ein Justizrat drei Runden Weinbrand.

Auf die Träumerei von Schumann gab es Sekt und Gin.

Caprice von Paganini: Whisky, Bocksbeutel, roten Dalmatiner.

Um fünf Uhr morgens, überglücklich, kroch der Musiker auf allen vieren heim und zog die Stradivarius an der G-Saite im Dreck hinter sich her.

„Lottchen, du siehst so traurig aus, was hast du denn?"

„Ach, es ist ein Kreuz: ich will einen Roman schreiben und niemand rät mir ab."

Einmal sagte Freund Meier:

„Mit der dichterischen Inspiration is das so 'ne Sache. Man muß ein wenig nachzuhelfen wissen. Ich, zum Beispiel, arbeite nur bei Nacht. Aber wenn mir um neun nicht gleich was einfällt – ich gebe den Abend noch lange nicht verloren. Nehmen wir den Fall mit gestern: ich setze mich um neun hin – nichts. Da nehme ich den ersten Kognak. – Nichts. – Ich nehme den zweiten Kognak. – Nichts. – Ich nehme den dritten, den vierten Kognak. Endlich um Mitternacht – der Abend war gerettet."

„Da ist Ihnen eine Dichtung geglückt?"

„Nö. Aber fünfzehn prachtvolle Kognaks hatte ich getrunken."

Einmal war mir ein Stück verboten worden.

Ich ging zum Herrn Oberregierungsrat und sagte:

„Niemals – hören Sie? – nie werde ich mich in das Unrecht schicken, das Sie mir antun. Ich werde mich dagegen wehren bis zum letzten Atemzug."

„Schön", sprach der Herr. „Und wie wollen Sie das anfangen?"

„Nun, indem ich die Gründe des Verbots einzeln bekämpfe, widerlege und vernichte."

„Mensch", sagte der Rat, „Sie kennen doch die Gründe gar nicht."

„Haben sie nicht im amtlichen Erlaß gestanden?"

„Keine Spur. Die Gründe behalten wir stets für uns. In den Erlässen stehen immer nur unsre Ausreden."

Friedell sagte einmal zu Peter Altenberg: Wenn du stirbst, wird der Rabbi predigen: Andächtige Leidtragende, wir begraben hier nicht nur den größten Dichter der hiesigen Judengemeinde, sondern, man kann fast sagen, den größten der Kattunbranche. – Am nächsten Morgen stand Peter auf und meldete seinen Austritt aus der Judengemeinde an. Er wollte Protestant werden. Doch dazu kam es nicht, weil es ihm nicht gelang, noch einmal um zehn Uhr morgens aufzustehen.

Bei Ullstein Wettbewerb um die überraschendste Schlagzeile. Moritz Müller erhält den Preis: „Franz Ferdinand lebt, der Weltkrieg ein Irrtum."

Zwischen Salzburg und Wien waren unlängst alle Schwalben im Flug eingeschlafen. Ginzkey hat im Salzburger Radio gesprochen.

Redaktionsbrief:
Wir haben Ihr Gedicht verloren, senden Ihnen anbei drei andere.

„Ich bin ja nicht mehr der Jüngste", hört man oft einen Maler sagen, „was aber wirklich malen heißt, weiß ich erst seit gestern."
Maler, die solches äußern, eilen damit den Tatsachen immer weit voraus.

In der „Brennessel", der Schwabinger Kneipe, ruft mir der Maler Josef Futterer zu, über die Menschenmenge weg:
„Roda, i woaß dr a sehr a lustige Gschicht. I kann drs aber jetzt net derzählen – vor die Damen. Später – alloa. Erinner mi an: Arschloch."

ADEL VERPFLICHTET

KUCKIS PANNE IN SIEBENKIRCHEN

Oh, es wird prächtig gehen. Papa ist bei Liechtensteins auf Schnepfen und Mama mit ihrer Hofschachtel zu irgendeiner Popularitätshascherei, wo sie Protektrice ist. Friedrich natürlich mit. Die andern pflegen nicht zu tratschen.

Kucki hat sich äußerst fein gemacht und sogar – vom Reitburschen – rasieren lassen. Es schmerzt gar nicht so, wie Berti immer sagt. Er hat sich auch Geld geborgt: fünfzehn Gulden dreißig von Berti und zehn von der Beschließerin „für Bücher". Sie soll's nur nachher vom Herrn Kaplan verlangen.

Mit pochenden Pulsen erwartet er das Auto.

Am Ende fällt dem Schoff ein, zu sagen, er dürfe nicht ohne Mamas Befehl…?

Nein, er kommt schon.

Kucki läßt sich die Goggles umschnallen, schlüpft in den Gummimantel und setzt sich an den Volant.

„Wollen denn Hoheit selber steuern?" fragt angstvoll der Chauffeur.

„Ja, Sie können zu Haus bleiben."

„Aber…"

Kucki legt los.

„Aber…" Der Chauffeur blickt wütend nach, ob Kucki wenigstens durchs Parktor treffen wird. Na, die Reparaturen morgen! Und das Abendessen, das sich der Chauffeur auf dem Motor verpackt hat? Darüber kann er das Kreuz machen.

In Kucki jubelt die Hölle. Wenn weiter alles glückt wie bisher – er hat wirklich kaum gehofft, vom Schoff den Karren loszukriegen, wenn alles so glückt, ist auch nicht Prob' im Pichlauer Kurtheater. Wenn aber keine Prob' ist und der Fräulein Jenny ihr Schuhwichsfabrikant grad nicht bei ihr ist, dann, hat sie versprochen, wird sie mit Kucki Auto fahren.

Sie werden bis Morau steuern. Kucki hat dort im Gasthof telegraphisch ein Zimmer bestellt. Und sind sie erst einmal im Gasthof... Na, da kann es doch nicht mehr so schwer sein? Das Fräulein wenigstens, wo ihn Berti einmal hingeführt hat, ist nicht diffizil gewesen.

Kühn, mit zweiter Geschwindigkeit und mächtig tutend, fährt Kucki über die Promenade ein, einmal hart an einer Gluckhenne vorbei. Die Kurgäste fühlen sich. „Oho, ein Auto! Pichlau wird Weltbad."

Vor Fräulein Jennys Haus schaltet Kucki ein wenig zu früh aus. Einige Gaffer grinsen. Er geht noch einmal an, dann ist's richtig. Zitternd und rasselnd hält der Wagen still.

Eine Viertelstunde später – nachdem Kucki das Fräulein Jenny mit wahrhaft erfinderischer, ursprünglicher Beweisführung über alles beruhigt hat: seine Fähigkeiten als Lenker, über die Gefahrlosigkeit des Sports, über das Wetter und ihre Toilette, über das, was die Leute dazu sagen werden, und die Stunde der Rückkehr – da fahren sie endlich durch ehrerbietigen Spalierpöbel fort, hinaus in die frischgrüne Frühlingslandschaft.

Jenny ist selig. Von der ganzen Schmiere ist noch keine Auto gefahren, und gar mit einer Hoheit, ich bitte! Die Massary – es gibt eine Massary in Pichlau – wird explodieren. Die Massary ist imstand und redet wieder von Knabenschändung...

„Scheer Präns", sagt Jenny plötzlich, „ich bitt Sie, ein bißl langsamer!"

Kucki versucht zu widersprechen, dann schaltet er die zweite ein. Mit der dritten ist es ihm im Grund selber unbehaglich gewesen.

Sie fahren und fahren. Einmal kommt Kucki beim Ausweichen knapp aufs Bankett. Als er sich vom eigenen Schrecken erholt hat, behauptet er steif und fest: er habe es absichtlich getan, um das Fräulein zu ängstigen. Nein, er wird es nicht wieder tun.

Jenny will gern nach Neumühl. Kucki sagt, das gehe nicht,

weil Papa in Neumühl verkehrt. Man kennt dort seinen Wagen. Über Siebenkirchen nach Morau, das sei der beste Weg.

Dicht vor Siebenkirchen kreischt Jenny noch „Scheer Präns“, klammert sich rechts an ihren Kavalier und links an die Armlehne, der Karren tut einige immer schwächere Wirbel und...

„Es ist nichts“, sagt Kucki unsicher, nachdem er den Motor bloßgelegt und hilflos von oben und unten besehen hat.

Jenny steht in respektvoller Entfernung.

„Gehen Sie weg, es fliegt in die Luft“, schreit sie.

„Was fällt Ihnen ein, das ist die Zündung. Das muß doch so sein. Kommen Sie nur, es wird schon gehen.“

Doch Jenny mag nicht, mag absolut nicht, selbst als Kucki irgendeine Feder gestreckt hat und behauptet, das sei der ganze Schaden gewesen.

„Fahren Sie, ich gehe heim.“

Und sie schickt sich an, die Drohung wahrzumachen.

Er klappt rasch zu und sitzt auf. Es müßte doch des Teufels sein, wenn das Ding nicht...

Der Motor springt an, macht zwei Touren, beginnt mächtig zu torkeln, springt an und steht still, springt noch einmal an und rumort – ein unheimlicher Knacks – und aus ist's.

Die Panne.

Kucki erbleicht.

„Fürchten Sie sich nicht, Fräulein, der beißt Sie nicht mehr. Der ist mausetot.“

„Um Himmels willen, was is denn gschegen?“

„Ich weiß nicht. Vielleicht ist die Zündkerze hin – oder eine Pleuelstange – oder die Kette. Irgend etwas.“

„Und wir?“

Kucki zuckt die Achseln. Ihm ist gar nicht wohl zumut. Er weiß ja nur zu genau: nun kommt die ganze Pastete an den Tag. Wenn er retten will, was zu retten ist, muß er das Frauenzimmer loswerden.

„Sie gehen nach Haus, Fräulein“, sagt er mit der Brutalität des trotzigen Knaben.

„Gehen? Sind Sie von Sinnen? Ich kann doch nicht bis Pichlau gehen?“

„Sie müssen. Ich bitte, wenn Mama... Also: Sie müssen."

„Ah, plauschen S' net! Bleiben S' da bei Ihnerer krepierten Equipasch – ich lauf daweil ins Dorf und hol ein paar Leute."

Als Kucki nach einem bescheidenen Souper – mit Wein, den er so schlecht verträgt – im Landwirtshaus von Siebenkirchen sitzt, da findet er die Sache so übel nicht. Zunächst hat Jenny widerspruchslos mitangehört, wie er ein Zimmer verlangt hat... Das ist doch ein Zeichen... Sie ist auch sonst furchtbar niedlich zu ihm, und lustig über die Maßen. Manchmal sogar etwas zu laut. Das Auto steht im Schuppen, auf einen Wagen verladen. Ein Mistbauer wird es mit Heu zudecken und nach Pichlau fahren. Bis übermorgen bringt der Schoff es schon in Ordnung – früher kommt Papa von Liechtensteins nicht zurück. An Berti hat Kucki den Hausknecht von hier zu Rad gesendet; Berti wird Mama depeschieren, Kucki sei bei ihm und bleibe über Nacht. In Pichlau hat er die Scheuklappen umgehabt, hier kennt ihn kein Mensch, also *viel* kann ihm nicht passieren. Wenn irgendwas herauskommt – das mit Jenny sicherlich nicht, höchstens die Autofahrt. Die wird man ihm schon verzeihen.

Sie steigen in der Dämmerung die knarrende Treppe hinan und sind in ihrem Zimmer. Sanft abgewehrt, raubt er Jenny den ersten Kuß...

Da schreitet... ja, da schreitet, hell und heller, ein rötlicher Lichtschein die eine Wand empor und bleibt an der Stubendekke hangen. Ein dreifacher Schrei aus Männerkehlen macht die Fenster klirren.

Kucki ist gelähmt. Kucki kennt das: die Patrioten...

Jenny aber, die tödlich erschrocken ans Fenster gesprungen ist, sieht überrascht, entzückt und geschmeichelt eine schwarze Menschenmenge vor dem Haus, aus der ein Viereck lohender Fackeln qualmt. Inmitten steht der Gesangsverein um einen unsinnig erregten Dirigenten. Eins – zwei – drei – vier: mit hehren Klängen hallt die Nationalhymne in die Nacht.

„Diese... diese... Viecher", plärrt Kucki. „Jetzt ist alles aus."

Hängt Mamas Protektorlächeln ein und nickt den Völkern Wohlwollen hinab. „Diese Viecher", murmelt er immerzu.

Als der Vorsitzende des Kriegervereins unten seine Rede stottert, hat sich Kucki so weit gefaßt, daß er Jenny mit sanften Rippenstößen vom Fenster zu vertreiben sucht.

„Weggehen? Warum denn?" fragt sie mit ungeheuchelter Naivität. „Fällt mir gar nicht ein."

„So nehmen Sie doch Vernunft an, Fräulein! Das wird ja ein öffentliches Gerede."

Jenny versteht immer noch nicht. Was hat er nur? Es ist doch sehr hübsch von den Leuten, daß sie „Hoch!" schreien und singen?

Man pocht, und es tritt eine Abordnung ein von Fräcken und Uniformen, der Wirt voran. Er dankt in einigen kernigen Sätzen ohne Subjekt und Prädikat, wofür, kann Kucki nicht recht ausnehmen. Vermutlich für die Ehre.

Schön. Kucki drückt ihm warm die Hand.

„Aber", beginnt der Wirt wieder, „wann mir ehnder gewußt hätten, was für Gäst zu uns kummen saan..."

Kurz, der Mann will das *Fräulein* Hoheit partout auswaggonieren.

Kucki versucht leise Einwendungen – vergebens. Die ehrgeizige Bürgermeisterin will auch eine Hoheit im Quartier haben und schleppt Jenny mit freundlicher Gewalt davon.

Kucki hält Cercle. Er fragt die Vereinsvorstände nach der Zahl der Mitglieder und die Gemeinderäte nach den Saaten. Der ganze Papa.

Und als sie alle gegangen sind, das bösartige Gesindel, da verfällt er stöhnend in eine lethargische Reaktion. Mit Jenny ist es nichts – die haben sie ihm entführt. Was sonst noch daraus werden wird, weiß Gott allein. Ein Mordsskandal wahrscheinlich, wenn's über die Grenzen von Siebenkirchen hinausdringt. Ihm ist jetzt alles gleich.

Nur wie es gekommen ist? Das möchte er gern wissen.

Er ruft nach dem Wirt und erfährt's. Ganz einfach: im Morauer Lokalblatt hat gestanden, daß Se. kaiserliche Hoheit huldvollst geruht haben, Zimmer im Grand-Hotel zu bestellen... Am Abend ist die Zeitung hergekommen.

Also unrettbar, unrettbar verloren.

Der Defekt an der Wasserzirkulation war sofort behoben, als der Schoff seine Würste aus dem Kühlwasser holte. Er hatte sie sich hineingetan, um warmes Abendbrot zu haben, und sie waren ans Ventil geraten.

Den Defekt an Kuckis Moral – den nahm der Kaplan in Reparatur: drei Tage geistliche Exerzitien, jeden Tag dreimal hundertundvierzig Vaterunser und zwölf Englische Grüße. Zum Irrsinnigwerden.

BLAU BLUT

Baron Venini fand eine Wanze in seinem Bett.

Klingelte dem Diener und sagte:

„Bringen Sie dieses arme Wesen in das Bett meiner Frau!"

Unlängst hatten die Grafen Granfeld ihren Familientag. Fabelhaft guter Adel, diese Granfelds – die Karolinger sind nachweislich ihre Dienstmannen gewesen.

Am Abend hält der Alte, das Familienschaf, Cercle. Zieht beim Anblick eines etwas entfernten Großneffen die Nasenflügel hoch und fragt:

„Du... du bist... wo?... begütert?"

„Ich bin überhaupt nicht begütert, Onkel."

„Ah. Du... treibst also... was...?"

„Ich studiere Philosophie."

„Staunenswert. Du kannst... was...? werden, wenn du Philosophie studierst?"

„Doktor."

„Soso. Und hast bei... welchem...?... Regiment gedient?"

„102.“

„Soviel Dragoner gibt es doch gar nicht?“

„Ich bin Infanterist gewesen, lieber Onkel.“

Da schlug der Alte die Hände überm Kopf zusammen und rief:

„Der erste Infanterist in unsrer Familie – und der Kerl will Viehdokter werden!“

In Potsdam hatten die Granow ihren Familientag.

Kam der jüngste Seitensproß, Leutnant der Reichswehr-Kavallerie, auf die Ahnfrau des Geschlechtes zu, schlug die Hakken zusammen, verbeugte sich und sprach:

„Ah! Gnädigste ebenfalls anwesend?“

Großtante Ursula v. Granow ist schwerhörig. Sie fragte sehr interessiert:

„Wie?“

Der Leutnant – lauter:

„Gnädigste ebenfalls anwesend?“

„Wie?“

Onkel trat dazwischen und brüllte:

„Ob de hier bist.“

Der General a. D. v. Kämitz pflegt seinen Frühschoppen im Tirolerstübchen zu trinken.

Eines Tages findet er alle Tische von Fremden besetzt; bleibt in der Tür stehen und murmelt – etwas zu laut:

„Keen eenziger anständiger Mensch hier.“

Da fliegt ihm ein Bierfilz an den Kopf.

„Pardon. Eener“, sagt der General.

Jüngst war ich bei Herrn v. Mollnow zu Besuch.

Ein herrliches Gut, dieses Mollnow, seit Urzeiten im Besitz der Familie.

Als es Abend war, tranken wir noch zwei, drei Pullen – dann hieß es schlafen gehen.

Ich bin gewohnt, im Bett zu lesen.

„Können Sie mir was Gescheites geben?“ fragte ich.

Herr v. Mollnow, der Gastfreundliche, stand auf und rief, daß es weithin durchs Haus scholl:

„Das Buch! Das Buch! He, Minne, Trine, Line — wo ist das Buch?“

Man suchte stundenlang; und fand es nicht; obwohl sich Herr v. Mollow bestimmt erinnerte, eines gehabt zu haben.

Fürstin Möllstorff läßt die Tochter ihres Portiers erziehen — das Mädel soll dereinst mal Kammerjungfer werden.

Eines Tages kommt der Portier mit einer Bitte.

„Eure Durchlaucht“, sagte er, „wann S' halt die Gnad hätten und taten mei Tini aa Französisch lerna lassen.“

„Aber lieber Johann, Französisch braucht sie doch nicht?“

„O ja, Durchlaucht. Segen S', Durchlaucht, ewig kann s' net Kammerjungfer bleiben — aamal muß s' zu was Besserm kummen. Un wann s' a Maitresse werden will, braucht s' Französisch.“

Herzog Bernhard von Pillingen bereiste seine Staaten.

Er kam in irgendeinen Flecken — da wurden Seiner Hoheit die Spitzen des Bezirkes vorgestellt: der Klerus — die Offizierkorps — und endlich auch die Staatsbeamten. Darunter der Katasterdirektor.

Da sagte Seine Hoheit:

„Katasterdirektor? Ungemein interessant. Sagen Sie... ist es wirklich wahr, daß man davon eine so hohe Stimme bekommt?“

Unser Tapezierer klagt seit Jahren über eine Baronin Veltzow — sie ist ihm ein paar Mark schuldig und zahlt nicht.

Unlängst, erzählt der Tapezierer, war er wieder bei ihr jammern.

„Frau Baronin, ich bitt, i hab aa mei Außenständ — d' Leut

saan unbarmherzig un verklagen mi. Wann Sö mir möchten unter d' Arme greifen, daß i wenigstens könnte das Dringendste begleichen…"

Die Baronin sprach:

„Lieber Freund, ich komme nicht einmal dazu, meine eigenen Angelegenheiten zu ordnen – und nun sollte ich auch noch anfangen, Sie finanziell zu rangieren?"

SEHR DAGEGEN – SEHR DAFÜR

Natürlich habe ich Baron Serda gekannt – eben in die Zeit seines Glanzes fällt ja meine kurze Laufbahn als Herrenreiter. Kinder, was war er für ein Bursche! Wie ein Meteor ging er auf – wie ein Meteor ist er erloschen. Niemehr wird es eine Turferscheinung geben wie ihn.

Er begann gleich mit der schwierigsten Probe: Pardubitz. Achtundzwanzig Nennungen – aber es starteten nur elf. Auf der berühmten Irish-bank gingen sieben nieder – drei brachen vor der letzten Hürde aus – Serda siegte: auf einem Schinder, ich weiß nicht mehr, wie er hieß. – Die Leute auf den Tribünen schäumten vor Wut und Freude.

Er kaufte dann vom jungen Baltazzi einen Spitzhengst Romeo. Für einen Pappenstiel – denn Romeo war ein Mörder, er hatte zwei Leute des Stalls buchstäblich zertrampelt, und in Ödenburg einen so vorsichtigen, gewiegten Menschen wie Oberleutnant Galffy mit den Zähnen aus dem Sattel gerissen und wollt ihm eben mit den Vorderhufen den Brustkasten einstampfen; ist Baltazzi dazwischen, hat wirklich mit Lebensgefahr den armen Galffy gerettet und hat befohlen: man soll Romeo auf dem Fleck erschießen. – „Nichts da", ruft Serda, „ich kauf ihn." – Baltazzi warnt: der Gaul ist ein Mörder – Baltazzi steht für nichts gut. – Serda hat nicht nachgegeben; das weitere wißt ihr ja: 40mal Erster in einem Jahr.

Selbst aus wahren Säuen von Pferden holte Serda Atem heraus. Ich lief einmal in Totis mit ihm, Kirchturmrennen. Er hatte eine Spottgeburt genannt, Pius — der Crack war auf das Pedigree hin unbesehen gekauft von einem Major in Siebenbürgen. Als der Gaul ankam, lachten wir alle; er war so überbaut, daß man meinte, die Vorderhand gehört nicht dazu — und verkehrt aufgesetzt war er wie ein Hirsch. „Ja“, sagte Serda, „arme Leut’ kochen ’s Fleisch mit Wasser — ich kann in einem so wahnsinnigen Rennen kein wertvolles Pferd riskieren.“ — Die Propositionen waren wirklich wahnsinnig: über 6000 Meter — wer hält das aus? Im Finish gerieten wir aneinander, Serda und ich, wir klebten geradezu. Man muß das selbst erlebt haben, sonst glaubt man, ich lüge: mit den äußern Schenkeln haben wir unsere Gäule gestützt, einen auf den andern, damit uns nicht beide umfallen, so ausgepumpt waren sie. Unglücklicherweis hatte es vormittag geregnet, und das Komitee hatte lassen dicht vor dem Ziel einen kleinen Graben ziehen, damit das Wasser abrinnt; dann vergaßen sie, den Graben wieder zuzuschaufeln; wenn sie ihn wenigstens durch eine Bürste markierten... Aber nein. Natürlich konnten ihn die Pferde auch nicht sehen: so roulierte ich und hätte mir um ein Haar die Schlüsselbeine gebrochen. — Sieger? Serda. Auf seinem Kamel.

Ihr werdet sagen: Glück. Gewiß, Glück gehört zum Geschäft. Er aber hatte eben immer Glück; und das ist Himmelsgabe.

Wer ihn nicht gekannt hat, muß eine ganz falsche Vorstellung von ihm haben. Drahtig? Leicht? Bis zum Nabel gespalten? — Keine Spur; er war klein und dick. Ein Weiberbecken.

Und gesoffen hat er wie ein Loch. Bis Mittag immer: sehr dagegen. Von Mittag an: sehr dafür. Ich kann schwören, denn ich hab es mitangesehen: er hat sich in Alag vom Stalljungen in den Sitz heben lassen und ist auf der andern Seite wieder hingefallen — so betrunken, daß er geschielt hat. Drei Rennen — dreimal Erster.

Dabei in ewiger Geldklemme. Ein Pferd von Klasse hat er nie im Leben besessen.

— — — Der 29. Mai 1906 war der merkwürdigste Tag meines Lebens.

Donnerstag vor Pfingsten. Das bedeutete ehemals in Wien was: Sportwoche; Preisreiten — Armeesteeplechase — Derby.

Serda hatte triumphiert in seinen Farben: schwarzrot – es war der Höhepunkt seines Ruhmes.

Zu Abend lud er uns in seine Wohnung – unser sieben Herren, mit ihm also acht – und ein Mädel, eine gewisse Pepi, sogar den Zunamen hab ich mir gemerkt: Hodura – ein wunderhübsches Ding; Aschblondine – sah aus wie eine Prinzessin, nur ein bißchen zart; eine Entdeckung von Serda – sie war früher Verkäuferin gewesen in einem Antiquitätenladen.

Serdas Wohnung... Unter den Gästen waren einige aus der Provinz – sie wunderten sich ein wenig; wir Vertrauten wußten, daß Serda spartanisch lebte. Rennpreise waren da nicht zu sehen: sie wanderten immer gleich in Versatz. – So ärmlich freilich wie diesmal hatte es bei Serda noch nie ausgesehen.

Es war sehr lustig, selbstverständlich. Man trank extrasüßen Champagner – da eben war er „sehr dafür" – und wieder einmal „Moslemblut", einen Schnaps, gemixt aus Slibowitz und dunkelstem Negotiner, Serdas Hausspezialität; glitt ab wie Wasser und betäubte wie Opium. Serviert wurde das Zeug in türkischen Pistolen – man mußte sie in einem Zug leeren, hinstellen ließen sie sich ja nicht.

So verlief bis Mitternacht alles normal – man konnte gar nicht ahnen, daß etwas Besondres geschehen sollte.

Schlag zwölf – Serda hatte des öftern nach der Stunde gefragt – um zwölf also winkt er das Mädchen hinaus und verschwindet mit ihr ins Nebenzimmer. Nach etlichen Minuten kommt sie wieder: in einem roten Seidenmantel.

Wir haben uns nicht weiter gewundert, nur eben gefragt... – sie antwortet: wir sollen warten – er hat etwas vor – was, weiß sie nicht.

Schon ist er selbst da – in sehr bescheidenem Zivil und mit ganz ernster Miene. In der Hand trägt er ein Kofferchen. Die ganze Erscheinung: ein reisender Commis. – Es war unter uns Gästen Feri Kalnuszko, Prinz Kalnuszko, Leutnant – war schon um neun stark alkoholisiert gewesen und den Abend über mehr als laut; selbst er verstummte.

Stellt sich Serda hin und sagt:

„Meine Herren, ich werde von nun an ‚Sie' zu Ihnen sagen.

Ich glaube nämlich, Sie werden sich von mir distanzieren wollen — lieber fange ich selbst damit an. — Zunächst möchte ich diese junge Dame versteigern, Pepi Hodura. Sie ist garantiert zwanzig, im einundzwanzigsten — gutes, freundliches Wesen — heiter, das haben Sie miterlebt — hübsch, das sehen Sie ja — und gesund, dafür übernehme ich jede Gewähr. Fünfzig Dollar zum ersten — wer bietet mehr?"

Das war so nüchtern und fest gesprochen, daß wir einander ansahen: ist Serda verrückt geworden?

Als niemand eine Silbe hervorbringt, sagt er zu dem Mädel: „Wirf den Mantel ab und steig auf den Tisch!"

Er verlangte es beharrlich — so tat sie ihm den Willen: stieg auf den Tisch, setzte sich auf den Stuhl, den hatte er ihr oben hingestellt — und den roten Mantel nahm er ihr ab. Sie saß ganz verlegen — denn unter dem Mantel hatte sie nicht mehr viel an; ganz in Schwarz war sie, einer Art Schlafanzug, mit roten Bändchen. Schwarzrot waren doch seine Rennfarben, nicht wahr?

„Bedauerlich", sagte er, „daß Sie nicht mitbieten, meine Herren! Ich will doch, daß die junge Dame in gute Hände kommt. — Nun? Fünfzig Dollar zum ersten."

Und er blickte fragend um.

Darauf fand Feri Kalnuszko seine Laune wieder und bot sechzig. Ein andrer: hundert. Feri überschrie sich selbst — bis vierhundert. Dabei blieb es dann — und Serda schlug ihm Pepi in aller Form zu. — Feri hatte soviel Geld nicht bei sich. Er mußte einen Bon schreiben und kann Pepi gleich mitnehmen.

„Hör mal", fragten wir, „was soll der Scherz?"

„Es ist kein Scherz, meine Herren! Der Bon gehört natürlich Pepi — sozusagen als Mitgift in die neue Ehe. — Im übrigen muß ich Ihnen leider noch einiges sagen:

Diesen Säbel habe ich zur Ausmusterung aus der Akademie bekommen — ich vermache ihn Franz Gärtner, meinem treuesten Kameraden. Damit ist der aktive Teil meines Nachlasses so ziemlich geordnet. Meine Möbel nämlich habe ich schon dieser Tage verkauft — Pepi hat es besorgt, äußerst geschickt — sie ist ja Verkäuferin von Beruf. Die Pferde und das Sattelzeug hab ich selbst heut nachmittag verkauft, ebenso Uniformen und Wäsche; der letzte Waffenrock ist soeben abgeholt worden – der Händler hat gegen vereinbartes Trinkgeld bis jetzt, zwölf Uhr nacht, draußen in der Küche darauf gewartet. Meine Rennpreise sind längst beim Teufel – und sonst fahrende Habe besitz ich nicht. Von dem ganzen Erlös hab ich die sogenannten schmutzigen Schulden abgetragen: vom Gastwirt und Barbier angefangen bis zur Waschfrau und dem Pferdewärter. Das übrige zu bezahlen – daran kann ich gar nicht denken – es ist zuviel.

Dem Regiment habe ich das Abschiedsgesuch eingereicht. Leider kann ich die Entscheidung nicht abwarten – ich bin nämlich noch anderthalb Jahre dienstpflichtig – muß ohne Paß und Bewilligung verschwinden... Kurz: desertieren. Schiffspassage habe ich schon – hier sehen Sie das Billett.

Somit wären meine irdischen Angelegenheiten soweit geordnet – wenn ich Ihnen, meine Herren, nicht einiges abzubitten hätte:

Ich wollte nicht auch Ihnen desertieren – sehr begreiflich. Der Abend heute hat dreihundert und etliche Kronen gekostet; ich habe im Hotel auf Gustis Namen anschreiben lassen; erhebt sich Widerspruch?"

„Nein, gewiß nicht", sagte Gusti Pleiningen, ganz gerührt.

„Dank dir, Gusti – ich habe es vorausgesetzt... Vielmehr: dank Ihnen, Herr Leutnant! – Aber eins fällt mir am schwersten zu sagen:

Die Schiffspassage hat 150 Dollar gekostet; etwas brauche ich doch auch drüben – für die ersten Tage, ehe ich einen Beruf entdecke: da habe ich einen Schuldschein ausgestellt; der Wucherer, der Hund, war anders nicht willens – ich mußte statt 1000 Kronen 1500 schreiben. Ich habe Willi Mussils Namen daruntergesetzt – und Perner als Giranten..."

Mussil und Perner sprangen wie die Jaguare auf. – Ihre Unterschriften fälschen: wirklich ein starkes Stück.

Mussil beruhigte sich gleich wieder. Perner redete von Infamie...

Da meldete sich Pepi Hodura, ganz mild; zog ihre Mitgift aus dem Hemdansatz und bot sie ihm an...

Er war entwaffnet und schwieg.

— — — Selbstverständlich ließen wir es bei dieser „Ordnung des Nachlasses" nicht bleiben — wir wollten Serda weiterhelfen. Er nahm nichts an.

Merkwürdig war dieser Abend — Serdas Abschied von der Rennbahn, vom Regiment, von Europa immerhin.

In Südamerika ist Serda dann Baptistenprediger geworden.

DER BAHNKNOTENPUNKT

In einer Provinzstadt Österreichs lebt ein Fürst — einst ein hohes Tier im Land und der Armee, jetzt in jeder Hinsicht abgebaut, in partibus.

Stürzt eines Tages ein schlanker Herr ins Vorzimmer und sagt dem Diener:

„Sie — ich bin der Herzog Hans — ich hab keine Zeit, bin auf der Durchreise — melden Sie mich sofort dem Fürsten, aber sofort!"

„Bedaure Hoheit", antwortete der Diener, „es is leider unmöglich — Durchlaucht sitzen eben in der Wanne."

„Das macht gar nix, lieber Freund — ich bin ein alter Kriegskamerad vom Fürsten — wir haben einander schon in ganz andern Situationen gesehen — und ich bin eben mit dem Schnellzug angekommen, muß in einer Vietelstunde weiter — melden Sie mich auf der Stelle — trotzdem er in der Wanne sitzt."

„Ja, Hoheit — gewiß — ich seh ein... Aber das alles hat die Frau Kronprinzessin Alix von Ixland auch schon g'sagt — die is mit demselben Zug angekommen, muß ebenfalls weiter — die sitzt seit zwei Minuten bei Durchlaucht in der Wanne."

RUDSCHI-PETER IN ZIVIL

Kein Mensch ist vollkommen. Diese traurige Wahrheit wird zum millionstenmal bestätigt durch die Existenz des Leutnants Rudi v. Steinebach. Er ist ein bildhübscher, aufrechter Junge und wäre ein Backfischideal, wenn er nicht zwei peinliche Fehler hätte: die Vergeßlichkeit und die Geschwindigkeit.

Rudschi vergißt alles Mögliche: die Abstattung von Glückwunsch- und Beileidsbesuchen (zum mindesten verwechselt er sie) – die Theaterkarten auf dem Tisch, wenn er ins Theater geht – das Taschentuch, wenn er Schnupfen hat. Er vergißt, daß Frau Heder Dienstag empfängt, und besucht sie Donnerstag. Er vergißt, daß die Hofrätin Samstag „zu Hause" ist, macht Montag seine Aufwartung und wundert sich dann, daß so wenige da sind.

Wenn Rudschi fährt oder reitet, tut er's wie aus der Pistole geschossen. Geht er spazieren, so rennt er wie der Schrittmacher eines Schnelläufers.

Nur in einem Punkt verläßt ihn seine Geschwindigkeit: Rudschi denkt nicht schnell genug, denn schneller noch platzt er mit Worten und Entschlüssen heraus, die ihm später Verlegenheiten bereiten. Darum nennt man Rudschi in Freundeskreisen den Rudschi-Peter.

Seine Base, Baronin Weßling, ist eine dreiundzwanzigjährige schöne Witwe. Sie hat eingesehen, daß Rudschi mit seinem Sprudelkopf nicht allein durch's Leben steuern kann, daß Rudschis Beliebtheit ihren gesellschaftlichen Einfluß zum Quadrat erheben, ihre Erscheinung am Arm des eleganten Husaren erst richtig zur Geltung kommen wird. Darum hat sie sich mit ihm verlobt. Konnt' er nein sagen, als ihre Mutter ihn um seine Hand für die Tochter bat?

Nun ist er also Bräutigam. Keiner für die Öffentlichkeit, doch ein sicherer in den Augen der Verwandtschaft.

Rudschi steht in seinem Schlafzimmer vor dem Spiegel und beguckt sich von allen Seiten. Bei seiner Braut hat er Kasernendienst angemeldet; hat sich, übrigens zum erstenmal seit seinem zehnten Lebensjahr, in das schlichte Gewand eines

Bürgers gekleidet und beschlossen, auf den Maskenball zu gehen.

„Lorenz", fragt er eindringlich den Burschen, „weißt du ganz bestimmt, daß ich alles bei mir habe? Börse – Ausweiskarte – Taschenmesser – Zigaretten?"

„Ja, Herr Leutnant! Alles, wenn Sie nichts haben liegen lassen. Den Wagen hab ich schon geholt."

Rudschi wirft schnell noch Rauchtisch und Wasserkanne um und läuft aus dem Haus.

Vor der Tür steht sein Wagen. Rudschi blickt ihn tiefsinnig an, streift die Annehmlichkeiten einer Fahrt mit einem neidischen Gedanken und rennt fröstelnd davon. Den Rockkragen hat er hoch aufgeschlagen, den Spazierstock waagrecht unter den Arm geklemmt, die Hände in den Taschen. Als er eben den Waiznerring kreuzt, fällt ihm ein: er hat ja kein Geld bei sich. Schnell wie der Blitz macht er kehrt.

„Oh. Ich bitte tausendmal um Entschuldigung!" sagt er und hebt das Pelzmützchen auf, das er mit dem Spazierstock vom Kopf einer jungen Dame gefegt hat. Sie setzt das Ding verlegen wieder auf.

„Verzeihen Sie mir. Ich bin gräßlich ungeschickt. Man sollte mich nicht allein auf die Straße lassen."

Sie lacht. Ein ganz leises, unterdrücktes Lachen.

„Das Unglück ist nicht groß", versichert sie und will weitergehen.

Rudschi bleibt an ihrer Seite und erkundigt sich beharrlich:

„Ich habe Ihnen vielleicht weh getan, Gnädigste?"

„Nein." – Sie verabschiedet ihren unerbetenen Gefährten mit einem Kopfnicken.

„Hab ich's nicht gesagt? Sie zürnen mir. Wenn Sie mir verziehen hätten, würden Sie mich nicht wegschicken wollen."

„Herr..." Sie mißt ihn abweisend und läuft.

Er neben ihr her. – „Erlauben Sie mir, Sie zu beschützen. Es ist Abend; wie leicht könnte jemand kommen und Sie belästigen." – Das alles versichert er harmlos und sieht ihr mit den nichtsnutzigen, leichtsinnigen Augen ins Gesicht.

„Ich spreche nie mit Herren, deren Namen ich nicht kenne."

„Deren Namen Sie nicht kennen?“ wiederholt er, einen Augenblick betroffen. „Oh, ich habe einen sehr häßlichen Namen. Ich heiße Peter. Rudschi-Peter oder Peter Rudschi – wie Sie wünschen.“

„Ich wollte auf den Maskenball“, denkt er. „Fangen wir gleich jetzt mit der Maskerade an.“

„Und welcher von den beiden Namen ist Ihr Taufname? Häßlich finde ich sie grade nicht.“

„Ich danke. Sie sind auch nicht häßlich, Fräulein. Sie sind sogar ganz reizend.“

„Aber Herr... Herr...“

„Rudschi. Wie entrüstet Sie über meine Feststellung sind! Der notwendige Dritte zur Vorstellung fehlt – wollen Sie mir nicht selbst Ihren Namen nennen?“

„Ich heiße Jolan Meretti.“

„Und sind Lyrikerin, Fräulein – nicht wahr? Der Name klingt danach.“

„O nein, Klavierlehrerin. – Und Sie, Herr Rudschi?“

„Ich? Ich bin nicht musikalisch, Fräulein Jolan. Ich... ich bin... Apotheker.“

„Apotheker“, wiederholt sie unbefriedigt. „In welcher Apotheke arbeiten Sie denn? Oder haben Sie eine eigene?“

„Nein – woher denn?“ widerspricht er lebhaft. „Ich arbeite in der Inneren Stadt.“

„Als Provisor?“

„Jawohl, als Provisor.“

Rudschi hat keine Ahnung, welche Lebensstellung er in ihren Augen nun bekleidet.

„Leben Sie bei Ihren Eltern, Herr Rudschi?“

„Ich habe keine Eltern, Fräulein Jolan.“

Und sie erzählt – willig und arglos: von ihrer Mutter, bei der sie wohnt, von ihrem Vater, dem Artilleriehauptmann, der vor langen Jahren gestorben ist.

„Wohin gehen Sie, Herr Rudschi?“ fragt sie plötzlich, als er in eine Seitengasse abbiegt.

„Ich weiß nicht, Fräulein Jolan. Wohin Sie wollen.“

„Ich habe eine Klavierstunde am Josefsplatz zu geben. Wir gehen einen verkehrten Weg.“

„Ich führe Sie schon ganz richtig. Geben Sie mir den Arm, Fräulein Jolan."

„Wozu denn? Ich gehe auch allein sicher genug."

„Es ist hier so glatt und finster. Und niemand sieht uns..."

Sie mustert ihn einen Augenblick prüfend – mit einem ernsten Blick, den er aushält, und legt ihren Arm in seinen.

Eine Weile gehen sie schweigend nebeneinander. Rudschi ist nicht mehr übermütig.

„Wir sind gleich auf dem Josefsplatz, Fräulein Jolan."

„Ja. Und ich habe mich Ihretwegen verspätet."

„Reut Sie das?"

Sie schweigt.

„Sollen wir auseinandergehen und uns nie wiedersehen, Fräulein Jolan?"

„Wir werden einander wohl wieder begegnen – irgendwo und irgendeinmal."

„Genügt Ihnen das?"

Jolan weiß keine Antwort.

„Mir nicht, Fräulein Jolan. Ich möchte Sie gern immer sehen – immer."

„Wir kennen einander so wenig, Herr Rudschi."

„Eben deshalb. Wir wollen uns kennenlernen – nicht wahr, Fräulein Jolan? Sagen Sie mir, wo ich Sie morgen finden kann. – Schnell, liebes Fräulein Jolan! Wo finde ich Sie?"

Sie macht ihren Arm frei und bleibt vor einem Haustor stehen. – „Hier ist es. Gute Nacht, Herr Rudschi!"

Er hält ihre Hand fest. „Wo finde ich Sie, Fräulein Jolan?"

„Morgen um sechs Uhr abends bei der Oper, Herr Rudschi. Gute Nacht!"

„Gute Nacht, Fräulein Jolan."

Mit hochrotem Gesicht ist sie im Haustor verschwunden.

Rudschi schlendert weiter. Wohin hat er denn eigentlich gewollt? Richtig – auf den Maskenball. Und hat kein Geld. Er greift in die Tasche und findet seine Börse. Er hat sie links stekken gehabt – wo er sonst nur den Säbel zu tragen gewohnt ist.

Auf dem Maskenball trifft er mit ein paar Kameraden zusammen und wird übermütig wie alle Tage. Jolan hat er vergessen.

Um sieben Uhr morgens rüttelt und schüttelt der getreue Lorenz seinen Herrn.

„Herr Leutnant, stehn S' auf! Herr Leutnant, ich bitt' gehorsamst, stehn S' auf! Es ist neune, Sie müssen auf die Reitschul!"

Rudschi erwacht knurrend. „Wie spät, Lorenz?"

„Sieben vorüber, Herr Leutnant!"

„Herrgott, die Reitschul! Lorenz, du Schafskopf!"

Mit einem Satz ist er am Waschtisch. – „Verdammtes Zeug! Donnerwetter!" tobt der Herr Leutnant. Er hat den Schnurrbart mit Zahnpaste statt mit Brillantine behandelt.

In fünfzehn Minuten ist er fertig und eilt, den Rest seiner unglücklichen Laune an den Reitern auszulassen.

Nachmittags trifft er wieder auf seiner Bude ein.

„Briefpapier, Lorenz!"

Er schreibt an seine Braut:

„Liebe Anna!

Rittmeister Klaus hat Pferdevisite angesagt. Die anregende Unterhaltung wird bis Abend dauern. Ich kann mich also zu meinem Leidwesen nicht rechtzeitig bei Dir einstellen. Wenn es Dir aber angenehm ist, esse ich mit Euch zu Nacht.

Dir und der Tante küßt die Hände

Rudschi."

„Lorenz, trag den Brief zu Baronin Weßling, Giselaplatz 4."

„Weiß schon, Herr Leutnant."

„Sag, daß ich in der Kaserne bin, wenn sie dich fragen. Ich lege mich schlafen."

„Jawohl, Herr Leutnant!"

Rudschi streckt sich aus und schließt die Augen. Er hat Kopfschmerzen, der Arme. Einen nichtsnutzigen Kater.

Plötzlich erinnert er sich der blonden Klavierlehrerin von gestern abend und lacht. Er erinnert sich auch, daß er Peter Rudschi heißt und Apotheker in der Inneren Stadt ist. Wenn er will, kann er sie heute wiedersehen und... wieder ein Stück Weges neben ihr hertraben.

Eigentlich ein sinnloses Abenteuer. Sie ist aber so hübsch, das kleine Mädchen...

Wenn er erzählen wollte, daß er Apotheker in der Inneren Stadt ist! Dem Hiller oder Schorschel zum Beispiel...

Rudschi fallen die Augen zu.

Als er sie wieder öffnet, ist es stockfinster.

„Lorenz, die Lampe!"

„Jawohl, Herr Leutnant!"

Ein Blick auf die Uhr: halb sechs. Um sechs Uhr hat er etwas vorgehabt. Was ist es nur gewesen? Herrgott, das Stelldichein bei der Oper!

Es schlägt eben sechs, als Rudschi vor der Oper steht – zum zweitenmal in Zivil. Das Theatergebäude ist noch dunkel, gegenüber vor dem Gasthof brennen aber die großen Bogenlampen und füllen den Raum weithin mit bläulich-weißem Licht.

„Der dümmste Rendezvousplatz der Welt", brummt Rudschi und patrouilliert auf und ab.

Plötzlich sieht er Jolan die Treppe der Untergrundbahn emporsteigen.

„Wundert Sie, daß ich hier bin, Fräulein Jolan? Haben Sie angenommen, ich könnte das Stelldichein versäumen? Niemals – und wenn zehn Rittmeister..."

„Zehn Rittmeister, Herr Rudschi?"

„Ich meine, für den Fall, daß ich Soldat wäre. – Wollen wir nicht gehen, Fräulein Jolan? Wo haben Sie heute Stunde zu geben?"

„Nirgends, Herr Rudschi."

„Köstlich. Wie verpulvern wir also den angebrochenen Abend? Wir werden wohl nicht da in der finsteren Feldgasse herumlaufen?"

Sie blickt ihn bestürzt an. „Zu uns nach Haus können Sie nicht gut mitkommen. Ich habe... nämlich... Mama nichts von Ihnen erzählt."

„Zu Ihrer Mama habe ich auch nicht gerade gewollt, liebe Jolan. Wir können es uns ja sonst behaglicher machen als hier draußen in der Bärenkälte. Wir steigen in einen Wagen, fahren ein Weilchen spazieren und gehen dann ins Orpheum. In der Loge an der Bühne sieht einen niemand."

Jolan reißt ihren Arm aus seinem – heftig, impulsiv.

„Herr Rudschi, Sie irren sich ganz und gar in mir", sagt sie im Ton so ehrlicher Entrüstung, daß er verblüfft dasteht. Und schon eilt sie ihres Wegs davon.

Er holt sie ein. „Fräulein Jolan, zürnen Sie nicht..."

Dann stockt er, als hätte ihm jemand die Stimme abgeschnitten. Er sieht, wie ihr große Tränen über die Wangen laufen, dicht wie einem Kind.

Rudschi kann nicht fassen, daß er, der Scharfblickende, einen Mißgriff getan hat, und Jolan kämpft mit der Erregung einer maßlosen Beschämung, daß man sie hat verkennen dürfen.

Er faßt sich rascher. „Jolan, lassen Sie mich Ihnen was sagen", beginnt er ernsthaft und legt ihren widerstrebenden Arm wieder in seinen. „Sie sind mir sehr böse. Oh, sie brauchen nicht so nachhaltig zu nicken, ich bin mir darüber klar. Wenn Sie wüßten, wie verzeihlich mein Vergehen ist..."

„Habe ich Ihnen etwa Anlaß gegeben, schlecht über mich zu denken?"

„Ja. Schrecken Sie doch nicht zusammen – ich bin ja längst überzeugt... Sehen Sie, Sie haben gestern einem jungen, fremden Mann Aufschlüsse gegeben, die man Fremden sonst nicht zu geben pflegt."

„Sie haben recht. Aber Sie, Herr Rudschi, Sie sehen so anders aus – vertrauenswürdig, freundschaftlich. Mir tut leid, daß Sie dennoch grade wie die anderen sind."

„Jolan", sagte er gerührt, „Sie sind ein ganz, ganz kleines Kind, man sollte Sie bewachen. Jetzt kenne ich Sie schon und will so brav sein, wie ich eben kann."

Sie wandern und plaudern hunderterlei. Der arme Rudschi fällt unzählige Male aus der mühsamen Rolle des Apothekergehilfen.

Sie begegnen einem General. Ruschi grüßt ihn noch viel strammer als die beiden Hauptleute vorher, die er Jolan gegenüber als beste Kunden der Innerstädter Apotheke ausgegeben hat. Der General blickt Rudschi mißtrauisch nach...

„Auch Ihre Kundschaft, Herr Rudschi?"

„Auch", keucht Rudi. „Mein Brigadier. Kauft immer Englischpflaster bei uns."

„Es ist halb acht, Herr Rudschi; ich muß nach Haus."

„Noch ein Viertelstündchen, Jolan! Dann muß auch ich gehen. – Warum sagen Sie mir übrigens noch immer ‚Herr Rudschi'? Rudschi allein klänge mir angenehmer."

„Ich habe gedacht, es wäre Ihr Vatersname."

„O nein, ich heiße Rudolf mit... mit dem Vatersnamen. Die Kameraden haben daraus Rudschi gemacht... Unsinn, das ist ganz verkehrt. Mein Taufname ist Peterle. Man nennt mich nur Rudschi. Vom Rittm... vom Chef an bis... bis..."

„Der Laborant wohl nicht?" sagt Jolan und lacht.

„Der Laborant auch." Er nimmt sich vor, daheim im Lexikon „Provisor" und „Laborant" nachzuschlagen. La-bo-rant.

„Es ist dreiviertel acht, Herr... Peter."

„Wie die Zeit verfliegt! Wohin soll ich Sie führen?"

„Wir wohnen am Zollamtsring."

„Gehen wir also dahin!"

„Nein, ich fahre mit der Elektrischen – allein. Es könnt uns ein Bekannter begegnen. – Gute Nacht, Herr Peter!"

„Sagen Sie: Gute Nacht, Peter!"

„Ach, das kann ich nicht..."

„Dann lasse ich Sie nicht weg." – Er hält ihre Hand fest.

„Schnell – da kommt eine Elektrische."

„Sie fährt ohne Sie, wenn Sie mir nicht schön ‚gute Nacht' sagen."

„Sie sind eigensinnig."

„Möglich."

„Also: gute Nacht – Peter!"

„Gute Nacht, süße Jolan! Morgen bei der Oper."

„Um sechs Uhr."

Die Straßenbahn fährt klingelnd davon, und Rudschi läuft nach dem nächsten Fiaker.

„Giselaplatz 4", ruft er dem Kutscher zu und setzt sich in den Wagen. Er sinnt nach. „Ah, ich gehe morgen nicht zur Oper, und damit basta!" entscheidet er – eben, als der Kutscher hält.

Rasch steigt Rudschi die Treppen zum ersten Stock empor.

Das Stubenmädchen sieht ihn eine Sekunde an und begrüßt ihn lächelnd. „Die Herrschaften erwarten den Herrn Leutnant." – Sie öffnet vor ihm die Saaltür.

Die Entschuldigung über seine Verspätung bleibt ihm auf den Lippen, als seine Braut ihn mit einem Ausruf des Erstaunens unterbricht: „Du bist es, Rudschi? Ich habe dich nicht erkannt."

„Warum denn nicht?"

„In Zivil? Was ist dir eingefallen?"

Richtig, er steckt ja noch in Zivil! Was er doch für ein Haupttrottel ist! – „Ja – liebste Anna – ein Scherz. Hab euch einmal überraschen wollen."

„Sehr ungeschickt, Rudschi", sagt Anna verdrießlich.

Tante Berta mustert ihn eingehend. „Scheußlich, Rudschi!" urteilt sie hämisch.

Er zuckt die Achseln und giftet sich.

„Wir haben in die Oper gehen wollen. So kannst du aber nicht mitkommen", sagt die junge Baronin.

Rudschi, der gute Kerl, redet ihnen eifrig zu, ihrem Vergnügen ja nicht zu entsagen. – Er – er habe einen kranken Kameraden, den müsse er besuchen.

Sie setzten sich zu Tisch, verdrossen und verstimmt.

Rudschi hat von jeher ein wenig Scheu vor seiner Braut gehabt, der Gleichaltrigen. Heut aber sind ihm ihre scharfen, durchdringenden Augen besonders unbequem. Seine Angst ist dem gegenseitigen Einverständnis nicht eben förderlich.

Sie sind sich seit dem Tag ihrer stillen Verlobung noch nicht nähergekommen. Sie pflegt in ihrer etwas strengen Ruhe über seine „Geschwindigkeit" zu lächeln – er fühlt sich dadurch gedrückt und macht einen Schnitzer um den anderen.

Was Wunder, daß Rudschi nach seiner Entlassung mit dem Gefühl eines schulfreien Jungen davonläuft – geradewegs in einen Freßladen. Dort kauft er einen Korb Sachen ein und schickt ihn zu Oberleutnant Hiller, der an Zimmerarrest krank darniederliegt.

Die ganze Bande ist oben. Rudschi lacht sich alles vom Herzen. Man findet ihn hier gar nicht scheußlich.

Jeden Tag kämpft er mit seinem besseren Ich. Und steht täglich bei der Oper und erwartet – sie. Er ärgert sich über sich selbst, ärgert sich, daß er ihr seinen Namen und Stand noch nicht genannt hat. Endlich muß er der dummen Maskerade doch ein Ende machen.

Täglich scheidet er von ihr als – Peter. Ein paarmal hat er gezögert, hinzugehen. Da genügte die Vorstellung, daß sie weinen könnte – wie am zweiten Abend, große, dicke Kindertränen –, um ihn Punkt sechs Uhr hinzulenken.

Wie verrückt ist doch die Rolle, die er spielt! Sie hat ihm einmal ein Päckchen gebracht mit dem Ansinnen: er möge entscheiden, ob es Flieder- oder Eibischtee wäre und ob es den Husten lindere. Er hat das zerdrückte Kraut ratlos beguckt und festgestellt: es ist weder Flieder- noch Eibischtee und taugt nichts gegen den Husten. Am andern Tag brachte er ihr eine Flasche Hustenmedizin und eine Tüte Bonbons. Und was sagte sie? – Er wäre ein Verschwender.

Er gäbe was drum, wenn er sich erinnern könnte, was ihr gestern so gut gefallen hat, als sie zusammen ein Schaufenster musterten... Es war eine nichtige Kleinigkeit... Er hatte im geheimen beschlossen, ihr sie zu kaufen. Was war es nur?

Vielleicht wird es ihm einfallen, wenn er der Reihe nach die Läden absucht.

Richtig! Eine Ziernadel war's, Similibrillanten, „ganz wie echt", Preis ein Gulden achtzig Kreuzer samt dem hübschen Schächtelchen. Er kauft das Juwel und versenkt es in die Manteltasche.

Dann wandert er auf den Giselaplatz. Er hat für Frau Anna eine Logenkarte besorgt.

Frau Anna empfängt ihn sehr liebenswürdig.

„Ah, schön, daß du wenigstens einmal meinen Empfangstag nicht vergessen hast, Rudschi! Du trinkst doch Tee bei uns?"

Er braucht also nur zu bleiben und das arme Ding bei der Oper vergeblich warten lassen. – Nein, das wäre zu grausam. Wie sie ausblicken würde, wo ihr Peter bleibt! Und die Ziernadel! – Er muß hingehen. Heute wird er gehen. Morgen nicht mehr. Heute wird er Schluß machen. Sie muß sich irgendwie dareinschicken.

„Bleiben kann ich nicht, liebe Anna, aber ich bin um neun Uhr wieder da. Eben wollt' ich dir nur die Logenkarte abgeben, die du gestern gewünscht hast."

„Danke, Rudschi, du bist sehr liebenswürdig."

„Bitte. Wo ist sie denn gleich, die Karte? Wohl in meinem Mantel. Ich hole sie."

„Das Mädchen kann deinen Mantel hereinbringen", sagt Frau Anna und klingelt.

Das Mädchen trägt den Mantel herbei; Rudschi greift hastig in den Sack und findet die Karte nicht. Ungeduldig packt er neunzehn Gegenstände hervor: Zigarettentasche, Geldbörse, Taschenmesser und zuletzt – die Ziernadel. Brillanten blitzen auf – Frau Anna stößt sogar einen kleinen Schrei aus.

„Wie niedlich, Rudschi! Diese Überraschung! Sieh nur, Mama, was mir Rudschi gebracht hat!"

Rudschi sieht entseelt drein. Donnerwetter, Frau Anna hält Jolans Schmuck in Händen! Sie kann die schöne Fassung, das reine Wasser der Steine gar nicht genug loben.

Gespannt erwartet er, was Tante Berta sagen wird. Sie stimmt mit ein in die Entzückung. – „Man merkt es also wirklich nicht, die Brillanten sind wie echt", denkt Rudschi aufatmend. Wenn aber ein Kenner sie in die Hand kriegt? Nein, behalten darf Anna sie nicht; Rudschi muß die Nadel gegen eine echte umtauschen – und wenn er das falsche Unglücksding stehlen müßte.

„Ich freue mich, daß ich deinen Geschmack getroffen habe", würgt er hervor.

„Durchaus. Ich werde die Nadel bei einer feierlichen Gelegenheit einweihen. In zwei Wochen ist Hochzeit der kleinen Mani. Ich muß zur Trauung. Natürlich werde ich dich bitten, mein Ritter zu sein. Und da will ich die Nadel tragen. Du wirst sehen, sie soll allgemein auffallen. Allen Gästen werde ich erzählen, daß sie von dir ist."

Rudschi wird es äußerst ungemütlich, und er geht.

Zu Haus legt er die Uniform ab, zieht sich die „Maskerade“ an.

Rudschi hat einen Eid geleistet: wenn die Geschichte mit Jolan erst vorbei ist, geht er nie mehr in Zivil aus. Nur durch diese Kleider hat er sich verleiten lassen, eine Rolle anzunehmen, die ihn nun in tausend Nöte bringt. Er beschließt, kühler gegen Jolan zu sein. Vielleicht wird er ihr so zuwider werden. Es ist Sünde, das liebenswürdige, herzensgute Geschöpf in eine aussichtslose Liebe zu hetzen...

Schade! Wenn er noch die Nadel hätte, die jetzt Anna hat, er könnte sie Jolan schenken. Sie wäre über seine Aufmerksamkeit gerührt, und er würde anknüpfen: „Sie sehen, Fräulein, ich bin kein schlechter Mensch... aber die Umstände zwingen mich...“, und so weiter. Kurz, er könnte sich von dem beschämenden Gedanken befreien, daß er ein vertrauensseliges Mädchen beschwindelt.

Dumme Geschichte das, mit der Nadel! Nun muß er wohl oder übel hingehen, für Anna eine möglichst gleiche echte kaufen und versuchen, sie heute abend bei ihr umzutauschen. Denn jede Stunde droht ihm die Beschämung einer Entdeckung.

Er geht zum nächsten Juwelier, findet aber nichts Gescheites. So große, helle Brillanten, wie Rudschi sucht, hat der Mann überhaupt nicht.

Endlich bei Bachruch ersteht er eine Nadel von ähnlicher Schönheit für vierhundertdreißig Gulden und denkt an den großen Strich, den er sich durch seine Monatsrechnung gemacht hat. Fünfhundert Gulden hat der Juwelier verlangt. Mit harter Mühe hat ihn Rudschi bewogen, vierhundertunddreißig zu nehmen, Rudschi hat um keinen Heller mehr im Vermögen.

Es ist sechs. Rudschi eilt zur Oper.

Jolan begrüßt ihn: „Sie haben sich verspätet, Peter!“

„Ich konnte nicht früher. Glauben Sie, ich hätte gezögert? Ich freue mich ja den ganzen Tag auf diese Stunde.“

Rudschi erinnert sich, daß er kühler werden will.

„Sind Sie schlechter Laune, Peter?“ fragt Jolan, als er nun ohne jeden Anlaß auffallend wortkarg wird.

„Nein, nur verstimmt.“

„Warum? Darf ich es wissen?"

„Ah, Dienstgeschichten", entgegnet er hastig, „ich habe eine Salbe verpatzt." Er ist traurig, der arme Rudschi. Er fühlt, es muß das letzte-, letztemal sein. So geht es nicht weiter.

„Und dann", fährt er fort, „muß ich Sie heute früher verlassen. Ich habe nur noch eine Viertelstunde Zeit. Gehen wir auf den Zollamtsring. Es gibt auch dort Nebengassen. Übrigens fällt der Nebel so dicht, daß wir bald gar nichts sehen werden."

„Gehen wir! Mir tut es ebenfalls leid, wenn Sie fortmüssen, aber", tröstet sie, „morgen ist auch ein Tag."

Er antwortet nicht. Morgen – nein, es kommt kein Morgen. Er wird ein Loch in den abscheulichen Zivilrock brennen oder ihn Lorenz schenken.

Rudschi steckt die freie Hand in die Tasche und fühlt etwas Hartes darin, Annas Nadel. Mag Jolan sie zum Andenken haben! Er kann ja seiner Braut eine andre kaufen.

„Ich habe Ihnen etwas mitgebracht, Jolan. Da! Nein, Sie sollen es erst zu Haus ansehen. Stecken Sie es in den Muff."

„Was ist es denn? Darf ich...?"

„Nein, Sie dürfen nicht."

„Und wenn es dann ein Teufel wäre", sagt sie ängstlich, „so einer, der einem in's Gesicht springt, wenn man daran drückt?"

„Nein, seien Sie ganz ruhig, es ist gewiß kein Teufel."

„Oh, ich mag es nicht. Bestimmt nicht. Es ist irgendein Spaß, der mich sehr erschrecken wird. Da haben Sie das Ding wieder."

„Na, in Gottes Namen – so sehen Sie es an!"

„Ah, die Nadel, die mir gestern so gut gefallen hat! Wie aufmerksam von Ihnen, Herr Peter! Wirklich, sehr aufmerksam! Aber – annehmen kann ich sie doch nicht."

„Warum denn nicht?"

„Weil ich von Ihnen überhaupt keine Geschenke annehmen kann."

„Sie müssen, Jolan!"

„Sie haben recht, Herr Peter! Ich werde die Nadel nehmen. Was sollten Sie auch mit ihr anfangen? Aber ich werde sie bezahlen. Ein Gulden achtzig Kreuzer – nicht wahr?"

Beim Schein einer Laterne sucht sie aus ihrem Geldtäschchen

einen Gulden achtzig Kreuzer hervor und drückt sie ihm lächelnd in die Hand. – „Sie nehmen es nicht übel, Herr Peter? Ich will nicht, daß Sie Schaden davon hätten."

Rudschi lacht so nachhaltig über die Komik seiner Lage, daß ihn Jolan gar nicht begreifen kann. Ihm fällt nämlich ein, daß er eben erst all sein Geld dem Juwelier gegeben hat. Er müßte zu Fuß heimlaufen, wenn Jolan nicht den prächtigen Einfall gehabt hätte, ihm Geld für einen Wagen zu geben.

Sie sind auf dem Zollamtsring. Rudschi beschleunigt seine Schritte.

„Weiter dürfen Sie nicht mit, Peter!"

„Schicken Sie mich nicht weg! Heute nicht."

Endlich stehen sie vor Jolans Haustür.

„Gute Nacht, Peter! Auf Wiedersehen!"

„Gute Nacht, Jolan, leben Sie wohl!" sagt Rudschi und hält noch einige Sekunden ihre weiche, bloße Hand.

Er öffnet den Mund, als wollte er reden – sagt aber kein Wort mehr und gibt sie frei.

Sie tritt in den dunklen Torbogen. Da – mit einem Satz ist er ihr nachgesprungen.

„Jolan!" ruft er halblaut, erstickt. Mit beiden Armen umfaßt er sie, die Zitternde, und drückt sie an sich.

„Jolan!" Und er sucht ihren Mund. „Ich habe dich zu lieb."

Sie schlingt beide Arme um seinen Hals. „Und ich dich erst, Peterle!"

„O du – du – du!"

Hundert Küsse. – Er reißt sich los.

„Gute Nacht!" tönt es aus undurchdringlicher Finsternis. Und Rudschi ist verschwunden.

„Wo steckt eigentlich Rudschi-Peter?" fragt der immer noch „kranke" Oberleutnant Hiller seine Freunde.

„Gott weiß. Er ist trübsinnig worden."

„Mit dem ist was los, Kameraden! Mir schwant was Schreckliches. Er ist verliebt."

„Ach du! Du mußt von jedem Menschen auch gleich das Schlimmste denken."

„'s wird aber doch so sein", ruft der Fähnrich, „ich habe ihn gestern Blumen kaufen sehen."

„Ruhig! Fähnriche reden nur, wenn sie gefragt werden."

„Und auch dann nicht."

„Ja, ja. Das hat man davon, wenn man unachtsamerweise vor Kindern Gespräche führt."

„Tu nur nicht so stolz, Herr Oberleutnant", sagt der Fähnrich, „du bist der jüngste Oberleutnant bei uns, ich aber der älteste Fähnrich."

Indessen steht Rudschi-Peter mit einem Armensündergesicht vor der Oper. In der Hand hält er ein Sträußchen Rosen.

Sein Gesicht wird sich aufhellen, wenn Jolan kommt. Das ist immer so. Er macht sich heftige Vorwürfe, daß... daß er kein Loch in den Rock gebrannt, ihn auch nicht dem Lorenz geschenkt hat, daß er ihn Abend für Abend trägt und darin einem armen, lieben kleinen Mädchen den Kopf verdreht.

Abend für Abend wandelt er zwei Stunden weit, bis auf den Zollamtsring – der zehn Küsse wegen, die ihm dann in der Erinnerung durch Gewissensbisse vergällt werden.

Sie steht vor ihm. „Was macht er denn ein Gesicht wie der Wolf im Märchen?"

Die Gewissensbisse sind verschmerzt, das Armesündergesicht erhellt sich, und lustig beginnt die Wanderung.

Manchmal, wenn sich das Gespräch so wendet, schrickt er zusammen und fürchtet, daß sie ihn fragen werde – etwa... wann er zu ihnen kommt... Sie fragt aber nicht, das gute herzige Ding.

Sie plaudert harmlos, steckt ihr Näschen in die Rosen und ist ganz Glück und Zufriedenheit.

„Morgen, Peterle!" flüstert sie unter dem Tor.

„Morgen leider nicht, liebes Herz! Morgen hab ich unaufschiebbar, unabwendbar zu tun."

„Wie schade!"

„Du wirst dich schon trösten", neckt er und lauscht gespannt auf ihre Antwort. „Nicht wahr? – Nicht wahr?"

Statt einer Erwiderung drückt sie sich an ihn, fest und leidenschaftlich. Und Rudschi merkt, daß sie sich nicht trösten wird, und das Herz wird ihm schwer.

Der Hochzeitstag der kleinen Mani ist ein strahlender Tag. Durch die Kirchenfenster lacht die Sonne. Sie hat es bei Festlichkeiten immer am besten: sieht den Leuten über die Köpfe, muß nicht auf die Kirchenbänke steigen.

Die Universitätskirche ist gedrängt voll, wie vor jeder Trauung, bei der es Pracht und Seide zu begaffen gibt. Nur eine schmale Gasse durch das Kirchenschiff hat man für den Hochzeitszug freigelassen.

In der vordersten Reihe des Spaliers steht Jolan, Jolan mit ihren schaufrohen Augen, die einstweilen Nachbarschaft und Gegenüber mustern.

Die Wagen rollen heran. Ein Rauschen, ein Flüstern – man reckt die Hälse.

Da kommen sie:

Die Braut, ein jämmerlich kleines, junges Wesen, am Arm des Brautführers.

Der Bräutigam. – Arme Braut! Er ist alt und grau und übellaunig.

Acht rosenfarbene, reizende Brautjungfern.

Die Braut- und Bräutigamseltern.

Alle Frauen in glitzerndem Staat.

Jolan schaut.

An ihr vorüber zieht die Herrlichkeit.

Wieder Hochzeitsgäste. Sie blickt dem jungen Husarenoffizier ins Gesicht...

„Peterle!" ruft sie entgeistert.

Er wendet blitzschnell den Kopf.

Er ist's, ihr Peterle. Peterle in Attila, mit dem Säbel und Tschako in der Linken, am rechten Arm eine schöne, üppige Frau.

„Ich kenn' sie alle", sagt ein Weib neben Jolan. „Ich bin Wäscherin bei die Brauteltern."

„Sie kennen alle", fragt Jolan atemlos. „Wer ist denn der große, schlanke Offizier?"

„A Geschwisterkind von der Braut. Der junge Herr v. Steinebach. Sie nennens ihm Rudschi-Peter, weil er gar aso schußlig is. Un die Dame neben ihm, das is wieder sein Geschwisterkind. Sie wern sich heiraten. Wär aa gut für ihn – sie is a harbe Frau, die Gnädige."

Nach der Trauung, als der Zug zurückgekehrt, wagt Rudschi nicht aufzublicken. Er fürchtet sich vor Jolan.

Rudschi-Peter hat manchen dummen Streich auf dem Gewissen – was er aber während des Hochzeitsfrühstücks leidet – damit hat er ein gut Teil seiner Sünden abgebüßt.

Während man rund um ihn Spruch um Trinkspruch redet, lacht und flirrt, grübelt er still auf seinem Platz.

Dann sagt er unvermittelt zu Anna: „Ich kann nicht mehr. Ich muß gehen."

„Rudschi! Fehlt dir was?"

„Mir ist nicht wohl."

„Sieht man dich heute noch, Rudschi? – Oder ist es was Ernstes?"

„Nein, nichts Ernstes. Aber hier bleibe ich nicht."

Anna sieht ihn verwundert an. – „Ich finde dein Benehmen außerordentlich eigentümlich, mein Lieber."

Rudschi beißt in seine Unterlippe – verbeugt sich – und weg ist er.

Anna blickt ihm zornsprühend nach. Ihre Mutter hat den Zwischenfall bemerkt. Sie nähert sich ihrer Tochter und lispelt ihr mit dem liebenswürdigsten Lächeln zu:

„Du wirst natürlich jede Verbindung mit dem taktlosen Menschen abbrechen, mein Kind."

„Ja, Mama. Er paßt mir überhaupt nicht, der geschwinde Vetter. – Ich habe mit siebzehn Jahren ein Vernunftehe geschlossen – mit einem viel zu alten Mann – und sollte mit meinen weisen vierundzwanzig eine... unvernünftige Ehe schließen – mit einem viel zu jungen?"

Rudschi ist auf einen Fiaker zugestürzt und läßt sich in sträflich schneller Fahrt auf den Zollamtsring bringen.

Die verwitwete Frau Hauptmann Meretti droht in Ohnmacht zu fallen, als Rudschi-Peter in ihre kleine Hofwohnung stürmt und schreit:

„Wo ist sie? Wo ist sie?"

Als er ihr bestürztes Gesicht sieht, nimmt er sich zusammen. Er nennt seinen Namen, setzt sich fein artig hin und legt eine Generalbeichte ab. Nur von Anna erzählt er nichts – das wäre indiskret.

„Ja, Herr Leutnant – Gott, wie Sie mich an meinen Seligen erinnern! – Ich sehe, daß Sie es gut meinen. Aber meine Jolan ist leider ein armes Mädel und hat nicht die Kaution."

Rudschi ist starr vor Schreck: sie hat nicht die Kaution.

Dann lacht er auf und schlägt sich auf die Stirn: zum Glück hat er sie reichlich für zwei.

Als Jolan mit verweinten Augen heimkommt, hat er schon seinen Teil Segen abgekriegt.

Er küßt ihr die Wangen rot und küßt die armen Augen, die zum letztenmal um Rudschi-Peter Tränen vergossen haben.

BAL NU

Man kann nicht vorsichtig und diskret genug sein in der Darlegung des folgenden Ereignisses – wiewohl beide Grafengeschlechter längst ausgestorben sind, um deren Abkömmlinge es sich hier handelt...

Vor etwa hundert Jahren, 1826, in München – eben war Ludwig I. auf den Thron gelangt – da regte sich mächtig das neue Kunstleben: Oberbaurat Gärtner war Inspektor der Bayrischen Denkmäler, Cornelius – Akademiedirektor, Stieler – Königlicher Hofmaler, der junge Schwanthaler kehrte, Schaffensdranges voll, aus Rom zurück... Ohlmüller und Ziebland – ich weiß nicht: waren sie schon auf der Bildfläche erschienen? – Kaulbach bestimmt noch nicht – er studierte erst, und Spitzweg gar, der war noch Apothekerlehrling.

Na, um jene Zeit also gab es in München einen jungen Grafen Kapperl. Er konnte selbst zwar nicht malen, trieb sich aber in den Ateliers um und hielt innige Freundschaft mit den Künstlern, ein lieber, gescheiter, lustiger Kerl, herzlicher Kamerad.

Eines Tages nun trifft sich Kapperl mit dem Grafen Neudeck. – Man weiß von Neudeck nur mehr, daß er um zehn Jahre älter war als Kapperl, zur Zeit der Begebenheit also 35, und man wird sich ihn, ohne fehlzugehen, als etwas primitiven Denker vorstellen dürfen.

„Kapperl", sagte Neudeck, „ich hör so viel von die interessanten Bals nus in die Künstlerateliers... Und du bist doch da quasi gern gesehen... Könntst du mich nicht auf an Modellball bringen?"

„Gern. Natürlich. Es sein sehr unterhaltliche Bälle. Aber – nit wahr, Neudeck? – so was gibt's nit alle Tag."

„Ich weiß, ich weiß. Will schon gern warten. Nur vergiß mich nicht!"

„Sei ruhig – bei der ersten Gelegenheit laß ich dich einladen."

Drei Monate darauf treffen die beiden wieder zusammen.

„No, Kapperl – was is?"

„Ah, wegen an Bal nu? Nur Geduld!"

„Schön, Kapperl, ich wart ja. Wann ich nur weiß, daß du mich nit vergißt."

„Sei ruhig – bei der ersten Gelegenheit laß ich dich einladen."

„Ich dank dir sehr."

Nach sechs Monaten:

„Kapperl – hast du mich also doch vergessen?"

„Keine Spur, grad bin ich unterwegs zu dir. Hoffentlich bist du Montag um zehn Uhr frei?"

„Furchtbar gern. Oh, das ist ja prachtvoll! – Und wo, Kapperl?"

„Bei mir selbst."

„Herrlich. Just wie gewunschen. Denn zu an ixbeliebigen Maler – du verstehst? –: so kolossal ich mich auf die nackerten Modelle gfreu – zu an ixbeliebigen Maler... Man hat Standesrücksichten zu nehmen. Montag also?"

„Zehn Uhr abends."

„Bei dir, Kapperl?"

„Bei mir."

Als Neudeck Montag um zehn Uhr bei Kapperl erschien, wurde er im Flur nicht von der Dienerschaft empfangen, sondern vom Hausherrn selbst.

„Grüß dich Gott, Neudeck! Oben is schon lebhaftes Treiben. Mach also rasch!"

„Was denn?" fragte Neudeck verblüfft.

„Ablegen! Ausziehen!"

„Ich??"

„Na, wolltest du nich auf den Bal nu?"

„Gewiß."

„Also! Und wo alle nackert sind –? Schau dich doch um!"

Da hingen die Haken, Knaggen, da lagen Tische und Bänke voll der dicken, zarten, bunten, weißen, äußeren und inneren, oberen und unteren Bekleidung – das Treppengeländer der Diele bis hinan zum ersten Stock wies Dutzende, Hunderte von Dessous auf von Mann und Frau.

„Neudeck! Also?"

„Du aber, Kapperl, bist doch im Frack?"

„Weil ich halt die Gäst zu empfangen hab. – Zier dich nit länger! Willst oder nicht?"

Da legte Neudeck aufseufzend und verschämt seine Hüllen ab...

Eine Minute später fühlte er sich in den großen Saal gestoßen – die Tür schnappte zu – und er splitterfasernackt vor einer gänzlich unvorbereiteten, ordnungsgemäß gekleideten Gesellschaft.

Die Gesellschaft bestand aus Künstlern und Künstlerinnen.

Sie waren sehr verblüfft.

Dann krümmten sie sich, heulten sie vor Lachen. Man war augenscheinlich vor hundert Jahren nicht sehr prüd.

– Der Zweikampf zwischen Kapperl und Neudeck verlief unblutig.

SCHWÄNKE UND FRAGMENTE

Seine Hoheit hatten – auf ihren Pirschgängen – schon oft zugesehen, wie zwei Männer Holz sägten: einer stand rechts, einer links – und zogen die Säge hin und wider.

Maßlos erstaunt aber blieben Hoheit stehen, als Hochdieselben auf dem gefrornen Teich einen Arbeiter erblickten, der die senkrechte Eissäge handhabte.

„Äh…“ murmelte der Prinz, „er leuchtet mir ja ohne weitres ein, der Mann hier oben… Aber der andre –?“

Die alte Baronin Mohrenfeld ist verrückt eifersüchtig.

Sie schläft, da der Baron endgültig auf ihre Gesellschaft verzichtet hat, im Vorzimmer seines Schlafgemachs – natürlich mit ihrem geliebten Pudel Bruno.

Da hört sie eines Nachts leise Schritte.

„Bruno, bist *du* dä?“ fragt sie schlaftrunken.

„Jä, Mämä“, antwortet eine Stimme.

Und die Baronin legt sich beruhigt aufs andre Ohr.

Staatsprüfung in der Wiener Konsularakademie, Diplomatenklasse.

Kandidat: Erlaucht Rainer Maria Graf Putitzki zu Putzitz ab Rima.

Erste Frage: „Kaiser Karl der Sechste.“

Der Kandidat schweigt.

Zweite Frage: „Schlacht bei Königgrätz.“

Der Kandidat schweigt.

Dritte Frage: „Wo sind Sie geboren?“

„In Ljembärg.“

„Wissen Sie das sicher?“
„Ja, ganz siicher.“
„Na, dann haben Sie wenigstens eine Frage richtig beantwortet.“

„Haben Sie Kinder, Herr Baron?“
„Ja. Drei.“
„Und wie heißen sie?“
„Paul Schulz, Paul Wernicke und Paul Themaier.“

Der Diener des alten Barons Mundy überreichte jeden Sonntag die Wochenrechnung: Bohnerwachs, Schuhwichse, Talgkerzen, Zündhölzer... und so weiter... – am Schluß aber hieß es immer:
So lang es geht... 3 Gulden.
Eines Sonntags rief der alte Baron:
„Was fällt dir denn ein, du Trottel? Ich les schon seit Jahren da in der Rechnung: So lang es geht –. Was bedeutet der Unsinn? Fällt mir nicht ein, dir die drei Gulden zu zahlen.“
„Na“, sprach der Diener und zog traurig die Brauen hoch, „dann geht es halt nicht mehr.“

In Magdeburg war einmal ein Regierungspräsident, der ließ eines Tages den Assessor Freiherrn von Dröhte rufen und sagte zu ihm:
„Lieber Baron, Sie treiben sich immer noch mit Mädchen herum – es ist schon wieder eine Klage gegen Sie eingelaufen. Glauben Sie mir, ich habe alles Verständnis... Sie sind aber dreißig Jahre alt, und ein Regierungsbeamter muß auf seinen Ruf achten. Nehmen Sie sich doch endlich eine Frau!“
v. Dröhte erwiderte:
„Eine Frau nehmen – das hab ich schon mal versucht, Herr Jraf. Da hat mir aber der Mann so 'nen Skandal jemacht, daß ich es nie wieder versuchen möchte.“

Von Verwandten und anderen Kindern

HAUSAUFGABEN

Des Kindes Wohltat

München, Donnerstag, 3.

Schülerinnen, erzelet eine gute Tat was ihr begangen habt, aber hübsch ausfierlich.

Also meine gute Tat das war so.

Wie wier noch an der Monsalvatstraße wonten war daneben uns ein laden mit einem sehr armen Jungen drin, der Laden war Gemiese Kohle, Holz, Frau Ernemann, der Junge sehr arm Gotlip, er hatte lauter lumpen.

Wir schpilten immer große Kugel in ein loch zu tun, wer ferliert zalt 1 Pf. Ich konnte fil besser, ich war zwei Jahr elter und kreftig als Gotlip, er war sehr schwach, ich gewann immer, einmal ein tag 7 Pfennig. Da hatte gotlip kein geld Meer für weiterschpilen, sagte, warte ich gee in mutters Laden mir etfas Geld hohlen du mußt sie rufen Frau Ernemann kommen sie mal raus, damit Mutter nicht siet wie ich etfas Geld hohle. Also ich rief Frau Ernemann kommen sie mal raus, sie komte und frakte was wilstu kleines Mädchen, ich sagte o nickts nur so, unterdessen hohlte sich gotlip noch etfas geld aus der Tischublade 5 Pfennig, die arme Frau hade nickt Meer und wir schpilten wider Kugel ins loch zu tun sehr frelich. Aber gotlip ferlor wider un war mir schon 1 Pf. schuldig. Er sagte ich hab nickts. ich sagte gee, gee, hohle wider? Er sagte gans traurig. Mutter hat nickt Meer. da hatte ich Hertsliches mitleid mit dem kleinen Jung das er nickt zahlen kann und sagte wenn du mir erlaups dir eine herunter zu hauen, brauckstu mir nicht zalen, er erlaupte also hab ich im eine herunter gehauen, aber zalen brauchte der arme junge mir nickt. Das war meine gute tat was ich hab erwisen.

Des Kindes Enttäuschung

3. Dezember

Schülerinnen, selbs ihr in euerm jungen Leben habt einmal eine herbe Enteuschung erlitten, beschreibet Sie!

Meine herbe Enteuschung war so.

Einmal am Morgen sagt Mutter ich weiß nicht ich frestele. ach was sagt der Vater es wird eine von deinen Einbildungen sein ich kenne dieses. Nein sagt Mutter, es ist fileich die Krippe. Natürlich sagt Vater weil die Frau Minisdralrad Krippe hat must du auch haben es ist fein. So nim den Därmomeder und mis! Mutter nehmte den Därmomeder und steckte sich ihm ein wir warteten. dann stritten die Eltern wieder es war 37drei. Ich werde noch messen sagte Mutter und steckte ihm wieder ein es waren 37vier siehstu sagte Mutter ich bleip im Bett und hohle den Dokter und der Vater das hat mir noch gefehlt was fersteht der Dokter. Um Zehen hatte Mutter 38Eins. der Doktor Blumenstein kam und sagte nun was fehlt ihnen haben sie Apatit stecken sie die Zunge heraus und befielte der Mutter das ist ein Krippe, sehr geferlich das kann lankwirig dauren so etfas 4 bis 3 wochen sie missen Kombressen, Bulfer haben ferschidene gute Sachen weinschodoh kompod alles missen sie essen. Mutter aber berirte nichts. Ich sagte zu Mutter, oh warum berirstu diese guten Sachen nich weinschodoh und kompot. Vater sagte lass nur kind kimere dich nicht Mutter hat keinen Apatit Krippe dauert sehr lankwirig mindessens 4 bis 3 wochen. helt weinschodoh so lange frakte ich.

Abend sagte Mutter freie dich mein Kind ich fihle mich pletzlich ganz wohl. stand auf und lachte und eßte das kompot auf und weinschodoh. kein bischen weinschodoh blieb übrig das war für mich eine herbe Enteuschung.

Ein ereignisreicher Tag

München, 17. November.

Schülerinnen, beschreibet einen Ereigniss reichen Tag aus Eierm Leben der Aufsatz soll nicht mehr haben als 3 Seiten im Heft.

Also mein Ereigniß reicher Tag das war so.

Wie wir noch an der Monsalvatstraße wonten, hatten wir oben einen Untermieter den Herrn Professor Zeler einen Gelerten er hatte einen Schpiz den Hunt Monami, der Gelehrte schtudirte Pazillen.

Lottchen schprach der Gelerte ich schtudire Pazillen es sind geferliche Pazillen man nennt sie Andrax wenn da eine auskommt und beist das gibt eine Gatostrafe darum gib acht mein Kind das keine auskomt sonst ist in ganz Bayrn der Miltsbrant eine epedemische Krankheit Mein alter Schpiz Monami aber ist mir anz Herz gewacksen er knurt aber zu firchten brauckt man sich nicht Monami war sehr boshaft er knurte mir immer.

Das ist die 1. Seite vom Aufsaz.

Der Gotlip von Ernemanns nebenan Gemiesehendlers etfas jinger und ich schpilten immer herunter schpuken vom Zeler Balkon wer unten die Wase trift

Einmal wie wier schön schpuken sakt Gotlip schpuke jez nicht unten get der Herr Gelerte er wird filleich zirnen wen wir filleich nicht die Wase trefen so hörten wir auf

Wie wir so vom Balkon wegehen, ist bei Herrn Gelerten Zeler die Tür ofen wolten wir uns etfas ansehen ich dachte Monami ist nicht da er ist mit dem Gelerten. Er war da und schlif. Es war indresant fiele Kompot Teler mit Flissikeiten und darauf Dekel schprach Gotlip fileich sint es sisse Flissikeiten so koste sakte ich.

Dieses ist die 2. Seite vom Aufsaz.

wir kosteten es schmekte nicht sehr gut so wie dinner Honig pletzlich tretet der Herr Professor Zeler ein und schprach o was hapt ihr getan o, o! es wird eine Gatostrafe hast du es getan um Gotes wilen

Ich erschrak etfas schprach ich nein, und Gotlip ebenfalls

nein wier wissen doch sondern Monami hat etfas gekostet nur ganz wenig.

O sakte der Gelerte, o o mein Monami warum hast du mir dieses getan auch die hausmeisterin klakte und mein Vater und alle klakten o o es wirt eine Epidemi in ganz Bayern auch von Monsalvatstraße 9 a die Leite kamten und klakten es sind Pazillen gleich mus man Monami unschedlich machen kinder warum habt ihr die Dekel wegenommen es war ferboten alle leite flichteten nur Frau Ernemann Gemiesehendlerin blib und prigelte Gotlip er weinte sehr.

Der Herr Professor teleffoniert und es kam ein Man der brachte Monami weg es war hertserreisend wie der arme Gelerte Abschit nam von seinem Schpiz

Ein sehr Ereigniß reicher Tag dieses war das Ende vom aufsaz 3. Seite.

DIE SCHULE

In Möckingen ist ein Landerziehungsheim für junge Mädchen, sehr fromm.

Als mich die Oberin durch die Anstalt führte, sah ich eine… Männerunterhose am Zaun hängen.

Die Oberin fing meinen Blick auf und erklärte leis errötend: „Damit die Schülerinnen mit Herrenwäsche umgehen lernen, haben wir ein Stück in unserm physikalischen Kabinett.“

DER TRAUM

Paulchen ist erwacht, Paulchen ist angekleidet worden und erscheint im Kreis der Tanten und Basen im Salon.

„Ach, das süße Paulchen! Wie hast du denn geschlafen?“

Paulchen hat herrlich geschlafen – und noch mehr: Paulchen hat geträumt.

„Zum erstenmal in seinem Leben“, jubelt die Mama. „Erzähl doch, erzähl doch, wie es war!“

„Also, mich bin geträumt, es war Nacht, da is die Tür gegangen, un ein Engel is kommen in ein langes Hemd.“

Chor der Tanten:

„Ach, Paulchen, wie reizend!“

„Ja, in ein langes Hemd. ’s war aber gar kein Engel, ’s war Papa.“

„Nein, wie niedlich!“

„Ja, un Papa is gar nicht zu Paulchen, er is gangen an Fräuleins Bett un hat gesagt: ‚Fräulein, du bist gar kein Fräulein, du bist ein Engel.‘ “

Mutti ist ein wenig verwirrt:

„Hör, Paulchen, Träume sind Schäume – Lügen. Die muß man auch nicht erzählen.“

„Oh, Mama“, sagt Paulchen, „frag nur’s Fräulein und Papa – denen hat das alles genau ebenso geträumt.“

DIE NACHKOMMEN

Mein Neffe Daniel war im Referendarexamen durchgefallen; man bekommt dann die Hälfte der eingezahlten Prüfungsgebühr zurück.

Er kam, glättete die 60 M. und sprach wehmütig:

„Mein erstes selbstverdientes Geld.“

DER NEFFE

Als wir gerade umgezogen waren, in ein kleines Städtchen und vollends eingerichtet, da sagte meine Frau:

„Schau nur, wie gemütlich es bei uns ist, alles blitzblank, so habe ich es mir schon lange gewünscht – oh, du legst deine angebrannte Zigarette in den Aschenbecher, und ich hatte ihn doch eben erst auf Hochglanz poliert — ich war der Gasthöfe und der Pensionen so überdrüssig, weil es da nie richtig sauber war. Du hast dich auch immer sehr gehen lassen. Alle Männer haben die Neigung dazu, aber jetzt — nicht wahr — du tust es mir zuliebe? wirst du dich zusammennehmen, damit die Möbel geschont werden. Wenn da ein Fleck in den Bezug kommt oder ein Kratzer in die Politur, das läßt sich nie wieder gut machen — und daß sich mein Traum vom eigenen Heim gerade zu Weihnachten erfüllt, nehme ich als gnädige Himmelsgnade. Zu Weihnachten muß man allein mit dem Christkind sein, fromm mit allen seinen Gedanken beim Fest — im Zimmer nebenan ist der Baum geschmückt — nun haben wir glücklich, was du immer wolltest: Wir werden endlich unsere Ruhe haben! Die nächsten Verwandten wohnen sehr weit, das ist ein unschätzbarer Vorzug!"

Sie hatte es kaum gesagt, da meldete sich für den Abend unser Neffe bei uns an; eigentlich kein Neffe, sondern der Sohn eines geschiedenen Schwagers aus dessen zweiter Ehe. Wir kannten den Neffen nicht persönlich, hatten ihn nie gesehen, er schrieb aber gleich: Er teile keineswegs die unüberwindliche Abneigung seines Vaters gegen unsere Familie, im Gegenteil, er habe uns recht gern, und da er soeben höre, daß wir jetzt hier wohnten, sicherlich noch ohne Anschluß, könne er es nicht übers Herz bringen, daß wir die erste Weihnacht einsam verbringen sollten. Darum werde er kommen bei Anbruch der Dunkelheit und bringe uns als Einstand zwei Flaschen Schnaps mit, selbst gekeltert.

„Gott, o Gott", rief meine Frau, „ein Geschenk bringt er auch — was bleibt uns übrig, wir werden ihn wiederbeschenken müssen — wo nehme ich jetzt etwas Passendes her? Sicherlich sind alle Läden schon längst geschlossen...! Abgesehen davon, daß ich kein Geld mehr habe."

„Schatz! Kein Geld? Du müßtest doch noch die Hunderternote haben?" Sie fiel mir um den Hals, deutlich hingen zwei Tränen in ihren Augen: „Ich wollte dich mit allerhand Dingen überraschen, die Hunderternote ist dahin. Was tun? Ich werde den wunderschönen Schlafrock dem Neffen schenken müssen." In diesem Augenblick klingelte es draußen, das Mädchen ging öffnen. Wir hatten ein Schaukelpferd gekauft, das stand im Flur. Wir wollen es dem Jungen unseres Hauswirts schenken, um uns mit den Leuten gut zu stellen, mit denen wir einen dreijährigen Mietsvertrag haben. Da sprang die Tür auf, und herein galoppierte auf dem Schaukelpferd ein Ungeheuer von Mann, groß und dick: unser Neffe Pichler! Arnold Pichler, der gewaltigste Neffe, den ich je gesehen habe, sehr lustig, mit breitem Lachen und einem koketten Hütchen darüber, in jedem Arm eine Flasche von dem versprochenen Schnaps; an den Beinen, das Schaukelpferd war geschickt dazwischen geklemmt, trug der Neffe kurze Lederhosen, borstige Knie und genagelte Stiefel weiter unten, die waren dreckig, überaus dreckig!

Wir mögen entschuldigen, der liebe Onkel und die liebe Tant', aber als Förster habe der Neffe auch heute Dienst gehabt im Wald. Das könne man nicht im Abendanzug – und das Wetter richte sich ebensowenig nach den festlichen Gelegenheiten, „wo es in den letzten Wochen so viel geregnet hat". Er hatte alles im Dialekt hervorgesprudelt. Meine Frau verstand nicht alles, aber ich sah ihr an, den Sinn hatte sie begriffen.

„Nehmen Sie Platz, Herr Pichler!" sagte sie gefaßt. Das Mädchen war gleich mit einem Lappen erschienen, um die Spuren vom Parkettboden zu wischen, und brachte das Schaukelpferd wieder hinaus; es bestand jetzt aus zwei nicht zusammenhängenden Teilen, einer schlittenförmigen Schaukel nämlich, und dem Pferd. „Haha", rief der Neffe aufgeräumt, „mit dem Aufwischen warten S', bis daß der Dago da ist" (er öffnete die Tür), „weil mein Hunderl is auch net gar salonfähig. Er ist seit heute früh mit mir in die Sümpfe herumgewatet. Nein, nein, danke schön, gegessen haben wir schon im Wirtshaus – ich werd' doch net hungrig ins Haus fallen zum erschtenmal bei liebe Verwandte – Grammelknödel hab ich gegessen, delikat, und 's Hunderl einen Ochsenschlepp, ganz frisch. Der Wirt hat eben geschlachtet gehabt – sehen S' dem Hunderl hängt der Speichel noch blaublutig aus dem Maul. Ein sehr gutes Viecherl, mein Dago, nur schlaft er gern warm und bequem. „Aber...", der Neffe lachte herzlich, „...die Frau Tant' braucht sich net zu fürchten, das Hunderl tut nix." Damit hatte der Neffe offenbar recht, Dago sprang auf das Sofa, drehte sich einigemale um seine Achse und legte sich hin; aus dem Maul, von den Pfoten rieselte es still in den Brokat. Der Neffe saß im Lehnstuhl an meinem Arbeitstisch und staunte: „Nein, was der Onkel alles für Sachen braucht zum Schreiben!" Der Neffe lehnte sich zurück, daß der Sessel in allen Fugen stöhnte – der Neffe lachte stürmisch, lehnte sich weiter zurück, bis der Sessel nunmehr auf einem Bein balancierte. „Eine Füllfeder." Er spießte sie probeweise ins Eichenholz des Schreibtisches. „Ein Tintenfaß!" Er hantierte damit und stellte es schief, zum Umkippen schief wieder hin. „Ein Lineal." Er bog es bis zur Elastizitätsgrenze. „Eine Weckuhr." Er spielte damit und ließ sie schnarren. „Ein Lexikon." Er holte die siebzehn bunten Beilagen mit einem Griff heraus und schob sie mit einem Griff verkehrt wieder hinein. „Wann ich mir den Herrn Onkel so vorstell' hier beim Schreiben – und am End' in einem Schlafrock. Direkt zum Bersten."

Meine Frau und ich wechselten bekümmerte Blicke. „Ich glaube", raunte sie, „wir sollten Bescherung machen und essen."

Da machte uns ein Würgen und Schmatzen vom Sofa her aufmerksam auf Dago. „Ja, schauen S' nur hin", prustete äußerst fröhlich der Neffe und schlug sich wuchtig auf die Schenkel, „muß das Viecherl heimlich in die Küche hinausgeschlupft sein, hat den Braten gestohlen und frißt ihn auf dem schönen Kanapee. So ein schlaues Viecherl! War das der Braten für heut Abend?"

„Nein", sagte meine Frau still, „für morgen. Heute gibt es Fisch." Der Neffe darauf: „Uje, Fisch! Mögen Sie das scheußliche Zeug?" Meine Frau hatte es überhört, sie war schon im Nebenzimmer, wo sie die Kerzen am Christbaum anzündete.

„Wird der Herr Onkel hier wohnen bleiben? Ich komm täglich in die Stadt, so gegen Abend – da werd ich dem Herrn Onkel und der Frau Tant' täglich Gesellschaft leisten. Nur samstags geht's leider nicht, da muß ich die Waldarbeiter... Oha, was war denn jetzt? Es klingelt?"

„Meine Frau ruft uns zur Bescherung!"

„Warten S', warten S'", schrie Arnold Pichler und sprang auf, „ich hab was mitgebracht für das Hunderl, ein Geschenk, das muß noch an den Christbaum. Hat der Herr Onkel eine Schnur, aber eine recht starke? Sie werden einen Spaß haben. Da!" Er riß die Vorhangleine vom Fenster, holte eine spannenlange Wurst aus der Hosentasche und band sie an die Leine. „Man muß die Wurst fest an den Baum binden, daß das Hunderl sie nicht abkriegt – das is der Gspaß." Und schon war er mit zwei Sprüngen im Nebenzimmer.

Dann ging alles rascher als man erzählen kann:

Die Tür öffnete sich, der Baum strahlte. Dago hatte den Braten verschlungen, kam schleichend wie ein Tiger vom Sofa herab und nahm Wind von der neuen Beute. Mit einem Satz war er an der Wurst. Mit einem Happ verbiß er sich darin. Riß den Baum um und schleifte ihn mit brennenden Kerzen durch die Wohnung. Ins Arbeitszimmer, an den Speisetisch. Durch die Schlafstube auf den Flur, zurück an das Sofa. Der Vorhang im Arbeitszimmer brannte, das Sofa, der Lehnstuhl. In der Schlafstube brannten das Bett, der Wäschekorb, die Vorhänge.

„Hilfe! Feuer!" schrie das Mädchen vom Küchenbalkon ins Weite. „Sie blöde Urschel, was schrein S' denn?" sagte der Neffe – prügelte den Hund, entriß ihm den Weihnachtsbaum – flog – fegte – schoß – stürzte durch die Wohnung, und überall, wirklich heroisch, erstickte er mit bloßen Pranken das Feuer. „Uff!" atmete meine Frau auf, „es scheint alles vorüber zu sein. Nur der beizende Rauch muß noch hinaus – dann können wir essen." Sie öffnete die Fenster. Ich sah deutlich: sie weinte. „Tragen Sie auf." Gebot sie in der Küche, und wir setzten uns.

„Ah, gebackener Karpfen", sprach Arnold Pichler gedehnt. „Ess ich ganz gern. Das heißt: ich ess ihn net gern, aber ich ess ihn halt. Er hatte das Messer gezückt, um seinen Fisch zu zerlegen, stemmte die Faust mit dem Messer senkrecht auf und horchte. Sein scharfes Jägerohr hatte seltsame Geräusche vernommen. Und das Ohr trog ihn nicht. Es rasselte draußen, es hielt und rollte, ein Trompetenstoß, es knirschte, schlug an die Hauswand. „Hallo!" hörte man. „Hier qualmt es heraus – da muß es sein.“ Etwas kam die Leiter emporgeklettert. Plötzlich ein Helm im Fenster, ein uniformierter Mann mit Gummischlauch. Ich erkannte ihn sofort: Hilfskantor, Obersteiger der freiwilligen Feuerwehr. Schon kam ein dicker Strahl Wasser aus dem Schlauch, meiner Frau gerade in den Halsausschnitt. Schon turnte durchs andere Fenster Herr Silber herein mit einer Spitzhacke: Getreidemakler, Vizepräsident der Feuerwehr. Mächtig schwang er die Hacke und schlug in die Möbel. Durch das dritte Fenster kam Herr Schlammbeisser, äußerst erregt: „Rette sich, wer kann!“ – Innerhalb einer Minute, dank der vorzüglichen neuen Spritze, stand das Wasser kniehoch in unserer Wohnung – dreißig Hektoliter, man hat es später berechnet. Das Sofa schwamm darin wie ein Boot. Dago nahm die Gelegenheit wahr zu baden und sprang kopfüber in die Flut. Er paddelte dem Sofa nach, kletterte wieder empor und schüttelte sich lustig das Wasser aus dem Gefieder.

„Ein sehr reinlicher Hund“, sagte der Neffe bewundernd, „was sind wir Menschen gegen so ein Viecherl.“

...Hier ferner zu bleiben, daran war nicht zu denken. Wir zogen noch am selben Abend in den Gasthof.

MEINE NICHTE MIMI

Ich war Leutnant. Bruder Balduin war Hauptmann. Ich war ledig. Mein Bruder war verheiratet und Vater. – Damals begab sich die Sache mit meiner Nichte Mimi.

Balduins hatten nämlich beschlossen, auf vier Tage nach Wien zu fahren; was aber soll unterdessen aus Mimi werden? – Als Oheim und Pate fühlte ich mich verpflichtet, den flehenden Blick meiner Schwägerin zu verstehen, und ich erbot mich, Mimi vier Tage zu betreuen.

Ich dachte es mir nicht schwer. $4 \times 24 = 96$ Stunden schläft ja so ein Kind ohne weiteres durch. Mein Diener wird Milch kaufen und Mimi zu trinken geben, sobald sie die Augen öffnet. Dann schläft sie weiter.

Mimi kam also auf meine Leutnantsbude – mit einem Kinderbett, einer Milchflasche und einem ungeheuren Packen. In dem Packen fand ich zwei oder drei Kompanien Zinn-Infanterie, eine kleine Abteilung Reiter für den Meldedienst, ein großkaliberiges und zwei Feldgeschütze, einigen Verpflegsvorrat – und Wäsche – Wäsche, genug für eine Südpolexpedition. – Ich stellte das Bettchen auf und vertraute Mimi und ihr kombiniertes Detachement der Fürsorge Peters an. Dann ging ich in die Kaserne.

Nachmittags um vier fand ich Mimi mit der Belagerung meines Waschtisches beschäftigt und beschloß, mich anzukleiden und auszugehen.

Wenn man einige dumme Fragen abrechnet, machte sich Mimi nicht weiter bemerkbar. Erst beim Abschied krähte sie: „Wohin, Onkel?“

„Ludwigstraße.“

„Ludwigstraße? Was ist das?“

„Da geht man auf und ab.“

„Wozu, Onkel?“

„Wozu! Man geht sich eben die Leute ansehen.“

„Wozu, Onkel?“

„Damit... damit... (schon wieder solch eine dumme Frage!) ...damit man sie eben sieht.“

„Du, Onkel, das ist Unsinn, sich die Leute ansehen. – Du, Onkel, ich geh mit, mir die Leute ansehen.“

„Nein, Kind, du bleibst zu Haus.“

Mimi widersprach. Ich versuchte, sie zu überzeugen. Mit ihren eigenen Waffen sollte sie geschlagen werden: da sie selbst behauptet hatte, es sei Unsinn, dürfe sie folgerichtig... Statt mir beizupflichten, stimmte sie ein Geheul an. Die Hauswirtin fand meine Weigerung, Mimi mitzunehmen, inhuman.

Gut, ich nahm das Mädel an der Hand und ging. An der Ecke begegnete mir ein General. Ich wollte grüßen – Mimi ließ los und fiel hin. Auf ihr Geschrei entstand eine Menschenansammlung, die sich aber schon nach etwa zehn Minuten, als Mimi aufgehört hatte zu schreien, zerstreute. – Ich forderte Mimi nun auf, sich einfach an meinen Mantel zu klammern. Als sie über meinen Säbel gestolpert war, geheult und einen kurzen Menschenauflauf verursacht hatte, zog sie vor, frei neben mir herzutraben.

Nur so konnte geschehen, daß sie vor den Omnibus geriet und ihn zum Halten nötigte. Es mußte auch leider jener Leichenzug stoppen, der an den Omnibus angeschlossen war, und ein Wagen der Elektrischen, der rasch gebremst hatte, um nicht in den Sarg zu fahren, sprang aus den Schienen. – Reines Glück, daß die Feuerwehr durch denselben Omnibus aufgehalten wurde – sie konnte rasch Ordnung machen.

Ich hob Mimi auf meine Arme und entging den Kutschern und Schaffnern. Sie hatten mich lynchen wollen. Und solche Affären verlaufen immer peinlich – die Zeitungen geben meist dem Betroffenen Unrecht.

Auf der Ludwigstraße berührte mich einigermaßen unheimlich, daß mich alle Vorgesetzten, denen ich begegnete, feindselig zu mustern schienen. Jetzt Oberst Dobrin: er wirft mir geradezu gehässige Blicke zu. Die Leute lachen. Sollte...? Ich mustere mich vom Scheitel bis zur Sohle und finde nichts Belustigendes. Auch Mimi ist völlig in Ordnung. Ich beschließe, beim nächsten Vorgesetzten nach meiner Nichte zu schielen.

Da haben wir's! Zum Ergötzen der Bevölkerung legt sie allemal das Händchen stramm an die Haube und grüßt mit.

Ich flüchte in ein Restaurant und will später, wenn es draußen stiller geworden ist, mit Mimi heimfahren.

Wir setzen uns zu Tisch. Mimi ist seelenvergnügt. Der Gabelstich, den sie sich gleich beim Platznehmen beigebracht hat, ist nach kurzem Jammer vergessen.

Bei Auswahl des Menüs ergibt sich ein Zerwürfnis, das einiges Aufsehen ringsum erregt. Mimi verlangt nämlich Fisch, und ich bin im Hinblick auf das komplizierte Skelett dieser Tierklasse dagegen. Endlich gibt sie sich mit Huhn zufrieden und verschlingt es, wenn man von einer Brandblase auf ihrer Zunge absieht, ohne Störung. Zu dem Huhn trinkt sie etwas Bier, und zwar nach jedem Bissen einen Schluck. Dann verlangt sie Schokoladekuchen, immer heftiger. Gut, mag das Schicksal seinen Lauf nehmen. Mimi benutzt den Kuchen aber nur äußerlich –

unabänderliche Naturgesetze haben sie gezwungen, die Nahrungsaufnahme einzustellen.

Endlich wird sie schläfrig und kann nach Hause gebracht werden. Gewisse nächtliche Szenen, die mit der Verdauung zusammenhängen, seien verschwiegen und vergessen.

Der nächste Tag ist ein Sonntag. Das Vormittagsprogramm: Gesangstunde, Vortrag aus der Regimentsgeschichte und dergleichen gehört heute meinem Kameraden. Ich bin frei. Ich habe meinem Diener verboten, mich zu wecken – ich möchte schlafen.

Die Sonne steht schon hoch am Himmel. Mir träumt von einem Schimmel, den ich in einen Käfig sperre. Unversehens wird ein Papagei daraus.

„Onkel!" krächzt er. „Onkel!"

Ich schlage die müden Augen auf. Mimi steht an meinem Bett. Sie hat einen Lexikonband in der Hand, in der anderen einen Blaustift.

„Onkel, was ist das?"

„Das ist ein Koloradokäfer, mein Kind."

„Pfui, der garstige Käfer!" – Schnell hat sie ihn mit Blaustiftstrichen vernichtet.

„Mimi! Was fällt dir ein?" – Ich entreiße ihr den Band. Er ist schon über und über blau – Mimi hat ihn als Skizzenbuch benutzt. Zu „Koloratursänger" hat sie einen Hahn hingemalt, zu „Kassierer" einen Schnellzug. Und mitten ins Karaibische Meer einen „Onkel" mit einem Gesichtsausdruck, der selbst in sehr feudalen Regimentern auffiele.

Ich gehe voll böser Ahnungen an eine Musterung meiner Wohnung. Die Porträts meiner Kameraden sind mit Haaröl gesalbt, die Verstimmung des Klaviers aber erklärt sich durch das in seinem Innern abgelagerte Schreibzeug. Daß Mimi die Tinte nicht auf dem kürzesten Weg nach ihrem Fundort gebracht hat, beweist eine breite Spur, die kreuz und quer über den Teppich führt.

Dies stille Walten Mimis in den frühesten Morgenstunden ließ in mir die Überzeugung reifen, daß ich meine Nichte möglichst rasch vom Haus entfernen muß. Doch die Erfahrungen von gestern hatten mich gewarnt: auf die Straße und in Restaurants wagte ich mich mit Mimi nicht mehr. Mir fiel ein Ausweg ein: ein Ausflug nach Rakosch. Da hatten meine Bekannten, Freiburgs, mit zahlreichen weiblichen Nachkommen Sommeraufenthalt genommen.

Mimi raufte zwar den Tag über mit den Freiburgschen Rangen, verdarb sich den Magen an Vogelbeeren und holte sich von einer Katze, die sie in den Schweif kniff, einige Kratzwunden – im übrigen aber verlief der Ausflug recht vergnügt. Als ich am Abend heimkehrte, schlief Mimi schon in meinen Armen.

Am nächsten Morgen gelang mir, ungehört zu verschwinden, ehe Mimi erwacht war. Eben lasse ich auf der Reitschule die zweite Abteilung Rekruten longieren, als Peter atemlos herbeistürzt: „Herr Leidnant, i bitt ghorsamst, kommen S' gleich nach Haus – des Fräuln is krank."

Die Kanoniere schmunzeln – der Herr Oberst (er ist zufällig da) verfinstert seine Miene. Hauptmann Kracher guckt mich verschmitzt an.

„Was fehlt ihr denn?" frage ich ärgerlich.

„I bitt, sie hat an Hosenknopf gschluckt."

Ich bin verwirrt und versuche ruhig auszusehen. Wie soll ich nur recht geschickt betonen, daß es sich da um ein fünfjähriges „Fräuln" handelt? „Ich kann jetzt nicht nach Haus", rufe ich. „Trag sie zum Herrn Regimentsarzt!"

Der Herr Oberst winkt mich heran, durchbohrt mich mit den Augen und sagt: „Ich muß bitten, Herr Leutnant! Ein Offiziersdiener ist nicht da, Damen durch die Stadt zu tragen, die... Knöpfe geschluckt haben."

„Verzeihung, Herr Oberst", erlaube ich mir zu bemerken, „es ist von keiner Dame die Rede, sondern... sondern von... von einem ganz jungen Mädchen..."

Der Oberst dreht sich auf den Hacken um. – „Na, daß die Person jung ist, hätten Sie mir nicht erst zu sagen brauchen. Gehen Sie heim und bleiben Sie gefälligst drei Tage im Zimmer." – Und schon schreitet er von dannen.

Mir wirbelt der Kopf. Drei Tage Zimmerarrest! Mein erster Zimmerarrest. Und so unschuldig bin ich dazu gekommen...

Ich werde mich beschweren.

Beschweren? Du lieber Gott — Recht wird mir doch nicht werden. Also: kuschen und weiterdienen. Ich bleibe drei Tage zu Haus und werde Mimi behüten, damit sie sich nicht wieder Zahnpulver in die Ohren stopft und sich mit der Stiefelbürste die Wangen abreibt.

SCHWÄRMEREI

Welch sonderbare Anlässe die Seele entflammen können — davon hab ich unlängst ein Beispiel erlebt:

Die Geschichte spielte sich ab im Hotel Continental.

Meine Nichte, frisches Ding von siebzehn Jahren, geht die Treppe hinab, und der Nichte folgt ihr Dackel.

An einem Tisch dicht am Fuß der Treppe sitzt ein glatzköpfiger alter Herr, liest die Zeitung.

Der Dackel schnuppert — langt freundlich mit der Zunge durch das Treppengitter, leckt dem alten Herrn breit über die Glatze hin.

Eh sich der alte Herr umständlich umgewendet hatte, ist der Dackel verschwunden.

Die Augen des alten Herrn ruhen auf der Nichte — erschrokken zuerst — überrascht — und fragend — fragend: Was, was ist da geschehen?? Hat dies reizende Mädchen ihn... ge... ge... streichelt??

Seitdem kommt der alte Herr mit seinen schwärmenden Blikken nimmer los von meiner Nichte. Und immer ist die Frage..., die Frage in seinem Blick.

GROSSPAPACHENS ABREISE

Wenn unser seliger Großpapa wegfahren wollte, bestellte er sich den Wagen immer schon am Tag vorher. Abends mußte alles hübsch bereitgelegt werden, und um neun Uhr ging man schlafen.

Doch es duldete den alten Herrn nie lange in den Federn. Gegen drei Uhr früh pflegte er zu erwachen, setzte sich aufrecht und ließ die Beine zum Bett heraushängen, damit er nicht am Ende noch einmal einschliefe.

Um fünf Uhr jagte er Großmamachen auf. Sie mußte Feuer machen und zwei Ziegelsteine anwärmen. Dann kam der Kutscher mit einem großen Hafersack – in den tat man zu unterst die zwei Ziegelsteine und darauf so viel getrocknetes Häcksel, bis der Sack halb voll war.

Gegen sechs fuhr der Wagen vor.

Großpapachen hatte sich den Leib mit Zeitungspapier belegt, kleidete sich an, ließ sich seine Flanellbinde umwickeln – die ging zweiundzwanzigmal um den Bauch –, dann gab er seine letzten Anordnungen, betete, zog die Filzstiefel, den Schafpelz über und ließ sich von drei Männern in den Hafersack haben.

Nun band man den Sack um die Hüften fest und trug unser Großpapachen nach dem Wagen. Man deckte ihm die Knie noch sorgsam mit einer derben Decke zu – und wenn das Spritzleder festgeschnallt war und der Kutscher auf den Bock gestiegen, konnt es losgehen.

Da sagte Großpapa beklommen:

„Kinder, nehmt mich noch einmal herunter. Ich hab eine Kleinigkeit zu besorgen."

CLAUSEWITZ

Clausewitz, der große, ja, einzige Theoretiker der Strategie – Clausewitz lehrt: stärkste Form der Kriegführung sei die tätige Defensive.

– – – Wir wohnten in München am Rand der Stadt. Meine Tochter war damals zwölf.

Und fast täglich, wenn sie aus der Schule kam, mußte sie erzählen:

„Heute hat Peter wieder einen Stein nach mir geschmissen." – Oder: „Peter hat meine Freundin vor die Brust gestoßen."

Peter war der Lausejunge von Schusters dort an der Ecke.

Bis ich meine Tochter einmal ernstlich vornahm.

„Hör mal", sagte ich ihr, „ich hab mir diesen Peter angesehen. Er ist höchstens zehn. Er ist eine Faust kleiner als du. Ist offenbar auch schwächer. Warum wehrst du dich nicht?"

„Wie soll ich denn, Papa? Wo er so frech ist?"

„Um so mutiger mußt du sein. Eine Löwin. Du wirst, wenn er sich nächstens zeigt, in tätige Defensive übergehen. Du wirst nicht abwarten, bis er den Stein wirft oder dich stößt; sondern furchtlos gehst du auf ihn zu und haust ihn mitten zwischen die Augen, daß er tausend Sterne sieht."

– – – Andern Morgens.

„Nun, Dana?"

„Er ist wiedergekommen und wollte Irmgard stoßen."

„Und du?"

„Ich hab es nicht abgewartet. Ich bin auf ihn los und hab ihn mitten zwischen die Augen gehauen – er hat tausend Sterne gesehen."

Dann fiel sie in den Sessel und sagte still vor sich:

„Ich bin mutig gewesen. Furchtlos. Wie eine Löwin. Es hat auch gewirkt: er ist heulend davon. – Aber, Papa: eine Schiß hab ich ausgestanden – eine Schiß, Papa – – nicht zu beschreiben."

DER VERZWEIFELTE

Am Abend vor dem Abitur war es, da blickte der Oberprimaner Kulcke gläsern in die Luft und sprach:

„Ich kann nicht beurteilen, ob die paar Brocken Wissens, die ich in Physik habe, groß genug sind, die gähnenden Lükken meiner Chemiekenntnisse zu stopfen. Eins aber ist sicher: in Geschichte weiß ich nicht einmal, wann das Jahr 1848 war."

DER ERSTE IN DER KLASSE

Unglaublich, wie viele Musterknaben auf der Welt umherlaufen. Richard Braungart, zum Beispiel, den ich unlängst als Steueramtsoffizial und Vater von sechs Kindern, meist weiblich, antraf, erzählt seinen Nachkommen ganz unverfroren, er wäre zeit seines Lebens der Erste in der Klasse gewesen.

Ich könnte durch einwandfreie Zeugen seiner Gymnasialjahre freilich leicht das Gegenteil beweisen, wenn ich rücksichtslos genug wäre, seine väterliche Autorität untergraben zu wollen.

Aber ich will ja nicht. Ich gönne ihm seinen Nimbus. Ich dulde schweigend, daß er seinen Jungen sich als das Vorbild allergenauester Pflichterfüllung hinstellt – und in einem Atem mich als warnendes Beispiel der bösen Folgen von Unfleiß und verderbten Sitten. Jenes Zucken der Mundwinkel, das in solchen Augenblicken sein schlechtes Gewissen verrät, sein Erröten bis an die Haarwurzeln sind mir, dem Feinfühligen, eine glänzende Genugtuung.

Seht ihn an, ihr Buben des Hauses Braungart, schreit es in meinem Innern, seht ihn euch an, diesen ausgepichten Lügner von einem Vater, der euch mit großen Worten zur Wahrheit und Lernbegier erzieht und dabei mich, den Mitwisser seiner häßlichen Vergangenheit, heimlich um Diskretion anfleht. Jahrelang hat er zu meiner Linken auf der Eselsbank gesessen und im Wetteifer mit mir um die Stelle des Vorletzten in der Klasse gebuhlt.

Fragt ihn doch einmal nach den Präpositionen, die den Akkusativ regieren, und ihr sollt sehen, Braungart-Buben, wie hohl dieser aufgeblähte Mustervater ist, während ich, der faule Popanz, sie anstandslos hersagen und mich an dem Wortklang der Verse berauschen kann:

„Ante, apud, ad, adversus,
Circum, circa, citra, cis,
Erga, contra, inter, extra,
Infra, intra, juxta, ob.
Penes, propter, post und *praeter,*

Prope, supra, per, secundum,
Versus, ultra sowie *trans.*“

Fragt doch mal, ihr Jungen, euern Vater nach Pater Thaddäus Schmidt, unserm alten Geschichtsprofessor, der jedes greifbare Ding, von dem er erzählte, erst mit dem Finger in die Luft malte, eh er ein Wort weitersprach! Die Elefanten des Pyrrhus, die Dromedare Muhammeds, den Esel Peters von Amiens – jedes einzelne Vieh ließ er als Fata morgana mit flinken Strichen – von der Schnauze bis zur Schweifquaste – in der Luft erstehen. Grade euer phantasieloser Vater Braungart konnte dieser stummen Beredsamkeit nicht folgen.

Denn – seine gegenwärtige Stellung als Staatsbeamter der neunten Rangklasse aus dem Spiel – er war ein Esel; mich aber hielt man nur dafür. Ich saß neben ihm auf der Bank der Ausgestoßenen – einfach weil ich zu gut war für diese Welt und die Schwächen des Herrenvolks der Lehrer mit offenen Augen sah. Aus Furcht drückten sie mir das Brandmal der Verspotteten auf die Stirn und wiesen mich dort zu dem Dümmsten – euerm Vater.

Sagt nicht, ihr Kinder, ich klagte ihn aus niedriger Schmähsucht an, ohne Beweise erbringen zu können. Noch leben die Zeugen seiner Schande. Fragt Willy Haas, der jetzt Advokat in Ostrau ist – und Emil Raimann, den Universitätsprofessor in Wien. Sie werden euch Dinge von euerm Vater berichten, die eure kindlichen Locken sträuben machen sollen. Wißt ihr, wie er *„son frère est juif“* übersetzt hat? „Sein Bruder ist schief.“

Oh, noch mehr. Als man ihn um einen einfachen Satz befragte – was antwortete er?

„Meine Frau ist wasserreich.“

Kein Sterblicher hat je ergründet, was er sich dabei dachte.

Im Livius, XXII. Buch, Caput 27, steht:

„Ita obtinuit, ut legiones, sicut consulibus mos esset, inter se dividerent.“

Und was las Braungart der Erste heraus:

„Er setzte durch, daß die Legionen, wenn die Konsuln Moos hätten, es unter sich dividierten.“

Wie wird euch, ihr unmündigen Kleinen?

Gemach, es kommt noch netter.

Aeneis, I: *„Sed pater omnipotens speluncis abdidit atris"*, gab er deutsch wieder mit:

„Doch Pater Omnipotens ging in anrüchige Spelunken", und die Aufschrift des zweiten Buches vom Gallischen Krieg *„Liber alter"* hielt er für eine Widmung an den „lieben Alten".

Die ihr gewohnt seid, zu euerm Erzeuger wie zu einer Leuchte der Wissenschaft aufzublicken, ihr erwidert:

„Er war vielleicht kein fertiger Lateiner. Doch was tut das, wenn er nur sonst Grütze im Kopf hatte?"

Aber er hatte auch die nicht, o betrogene Würmer. Er zitierte:

„O tempora – o meteores!"

„Dulce et decorum est, satiram non scribere."

Er deklamierte Uhlands Kameradenlied:

„Als die Trommel blies zum Streite...", und das Lied von der Glocke ist in der Braungartschen Ausgabe volkstümlich geworden:

„Von der Stirne heiß
Rinnen muß der Schweiß,
Soll das Werk den Meister loben;
Tochtersegen kommt von oben."
... „Und drinnen altert die züchtige Jungfrau,
Die Mutter der Kinder."

Wie hat er die „Bürgschaft" verkorkst?

„Oh, gib mir nur drei Tage Zeit,
Bis sich die Schwester des Gatten gefreut."

Mit seinen Aufsätzen über historische Gegenstände könnte ich Seiten füllen:

„Die Pythia war, wenn die alten Griechen etwas wissen wollten, was sie wissen müßten, setzten sie eine Pastorin auf einen Dreifuß und dünsteten ihr, dann wußten die alten Griechen, was sie wissen müßten."

„Das Eisen hat seine Anwendung bei die Erbauer. Von Eisen war der berühmte Eiffelturm zu Pisa, worin Galilei das Elektrische erfand."

„Alles bei die alten Ritter war von Blech, nur ob die Wäsche weiß ich nicht, und auf die Lanzen waren Thermometers."

„Verres plünderte Siziliens Tempel und nahm sie dann mit; trotzdem gewann er seinen Prozeß, indem er hatte seinen Verteidiger bestochen."

Er schrieb über Goethe: schon dessen Mutter wäre mit einem Tropfen Künstlerbluts gesalbt gewesen; Goethe selbst, ein Dichter „von der Sohle bis zur Zehe" habe zwar „insbesondre durch seine sämtlichen Werke" Ruhm erworben, aber doch „immer, auch bei Lebzeiten, unter dem Urteil der Nachwelt zu leiden gehabt".

„In der Geschichte der Römer", schrieb Braungart, „gibt es ganze Jahrhunderte, wo uns kaum der Jahreszahl nach bekannt sind."

und: „Napoleon I., der größte Napoleon aller Epochen, wurde am 18. August 1768 geboren. Dieser Tag war für sein ganzes folgendes Wirken bedeutungsvoll, denn am 2. Dezember 1804 setzte er sich den Thron Frankreichs auf das Haupt."

Euer Vater behauptete:

„Das Eiserne Tor ist der Schlüssel Ungarns."

„Die Priesterbinde ging bei die alten Römer über Hals und Kopf zur Achselklappe durch."

„Schiller schloß sein Leben am 9. Mai 1805 für immer."

„Es gibt drei punische Kriege, nämlich den ersten, zweiten und dritten."

„Man muß bei der Lektüre Klopstocks den logischen Zusammenhang suchen und ihn auch dann finden, wenn er nicht da ist."

„Von Homer weiß man nicht, ob, wo, wie, wann und warum er geboren ist."

„Der Siebenjährige Krieg wäre schon viel früher ausgebrochen, wenn Maria Theresia König Friedrich II. nicht gestillt hätte."

„Die Volkshymne muß stehend und entblößten Fußes mitgesungen werden."

„Ladislaus Posthumus war ein genialer Herrscher, aber ihm fehlte die Geburt..."

Alles dieses sagte euer Mustervater Braungart.

Später, als er in die Geheimnisse des römischen Rechtes einzudringen suchte... – hat er euch sein Mißgeschick gebeichtet?

„Labeo ait..." beginnt eine Stelle, die ihm der Examinator zu übersetzen gab. Jeder Schafhirt weiß, daß Labeo ein Rechtsgelehrter gewesen ist. Euer Vater, diese Sondernatur, aber leitete Labeo ab von *„labor, labi, lapsus sum"* und begann:

„Ich falle, sagt er..."

„O nein", rief der Examinator, „Sie fallen, sag ich."

Und so geschah es. – Hat er euch das gebeichtet, ihr Buben?

Dieses ist die Wahrheit über euern Vater, den k.k. Steueramtsoffizial der neunten Rangsklasse.

Meint ihr etwa, Onkel Theodor, der sich auch immer rühmt, der Erste in der Klasse gewesen zu sein, wäre besser gewesen? Glaubt ihm nicht! Er war nicht dümmer als euer Vater – weil das nicht möglich ist –, aber er hatte auch sein Teil vom Erbe der Braungärten weg. Wenn er euch jetzt gönnerhaft die Bakken tätschelt und nach euern Fortschritten fragt – warum wendet ihr ihm nicht empört den Rücken und nennt ihn, wie er es verdient: ein Kamel?

Laßt euch nicht anfechten, Buben! Spielt und tobt, rauft und schwänzt weiter – die Leute, die sich vor euch als Helden der Tugend und Lernbegier aufspielen, sind allesamt viel ärger als ihr gewesen. Und wenn ihr nach meinem Rezept auch nicht die Ersten der Klasse werdet an Sitte, Fleiß und Wissen – denkt immer daran, daß auch die Mütter andrer Kinder eine Freude haben wollen.

SCHWÄNKE UND FRAGMENTE

„Ich grüble vergebens, was ich meiner Tante zu Weihnachten schenken könnte."

„Rauchtischlampe –?"

„Nein, das tut sie nicht."

Heut erzählt mir Schleicke:

„Ich habe mich also in meinem unüberwindlichen Dalles entschlossen, meinem alten Herrn ein Ultimatum zu stellen. Ich schrieb ihm: ‚Lieber Vater‘, schrieb ich ihm, ‚zum fünften- und letztenmal rufe ich Deine Hilfe an. Schick mir entweder die 30 M. oder einen Revolver.‘ “

„Und dein Vater?“

„Wie ich ihn kenne, wird er mir den Revolver schicken. Den verkaufe ich dann für 30 M.“

Es holte Moritz seinen Vater von der Spielpartie aus dem Café. Und sprach kopfschüttelnd:

„Daß du dich nicht schämst, Vatter, mit Leuten zu verkehren, was mit einem Menschen wie dir öffentlich Karten spielen.“

„Morgen fahre ich zur Beerdigung unseres Onkels.“

„Ach! Ich wußte gar nicht, daß er gestorben ist.“

„Noch nicht. Aber wir haben günstige Nachrichten über sein Befinden.“

Die griechische Gesandtschaft zu Wien hatte einen Portier mit dem Namen Schleimgruber.

Ein Söhnlein ward ihm geboren. Er hat den Gesandten zu Paten.

Am Abend des Tauftages, noch ehe er ein Geschenk gestiftet hatte, wurde der Gesandte abberufen.

„A so a Pech“, sagte der Portier. „Jetzt haaßt mei Bua fürs ganze Leben Archilochos, un i hab an Dreck davon.“

„Du! Mama! Eben hat mir ein eleganter Herr zwanzig Mark angeboten, wenn ich mit ihm in die Laube gehe.“

„Um Himmels willen! Kind! Und was hast du getan?“

„Hier sind die zwanzig Mark.“

Frau Toni hat in ihrem Auto einen Trip nach Süddeutschland gemacht; ist wie verstört zurückgekommen.

„Was hast du nur?" fragte Onkelchen teilnehmend; diese Toni ist seine Lieblingsnichte.

Toni darauf:

„Ach, mir ist etwas Schreckliches passiert: ich habe einen Menschen überfahren."

„Nunun", tröstete Onkelchen, „du mußt es dir nicht zu Herzen nehmen. Sieh, Kindlein: selbst wenn du 6000 Menschen überfährst, ist es noch nicht ein Promille der Bevölkerung."

Ich habe eine kleine Nichte zu Hause – sechs oder sieben Jahr – mit der spiele ich immer „Aufhängen".

Sie kennen das nicht? Ein reizendes Kinderspiel. Man schreibt den ersten und letzten Buchstaben eines Wortes hin – und die Mitte, die wird ausgestrichelt. Der andre muß dann das Wort erraten. Und wenn er es nicht errät, wird er aufgehängt.

Meine kleine Nichte hatte ein Wort hingeschrieben, das fing mit „K" an und hörte mit „a" auf.

K – – – – – – – – – – a

Was kann das nur sein? Ich konnt und konnt es nicht erraten. Da sagte ich: „Hör mal, Mädi! Ich geb dir einen Groschen für Schokolade. Sag mir das Wort!"

Und sie sagte mir's: „Onkel, das heißt: Kamtschatka."

„Aber! Mädi! Was weißt du schon von Kamtschatka – du kleiner Stöpsel in der ersten Volksschulklasse?"

„Onkel, das haben wir in der Religionsstunde gelernt."

„Aber nicht doch..."

„Ja. Wenn wir etwas nicht wissen, da sagt uns der Herr Katechet immer: Ich hau dir eine hinein, daß du bis Kamtschatka fliegst."

Fräulein Suse, die neue Kindergärtnerin, ist die Begeisterung, der Eifer selbst. Sie beschäftigt die Kinder, sie wirbt um ihre Liebe.

Am Schluß des ersten Vormittags, als sie sich bis zur Erschöpfung ausgegeben hat, ruft sie noch entzückt in die Menge:

„Und nun, ihr Bengels – was wollen wir zum Schluß noch alle miteinander Schönes singen?"

„Gor nix", antwortet der Chor.

Unser Harro hat Besuch bekommen: den kleinen Uli Plötz aus der dritten Klasse.

„Heute morgen", erzählt Uli, „war ich in einer furchtbaren Gefahr. Ich hatte einen großen Jungen angespuckt – der ist mir nachgelaufen und wollte mich verprügeln. Da bin ich rasch in ein Haustor und hab mich versteckt."

Harro großartig:

„Pfui – verstecken! Das ist ja feig. Da läuft man doch davon."

Als ich zu Ernemanns kam, umkreiste mich der kleine Maxi, musterte mich von allen Seiten, zuckte die Achseln und sagte:

„Ich weiß nicht – *ich* finde ihn ganz nett."

Ich klingele an der Wohnungstür von Krips.

Ein Bürschchen von fünf Jahren kommt öffnen.

„Ich möchte Herrn Krips sprechen", sage ich.

Das Bürschchen darauf:

„Herr Krips? Der bin ich selbst."

Die Damen erzählten einander von der Plackerei, die man mit den Kindern hat:

„Mein kleiner Richard lutscht den Daumen. Was hab ich nicht versucht, es ihm abzugewöhnen! Ich schmälte, ich drohte ihm, ich prügelte ihn endlich. Es half nichts – sein Daumen sah aus wie eine Glühbirne. Da rieb ich ihm den Daumen mit übelriechendem Perubalsam ein – und siehe: er rührt ihn nicht mehr an."

„Ach", sprach Frau Zinn, die Mutter des Backfischchens – „ach, könnte man doch auch die Studenten mit Perubalsam einreiben!"

Die junge Mutter sprach: „Der Arzt hat angeordnet, wir sollen unser Baby immer vor und nach der Nahrungsnahme wiegen. Ist aber unmöglich – Baby hält auf der Waage nicht still."

„Ganz einfach, gnädige Frau! Wiegen Sie doch vor- und nachher die Amme."

Ich bringe beim besten Willen keine verwandtschaftlichen Gefühle auf für meine Vettern und Basen. Ich kenne die Leute kaum. Warum sollte ich sie da hassen?

„Papa, was tut der Wind, wenn er nicht weht?"

Bunt Gemischt

DIE LÖWEN DES PROFESSORS BEHN

Es wird hier nicht die Rede sein von Behns Löwen aus Porphyr, Marmor, Syenit, Fayence, Gips, Erz, Eisen, Porzellan und Sandstein – sondern von zwei wirklichen, lebendigen... eben: von Löwen schlechtweg. Aus allem möglichen Material hat Behn Löwen gehauen, gegossen, geknetet – ruhende, zornige, brünstige, sterbende Löwen – er hat aber auch zwei Stück selbst gefangen, nach München mitgebracht und jahrelang gehegt. Sie müssen nämlich wissen: Fritz Behn ist kein Professor mit Vollbart und Brille, er ist ein sehniger Sportsmann; nicht nur Bildhauer, nein, auch Afrikajäger.

Unten in der Villa Behn war der Zwinger, nebenan das Atelier – oben die Wohnräume. Unten knurrten in jener Faschingsnacht die Bestien und fletschten ihre Reißer – oben tanzte man Walzer, One-step und Tango. Es war im Tangojahr, Februar 1914.

Diese Nacht ist sehr unliebsam gestört worden; gegen vier Uhr nämlich stürzte Matthes, der Wärter, in den Salon und schlotterte und stotterte:

„Herr Professer! Auskummen saan s'."

Nichts weiter.

Der Jazz war damals noch nicht erfunden – Behn in seinem Schrecken erfand es: er machte einen regelrechten, riesigen Jazzsprung nach dem Flur; kehrte mit einer Pirouette um ins ‚Saharazimmer' und raffte rasch zusammen: einen derben Strick; die Rifleerpreßbüchse; eine Handvoll Patronen.

„Was ist denn geschehen? Was ist los?" schnatterten die Damen, riefen die Herren; einige wollten mit Behn.

„Ruhe! Nichts ist geschehen. Bitte: sofort zurück in den Tanzsaal! Niemand darf hinaus." – Frau von Pleininger, in

Hermelin gehüllt, hatte eben mit ihrem neuesten Freund holländisch davongewollt, im Auto; Professor Behn hielt die Flüchtlinge unsanft auf.

Einen Herzschlag später stand Behn vor dem Käfig. Die Tür des Käfigs weit offen. Die Löwen weg.

„Sie werden im Garten sein..." sagte sich Behn, glaubte sichs selber nicht und begann den Garten abzustöbern. Die Büchse hielt er schußbereit vor sich, den Finger am Züngel, und über der Schulter trug er den derben Strick.

Den Strick... hatte er in der ersten Verwirrung mitgenommen. Vor so viel Jahren am Tanganjaka — ja, damals hatte er die Löwen mit eben diesem Strick gefangen, gewiß. Drei Eingeborene hatten mitgetan. Die Löwen waren jung und dumm gewesen, die Nigger erzgescheit. Heute aber? Die Löwen sind seither voll erwachsen. Es besteht nur Hoffnung, sie lebendig zu kriegen, wenn etwa der Wärter sie mit rohem Fleisch...

„Matthes! Matthes!! Wo steckst du?"

Prost Mahlzeit! Matthes war nicht da, der Lump; er hatte sich verkrochen.

Und die Löwen waren nicht im Garten; waren nirgends. Die erregte, die ängstliche, die schnatternde Gesellschaft konnte nach einer guten Stunde Zögerns, nach zahllosen Beteuerungen und Schwüren des Hausherrn die gastliche Villa verlassen. Sind die nach ihren Wagen gerannt, die Damen und Herren, an jenem Faschingsmorgen! Und haben tief aufgeatmet, als sie in den sicheren Betten lagen. Frau von Pleininger hatte sich an ihren eignen Gatten geklammert; mein Gott — in der Panik.

Behn war allein.

Zunächst rief er 20231 auf, Polizeidirektion.

Keine Antwort.

Ach so — man muß die Nachtnummer verlangen.

Eine bärbeißige Stimme:

„Wos mögen S' denn?"

„Hier Behn. Meine Löwen sind mir durchgegangen."

„Wer is Eahna durchganga?"

„Meine Löwen."

„I hör allweil ‚Löwen'? Buchstabieren S' mal!"

Behn buchstabierte:

„Louise, Otto, Ernst, Wilhelm, Ernst, Nikolaus."

„Saan Eahna durchganga? Die Louis, der Otto, Ernst...? Melden S' es halt um a neune auf Zimmer 126, ‚Vermißte Kinder'. Schluß."

Behn blieb geduldig. Rief nochmals 20231 an.

„Jo??"

„Hier Behn." – Weiter kam er nicht.

„Saan S' scho wieder do? I hab Eahna scho gsogt: Zimmer 26, um a neune."

„Aber hören Sie doch: es handelt sich gar nicht um Kinder. Zwei L–ö–w–e–n sind mir ausgekommen."

„L–ö–w–e–n?? Derblecken S' Eahnern Großvatter!! Verstehn S'??"

„Mensch, es sind doch gefährliche Raubtiere – Sie müssen etwas tun."

„So? Raubtiere?? Ha. Wirkliche Löwen??"

„Gewiß."

„So rufen S' halt Amt Eglfing, Nummer vier!!"

Dem Professor fiel aber nicht ein, der behördlichen Weisung zu folgen. Eglfing Nr. 4 – das ist nämlich die bayerische Irrenanstalt.

Eine halbe Stunde darauf schrillt Behns Telephon.

„Hallo! Hier Polizeidirektion... Sie selbst, Herr Professor? Man hat bei uns vorhin... Waren Sie es? Und Ihnen sind tatsächlich...??? Kommissariat Freymann meldet zwei Pudel in der Größe von Kälbern..."

Himmel, das sind sie! Freymann liegt nordöstlich von München, fünf, sechs Kilometer weit.

Von nun an stand die Klingel nicht mehr still.

Um acht waren die Löwen bei Ramersdorf; sie mußten im Bogen um die Stadt gelaufen und durch die Isar gefurtet sein.

Um zehn waren sie im Perlacher Forst.

Um elf kam eine betrübliche Nachricht aus Benediktbeuern, nicht weit vom Kochelsee: die Bestien hatten zwei Vollblutfohlen des Staatsgestüts gerissen. (Zwei Vollblutfohlen: es werden hoffentlich nicht gleich Derbycracks gewesen sein; immerhin kann man sich auf zehntausend Mark Schadenersatz gefaßt machen.)

Um ein Uhr: Garmisch.

Nun aber wurde Professor Behn stutzig. Garmisch – Donnerwetter – das liegt doch in der Luftlinie achtzig Kilometer weg von München – und mit den Umwegen über Freymann, Benediktbeuern müssen es gut zweihundert sein, quer durch Gebirg und Flüsse... Sonderbar. Rasen sie denn wie Schnellzugslokomotiven, die verdammten Viecher?

Da hieß es im Fernsprecher:

„Wetterstelle Zugspitze, 2964 Meter über dem Meer. – Herr Professor! Soeben sind Ihre Löwen wohlbehalten bei uns eingetroffen." – Dazu lebhaftes Hohnbelächter.

Behn wußte alles. Er sprach ohne Vorwurf, ohne Zorn:

„Sag mal, Ebbinghaus, wie lang willst du den langweiligen Ulk noch forttreiben?"

Denn nun wars gewiß: Behns Löwen hatten das Haus überhaupt nicht verlassen. Professor Ebbinghaus, der Spaßmacher, hatte sie des Nachts in Behns Keller gebracht; und dann von Stunde zu Stunde vom Café Stefanie aus Berichte über Wege und Untaten der Löwen an den Professor telephoniert.

Die Angelegenheit war also ziemlich glatt verlaufen.

Die einzig Leidtragende war Frau von Pleininger; sie glaubt, in jener Nacht eine große Chance versäumt zu haben; und bis heute hat sie es Behn und Ebbinghaus nicht verziehen.

MÜNCHNER ÖKONOMIE

Ich ließ mir einen Installateur kommen zur Reinigung meines Klosetts. Er arbeitete eine Viertelstunde und verlangte 4 M 50.

Ich bot ihm die Hälfte.

Da wurde er saugrob, eine volle Stunde.

Nun zahlte ich ihn aus	4 M 50
Gab ihm Trinkgeld	–,50
zusammen	5 M –

Was er mir gesagt hatte aber, verkaufte ich an die Witzblätter für hundertneunzig Mark.

DIE SCHAUBUDE AUF DEM OKTOBERFEST

„Herrreinspaziert, meine Herrschaften — 'ziert, meine Herrschaften — 'ziert meine 'schaften — 'schaften! Was die sämtlichen Weltteile, was Amerika und der Ozean wirklich Gediegenes bieten — hier wird es gezeigt und sieht man es, hier entrollt es sich dem staunenden Besucher. Hier amüsiert man sich, hier unterhält man sich, hier ist das Vergnügen zu Haus, die Wonne, Seligkeit und Unterhaltung. — Kuriositäten, Raritäten, Athleten, Magneten samt Geräten. — Der Löwenmensch, der herrliche Jüngling in scheußlicher Tiergestalt, ein kolossales Weltmonstrum von wunderbarer Schönheit. Er verspeist Nägel, Lederwaren, Eisen — frißt Thermometer, Quecksilber und Kohlen — er frißt die Bibel, Altes und Neues Testament; ein Mensch von wunderbarer Monstrosität, innen und außen mit blondem Haar bewachsen, ein Liebling der Damen. — Nur zwanzig Pfennig — zwei Sechser, meine Herrschaften! — Die große Negerkarawane. Nicht ein Neger, nicht zwei Neger oder drei Neger, sondern eine unzählige Karawane, nämlich vier Neger. Wo der Äquator seinen Gürtel um die Erde spannt, da ist diesen Negern deren Heimat. Schöne Neger, graziöse Neger, die schwarze Schmach, Lieblinge der Damen. Menschenfleisch ist ihre Nahrung. Muhammed ihr Gebet. Mit wunderbarer Muskulatur sprengen sie Fesseln, mit herrlicher Muskulatur fressen sie Feuer. — Die scheußliche Brillenschlange Provoca — vom Kopf bis zum Schwanz zehn Fuß, im ganzen fünfunddreißig Fuß — das giftigste Insekt der Erde. Ohne Preisaufschlag wird sie gähnen und dem zitternden Besucher ihren Rachen zeigen — ein Liebling der Kinder. Das interessiert den Gelehrten, meine Herrschaften, interessiert den Soldaten, das ist Wissenschaft. — Die Riesendame, unsre schöne Zessa, zu Zürich in der Schweiz geboren. Schon mit sieben Jahren verlor sie ihren Vater und kam in Klostererziehung. Sie wiegt 837 Pfund. Die schwerste, die zierlichste Dame der Erde, ein Liebling der Herren. Diese muß man gesehen haben, dieser muß man beigewohnt sein. Soeben ist der Beginn der Galavorstellung, soeben wird ein Kavalier auf ihren Busen steigen. Gegen die Extravergütung von zehn Pfennig können die Herren ihre Waden umspannen. Nur anständig, meine Herren, nur anständig! Zehn Pfennig Extravergütung – dieses ist ihr Douceur, dieses ist ihre Gage. – Die herrliche Miss Sivilla, die Dame ohne Unterleib – ein Gnadengeschenk des Himmels an die schönheitsdürstende Menschheit. Keine Spiegelung, meine Herrschaften, und keine Täuschung – Sivilla, die Dame ohne Unterleib, doch die Schöpfung hat ihr den Unterleib versagt – ein herzergreifendes Unglück. Mit tränennassen Augen wird sie Ihnen ihr Schicksal erzählen – Sivilla: von Seeräubern entführt, vom Sultan von Zanzibar gefangen, von General Lettow-Vorbeck befreit und retourniert. – Koko und Tot sind ihre Kinder – die zusammengewachsenen Zwillinge, ein launisches Spiel der Natur. – Das achte Weltwunder, Miss Leonora, die tätowierteste Dame der Welt. Diese Anmut, Künstlerschaft und Grazie! Sehen Sie die Hand, meine Herrschaften, das Korsett und Füßchen! Alles über und über in dreizehn Farben tätowiert. Ich verspreche Ihnen nicht zuviel: sie trägt auf dem Oberschenkel das wohlgelungene Porträt weiland Seiner Majestät, des gegenwärtigen Königs von Belgien; in der Achselhöhle die Tugend, die neun Musen, das Abendgebet; auf den Hüften Seine Königliche Hoheit, den Präsidenten von Amerika; Glaube, Liebe und Hoffnung; der Beruf des Seemanns. Dieser Körper, in Gegenwart des Papstes und 4000 Professoren wissenschaftlich demonstriert und einstimmig als das größte Weltwunder des zwanzigsten Jahrhunderts anerkannt, wird in seiner künstlichen Vollendung, der Körper allein, auf 50.000 Dollar geschätzt. Ich könnte Ihnen die Eleganz bis zu den Schultern zeigen – ich könnte Ihnen die Eleganz bis zu den Knien zeigen – ich zeige Ihnen die ganze Eleganz. Hier amüsiert man sich, hier ist die Bildung zu Hause, hierher führt man seine Kinder. Das ist kein Schwindel oder Humbug, sondern Amüsement und Eleganz.

Sie hören die Glocke, Musik und die Klingel. Im Augenblick beginnt die große Festvorstellung: der Löwenmensch, die vier Riesenneger, die schöne Zessa, die Brillenschlange, Miss Leonora, die Dame ohne Unterleib mit ihren Söhnen – Sivilla – zu herabgesetzten Preisen. Soeben sprengt man die ersten Fesseln, soeben gähnt die Schlange – wer seine Familie liebt, ergreift die Gelegenheit. Nur für Erwachsene, ausschließlich für Männer. Heute ausnahmsweise auch für Damen; Kinder zahlen die Hälfte."

DER ZUREICHENDE GRUND

„So, jetzt trink ich einen Schnaps."
„Hast du denn Durst?"
„Nein. Aber Schnaps."

DAS SCHÜTZENFEST IN TUTZING

Man verbreitet über Maxheinrichs und meine Abenteuer auf dem Tutzinger Fest so abscheuliche Märchen, daß ich endlich reden muß – mag die Sache auch unerquicklich sein:

Das Fest war lange vorbereitet und angekündigt – schon von Georg Hirth – und in die Hände genommen haben das Ganze Ludwig Thoma und Ganghofer. Daher der Zulauf. Als Maxheinrich und ich ankamen, gegen Abend, war in keinem Gasthof mehr Wohnung zu haben. Man quartierte uns beim Sparkassendirektor ein, in der guten Stube – und die Frau Direktor tat es aus Freundschaft, von Entgelt wollte sie nichts wissen.

Richtig ist nur, daß Maxheinrich etwas knülle war, als wir gegen zwei unser Lager aufsuchten. Ich war völlig bei Vernunft, nahezu völlig. Wir kamen auf den Zehenspitzen, um die schlafende Familie nicht zu stören – kamen im Finstern jenen Weg geschlichen, den man uns bei Tage gewiesen hatte: durch den

Flur – das Kinderzimmer – das Schlafgemach der Direktorseheleute. – Der Hund schlug an, als Maxheinrich etwas rülpste; doch er beruhigte sich wieder; der Hund.

In unserer guten Stube ließ sich kein Licht machen – ich weiß nicht, warum. Wir behalfen uns mit Streichhölzern. Maxheinrich wählte nach einigem freundlichem Sträuben das Sofa zur Nächtigung; ich das vergoldete Louis-Quinze-Diwanchen mit dem Brokatüberzug. Als Kissen benutzten wir unsre Oberkleider; und deckten uns mit zwei kleinen Teppichen zu.

Nach etlichen zehn Minuten – ein Mondstrählchen überhuschte die Szene –, da wisperte Maxheinrich:

„Du! Roda! Was jetzt?? Ich kann doch nicht nochmals zurück durch all die Zimmer?! Überhaupt wohin?"

Ich antwortete nicht. Meine forschen Augen hatten sich für eine künstliche Palme entschieden.

Maxheinrich sah mir bekümmert zu und sprach:

„Gewiß, daran habe ich auch schon gedacht. Aber bei mir liegt der Fall leider nicht so einfach. – Entschuldig, bitte!"

„Was bittest du mich um Entschuldigung? Sag es der Palme!"

„Ich fürchte, sie wird es weiterschwatzen..."

Dennoch: er schlief ein.

Um vier Uhr war's, wo mich Maxheinrich wieder weckte, durch umständliches Getue.

Er seufzte inniglich und sagte:

„Nein, ich kann mich auf die Diskretion der Palme nicht verlassen. Ich muß das Luder beseitigen. Wie? Ganz einfach: wir gehen; jetzt schon, ohne Abschied von den guten Menschen, die uns liebreich beherbergt haben – wir fahren mit dem ersten Morgenzug nach München. Und die verdammte Palme nehme ich unter dem Mantel mit. Draußen will ich sie schon irgendwie loswerden. Man liest doch immer, daß die Schakale den Orient desinfizieren; mag der Schakal, der mich vorhin angeknurrt hat, die Palme fressen."

Wir kleideten uns schweigend, fröstelnd an – auf den Zehenspitzen, wie wir gekommen waren, tappten wir hinaus. Maxheinrich mit der Palme. Sie kuckte ihm blühend oben aus dem Überzieher. Jawohl, sie blühte. Das Luder war aufgeblüht.

Was dann im Flur geschah, im Finstern, gehört zu den ungeklärten Einzelheiten der Tutzinger Nacht: Maxheinrich verfehlte, scheint's, den Wohnungsausgang; er stolperte, zwei Stufen hinab, in irgendeinen dunklen Raum. Und verlor die Palme.

– – – Auf den Eckstein vor dem Haus setzte sich Maxheinrich hin und weinte. Ich stand daneben, stumm in mich gekehrt.

Da trat ein Mann auf uns zu, Gott weiß, woher, und fragte teilnehmend:

„Warum weinen Sie?"

Wir schwiegen.

„Weinen Sie nicht! Sondern: wenn Sie nach München wollen, mit dem ersten Zug, ist höchste Zeit."

Da erhob sich Maxheinrich, und wir schritten mit dem Fremden auf den Bahnhof zu.

Knapp vor dem Bahnhof rief der Fremde:

„Ich hätte zu weinen, ich. Was mir passiert ist! Ich schlafe ruhig im Bett – plötzlich stolpert eine Gestalt in meine Kammer und wirft etwas Unbeschreibliches in mein Bett. In welch häßlichen Verdacht werd ich bei meinen Freunden, den Direktorseheleuten, kommen!"

SZENE IM GASTHOF

„Die P.T. Gäste werden gebeten, auf ihre Garderobe selbst zu achten, da die Direktion keine wie immer geartete Haftung übernimmt."

Na, was mich betrifft, bedurfte es wahrlich keiner Mahnung. Ich bin seit Jahren gewohnt, mit einem Auge die Zeitung zu lesen, mit dem andern meinen Pelz zu hüten; mein Pelzauge ist mit einem scharfen Glas bewaffnet.

Da unlängst – ei, sieh mal! –, was mir noch nie im Leben passiert ist, droht zu geschehen: Ein vornehm gekleideter älterer Herr geht – mir nichts, dir nichts – auf den Kleiderhaken los – holt gemächlich meinen Pelz herab – und schickt sich an, gemächlich dareinzuschlüpfen.

Warte, du Schubiack! — Doch ich halte still.

Als der vornehme Herr aber meinen Pelz erst vollends anhat und hat ihn von oben bis unten sorglich zugeknöpft und will den ersten Schritt nach der Tür: da — da, mit einer Art Genießerfreude gehe ich — kein Sekündchen hastiger als er — artig auf ihn zu.

Mit blitzschneller Jiu-Jitsu-Klaue habe ich den eleganten Herrn am Ohr.

Dieser Griff, hat mir mein Meister stets gepredigt, muß wie eine Zange wirken und brennend schmerzhaft sein. Ich glaube es gut gemacht zu haben.

Und dann... dann, weil es schon in einem geht, knalle ich dem erlauchten Herrn rechts und links zwölf oder dreizehn Ohrfeigen hinein. Nicht als Sportsmann, sondern sozusagen als Privater; eine inkommentgemäße Zugabe.

— — — Zwei Wochen darauf war Gerichtsverhandlung.

Besondere Überraschungen hat sie mir nicht gebracht.

Denn ich wußte schon seit zwei Wochen, daß es damals nicht mein Pelz gewesen war — und das bedauerliche Gespräch hatte ich geführt mit einem Herrn Wirklichen Geheimrat Dr. von Inglitz.

MEINE TISCHDAME IN KÖLN

Um acht halte ich Vortrag im Gewerbeverein, der wird bis zehn dauern. Dann bin ich zu Herrn und Frau Doktor Bullrich geladen; er ist, glaube ich, Stadtrat — Senator — oder sonst etwas dergleichen.

Als ich aber bei Bullrichs eintrete, ist es fast elf geworden. Und ich bin der einzige Landfremde in der Gesellschaft; die Kölschen Damen und Herren haben zwei Stunden Vorsprung, haben Zeit gehabt, sich zusammenzureden; Pärchen haben einander gefunden — man steckt zutiefst in vertraulichen Gesprächen. Der Außenseiter hat den Anschluß versäumt. Für mich bleibt nur: die eine, an die sich niemand machen wollte — Inge, das dreizehn-, vierzehnjährige Haustöchterchen.

Ich widme mich ihr mit verzweifelter Höflichkeit. Was – was redet man mit einem so kleinputzigen Mädel? Ich lasse mir all ihre Lehrerinnen beschreiben (Fräulein Schmidt, Naturkunde und Rechnen, muß ein rechtes Ekel sein) – dann pertraktieren wir längere Zeit das Schlittschuhlaufen.

Und weiter... wissen wir nicht.

Auch die übrige Gesellschaft ist plötzlich verstummt. „Ein Engel geht durchs Zimmer"; „ein Leutnant zahlt seine Schulden".

In das allgemeine Schweigen aber platzt – nun viel zu vernehmlich – die Pointe eines lasziven Witzes, den Herr Senator Dr. Bullrich, durch die Stille ringsum gleichsam überfallen, seiner Nachbarin doch nur zuflüstern wollte.

Dröhnendes Lachen – und die Unterhaltung wird doppelt lebhaft.

Da kichert Klein-Inge – kichert haltlos und beugt sich in ihr Schößchen. – „Hihi", sagt sie, „ich weiß auch eine unanständige Geschichte."

„Die müssen Sie mir erzählen!" (Was es schon viel sein wird!)

Sie prustet – sie windet sich und ziert sich – endlich, auf vieles Zureden, legt sie los.

Und erzählt mir die weitaus unflätigste Anekdote, die ich je im Leben gehört habe. – Ich habe elf Jahre in der Artillerie gedient und zwei Jahre bei den ungarischen Husaren.

SACHSEN

Auf dem Bahnsteig lag, zur Verladung bereit, ein Vierzehnender mit gewaltigem Geweih.

Das Ehepaar Henschke bewunderte ihn.

Herr Henschke hob den Hinterlauf des Hirschen hoch, sah genau hin und sagte freudig: „Es is ä Männchen."

MEINE EINDRÜCKE VON LEIPZIG

Nicht mit Unrecht gilt...

Andrerseits muß man den Leuten zugutehalten, daß...

Kurz: Man kann verstehen.

DEUTSCHE REVOLUTION

Es war im November 1918, im Umsturz, als sich zu Ratibor ein gewaltiger Haufe rottete und einmütig, erhitzt beschloß, die Ämter zu stürmen, zu besetzen, die Republik auszurufen.

Fiel dem Führer ein: eine Fahne müßten sie haben, eine rote Fahne.

Und der Haufe wälzte sich nach der Tuchhandlung Pinkus.

„Gewiß", sagte Herr Pinkus, „rotes Tuch ist da, und ich wills auch gern ausliefern – gegen einen Bezugschein."

Da wälzten sich die Aufrührer nach dem Rathaus um den Bezugschein.

Der Sieg der Spartakisten hing an einem Haar: wenn sie den Bahnhof besetzen konnten, gab es für die Weißen keine Rettung mehr.

Doch die Besetzung des Bahnhofs mißlang: die Spartakisten hatten kein Geld für Bahnsteigkarten.

DIE SCHULDSUMME

Der folgende merkwürdige Fall hat sich in der berühmten, hochlöblichen und überaus ehrsamen Residenzstadt München ereignet:

Zum Rechtsanwalt Bitter kam ein Bursche vom Land und sprach:

„Jatz wia ist denn jatz dös, Herr Dokta – därf i mei Bairin verklogn...? Auf tausend Mark...? Daß s' ös mir zoin muaß?"

„Jaja, dös konnst scho, wenn s' ös dir schuldi is."

„Schuldi is s' ös mir scho."

„Konnst an Beweis bringa?"

„An Beweis wüßt i freili..."

„Und konnst aa schwörn drauf?"

„Schwörn...? Do feit si nix!"

„Du host ihra wohl a Darlehn 'gebn?"

„Ha?"

„Borgt werst ihra hoit tausend Mark hoben..."

„Nana, nana. Dös aa net."

„Oda host aso wos guat von ana Handlschaft, dö wos d' mit ihr gemacht host...? Eppa an Gwinnanteil...?"

„Nana, na. Klogn S' nua auf tausend Mark.. d' Bairin woaß 's scho."

Der Rechtsanwalt auf einmal hochdeutsch, amtsmäßig:

„So geht das nicht. Das Gericht will wissen, wofür du das Geld verlangst."

Der Bursche besinnt sich einen Augenblick... dann langsam, brockenweis:

„No also, wenn i s' sogn muaß...? I bin zwanzg Johr oit – net...? Und d' Bairin is vierzgi, da Baur sechsavierzgi... ‚Martl', sagt s' amoi zu mir, d' Bairin, ‚Martl, wenn i a Kind kriagert, i gebert gern tausend Mark.' – No – und 's Kind is jatz do. Nachha konn i doch meine tausend Mark verlanga."

GERECHTIGKEIT

Im Herbst vorigen Jahrs war Frau Therese Neumann umgebracht worden – Alter 56, ev., ohne Beruf – und die Behörden fanden keine Spuren zu verfolgen. Schließlich schrieb die Polizei 1000 Mark aus für Lösung des Rätsels.

Der Friseur Karl Heinecke, Klenzestraße 9, emsig bedacht, die M 1000.– zu verdienen, lenkte die Aufmerksamkeit der Polizei auf den Neffen der Abgeschiedenen, Georg Neumann, Alter 32, Gelegenheitsarbeiter.

Jüngst ist dieser Georg Neumann — auf Grund sehr schwacher Indizienbeweise — wegen Totschlages zu fünf Jahren Zuchthaus (und den üblichen Beigaben) verurteilt worden.

Der Friseur Heinecke verlangt nun die ausgeschriebenen M 1000.—.

Die Behörde erwidert:

Das Beweismaterial hat knapp genügt, den Beschuldigten des Verbrechens zu überführen; doch den Anspruch des Anzeigers auf Ausfolgung von 1000 Mark zu begründen — dazu sind die Indizienbeweise denn doch zu fadenscheinig.

BEGEGNUNG

Eine halbe Stunde vor Heidenreichstein in Niederösterreich. An der Straße sitzt ein alter Mann.

Ich frage ihn nach dem Weg — so ergibt sich das Gespräch.

Wer er sei? Und was er hier tue?

„Nix bin i", erzählt er, „arbeitslos bin i — un im Gemeindekotter sitz i in Heidenreichstein — Untersuchungshaft. Einen Brief war i tragen an den Herrn Tierarzt in Gmünd, vier Stund weit."

„Und warum sitzen Sie in Untersuchungshaft?"

„Zwegen Fluchtverdacht."

DAS ZITAT

Roda Roda hat einen Gegner verklagt wegen wiederholter Beleidigung durch die Presse. Nun ist Termin vor dem Münchener Tribunal. Der Saal sich gefüllt.

Der Richter fragt R. R., warum er nicht schon auf den ersten Angriff Klage gestellt habe.

R. R.: „Man verunglimpft mich viel, ich kann nicht immer

gleich zum Kadi laufen. Wenn ich Zeitungsausschnitte mit beleidigendem Inhalt bekomme, schichte ich sie zu Hause aufeinander – droht der Stoß umzufallen, baue ich daneben einen zweiten und murmele das berühmte Zitat aus ‚Götz von Berlichingen'...“

(Starre Stille im Saal; der Vorsitzende will auffahren.)

R. R. vollendet: „...das berühmte Zitat aus Götz von Berlichingen: ‚Wo viel Licht ist, ist starker Schatten'.“

Der Vorsitzende beruhigte sich erst, als ein sachverständiger Zeuge auf seinen Eid bestätigt hatte, daß die zitierten Worte wirklich im ersten Akt des „Götz“ stehen.

PISTOLENDUELL

In Budapest gab es einmal ein merkwürdiges Pistolenduell – zwischen zwei alten Herren: dem tauben Barthog und Dr. Wahrmann, der sehr kurzsichtig war.

Wahrmann hatte den ersten Schuß und fragte die Sekundanten: „Wo steht der Goj?“

Barthog darauf:

„Hat der Jud schon geschossen?“

DER PARAGRAPH

In Augsburg ist ein Kassenarzt angeklagt – §218 des Strafgesetzbuchs; verunglückte Abtreibung, mit Todesfolge.

Er verteidigt sich: die Abtreibung sei nötig gewesen – das Röntgenbild der Patientin habe Lungenspitzenkatarrh gezeigt.

Der sachverständige Universitätsprofessor widerspricht wild; die Obduktion habe gesunde Lungen ergeben.

„Schön“, sagt der Kassenarzt. „Wenn nächstens wieder eine arme Schwangere zu mir kommt, mach ich statt der Röntgenaufnahme eine Probeschlachtung.“

DIE ANSTALT

Man hatte mich eingeladen, die Irrenanstalt in Troppau zu besichtigen. Es ist das eine der größten in der Tschechoslowakischen Republik.

Nun, meiner Treu, ich bin nicht hochmütig und am allerwenigsten klebe ich am Zeremoniell — wenn aber der Direktor einer staatlichen Irrenanstalt mich eigens zu sich lädt, feierlich sozusagen: dann, meine ich, sollt er mich nicht in einem dreckigen Hospitalskittel am Tor empfangen. Das ist ein Etikettefehler, der den Blick des Gastes irgendwie trübt — man schließt auf Mißwirtschaft, Unsauberkeit des Ganzen.

Er geleitete mich durch alle Abteilungen, erklärte mir seine Methoden, machte mich aufmerksam auf Neuerungen — und ich muß gestehen: ich fand, die Anstalt kann sich sehen lassen.

Im dritten Pavillon näherte sich uns ein älterer, gut angezogener Herr und sah uns ziemlich erstaunt entgegen. Mein Begleiter wisperte mir zu:

„Beachten Sie ihn nicht! Ein Größenwahnsinniger; bildet sich ein, er ist der Direktor. Und nur, um den armen Narren nicht aufzuregen, lasse ich mich von den Ärzten hier seit Jahren als heilbedürftigen Insassen behandeln."

DER VIELBESCHÄFTIGTE

Doktor Leimsieder in Siebenkirchen ist praktischer Arzt, Bezirksarzt, Kassenarzt, Gerichtsphysikus und Bahnarzt.

Eines Tages ruft man ihn in das Wächterhaus Nr. 26 — da liegt die Frau schwer krank. — Dr. Leimsieder muß aber zu einer Obduktion.

Nach drei Tagen ruft man ihn wieder ins Bahnwächterhaus. Er muß zur Sanitätssitzung, zur Fabrikskontrolle, zur Schulimpfung und zur Exhumierung des Obduzierten.

Nach vierzehn Tagen möchte er ins Bahnwächterhaus — da ist in der Schule Revakzination. Endlich nach sieben Wochen erinnert er sich der Bahnwächtersfrau und verlangt auf der Station eine Dräsine.

„Is nimmer nötig", sagt man ihm, „der Bahnwächter hat scho wieder gheirat."

STILLE BETRACHTUNG

Es gibt Tiere, Kreise und gibt Ärzte.
Es gibt Tierärzte, Kreisärzte und Oberkreisärzte.
Es gibt einen Tierkreis und einen Ärztekreis.
Es gibt auch einen Oberkreistierarzt.
Ein Oberkreistier aber gibt es nicht.

BEGEGNUNG MIT DEM HERRN

Es war auf dem Ozeandampfer, zwischen Amerika und Bremen, in brausender Nacht. Es dröhnten die Orgeln des Windes, der Wogen.

Ich war überreizt durch Demütigung in Spiel und Liebe, durch Streit, Schnaps, tausend Zigaretten. Sprang zornig aus dem Rauchsalon – Sturm riß mir die Tür aus der Hand, schmiß sie ins Schloß.

Ich torkelte, wankte nach dem Achterdeck.

Da war ich allein; allein mit feuchter, rasender Finsternis – Teer und Tauen; Fetzen schwarzen Meeres flogen über mich.

Ich war von Sinnen... an der Bewußtseinsgrenze... Die Wissenschaft hat einen unermeßlichen Wortschatz für diesen Zustand.

Nicht in feuriger Flamme aus dem Busch erschien Er mir – sondern in brausender Nacht, auf dem Achterdeck des Dampfers. Zu sehen war nichts – ich fühlte Seine Nähe.

„HERR...", sprach ich – und stockte schon. Wiewohl ich oft im Leben hochgestellten Persönlichkeiten gegenüberstand –

einmal sogar Viktor Barnowsky, ohne zu zittern –, ich wußte ihn nicht anzureden.

„Eure Heiligkeit...", begann ich wiederum und unterbrach mich: „Verzeihen Sie – der Titel kommt ja schon Hochihrem Stellvertreter zu... sogar ‚Herr Direktor' scheint mir zu gering, wo doch Barnowsky... Und Sie sind ja in manchen Dingen mächtiger selbst als Rothschild... Ich darf übrigens annehmen, daß Sie mir meine Verlegenheit in der Titelfrage nicht übelnehmen... Sie scheinen ja in diesem Punkt nicht zu tüfteln, wo Sie sich von den französischen Katholiken ‚Sie' anreden lassen und von den Protestanten ‚Du'... Mein Gott (entschuldigen Sie: diesmal war es nur Interjektion –), wir in Österreich sagen: „Du, Herr Oberst"... Kurz und gut: erlauben Sie mir allergnädigst, daß ich Sie einfach ‚HERR' nenne... Ich kann Ihnen gar nicht sagen, wie sehr geehrt ich mich durch das Zusammentreffen mit Ihnen fühle – wie erfreut ich bin. Ich habe mir schon lange gewünscht, einmal unmittelbar mit Ihnen sprechen zu dürfen. Und auch Ihnen...

HERR! Kaum jemand wird soviel wie Sie beweihräuchert. Ganze Organisationen in Europa, in Amerika, Asien – in aller Welt loben Sie gewerbsmäßig. Da wird Ihnen vielleicht ein ruhiges Urteil über Ihre Schöpfung willkommen sein.

Immer wollte ich Sie fragen: wozu, HERR, wozu haben Sie gewisse kleine Insekten geschaffen? Ich habe auf Reisen im Südosten viel darunter gelitten – habe nachgedacht und Ihre Teleologie nie ergründen können.

Dann: in Wien die Oberkellner; genügt ein einziger bedienender Kellner nicht?

Die Geschlechtsorgane finde ich nicht zweckmäßig placiert – mir hätten sie etwa anstelle der Brosche besser gefallen. (Ich muß Ihnen, wenn ich schon davon rede, übrigens sehr danken...)

Dann: die Umdrehung der Erde. Ließe sie sich nicht noch nachträglich etwas bremsen? Ich brauche täglich fünfzehn Stunden Schlaf und komme so gar nicht zur Arbeit.

Mit dem Klima könnten Sie uns Deutschen auch ein wenig entgegenkommen. Wenn Sie zum Beispiel den Golfstrom etwas ablenkten..? Aber, Gott, was gebe ich Ihnen Ratschläge? Sie wissen ja selbst am besten...

Wozu überhaupt Franzosen, Deutsche... die vielen Völker? Ich halte die Sprachenverwirrung für keine glückliche Maßregel. Allerdings, wenn man wieder bedenkt, daß wir alle Hebräisch schreiben müßten, sogar Adolf Hitler...

Sie selbst leiden ja unter der nationalen Abriegelung nicht – Ihre Werke werden immerzu übersetzt und gehen reißend. Vor allem in englischer Sprache; ich habe in Amerika auf jedem Hotelnachttisch Ihre Erinnerungen gefunden, den ersten und den zweiten Band. Wo die Sachen doch nicht aktuell-politisch sind, ein beinah unbegreifliches Autorenglück. Bitte, bitte – jegliche abfällige Kritik liegt mir meilenfern – das Hohe Lied ist sogar wundervoll. Die Irene Triesch liest immer daraus vor – ganz herrlich. Ich habe sie in New York gehört. Sie doch auch –? So eine kleine Schwarze? – Haben Ew. Gnaden übrigens auch die Veden Höchsteigenhändig geschrieben? Abermals: alle Achtung! Stellenweis höchst originell – und anderswo die Dunkelheit...: man bevorzugt jetzt Dunkles sogar. – Im Koran... ich fürchte, da wird Ihr damaliger Sekretär, Muhammed, manchmal nicht richtig mitgekommen sein – wie? – Haben Ew. Gnaden die literarische Tätigkeit völlig eingestellt? Man liest nichts Neues mehr von Ihnen...

Nun, mit der Verbreitung Ihrer Schriften können Ew. Gnaden zufrieden sein. Da muß sich sogar Bonsels verstecken. – Wir irdischen Autoren im allgemeinen haben nichts zu lachen. Es geht uns lausig – mit Respekt gesagt... Wie wäre es, Ew. Gnaden...? Sie haben sicherlich Einfluß – besonders bei katholischen Verlegern... Wenn Sie sich ein wenig für mich verwendeten?

Glauben Sie mir: an dem Unglück meines Lebens sind nur die Verleger schuld. Sollt ich einst – lange vor der Zeit – vor Ihrem Richterstuhl erscheinen müssen, werden auch nur die Verleger an meinem frühen Ende... Bitte, sagen Sie nicht immer, ‚Weiß schon, weiß schon' – lesen Sie lieber, was Tucholsky darüber schreibt!

Ich habe der Verleger sieben gehabt. Mein erster hieß Ferdinand Amico. Sie haben zahlreiche und ziemlich harte Strafen über ihn verhängt – ohne die Tätigkeit des Wiener Landesgerichtes auszuschalten. Als Amico Ferdinand sich vom Weltgetriebe in die Einsamkeit zurückgezogen hatte, meinte man allgemein, er würde nun über die Rätsel Eurer Herrlichkeit nachdenken. Statt dessen klebte er Düten und ging täglich von drei bis vier unter Aufsicht eines Wächters spazieren. Man fand in seinem Nachlaß 6000 Exemplare meines Buches, die nicht verrechnet waren. 6000 Stück, HERR! Ich glaube, diese Zahl wird selbst Ihnen imponieren, der Sie mit Einsteinschen Ziffern zu rechnen gewohnt sind.

Der zweite Verleger – auch ihn haben Sie durch Ihren Pleitegeier mehrfach umkreisen lassen – hatte drei Bücher von mir verlegt – verlegt, so daß nicht einmal ich sie mehr finden konnte.

Darauf bewirkten Ew. Herrlichkeit, daß ich einen Berliner Verleger aufsuchte. Erinnern Sie sich? Er fuhr im Auto, das war so groß wie ein Schlafzimmer, und hatte ein rauchendes Torpedo in den Zähnen. Und sagte, meine Bücher könnten nicht als vollwertig literarisch gelten, dazu seien sie denn doch nicht langweilig genug.

Da ging ich zu dem andern, der die Bücher nahm. Als ich meine Zigarette wegwarf, hob er sie geschwinde auf und rauchte sie weiter.

Und der Europäische Verlag in Pankow? Er machte seine Entschlüsse ‚abhängig von der nächsten Generalversammlung unsres Aufsichtsrates', und bestand doch alles in allem aus Herrn Pniower, einem Kautschukstempel und einer Schreibmaschine. Letztere war brünett und mies und nannte den Herrn Chef ‚ihren süßen Jungen'. Der süße Junge sprach: ‚Ich habe Sie einmal für ein Talent gehalten, doch solche kleine geschäftliche Fehlirrtümer kommen vor.'

Der letzte... Bitte, sagen Sie nicht schon wieder ‚Weiß schon, weiß schon' – lassen Sie mich zusammenhängend erzählen... Der letzte Verleger also war Menziles. Menziles, genannt Euphrosyne G.m.b.H. Als ich ihm mit Ihrem Zorn drohte, lachte er nur – ihm mußt ich schärfer zusetzen, mit dem Rechtsanwalt.

HERR! HERR! HERR! Tun Sie etwas für die irdischen Schriftsteller! Sie sind ja allmächtig, HERR!

Doch was rede ich? Sie werden wieder eine Sintflut schicken – das Wetter heute deutet ja schon darauf. Was weiter? Noah wird eine Arche bauen und mit Brehms Tierleben eine Reisebuchhandlung eröffnen. Sie unternehmen ja nichts Ernstes gegen die Verleger. Wie?"

Ich horchte.

Horchte gespannt.

Keine Antwort.

Der Sturm brüllte ins Leere.

Da merkte ich, daß er gegangen war.

– – – Dies meine erste Begegnung mit dem HERRN. Wahrscheinlich völlig ergebnislos.

DIE ENZYKLIKEN

„Wenn man diese verschiedenen Enzykliken liest – es macht beinah den Eindruck, als ob der Papst selbst an den Katholizismus glaube."

WIE ICH MEINEN GLAUBEN VERLOR

Ich entstamme einer gottesfürchtigen Familie. Urgroßvater und Großvater waren Kapläne. Großmama heiratete später einen Devotionalienhändler, der Aloysius mit Vornamen hieß – Aloysius mit Ypsilon – und ihr in seiner Demut den pfarramtlichen Fehltritt gern verzieh.

Mein Vater wählte klerikal; seine liebste Lektüre war „Das geistliche Jahr" des Freifräuleins Annette von DrosteHülshoff. Die Werke der Handel-Mazzetti verwarf mein Vater, die schienen ihm zu weltlich.

Überdies habe ich eine Tante, die Christine Pia heißt. Sie hat ein Glasgemälde für Mariazell gestiftet. Onkel Pferdinand, der Trottel, ist darauf als Heiliger abgebildet – nur etwas idealisiert.

Tante Christine ist es auch gewesen, die mich erzogen hat. Als ein Himmelsschluß mich ihrem persönlichen Beispiel entrückte, schrieb sie mir lobesame Briefe, worin sie für die häufigsten Wendungen und Wörter Abbreviaturen setzte:

G. s. D. – Gott sei Dank
hlg. – heilige usw.

Das ist die Geschichte meiner Jugend.

Und doch: mußte ich plötzlich meinen Glauben verlieren. Das war so:

Eines Abends, ich wohnte damals in Paderborn bei der Witwe Ursula Schlauch – eines Abends also, Mitte Dezember vor zwei Jahren, legte ich mich mit einem innigen Gebet schlafen und schlief, bis ich, wie gewöhnlich, um fünf Uhr morgens erquickt erwachte.

Es war, wie gesagt, Mitte Dezember. Die Stube eiskalt. Die Diele von Stein.

Ich setzte mich im Bett auf, sprach mein Morgengebet, und nun...

...nun sollte ich aufstehen. Mitte Dezember. Das Zimmer eiskalt. Die Diele von Stein.

Meine irrenden Augen suchten nach den Filzpantoffeln.

Die Filzpantoffeln standen, gut fünf Meter weg von mir, in der andern Stubenecke.

Wenn ich dachte, daß ich diese fünf Meter auf der frostigen Diele zurücklegen sollte, da schauderte mir.

Ich rief nach der Witwe Schlauch – sie war in die Frühmette gegangen.

Ich in dem schönen warmen Bett – die Filzpantoffeln in der andern Stubenecke – und dazwischen fünf Meter Polargebiet.

Wer, wer verhilft mir zu meinen Filzpantoffeln?

Wer anders als Er, zu dem ich bisher immer mit kindlichem Vertrauen aufgeblickt hatte – Er, der die Raben nähret und die Lilien kleidet?

Und ich faltete meine frommen Hände und schickte ein heißes

Gebet zum Himmel, worin ich Gott bat, mir meine Filzpantoffeln zu bringen.

„O HERR", sprach ich, „Dir gehorchen die Sonnen und Sterne, Dir die Stürme und Fluten — Dir kann der kleine Dienst nicht schwerfallen, um den ich Dich anflehe — ich, Dein treuer Knecht, der sein Leben Deiner Lobpreisung geweiht hat."

Also opferte ich dem HERRN von fünf bis sieben.

Vergebens.

Um einviertel acht kam die Witwe Schlauch aus der Frühmette zurück. Ich schickte sie sofort in die Buchhandlung um Haekkels „Welträtsel".

AM TOR DES PARADIESES

Und Gott, der HERR sprach: Siehe, Adam ist worden als unser einer und weiß, was gut und böse ist. Nun aber, daß er nicht ausstrecke seine Hand und breche auch von dem Baum des Lebens und esse und lebe ewiglich!

Da ließ ihn Gott, der HERR aus dem Garten Eden, daß er das Feld baute, davon er genommen ist;

Und trieb Adam aus und lagerte vor dem Garten Eden den Cherub mit dem Flammenschwerte, zu bewahren den Weg zu dem Baum des Lebens.

Eva war maßlos empört. Wild schüttelte sie das Haupt und rief:

„Pe! Wenn Sie das mit dem verbotenen Apfel haben symbolisch gemeint, hätten Sie es müssen gleich sagen. Und gegen zwei arme unbewaffnete Jüden geht mä nix gleich los mit enem Flammenschwert."

LANDLEBEN

In zahllosen Mitbürgern gärt und glimmt heimlich die Sehnsucht nach dem Lande. Man träumt von einem Häuschen im

Grünen – einem Garten mit Blumen – Frieden – Abendläuten – Sonnenuntergang.

Nicht Rousseau hat an diese Rückkehr zur Natur erinnert: es ist Großmutters Erbmasse, Atavismus des dritten, entwurzelten, in die Stadt verpflanzten Geschlechts.

Doch warum nicht gleich auf Bäume klettern? wie der Urpapa?

Hört mich an: laßt diesen blödsinnigen Durst nach Landluft! Ich bin auf dem Lande aufgewachsen; mein Geburtsort hatte 49 Einwohner; 96 vom Hundert waren Analphabeten; zwei Prozent konnten lesen und schreiben: ich nämlich.

Da bin ich bis zu meinem zwanzigsten Jahr geblieben. Ich kenne das Landleben durch und durch.

Nieder mit Virgil, Georgica, Bucolica! Pfui, Rousseau! Haller und Mörike an die Laterne! – Es muß endlich enthüllt sein – in Wahrheit verhält sich die Sache wie folgt:

Die Natur besteht aus Ameisen und Brennesseln, das Dorf aus Fliegen, Bauern, Kälberdreck.

Das Land ist unbewohnbar. Die Hütten enthalten Wanzen. Die Mauern triefen. Die Türen klaffen. Die Öfen rauchen.

Der Zustand des WC allein schon schreit zum Himmel. Es steht weitab vom Haus, einsam auf der Flur. In das Türchen ist ein Herz geschnitten. Dünste zeigen das Wetter an; schlechtes Wetter. – Ich habe versucht, zum Ersatz die Kinderschaukel einzuführen, an die fruchtschweren Zweige des Apfelbaums gebunden; die Erfindung hat sich nicht bewährt. – Zu Reite in Tirol hat man die Kommodität auf den Speicher verlegt; man muß solang mit der Kuhglocke läuten, um die Fußgänger unten zu warnen; trotzdem häufen sich Unglücksfälle.

Ruhe auf dem Land? Haha: die Stiere brüllen, die Kühe muhen, Schafe blöken, Hähne krähen, Hühner gackern – jegliche Art Vieh macht sein Geräusch. – Und die Bauern? Ha! – Und die Balken? Krachen. – Das ist die Ruhe auf dem Land.

Man wähnt, es gebe selbstgezogenes Gemüse auf dem Land. Der Wahn trügt – es gibt kein Gemüse. Selbstgezogene Karotten erreichen im besten Fall Daumengröße; ich habe auch Westenknöpfe erlebt. – Ich habe, mit dem Schweiß des Fleißes auf der Stirn, Spargelbeete von Meilenlänge angelegt, zwölf nebeneinander, wie Eisenbahndämme. Ergebnis: Stricknadeln, nichts weiter. Einmal ernteten wir einen Bleistift; man mußte ihn vor dem Genuß mit dem Hammer schmieden. – Wirklichen Spargel gibt es nur in Büchsen.

Daß auf dem Lande Obst gedeiht, ist häretischer Aberglaube. Nein, Obst gedeiht nicht. Die Pflaumen sehen nur so aus; sind aber sauer, hart, wurmzerfressen und mit Harztropfen behangen. – Die Äpfel sehen nicht einmal so aus; Adam muß ein Rindvieh an Gefräßigkeit gewesen sein – falls er auf dem Lande aufwuchs.

Das Fleisch ist ungenießbar; es besteht aus Sehnen. – Den Hühnern ist das Federkleid unmittelbar an das Skelett gewachsen. Übrigens krepieren die Hühner vorzeitig an Pips; die Gänse werden von Hühnerläusen gefressen, die Enten von den Ratten; nur die Ratten bleiben – Sieger im Daseinskampf.

Die Atmosphäre schneit und regnet. – Lesen Sie doch die Anzeigen der Wetterwarte: täglich seit zwanzig Jahren prophezeit sie wachsende Nässe, Verschlimmerung. Wohin soll es führen? In nochmals zwanzig Jahren?

Malzumal, in den Pausen zwischen zwei Katastrophen, prangt er richtig, der goldne Sonnenuntergang.

Dann breitet sich rosiger Kitsch über die Gefilde – eine kosmische Ansichtskarte. Zum Speien.

Soviel über das Landleben.

FOLKLORE

„Haben Sie hier in der Gegend auch schöne Volkssagen?"

„Halt nur, was die Kinder so in der Schul lernen."

LANDWIRTSCHAFT

Mein Oheim, der selige Anton Riedel, war eine allgemein geachtete, harmlose Persönlichkeit von angenehmem Äußern und etwas Vermögen. Er hatte eine Pachtung in Oberösterreich. Ein Landwirt ohne Fleck und Fehl. Die Wissenschaft, jene milchende Kuh, die uns mit Butter versorgt, gehörte zu seinem Viehbestand, und die Praxis hatte er durch emsiges Volontieren auf dampfpflügenden Domänen weg.

Onkel Riedel hatte also eine Pachtung. Da war Sandboden und Lehmboden. Auf dem Sandboden standen Ginster und Waldmeister, Maiglöckchen und Huflattich, auf dem Lehmboden Raden, Klatschmohn und Königskerzen. Kleeseide und Quecken hatte Onkel Riedel überall, Butterblumen aber nur in den Niederungen und in der Sonne.

„Onkel Riedel", fragte ich ihn bescheiden, denn ich hatte Ehrfurcht vor ihm, „Onkel Riedel, wo wächst eigentlich dein Reinertrag?"

Onkelchen, die Güte selbst, antwortete:

„Kind, das verstehst du nicht. Einen unmittelbaren Reinertrag wirft der Ackerbau in Europa überhaupt nicht ab. Den erziele ich erst auf Umwegen, durch Mastung. Alles, was du siehst – den ganzen Segen, wie er dasteht, fressen meine Ochsen."

„Und auf diese Art verwertest du deine Ernte – wie?"

„Nein, Kind. Die Mastung an sich bringt auch nichts ein. Keinen roten Heller. Die Ochsen werden fett davon – ich nicht. Ich bestimmt nicht."

„Und der Reingewinn, Onkelchen?"

„Ja, siehst du, Junge, das ist einem Laien schwer klarzumachen: der Gewinn besteht nämlich aus dem Dünger, den mein großer Viehbestand erzeugt."

„Ah –!"

„Ja. Und dieser Dünger" – um Onkelchens Lippen zuckte es schmerzlich –, „dieser Dünger kommt dann wieder auf die Felder und erzeugt den Segen, den du ringsum siehst."

Mit einem tränenschweren Blick zum lieben Gott schloß Onkel Riedel die Darlegung seiner Wirtschaftsweise.

DES KÖNIGS PATENKINDER

Tief, tief verschneit lag das Dorf. An seinem Ende die letzte Hütte hatte sich das Rohrdach wie eine Kapuze über die Fenster gezogen.

Anders Mistl — der Bauer — trat vor die Tür, bis an die Hekke; hielt an und blickte zurück und wiegte den Kopf.

Heute nacht hat es ihn heimgesucht.

Er stapfte durchs Dorf, immer den Steig entlang, und spähte neidisch in die Höfe. Vor der Pfarre klopfte er sich umständlich die Stiefel ab, drückte mit dem Daumen das Feuer in der Pfeife aus.

„Gelobt sei Jesus Christus, Herr Pfarrer!"

„In Ewigkeit, Anders! Na, was gibt's denn Neues?"

„'s gebet scho was neuchs, Hochwürden. Eine Tauf hätt ich."

„So, eine Taufe —. No, wann denn? A Bub? A Madel?"

„Hochwürden, drei Buben saans. Drei Buben hat 's heunt nacht gebore, mei Weib. So was! Drei Stück auf amaal!"

Der hochwürdige Herr sprang auf, ging nah an den Anders heran.

„Drei Buben? Weißt 's bestimmt? Daß es Buben sind?"

„Werd schon sei Richtigkeit ham."

„Und leben 's?"

„Sie dun wohl lebe — in der Fruh haben s' glebt."

„Anders, Mensch! Dann hast du ein Schweinsglück. Wo Drillinge, drei auf amaal, zur Welt kommen — und Buben saan s' — da steht der König Pate."

„Der König?"

„Ja, so ist das Gebrauch. Geh z' Haus, Anders — ich telegraphier an die Allerhöchste Kabinettskanzlei — na, kurz, das verstehst du eh nit. Geh z' Haus und komm am Abend wieder."

„Der König? Wie sollet denn der nachanand herkummen?"

„Tepp, dalketer! Schau, daß d' herauskommst! Ich hab jetzt alle Händ voll zu tun."

„Aber, Hochwürn, ich dät schö bitten..."

„Kratz ab! Ja, wird's aber nit?"

Da ging der Anders mit wirrem Kopf. Ging die Dorfstraße wieder entlang, seinem Haus zu.

Der König. Und die drei kahlen, kleinen Dinger, die da eng aneinandergedrückt in die Wiege gepackt sind... Der König. Ist es zu fassen? Was bedeutet das? Was bietet das?

Und da hakte seine Bauernhabgier ein: wenn der reiche Müller Pate steht, gibt er einen Sack Mehl und zwei Gulden. Der König...? Anders richtete sich mit einem Ruck stramm und sah stolz und höhnisch in die Bauernhöfe übern Zaun.

Der da hat drei Kühe. Vielleicht wird er, Anders, übers Jahr auch drei Kühe haben.

Der Prachtl hat eine Kuh und zwei Ziegen. Gut, wär auch nicht schlecht.

Und die Sautnerin, die Witwe, hat eine Sau mit sieben Ferkeln. Damit kann man sich schließlich auch zufrieden geben.

Wenn der Müller zwei Gulden gibt: dann gibt der König sicher, todsicher fünf Dukaten.

Der Anders betrat die Stube. Im Bett lag die Frau. „Guten Tag auch, Alte", sagte er. Er wollt ihr gern ein Gutes tun, er hat sie hart angelassen heut früh. Gebrummt und gehadert hat er über das Glück.

„Ich hab die Tauf bestellt, Alte."

„Alsdann ruf die Nachbarin, daß sie's wegtragt, des aane. 's winselt seit a zwaa Stund. Des lebt nit lang." — Die Bäuerin sagte es, um ihren Mann zu versöhnen.

„Welches? Was sagst? Welches lebt nit lang?" — Und die Bäuerin wußte nicht, wie ihr und den Neugebornen geschah. Im Handumdrehen hatte der Anders alles beschafft: die Nachbarin, die das Kleine umwickelte — Milch für die Kinder — Petroleum für die Lampe — Feuer im Ofen.

Zu Mittag kam die Wirtschafterin des Pfarrers und brachte einen Korb voll Sachen: feinen, eilig gebackenen Kuchen, zartrosigen Schinken, Kaffee, Zucker und einen Topf voll von körnigem Schweinefett.

Wie Flugfeuer sprang es von Dach zu Dach, in der Dämmerstunde wußte es jedermann im Dorf: der merkwürdige Apparat, der unverstanden und kaum benutzt im Posthaus auf dem Tisch stand, hatte geklappert und die Kunde gebracht: daß Seine Majestät der König allergnädigst geruhe, die Patenstelle bei den neugebornen Drillingsknaben des Bauern Andreas Mistl zu übernehmen.

Hochwürden, der Pfarrer, kam den schneeverwehten Pfad herabgeschritten, bis zu Mistls verschlafener Hütte — so eilig, daß die Reverendaschöße wie Rabenfittiche flogen. Er betrachtete die drei Kleinen. Sie staken in blaurot gestreiften Daunen, hatten runzelige, alte Gesichter und wimmerten.

„Ja, Mistl, das is a Gottesgeschenk! Da habts ihr in eurer Dummheit Königspatenkinder zu Söhnen kriegt. 's fehlt ihnen wohl an nichts?"

„Gfehlt sich nix, Hochwürden. Was der Mensch dun kann für seine Kinder, des dut er. Ich dank auch schön für des, wo die Fräuln Köchin bracht hat."

Der Bauer aß fein zu Nacht — von dem zartrosigen Schinken, dem weißglänzenden Speck. Die Bäuerin hielt sich zurück und löffelte nur eine Suppe. Eine starke Hühnersuppe war es, damit sie morgen bei Kräften wäre. Das Huhn — ein schwarzweißes, das bedeutet Glück —, das Huhn hatte die Müllerin gebracht — und einen Sack voll Kuchenmehl der Müllerbursche hinterher.

Am andern Morgen stellte sich die Frau des Kaufmanns ein, Frau Roth. Der Hausknecht keuchte unter der Last der Geschenke. Frau Roth holte sie langsam, mit heimlichem Protz aus der Greinzen. Vorgestern hatte die Mistlbäuerin ein Viertelpfund Kaffee auf Borg gewollt — Roths gaben keinen Kredit. Bei des Königs Patenkindern ließen sie sich nicht lumpen. — Frau Roth war auch die erste, die ein blankes Geldstück schämig und doch nachdrücklich der Bäuerin unter das Kopfkissen schob.

Es war noch früh am Morgen. Gleich nachdem Frau Roth gegangen war, stand die Bäuerin auf. Ein wenig schwindlig war ihr der Kopf, aber sie wußte ihre Schuldigkeit.

Das Haus des Andreas Mistl wurde gescheuert, Stube und Diele mit Sand bestreut, der Kupferkessel blankgerieben und der eiserne Ofen geschwärzt. In die Moosbank zwischen die Doppelfenster steckte das Fräulein Lehrerin vier Papierrosen. So gingen Mistls dem Fest entgegen.

Was noch nie dagewesen war, geschah: Hochwürden selbst

kam in Mistls Haus, begleitet vom Kirchendiener, brachte das Taufgerät mit und taufte die drei Buben. Vor dem verschneiten Heckenzaun hielten klingelnd und nickend die Pferde des Herrn Bezirksvorstands, dampfend von der einstündigen Fahrt. In der Stube stand der Herr Bezirksvorstand, feierlich in schwarzem Rock, und hob die drei Kinder in Vertretung Seiner Majestät aus der Taufe.

„Wie sollen s' denn heißen?" hatte der Pfarrer gefragt. Und beantwortete sich die Frage selbst:

„Des älteste Franz – des zweite Josef – des dritte..."

„Andreas, wie der Vater" ergänzte Mistl rasch. Stolz schwellte seine Brust: die Frau Bezirksvorstand war mitgekommen, und die Frau Bezirksrichter nebst der Gattin des Grundbuchführers; sie waren sehr bewegt und ließen jede ein Geldstück zurück als sichtbares Zeichen der Rührung.

Am andern Tag klingelte es achtmal vor Andreas Mistls Tür von silbernen Schlittenschellen. Damen in feinen, weichen Pelzen stiegen aus den Schlitten – adelige Gutsbesitzerinnen der Umgebung. Die Kutscher schleppten Packen. Ein Fäßchen Wein ums andre rollte in Mistls Keller, ein dickbäuchiger Fetttopf um den andern.

Die Damen sahen schon einen Teller auf dem Tisch stehen, diskret von einem weißen Tuch bedeckt. Unter das weiße Tuch glitten die weißen, feinen Frauenhände, und verheißend klirrten die Spenden.

Am dritten Tag bekam die Post die Weisung, den jüngsten Mistls drei Sparkassenbüchelchen auszustellen. Das Obersthofmeisteramt wies ihnen insgesamt dreihundert Gulden an.

An diesem Tag – es war ein glücklicher Tag gewesen, mit viel Schellengeläute und neugierig teilnehmendem Frauenbesuch, zwanzig weiße Hände waren unter dem Tuch auf dem Teller verschwunden und wieder aufgetaucht –, an diesem Tag sagte die Bäuerin zum Bauern:

„Ich mein, es duts nit mehr bis fruh."

„Welches? Was sagst? Welches duts nit mehr?" fragte er, aufgeschreckt aus seinem glücklichen Kopfrechnen.

„Ich mein, der Franzl, der dut bis fruh nit lebe."

Da sah der Bauer das Kindchen aufmerksam an. Der Anblick gab ihm wenig Hoffnung. „So, so – der Franzl“, sagte er. „Wo doch die Herrschaft aus Neuenwalde und die von Walterskirchen noch gar nit da waren.“

„Ja, es is gar schwach.“

„Gib ihm halt zu drinke.“

„Es mag seit fruh die Brust nimmer. Un grad des hab i gsäugt, grad des. Die andern Hascherln haben eh nur ausm Flaschl kriegt... Wann man den Doktor holen dät aus der Stadt?“

„Was versteht a Doktor von klane Kinder, wo a klaans Kind nit rede kann?!“

Die Nachbarinnen gingen allesamt nach Haus. Die Lampe lökte und wollte einschlafen. Es war Mitternacht.

Franzl, der Älteste, verzog die kleinen Glieder, röchelte leise und kraftlos; und verschied. Um halb eins. Wo doch morgen die Herrschaften aus Neuenwalde und die von Walterskirchen kommen sollten... Der Teller mit dem weißen Tuch stand noch auf dem Tisch.

„'s ist aus“, sagt die Bäuerin. Sie hatte das Kindchen auf dem Schoß gewiegt und hielt nun die kleine Leiche auf den gespreizten Armen.

Der Bauer starrte vor sich in. Dann hatte er die Lösung gefunden:

„Des, daß der Franzl dot is, braucht niemand nit wisse. Un was mei Schwester Zenzi is, die hat vor a zwaa, drei Wochen entbunde. Bis fruh um sechse kann ich zruck sein – und mir geben hold der Zenzi aa was. Den Franzl, den armen Franzl dun mir indes in den Schuppen. Es dut friere. Kannst ihn aber in a Duchet wickeln.“

Der Bauer machte sich müde auf den Weg – dem fernen Dorf zu, wo seine Schwester wohnte. Einsame Nacht. Ein beizend scharfer Wind strich übers Feld.

Der Anders kam schweißgebadet um sechs Uhr morgens heim und legte ein lebendiges Knäblein an die Stelle des toten Franzl.

Die Herrschaften aus Neuenwalde und Walterskirchen kamen, besahen die Kinder und spendeten ein Erkleckliches.

Die Baronin Walterskirchen sagte: „Das eine ist ganz groß und dick neben den beiden andern.“

„Des is der Franz, 's Älteste“, antwortete der Bauer.

Am andern Abend starb das Josefl. Der Vater legte ihn in den Schuppen neben das tote Brüderchen – machte sich auf und wanderte die ganze Nacht, um das kinderreiche Haus seiner Base Evi zu erreichen.

Sie hatte zwar ein Mädelchen gekriegt – schon vor drei Monaten – aber... wer sah ihm an, daß es ein Mädel war? Für ein Drittel der Summe, die noch einkommen sollte, tat sie mit. Ihr Mann spannte an und fuhr Frau und Tochter und den Vetter Mistl bis knapp vors Dorf. Denn verlassen wollte die Mutter das Mädel nicht; und dann auch wegen der Kontrolle der Spenden...

So wanderte statt Josefchens, der kalt und starr im Schuppen neben Franzl lag, das Lenchen in die Wiege. Evi, die Mutter, hockte versteckt in der Kammer – und wenn die feinen Damen und Herren gegangen waren, stahl sie sich hervor und tränkte ihr Kind; und zählte das Geld nach, das die Herrschaften zurückgelassen hatten.

Am andern Morgen wär der Schwindel beinah ruchbar worden: zwei Bäuerinnen traten in die Stube – eben, als man die Kinder badete. Zum Glück konnte man das Mädel noch rechtzeitig wegpacken.

„Wie die gedeihn!“ sagten die Bäuerinnen. „Nur des aane, des werd immer klaaner. Des macht nit lang.“

Es war der Anders, der nicht lang machte. Er starb tags darauf.

Als es soweit war, verschwand Evi mit ihrer Tochter. Unter dem Hemd in einem Leinensäckchen trug sie ihren Baranteil.

Der Schwager holte in aller Stille seinen Buben heim.

– – – Anders Mistls Drillinge hatten ein wunderschönes Begräbnis.

Der Pfarrer segnete sie auf dem Friedhof noch einmal ein.

Die Dorfleute waren vollzählig da und die Schulkinder. Die Herrschaft aus dem Schloß hatte drei Kränze geschickt und die drei weißen Särgchen bezahlt. Der Graf und die Gräfin kamen angefahren, der Bezirksvorstand, der Richter, der Apotheker und Bürgermeister und fünf Schlitten voll Damen. Wie es Patenkindern des Königs gebührt. Der weißbedeckte Teller feierte noch eine schöne Nachlese.

Dann war es vorbei. Der Pfarrer ging als letzter der Herrenleute.

„No, Bäuerin", sagte er, „der Herr hat's gegeben, der Herr hat's genommen – der Mensch muß sich in Demut fügen."

„Hochwürden, ich hätt a Frag", rief der Anders. „Was werd mit die drei Sparbücheln, wo jetzend die Kinder hin saan?"

„Die erbt natürlich Ihr, Mistl, als der Vater."

„No, nachher is scho gut aa."

Sie tranken Kaffee und brockten Kuchen ein, die Bäuerinnen, die zur Tröstung blieben. Die Bauern soffen Wein und fraßen Wurst und Speck und rauchten Pfeifen.

„So a schöne Leich is nie nit gwest, seit des Dorf steht", sagten sie. „Und des Glück! Die Ehr! A Patzen Geld obendrein." Und gingen dann einer nach dem andern mißgünstig heim.

Der Bauer und die Bäuerin blieben in der Stube.

Der Bauer saß am Tisch, die Bäuerin im Winkel auf dem Schemel. So starrte sie auf die Wiege. Die war nun leer. Eins ums andre hatte sie sterben sehen. Vorgestern, da war doch noch eins von den drei Kindchen bei Leben gewesen... Zuerst war der Franzl gegangen. Den hatte sie grade am liebsten gehabt; er hatte so schöne blonde Ringellöckchen mit auf die Welt gebracht. Und's Josefchen hatte sie mit zwei blauen lieben Gluren angesehen. Wenn sie doch wenigstens den Anders hätt behalten dürfen – den Jüngsten, den Schwächlichsten, den Unwichtigsten... Aber nein: alle drei lagen nun in der kalten Erde.

„Fuchzg Kronen", sagte der Bauer, „zahlen mir Steuer; vierunddreißig bist 'm Juden schuldig. An Pelz kauf i mir und a Paar Stiebel. Im Fruhjahr laß i 's Dach ausbessern und kauf a trächtige Kuh."

„Alle drei", dachte die Bäuerin. „Wie s' da in die Sargerln gelegen saan – wie die Engerln. A jeds mit an Kranzl um den Kopf, und die klaan Handerl gefaltet."

„Un wann mir des kauft ham“, sagte der Bauer, „so bleibt uns noch des Geld auf der Sparkass.“

Und drehte sich nach der Bäuerin um, die hart aufgeschluchzt hatte, und fragte erstaunt, unwillig, verständnislos:

„Aber, Hanni! Was weinst du denn?“

WOCHENENDE

„Haben Sie den Sonntag angenehm verbracht, Fräulein?“

„Ja. Auf dem Land.“

„Na, hoffentlich bleibt es ohne Folgen.“

DER OSTERHASE

„Sie“, sprach einst der Hahn zum Hasen – höflich, doch ein wenig gereizt –, „Sie sind ja wieder einmal unglaublich populär. Ich möchte endlich das Jahr erleben, wo nicht Millionen von Osterkarten mit Ihrem Bild verschickt werden.“

Dem Hasen traten Zornestränen in die Lichter.

„Ich danke für diese Popularität. Ja, ich pfeife auf die Popularität. Wie stehe ich da vor den andern Säugetieren – mit meinem Nest voll bunter Eier? Herr, ich bin nur ein bescheidener Feld-, Wald- und Wiesenbewohner, doch ich habe meine Mission in der Natur, ich erfülle einen höhern, wenn auch kleinen Zweck: die Fortpflanzung meiner Art. Ich bin beliebt bei hoch und nieder. Da erfindet irgendein müßiges Gehirn das Märchen vom Osterhasen – ich brauche Ihnen doch wohl nicht erst zu versichern, daß kein Wort daran wahr ist –, und mein Ansehen ist dahin: ich bin für ewig lächerlich geworden. Was ich auch tue und wirke – man nimmt es mit beleidigendem Schmunzeln hin; jeder denkt, wenn er meinen Namen hört, an das Nest mit den bunten Eiern.“

Der Hahn antwortete sinnend:

„Was wollen Sie? Die Menschen sind nun einmal oberflächlich. Die Sarah ist nicht durch ihre Kunst berühmt geworden, sondern durch ihre Magerkeit und wird das Urbild der Magerkeit noch genannt werden, wenn ihre Kunst längst vergessen ist. Moltke heißt ‚der große Schweiger' – warum nicht ‚der große Feldherr'? Pepita ist ein Stoff – Menschikoff und Raglan sind Mäntel – Rostoptschin ein Schnaps – Henry Clay kein Staatsmann, sondern eine Zigarre. Unsern Kindern wird Girardi ein Hut sein. Durch ein Ei ist Kolumbus bekannter als durch seine Entdeckungen geworden – und vom frommen Schweppermann wüßte kein Mensch, wenn er nicht... Sie kennen doch die Geschichte? – Es hat sein Gutes. Ich versichere Ihnen: es hat sein Gutes. Mißverstanden oder beschimpft sein, ist gewiß nicht angenehm; immer noch besser als vergessen werden."

DAS WIEDERSEHEN

Eine Füchsin hatte ihr Geheck großgezogen und sprach zu den Welpen:

„Kinder, ihr seid nun groß genug, selbst für euch zu sorgen – lebt wohl, und jeder gehe seiner Wege!"

„Aber, Mutter", riefen die Füchslein, „sollen wir einander denn nie mehr sehen?"

„Doch, Kinderchen, doch! Wir alle werden einander wiederfinden: beim Kürschner."

DIE SIEGER

Bebend standen die Schafe im Pferch und drängten sich aneinander. Ihren Sinnen, den furchtgeschärften, hatte sich die Nähe der Raubtiere eher verraten als den Hirten, ja, eher sogar als den grimmen Hunden, die den Pferch bewachten.

Der Hammel Kojun hauchte:

„Es sind Wölfe."

„Zwei Wölfe", lispelte Melehme, der durch die Balkenfuge ins Dunkel gespäht hatte.

„Drei Wölfe. Laßt uns die Hunde wecken!"

Sie erhoben ein wimmerndes Blöken, davon der achtsamste Hund erwachte. Er horchte auf – spürte die Wölfe und ohne Zögern stürzte er mit wütendem Geläut an die Pforte des Einfangs, um Saryk, den Dieb, der sich einschleichen wollte, an der Kehle zu fassen.

Hui, waren scharf die Hunde zur Stelle – die Hirten sprangen von der Bettstatt mit Beil und Flinten – Schüsse knallten – Geschrei – das Gurgeln der Gewürgten – das Jammern der Gebissenen – ein klagender Sterberuf der Zerschmetterten heulte durch die Nacht.

Weit hinaus noch in den Schnee verfolgten Hirten und Hunde die flüchtenden Rudel Saryks.

– – – Im Graben am Zaun lag, dampfend in ihrem Blut, die Wolfsmutter und stöhnte:

„Mich wundern nicht die Schafe, die uns fürchten, denn sie fürchten für ihr Leben. – Mich wundern nicht die Menschen, die uns verfolgen – sie geizen um ihre Nahrung. – Doch mich wundern die Hunde. Was treibt sie, zorniger und strenger gegen uns zu sein, als es ihre Herren sind, die Hirten? Sind denn die Schafe der Hunde Eigentum? Dürfen die Hunde der Schafe Fleisch essen, ihre Milch trinken und ihre Wolle scheren? Warum bedrängen die Hunde uns, die wir ihr Geschlecht sind – hungrige, wilde Verwandte? Während sie, die satten, von altersher satten Verräter, ihren Bauch in üppiger Sklaverei mästen, streifen wir frei und elend durch Busch und Dorn – und haben keinen tollern Feind dabei als unsre feinen Brüder... die Hunde..."

Mit diesen Worten verendete die Wolfsmutter am Zaun im Graben.

– – – Da kehrten die Hirten, reich beladen mit den erbeuteten Decken, zurück. Rauflustig, mit Triumphgebell umsprangen die Hunde ihre Gebieter.

„Es war ein harter Strauß, Brüder –", rief der älteste der Hirten, „– wir wollen uns beim Wein stärken. – Junge, bring die Beutel her!" – Und sie setzten sich ans neuentfachte Feuer.

Die Schafe hatten die Köpfe zusammengesteckt und eifrig beraten. Nun zwängte sich der alte Hammel Kojun durch die Gitterpfähle, erschien vor den Hirten und sprach:

„Dank euch, ihr Herren, die ihr uns nährt und beschützt! Dank, heißen Dank euch und den Hunden allen, die ihr uns eben aus großer Gefahr befreit habt. Dank im Namen der Herde."

Freundlich nickte der alte Hirt:

„Schön, daß ihr Schafe unsre Fürsorge anerkennt. Unser Leben setzen wir oft genug für euch aufs Spiel – da ist es auch eine Pflicht, unsre Wohltaten durch Liebe zu vergelten. – Geh hin, Kojun, und versichere die Herde unsrer fernern Gnade."

Der Hammel ging.

Sie tranken Wein, da sagte einer:

„Seid ihr nicht hungrig, Brüder – nach der Jagd? Wie wär's, wenn wir Kojun, den alten Hammel, schlachteten?"

Und sie schlachteten ihn.

Er starb als Patriot.

MÉMÈRE

Diese Geschichte hat mir zu vorgerückter Stunde ein junger Mann aus Wien erzählt:

Wir waren in Cascaes im Frühling vor zwei Jahren, mein Vetter und ich. – Er hat eine kleine Lungensache – vielmehr: seine Mutter hat sich eingebildet, er hat was; man wollt ihn nach Davos schicken – er aber sagt: nein, er geht lieber in den Süden, ans Meer. – Im Grund war es gleichgültig, denn es hat ihm ja nichts gefehlt.

Meine erste Reise mit diesem Vetter. Rudi heißt er. Drei, vier Jahre jünger als ich; damals war er einundzwanzig. – Seither sind wir ja dicke Freunde worden. Drei, vier Jahre – um zwanzig herum ist das noch ein großer Altersunterschied; später nicht mehr; es gleicht sich aus. Ich hab sogar Leute gekannt, die mich im Alter überholt haben.

Wir kommen also nach Cascaes, im März. Die Saison dort fängt sehr früh an – im April ist sie zu Ende; man geht dann nach San Sebastian.

Abgestiegen sind wir im Hotel Avenida. – Ein rechter Unsinn, zu glauben: ein andres Hotel, das zweite, ist ebensogut und dabei billiger. Nein, in jedem Ort ist nur ein Hotel, das einem Position gibt in der Gesellschaft.

Man hat uns einen Meldezettel vorgelegt mit neunzig Gewissensfragen – darunter: Nationalität. – Was heißt Nationalität? Ich bin in Wien geboren. Reden tu ich deutsch. Was man in Wien eben für Deutsch hält. Mein Vater ist Holländer, meine Mutter Ungarin. Rudis Vater ist Franzose. – Wir haben eingeschrieben: Österreicher. – In Portugal, wissen Sie – ich kenne das, ich bin schon früher dortgewesen –, in Portugal tut man nicht gut, sich als Deutschen zu bekennen. Nicht des Kriegs wegen – der hat ja für die Portugiesen nur eine halbe Stunde gedauert – am Kemmel sind sie eingesetzt worden – im Nu waren sie kaputt und sind niemehr wiedergekommen. – Der Krieg ist schon vergessen. Aber Sie werden staunen: in Portugal gelten die Deutschen – ich kann es nicht anders ausdrücken – für lasterhaft. Wie lernt der Portugiese den Deutschen kennen? Wenn er als Seemann nach Hamburg-Sankt Pauli kommt... Oder: ein abenteuerlustiger Deutscher verirrt sich nach Portugal. – Überhaupt habe ich gefunden: alle Nationen begehen den Fehler, andre Völker nach den paar Exemplaren zu beurteilen, die sie bei sich zu Haus zu sehen kriegen. Ganz falsch. Glauben Sie mir: der richtige Deutsche lebt in Kassel, der richtige Bayer in Feldmoching, ohne sich aus Kassel und Feldmoching je zu rühren – und ein Bayer, der nach Mexiko geht, ist kein Bayer mehr, sondern er hat einen Gewährsmangel: ist ein Gauner oder Phantast oder beides. Und so sind die Amerikaner, die zu uns kommen, keine typischen Amerikaner...

Was wollt ich doch sagen...? Richtig: Cascaes. – Sie können dort ungefähr in jeder Leiteria auf dem Abort als Tapete oder auf den Tischen unter Glas deutsche Banknoten finden: fünfhundert Millionen Mark – eine Billion Mark... Damit sind die Wirte in der Inflationszeit hineingelegt worden, von reisenden Deutschen. Und Sie können sich vorstellen, wie herzlich die Leute an ihre deutschen Gäste denken.

Aber wohin gerate ich, zum Teufel? Ich will bei der Sache bleiben:

Rudi und ich sehen einander ziemlich ähnlich, auch im Wuchs; wir haben uns gleiche Blazer gekauft, diese bunten englischen Strandjacken, rot-gelb-grün – man hat uns für Brüder gehalten. Wir sind auch ziemlich aufgefallen: Frauen gibt es in den Badeorten Tausende, jedes Alters – Frauen der Gesellschaft haben doch das ganze Jahr nichts zu tun; junge Männer im Frühling sind selten.

Ich pflege jährlich im Februar unten im Süden anzufangen und winde mich so bis zum Hochsommer nach Norderney durch; ich kenne also ziemlich das Badeleben. Mein Grundsatz ist: um Gottes willen keine Zeit verlieren; die Saison ist kurz; der Ort ist klein – man muß überaus vorsichtig wählen und im ersten Coup auf die richtige Karte setzen; – wenn man sich danebenengagiert, ist der ganze Aufenthalt verpatzt, und man tut gleich besser, die Hotelrechnung zu verlangen und wegzufahren.

Nie mit einer Einheimischen anfangen: spätestens am zweiten Sonntag kommt ihr Mann oder gar ihr Freund, und man ist aufgeschmissen. – Hier in Cascaes schon gar nicht: die portugiesischen Frauen sind unzugänglich wie Türkinnen und haben dicke Fesseln.

Dann: nie mit einer Französin – oder wenigstens erst nach scharfer Prüfung. Die Französin ist eine Hochstaplerin; sie gibt sich auf der Bühne für erotisch aus; das Gegenteil ist wahr: sie ist eine Kleinbürgerin, kirchenfromm und trostlos brav.

Kurz, ich suche gleich zwei sehr nette Dinger für uns aus: Mutter und Tochter – sujets mixtes, international – bestimmte die Tochter für mich und weise dem Rudi die Mutter zu. Er zieht einen Schnabel: „Immer mir die Mutter." („Immer", sagt er! Dabei hat sich der Fall höchstens zweimal vorher ereignet;

oder dreimal.) – Aber ich hab ihm klargemacht, wie unrecht er hat, zu maulen: Mütter sind dankbarer und zugänglicher; die Tochter ist störrisch, meistens strengt man sich an für nix.

Wozu lang reden? Die Bekanntschaft ist rasch gemacht, beim Apéritif-dancing – und Rudi ist restlos begeistert: wie glänzend die Mutter tanzt. – Baden – das tut man in Cascaes unregelmäßig, vor- und nachmittag, je nach dem Flutkalender. Getanzt wird vor dem zweiten Frühstück – zum Tee – und dann abends.

Die Tochter. Angèle hat sie geheißen, war soweit ganz umgänglich. Geküßt hat sie wie eine Schlange – so gelegentlich, beim Tango – und hübsch angeschmiegt hat sie sich und stirngerollt. Sonst natürlich nichts. – Ein Tag vergeht nach dem andern: nichts. Ich war ungeduldig, ich war verzweifelt.

Am zehnten Tag etwa sag ich zu Rudi: „Hör mal, die beiden Frauen stecken unzertrennlich beisammen, wenn man sie nicht künstlich ein paar Meter, ein paar Minuten auseinandertanzt. Man kann sich ja gar keine Freiheit erlauben, wo sich die Mutter vor der Tochter schämt – und Angèle wieder blökt immer: „Mémère!" – „Mamachen!" – zu Wasser und zu Land. – Auf diese Art kommen wir nicht weiter. – Du mußt die Mutter von der Stelle bewegen. – Wie? Ganz einfach."

Sie müssen wissen: es gibt in Cascaes eine Bocca do inferno, einen Teufelsrachen – davon lebt Cascaes. 's ist auch wirklich eine Sehenswürdigkeit: da hat sich das Meer ein Loch in den Felsen gebissen, ein großes, kompliziertes Loch, und rumort darin und brandet daraus hoch – haushoch. Es ist wie ein riesenhafter Geysir; als liege der Teufel auf dem Rücken und spüle sich, der Lausbub, mit dem Ozean den Mund. Fabelhaftes Schauspiel.

Ich sage also zu Rudi: „Hast du die Frau gern – die Mutter?"

„Oh, schrecklich – ganz furchtbar; sie ist entzückend."

„Na also. Dann nimmst du heute... – hör scharf zu, was ich dir sage: du nimmst heute noch ein andres Zimmer. Hier im Hotel. Aber im ganz entgegengesetzten Trakt – so weit weg von mir wie irgend möglich. – Und jetzt paß doppelt auf jede Silbe auf: am Abend nach dem dritten Tanz – genau nach dem dritten – werden wir Mutter und Tochter zusammenbringen. Dann sagst du zur Mutter – Angèle muß es hören: „Gnädigste, wollen wir nicht nach der Bocca? Im Mondschein muß sie herrlich sein."

Rudi, immer trotzig wie ein Junge, sagt: „Es ist doch gar kein Mondschein."

„Mensch! Setz deinen Verstand in Gang! Auf den Mondschein kommt es nicht an – deiner Dame am wenigsten. Sondern sie wird ‚Ja' sagen – in Gegenwart von Angèle – und ihr schiebt ab; in dein Zimmer, dort im andern Trakt."

„Und ihr bleibt zurück – Angèle und du?"

„Was Angèle tut, laß meine Sorge sein. Ihr werdet nicht überrascht werden, Madame und du – das genügt wohl."

Richtig, nach dem Abendessen gehen wir tanzen: einen Blues ohne Ende – einen Foxtrott ohne Ende; nach dem Tango bringe ich Angèle zu Mémère. – Genau wie verabredet, sagt Rudi: „Madame, die Bocca muß jetzt im Mondschein..."

Er kommt gar nicht zu Ende; sie ist vom Tango ganz entzündet und ruft: „Ja – gehen wir!" – Und weg sind sie.

Worauf ich mit geringer Nachhilfe Angèle nach meinem Zimmer bringe; sie kommt auch mit: „nur um zu sehen, wie ein Herrenzimmer ausschaut."

Sie tritt ein – guckt sich um – immer mit verlegenem Lachen – betastet eine Zigarettendose, die auf dem Tisch liegt – eine Krawatte – öffnet den Schrank und schnüffelt hinein – betastet mein Rasierzeug – eine Weste über dem Stuhl – das Pyjama auf dem Bett – kurz, alle männlichen Gegenstände – – dann sagt sie: sie hat genug und will sofort wieder davon, aber sofort.

„Angèle, nur einen Kuß!"

„Was fällt Ihnen ein? Man könnte uns sehen."

„So lassen Sie die Jalousien herab!"

Sie geht gehorsam ans Fenster – und...

Können Sie sich das vorstellen? Rudi mit der Mutter war doch so weit wie möglich weg von uns, in einem ganz andern Trakt. Dies Hotel Avenida aber, das hatten wir nicht gewußt und bedacht, hatte einen Grundriß wie ein lateinisches C: der andre Trakt und dieser Trakt näherten sich einander auf fünf Meter.

Als Angèle ans Fenster tritt, sieht sie fünf Meter vor sich gegenüber – wen? Mémère. Mémère in leichter Gewandung, wie sie eben gleichfalls will die Jalousien herunterlassen.

Was drüben vorgegangen ist, nach dieser gegenseitigen Einsicht, hat Rudi mir später erzählt: nicht viel; Mémère faßte sich bald darauf und fand sich in das Unvermeidliche.

Hier aber – Angèle war auf das tiefste betroffen. Hatten sie auch täglich in Gesellschaft getanzt – Mémère war in Angèles Augen eine Heilige – nie hatte Angèle mit dem leisesten Gedanken an Mémère gezweifelt.

Nun sieht sie die angebetete Mutter in einer Situation, die nicht einmal von der Unschuldigsten mißzuverstehen ist.

Angèle heult wie ein Schloßhund.

Meine Uhr zeigt zehn. Da pocht es plötzlich.

Ein Boy. Mit einem Zettelchen für Angèle. Von der Mutter: „Sei bereit – ich hole dich um elf."

Das war deutlich. Das war der mütterliche Segen.

Diesen Abend sind die beiden Frauen noch etwas kantig aneinander vorbeigegangen.

Dann haben sie sich wieder gefunden.

Angèle hat sich nicht gefürchtet, Mémère nicht mehr geschämt.

Es ist noch sehr lustig in Cascaes geworden.

SUB ROSA

Ich fuhr von Budapest nach Preßburg und hatte Freuds „Traumdeutung" neben mir liegen.

Die Dame gegenüber verschlang das Buch mit den Blicken.

„Ich kann jetzt alle Träume deuten", sagte ich lächelnd. „Wovon hat Ihnen letzthin geträumt, Gnädigste?"

„Ach", rief sie, „von einem Fabrikschornstein."

DER BASSIST

Wenn ich an die Zeit in Ragusa zurückdenke... War doch verdammt schön, dreiundzwanzig Jahre alt zu sein.

Wir hatten wochenlang im tiefsten Frieden gelebt. Morgens frühstückten wir auf der Terasse und gingen nach Lapad. Am Mittagstisch fanden wir uns wieder zusammen: obenan Brünhilde aus Breslau, ihr zur Linken der Eheherr, zur Rechten natürlich Riki; dann die vier pigmentreichen Wienerinnen, die immer von Kunst reden; sie kennen das ganze Burgtheater persönlich. – Gegen Abend gingen wir baden. Die Breslauerin immer in die Damenabteilung, die Wienerinnen ins Familienbad. Wir versprachen dem Schwimmeister Gold, wenn er sie nicht einließe.

Brünhilde, ihr Mann und Riki voran, hintennach Teddi und ich – ließen uns dann in die Ombla rudern und fuhren nach Muline di Brenno. In Brenno macht man Filzdecken, das ist sehr interessant.

Spät abends war Souperstunde und Klavierspiel. Die Wienerinnen sangen: „Du bist zu schön, um treu zu sein."

...Diese ganze Ordnung wurde aber mit einem Schlag umgestoßen.

Schon am Morgen des verhängnisvollen Tages war uns am Portier eine gewisse fahrige Hast aufgefallen – wir schrieben sie dem Wechsel der Witterung zu. Als wir um Mittag aus dem Giardino pubblico heimgingen, fuhr uns der Hotelomnibus vor, der sonst immer leer vom Hafen zurückkommt – und darin saß ein bartloser, gefallsüchtig eleganter Herr. Man riet auf einen Komödianten.

Die Wienerinnen wurden dionysisch. Sofort legten sie zu. Sie fragten den Portier, wer angekommen sei, erhielten aber keine Antwort, denn der Portier war mit Geschäften überhäuft, er mußte hintennachlaufen, als die Hausdiener die sieben Koffer für den neuen Herrn in die Salöner trugen. Die Wienerinnen verschwanden, um Regatta zu machen.

Riki wollte essen, doch der Kellner zuckte nur die Achseln. Riki war wütend. Wie kommt man dazu, auf den erstbesten Fremden warten zu müssen?

Da gingen wir hungrig zu Maestro Giuseppe auf den Stradun, Brünhildens Zuavenjäckchen probieren.

Und als wir in den Speisesaal traten – wir trauten unsern Augen nicht –, da saß auf Rikis Platz, jawohl, auf Rikis Platz der... Komödiant, frisch kalfatert, und ihm zur Seite in vollem Fahnenschmuck die Wienerinnen. Riki meinte zuerst, er halluziniere, und wischte sich über die Augen. In der nächsten Sekunde wollte er bersten. Er sah Brünhilden an, die flüchtig rot wurde, nur so ganz wenig wie ein lyrischer Weihnachtsband, und auf... ihren Stuhl losging – neben dem Komödianten.

„Hyäne", zischte Riki.

– – – Der Fremdling ist Franzose. „M. du Mourieux aus Toulon" steht im Fremdenbuch. Doch Riki sagt, das sei der Theatername. Die Wienerinnen nennen ihn Maître.

Der Fremdling trägt zu jeder Mahlzeit einen andern Anzug. Für Spaziergänge wählt er drap, für Bootfahrten blau und eine Seglerkappe. Nach dem Dejeuner raucht er ägyptische Zigaretten und abends Havannas. Riki findet, ein solches Getue müsse jeder vernünftigen Frau lächerlich vorkommen. Er verlangt von Brünhilden, daß sie dem Franzosen ins Gesicht lache.

Riki ist springgiftig. Er fragt den Franzosen immerzu nach dem Touloner Sommertheater, und ob der Direktor Vorschüsse gebe. Der elegante Herr weicht aus und erzählt von Indien. Am besten ahmt er die Orkane nach, er hat einen mächtigen Baß.

Riki hat eine neue Tischordnung erfunden und sich neben dem Breslauer eingenistet. Wenn er nun auch wieder nahe bei Brünhilden sitzt – zu ihr sprechen kann er doch nur über ihren Gemahl.

Riki tobt. Das Gespräch bei Tische wird nur mehr französisch geführt, und er kommt nicht mit. Am empörendsten ist diese Seemannspielerei des Franzosen. Er tut, als wär er im Schiffsbauch aufgewachsen.

Riki ist täglich verliebter in Brünhilde. Er sagt, sie sei innerlich noch ein Mädchen. Sie wird brennrot, wenn sie Riki ansieht, und sieht ihn darum nicht an. Sie errötet überhaupt jeden Augenblick, auch bei Gedanken, die ein ganz andrer denkt.

Riki sagt, er müsse dem Bassisten einen Streich spielen; etwas Großes, woran der Bassist wird ewig denken müssen. Teddi schlägt vor, er solle ihm ein Bein ausreißen.

Riki hat einen kleinen Kutter. Morgens, wenn Tramontana weht, segelt er nach Bobara und kommt vormittag mit Ponente oder kreuzend zurück. Einer von uns begleitet ihn und hilft ihm manövrieren.

Einmal schneidet M. du Mourieux wieder von seinen indischen Stürmen auf, und die Weiber happen nach jedem seiner Worte. Da lädt ihn Riki zu einer Kutterfahrt ein. – Aha! Nun sitzt der Herr Bassist in der Falle. Ganz recht. Wenn man das Jahr über am Souffleurkasten umherschwimmt, soll man in den Ferien nicht den Jachtmann spielen wollen.

Andern Tags tut das Meer ein wenig bewegt; bei Nacht ist frischer Schirokko gewesen, der hat sich erst morgens gelegt. Wir stehen auf den Felsen beim Giardino und sehen zu unsern Füßen die schwarze Galle der Brandung gären. Weiter draußen ist die See grau, aber mit Katzenköpfen, und graue Wolken darüber. Nur an der Kimmung blitzen Brillanten auf.

„Wer hat Schneid?" fragt Riki plötzlich leise.

Teddi und ich sehen ihm mitleidig an.

„Basarartikel", antwortet Teddi für uns beide.

„Keine Späße!" flüstert Riki erregt. „Ich will mit dem Franzosen hinaussegeln, und einer von euch muß mithalten."

Na, wenn es weiter nichts ist...?

Der Franzose ziert sich; er sagt, er müßte sich vorher sportmäßig takeln, und Riki würde so lange nicht warten wollen.

„O ja, ich warte schon", erwidert Riki grimmig, und wir gehen voraus nach dem Hafen.

Als ein Facchino uns zum Kutter rudert, fragt mich Riki:

„Bist du auf ein Bad gefaßt?"

„Was soll das heißen?"

Rikis Augen leuchten auf. Der Facchino schnattert: „Si, si, signori! Fortunale. Große Wind. Albe Stunde", bläst aus vollen Backen und zeigt nach Süden. Wir freuen uns wie die Schneeknuxe.

Wir binden die Barke an Rikis gemietete Ankertaue und kreuzen mit dem Kutter im Hafen. Endlich, endlich kommt Monsieur du Mourieux – wie lächerlich – in einem Marinerock.

Nun geht es hinaus. Die Luft ist flau, und die Segel schlaffen. Monsieur du Mourieux zündet eine Seemannspfeife an. Ich bitte: ein Bassist mit einer Seemannspfeife!

Plötzlich schreit Riki: „Großschot fieren" und läßt abfallen. Schon kommt eine breite Welle herangelaufen. Der Kutter krängt über wie nicht gescheit. Wir grinsen vor Vergnügen.

— — — Herrgott, ist das eine Fahrt! Im Windschatten von Lacroma war es ja noch erträglich; doch jetzt, auf offener See, bläst es und stößt es, daß ich glaube, wir müssen und müssen kentern. Über Luv spritzt es vulkanisch herein, und mit Lee sind wir ganz und gar im Wasser.

Riki sitzt stumm hintenübergeneigt auf der Bank und kutschiert den Karren mit dem Klüver. Er scheint mir eine große Absicht zwischen den Augenbrauen zu zerdrücken. — So geht es bis auf die Höhe von San Giacomo.

Kaum sind wir über die letzte Boje, da kommt es am tollsten. Der Schirokko spielt seine große Orgel.

„Riki", sag ich, „ich tu bei dem Wahnsinn nicht mehr mit. Wir müssen schiften und bei den Dominikanern landen." — Die Dominikaner haben nämlich auf Lacroma einen winzigen Hafen.

Riki, stumm, würdigt mich keines Blickes. Wenn er überhaupt die Augen vom Meer wendet, sieht er nur, ob der Bassist schon blaß wird. Der aber... raucht seine Seemannspfeife.

Da spüre ich etwas Süßliches im Mund, was mich immerfort schlucken macht. Na, und... „Sei so gut — nach Lee!" rät Riki eben noch rechtzeitig. Furcht—ba—res Gefühl, solch eine Seekrankheit. Das ganze Leben wird einem eklig.

Wir schiften endlich wirklich und sind nun vor dem Wind. Schrecklich. Ein Schlingern und Rollen, daß Gott erbarm.

„So land doch bei den Dominikanern", bitte ich Riki und weine fast.

„Erst den elenden Aufschneider kleinkriegen", raunt er.

Und der Bassist raucht seine Pfeife.

An der Westküste von Lacroma — himmlischer Vater, ein Schauspiel! Ein Brausen und Schäumen in der Hexenküche, als würden Weltschicksale gargesotten. Riki hat das Großsegel fast ganz geborgen, aber selbst das Endchen Kleid, das noch gesetzt ist, ist zum Platzen voll. Eine Kielwelle wie von einem Dampfpflug. Wir sitzen buchstäblich im Wasser. Der Kutter liegt über – mit dem Schwert draußen. Bergauf – bergab. Ich sehe noch, wie Rikis Antlitz erbleicht und die Nase darin grün aufleuchtet – – dann packt mich Monsieur du Mourieux am Kragen, nimmt mir das Schot aus der Hand und schleift mich auf die Achterbank.

– – – Die Zollbehörde hat uns ihre Dampfbarkasse entgegengeschickt, doch es war wirklich nicht nötig. Wir wären auch so zurückgekommen.

Riki ist sehr kleinlaut. Er begreift gar nicht, wie er, der doch schon ein halbes Jahr segelt, hat so, aber sooo seekrank werden können.

Von Lacroma an sind Riki und ich einfach zum Sterben gewesen. Der Franzose hat ganz allein manövriert. Er muß das ungemein geschickt gemacht haben. Der Kerl ist nämlich – warum er das nicht gleich gesagt hat? – Fregattenkapitän in der französischen Kriegsmarine.

WIRTSCHAFT

„Du gibst deiner Freundin wohl eine kleine monatliche Beihilfe?"

„Nö. Wir haben bargeldlosen Verkehr."

LUCILLE

Die Saison auf Korfu hatte eben begonnen. Man sprach mit großer Bestimmtheit von Amerikanern, die da und dort an den Küsten aufgetaucht wären – der Pikkolo im Hotel Saint-Georges hatte sich gesalbt und lächelte. Agamemnon Papakerisopulos, Oberkellner, faßte griechische Bankzettel nur mehr angeekelt mit den äußersten Fingerspitzen an und rechnete fünfzig

Drachmen für ein Pfund. Sah man ihn, wie Riki das kann, mit jenem Blick an, der Löcher ins Gewissen brennt, antwortete der Herr Ober englisch.

Wir fanden es dennoch prachtvoll im Saint-Georges, denn Lucille war da. Lucille, die Französin.

Sie war unwahrscheinlich, oh, ganz unwahrscheinlich hübsch und zähmte zwei spitznäsige Kinder, Trudchn und Kurtchn, pommerschen Geschlechts. Der zugehörige Erzeuger, Herr v. Sellnow, fraß viel, aber mit Widerwillen, weil et, wissen Se, doch allens nur keene jute pommersche Hausmannskost is – und die rüstige Gebärerin trug eine Warenhaustaille mit spannlangen Messingtroddeln und oben daran eine Brosche mit Männes Porträt in Email.

Lucilles Augenbrauen aber waren inmitten zusammengewachsen.

Morgens trafen wir einander in der Halle, setzten uns in die knallroten Korbstühle, gähnten und tranken Tee. Kaum war es getan, da verschwand Lucille wie ein Wiesel. Riki reichte Zigaretten herum, strohblonde, fade Zigaretten aus Epirus – und Frau v. Sellnow zündete an. Wenn sie rauchte, hielt sie die Nasenlöcher offen und die Augen zu.

„Rauchen", sagte sie zu Riki, „ist ein Göttergenuß;" schlug die Augen auf und blickte Riki an. – Er aber gähnte.

So ging das vierzehn Tage.

Nach vierzehn Tagen – als sie ihn einmal ungewöhnlich innig angesehen und er ungewöhnlich roh gegähnt hatte, sprang sie auf, schmiß den Teelöffel weg und ging.

„Was is denn mit der gnä Frau Gemahlin?" fragte Sanitätsrat Schabuschnigg in seiner hilflosen Neugier, zog einen breiten Schnabel und äugte, der Stieglitz, nach jedem besonders. – „Is sie auf uns bees?"

„Och nöö –!" muhte der Pommer, im Winter so dumm wie im Sommer. – „Weeß nich, wat se hat."

Plötzlich kam über das agrarische Ledergesicht die große Erleuchtung. – „Ick sage immer: Laß de Jöhren zu Hause, se verkorksen ennem jedes Reisevajniejen. Aber se hört ja nich." – Stand auf und schritt hinaus, voll väterlicher Gewalten.

Der Sanitätsrat starrte ihm nach – ein Rebus, der auf seine Lösung wartet.

Da wurde es mir zu dumm; ich sagte Riki, daß er sich sehr ungeschickt beträgt.

Der Sanitätsrat sperrte das Maul auf – der Konsul von Pernambuco, der alte Hase, schmunzelte in sich.

Zum Diner erschien Madame Sellnow stärker als sonst gepudert – in ihrem pestflaggenfarbigen Kostüm, aß wortlos von den ungeraden Gängen und ging wortlos, wie sie gekommen war.

„Das hast du von deinem Benehmen, Riki", sagte ich, ich konnte nicht mehr an mich halten. „Eine Dame so kränken, ist keine Manier. Ich versteh überhaupt nicht, was du gegen sie hast. Sie is doch ganz nett?"

Da faltete der Sanitätsrat seine stummen Fragen und packte sie ein, denn er wußte alles. Vorwurfsvoll, besorgt, erbittert schwang er den Schädel, hätte gern was gesagt, nur fehlten ihm die Worte.

Der Konsul aber strich seinen Spitzbart. „Messieurs", sprach er, „Sie tun vielleicht unrecht, überall auf Ehebruch zu sinnen. Ich bin gar nicht dafür."

„Jawohl", rief Sanitätsrat Schabuschnigg, „das is... – ..." Er schloß mit einem empörten Augenrollen, er konnte nicht weiter.

Es war ein Ausflug nach Mon Repos verabredet, um zwei Uhr machten wir uns auf. Frau v. Sellnow hängte sich in mich ein, Lucille mit den Kindern mußte vorausgehen. Hinten sprach der Pommer mit Schabuschnigg vom Essen. Alles, was hier zehn Franken kostet, bekommt man in Berlin für einen Taler, wobei nicht zu vergessen ist: es ist dort reichlicher.

„Und in der Qualität – ich bitt Sie, schaun S' her, Herr von Sellnoff – wann man bei uns in Wien – ich sag nicht einmal im besten Restorahn – – aber in jedem gut bürgerlichen Lokal ein gewöhnliches Kalbsschnitzel ißt mit geröste Erdäpfel – – no, sagen S' selber: was is das aber für ein Kalbsschnitzel, und was sein das für Erdäpfeln?"

Frau v. Sellnow würdigte Riki keines Blickes. Sie hing an meinem Arm und zeigte dem Konsul, daß sie in der Achselhöhle niemals schwitze, niemals; der Konsul mußte sich überzeugen und fand das sehr merkwürdig, bei so vollen Frauen direkt selten.

Riki freundete sich mit Kurtchen an, der hatte die Kakteen für ein gußeisernes Gitter gehalten. Riki ließ sich von Kurtchen Onkel nennen. – So schlau wie Riki bin ich längst. Ich kaufe Trudchen eine jonische Tasche und Kurtchen einen Olivenspazierstock, im Notfall sogar eine Flinte.

Endlich, im Park von Mon Repos, gelang mir, Anker zu lichten. Der Konsul vertäute sich in Madame und drängte sie zart an die Lorbeerbüsche – Kurtchen hielt das Gitter für eine Allee.

An diesem Abend, Riki war noch im Lesezimmer, begegnete mir das große, große Glück. Als ich nämlich den obern Korridor entlangging – irgendwohin, da kam eben Lucille des Weges – irgendwoher. Sie erglühte vor Verlegenheit. Ich aber sprach mit ihr, leise und höflich, mit stiller, sicherer Herzlichkeit. – Darauf fliegen diese einsamen Mädchen. – Ich fragte sie nach ihrer Heimat – warum sie nach Pommern gekommen wäre – und ob es ihr erster Posten sei; fragte sie, wie sie zufrieden wäre – warum sie Bonne geworden – ob ihr diese Art Leben gefalle – alles, alles fragte ich sie und ließ mir von ihr erzählen. Und sie, die immer schweigen muß, erzählte mir, und ich fragte sie immer wieder, nur daß sie hübsch ist, sagte ich ihr nicht, das las sie gern in meinen Augen. – Wir schieden mit einem Händedruck. – Mein lieber Riki, du wirst vergebens mit Kurtchen Purzelbaum schlagen.

Als ich ins Lesezimmer trat, saßen sie alle noch da. Frau v. Sellnow hatte eine durchbrochene Bluse an, der Konsul sah mit Behagen ihren Busen wogen. Unverwandt blickte sie auf Riki, seiner zu begehren, die *βοωπις Ηρα*, er aber rauchte still vor sich hin.

Da beschloß der Konsul wohl, sich ihr in Erinnerung zu bringen, und suchte unter dem Tisch Fühlung mit ihr. Worauf der Pommer „Verzeihung“ knurrte, denn man war an ihn geraten.

Der Sanitätsrat aber musterte alle drei mit sichtbarem Groll, am meisten Herrn v. Sellnow, ob er denn das unanständige Treiben noch immer nicht bemerke.

Nein, er merkte es nicht. Er zeigte ein Ehrendiplom vor – vom langhaarigen Gebrauchshundeverein –, man hatte es ihm heute nachgesandt, das Ehrendiplom erster Klasse. In ganz Deutschland haben es alles in allem fünf Züchter, die Zielbewußtesten, darunter der Minister für Landwirtschaft. Nämlich erste Klasse; Diplome zweiter Klasse, die kriegt jeder Fatzke for jarnischt.

Als Sellnows gegangen waren, redete ich Riki eindringlich zu, es doch mit der Frau zu versuchen. – „Mein Gott, du kannst ihr doch einmal den Gefallen tun ... ? Behagt sie dir nicht, laß sie halt stehn. Die Französin kriegst d' ja doch nicht."

Da legte aber der Sanitätsrat los – Herr der Haarscheren, er mußte es eingelernt haben: Familienehre, deutsche Treue und gebrochene Eide – das wirbelte nur so um. – „Ganz recht haben S' gehabt, Herr Konsul, wie S' gesagt haben: die jungen Herren solleten net überall auf Ehebruch sinnen. Es is ein Schkandal, wie s' das Heiligste mit die Füß treten. Wir zwei, der Herr Konsul und ich, sein entristet über Ihnen, meine Herren. Wir sein in andre Grundsätze aufgewachsen, wir halten noch etwas auf den unangetasteten Ruf von einer Frau. Überhaupt: wann ich die Adress von Ihnere Herren Eltern wisset, möcht ich ihnen das schreiben."

„Na, na", sprach der Konsul begütigend, „ich glaube, Sie sind zu heftig, Herr Sanitätsrat."

„Zu heftig? Ich bitte, haben Sie nicht selbst denen Herrn empfohlen, sich ein bissel zu moderieren und nicht überall auf Ehebruch zu sinnen?"

„Gewiß, Herr Sanitätsrat. Aber... aber doch aus einem ganz andern Grund." Er drehte seinen Bart und sprach langsam und wichtig: „Ich verabscheue ein dreieckiges Verhältnis, jawohl, und zwar vom hygienischen Standpunkt. Ehebruch – das ist mir nicht appetitlich genug. Weiber, insbesondre aber Zahnbürsten hab ich gern für mich allein."

– – Da wurde es still ringsum, mäuschenstill – bis Riki flötete: „Gute Nacht, Herr von Schabuschnigg! Schlafen Sie süß! Oder werden Sie heute noch ein Fußbad nehmen?"

– – – Auf der Spianata exerzierten die Kriegsvölker, Kurtchen und Trudchen, Lucille mit ihnen, sahen zu. – Da besprach ich mit Lucille, wir sollten uns am Abend im obern Korridor treffen.

Am Abend spendete ich dem Stubenmädchen fünf Drachmen, dem Pikkolo zwanzig Obolen und hieß sie Wache stehen – sie an der Haupttreppe und den Pikkolo hinten.

Lucille schlich heran. Nur auf einen Augenblick, denn Madame würde gleich kommen. Sie hauchte mir einen Kuß hin – geschwinde, ganz geschwinde.

„Nicht mehr, Lucille?"

„Morgen, mein Err, vielleicht mehrr."

„Wieder um acht?"

„Ja."

„In meinem Zimmer?"

„Ja."

Und weg war sie.

– – – In dieser Nacht, die Lucilles Traumbild bei mir verbrachte, um kichernd mit meinen Lüsten zu spielen – in dieser Nacht beschloß ich, mich Riki anzuvertrauen und ihn in aller Form um Beistand zu bitten. Er soll am Abend um dieselbe Stunde, wo Lucille zu mir kommt, ein Stelldichein haben mit der Frau – das ist er mir als Freund schuldig, das darf ich verlangen. – Denn wenn die Frau nicht beschäftigt ist, haben Lucille und ich keine friedliche Minute.

Beim Frühstück sagte ich es ihm.

Er nickte: ja. – Also hatte ich mich doch nicht in ihm getäuscht.

Mit Wohlgefallen sah ich ihn mit Hera ins Musikzimmer verschwinden. Als der Konsul ihnen nachwollte, ließ ich mir von ihm erklären, was ein Bêrat ist.

Mit Wohlgefallen sah ich Madame wieder hervorkommen. Ihre Augen leuchteten, jeder bekam von ihrer Freude ein Teil ab – auch ich.

Um halb acht abends bezog das Stubenmädchen ihren Posten an der einen Treppe, der Pikkolo an der andern.

Ich aber saß im Zimmer und wartete.

Und als ich genug gewartet hatte, da pochte es.

Und als ich Herein gerufen hatte – mit stockendem Herzen – da flog sie in meine Arme...

...nämlich Frau v. Sellnow.

„Ah, Sie blonder Bösewicht, endlich finden wir uns – nach so langem Warten! Sie... Sie schüchternes Kind! Haben Sie wirklich nicht den Mut gehabt, mir Ihr Geständnis persönlich zu machen, und erst Ihren Freund als... Liebesboten schicken müssen?"

Und sie war so konzentriert, daß sie nicht einmal das seidene Rascheln vor der Tür hörte.

Das war nämlich Lucille, die hereinwollte.

Und Madame hörte auch Riki nicht, der sich draußen mit meinem, mit meinem, mit meinem kleinen Franzosen herumzog.

– – – Als aber Schabuschnigg am nächsten Tag sagte: das Treiben im Hotel gehe ihm über die Hutschnur, er fühle sich als Ehrenmann verpflichtet, Herrn v. Sellnow aufmerksam zu machen,...da sprach Riki zu Schabuschnigg: „Sie sind ein Affe."

Worauf der Sanitätsrat fuchsteufelswild versicherte: wenn ihm Riki das in Wien sagt, verklagt er ihn oh–ne Er–bar–men wegen Ehrenbeleidigung.

STUFENLEITER DER WEIBLICHEN SEXUALITÄT

Frigidität
Musik
Kunstgewerbsunzucht
Literarisches Seminar
Nymphomanie.

DAS TASCHENTUCH

Lia war sehr schön. Sie wußte es und machte sich noch schöner: aß wie ein Kätzchen, hantierte mit den Fingerlein an ihren Schläfenringelein, senkte die Wimpern und ließ nur die Pupillen gleiten, lachte wie ein Schlittenschellchen und trug die Idee einer Bluse, vor der alle Frauen im Hotel Saint-Georges eifersüchtig erblaßten. – Wenn sie aufstand und ging, verstummte das Gespräch an fünfzehn Tischen.

Wenn sie aber gegangen war, dann lebte das Gespräch nicht etwa auf wie sonst, wenn liebliche Dämchen einen Saal verlassen haben – sondern alles schwieg still. – Riki und ich hatten dem Kellner eine Drachme gestiftet, damit er uns erzähle, was die Leute über uns sagen. Er versicherte uns auf Eid: die Leute sind mucksmäuschenstill.

Zum Diner ließ sich Lia immer von Riki führen, zum Souper von mir. Riki folgte dann mit unendlich müden Gebärden und strich sich sorgenvoll die Schnebbe aus der Stirn, um auf die Konsulstöchter Eindruck zu machen. Die Backfische grinsten aber nur, und die Frau Konsul schlug ein moralisches Zigeunerrad, daß ihr die Schlüsselbeine knackten.

Riki hatte sich und Lia Eheringe verliehen und drang darauf, daß Lia in Gesellschaft Sie zu mir sage. Das sei unbedingt nötig, sonst stehe er gar zu dumm da.

Die unglückliche Ehe Rikis mit Lia bestand nur in seiner Einbildung – von den Ansiedlern im Hotel glaubte kein Hund daran. Erst unlängst hatte mich der Hans aus Bremen gefragt, der mit der herkulischen Krawattennadel:

„Was macht die gnädige Frau Gemahlin der Herren? Befindet sie sich den beiden Verhältnissen angemessen?"

Ich tötete ihn mit einem Blick.

Er lachte dreckig hinter mir her – und als er später mit Herrn v. Karnow über die Spianata ging, lachte er noch immer. Dieser Herr v. Karnow war der geborne Oberlehrer und nur aus Versehen Marineur geworden, Korvettenkapitän. Er kam täglich zum Frühstück ins Hotel – unten im Hafen ankerte sein Kreuzer.

Auch einen landsässigen Deutschen gab es. Er war Prokurist des Konsuls – blond, blau, blöd, die Gefälligkeit selbst; tauschte uns Mark in Drachmen um, trug sämtliche Reisegelegenheiten der Welt im Kopf, und sein Gesicht war voller Bart. Fortwährend predigte der Prokurist: wir sollten sparen, so junge Herren kennten den Wert des Geldes nicht, man müsse sich nach der Decke strecken. – Riki nannte ihn darum den Prokuristes.

Prokuristes stellte uns zur Rede: warum wir noch nicht Aufwartung gemacht hätten beim Konsul; das schicke sich – der Konsul sei doch deutscher Beamter.

Riki nahm seine müdeste Larve um und antwortete:

Eben vor den deutschen Beamten wär er ausgerissen, als er hierherkam – und wenn der Herr Konsul ihn besuchen wolle und verspreche, nicht vom Klima zu reden, sei er immerhin bereit, ihn ungeachtet seines Ranges anzunehmen.

Darüber wurde Lia ungemein wild. Sie brach meine Zahnbürste entzwei, wiewohl auf Korfu keine andre zu haben ist, und machte uns eine Szene, daß den armen Prokuristes die Zitronenkur ankam.

Ich dachte mir: Riki soll sehen, wie er mit Lia fertig wird – und paschte in mein Zimmer ab. Braucht er mich, um Lia zu versöhnen, wird er mich schon rufen.

Ich wartete. – Vergebens. – Nach einer kleinen Stunde fand ich die beiden schon, zu scheußlichen Klumpen geballt, im Schaukelstuhl.

Ich klingelte dem Boy Kallipygos und verlangte Syndetikon, um den zerbrochenen Griff zu leimen – der Boy aber sagte, er würde mir eine neue Zahnbürste besorgen. Als er sie brachte, war sie gebraucht und gehörte Herrn v. Karnow.

Lia blickte durchs Fenster und rief:

„Der Konsul geht draußen spazieren."

„Gott, so laß ihn doch."

„Wenn er aber zu uns kommt?" – Sie zwang Riki in mein Meßgewand. Er saß lange, ohne daß der Konsul erschien. Natürlich; er hatte ja gar nicht die Absicht gehabt...

Schon tags vorher war von einem Ball die Rede gewesen, den

Deutschland im Hotel veranstalten wird. Die Eingebung stammte vom Konsul, die Vorsorgen lagen dem Prokuristen ob. Spielen würde die Matrosenkapelle, das hatte der Kapitän schon zugesagt. Es sollte ganz was Biederes werden; Frau Nachmia würde kommen, die Konsulin mit zwei Töchtern, und was auf Korfu sonst noch gut und teuer ist.

Lia sagte: „Wann man uns net einladet, is das eine Gemeinheit.“ Und sie würde unbedingt sofort abreisen.

Das ginge schon deshalb nicht, bemerkte Riki sehr richtig, weil er nur mehr fünfzig Frank besäße.

„Alsdann nemmt er die Fahrkarten“, entgegnete Lia und meinte mich.

Ich erbleichte.

„Er? Er hat kein Lepton mehr, er hat mich schon wieder angepumpt.“ — Diese Enthüllung fand ich nicht sehr zart von Riki.

Lia kleidete sich zum Souper an. — Wenn schon nichts andres, dann brauche sie für den Ball ein Halskettchen. Ein ausgeschnittenes Kleid ohne Halskettchen sei wie ein nackter Frosch. Wir sollten zusammensteuern.

„Zusammensteuern?“ fragte Riki. „Wer?“

„No — du un er.“

„Ich sag dir doch: er hat nichts.“

„Dann gib du 's Geld, er soll dir, bis er kriegt, die Hälfte zruckgeben.“

„Ah, Unsinn. Wir gehen ohnehin nicht auf den Ball.“

Er hatte es noch nicht gesagt, da öffnete sich die Tür, und Prokuristes, der Affenkaiser, war wieder da. — Wir sollten doch zum Konsul, er erwarte uns schon.

Ich befürchtete wieder einen Wutanfall von Lia, doch Lia sprach keine Silbe. Sie lächelte nur. — Prokuristes trommelte auf Riki ein, der Konsul sei eine mächtige Persönlichkeit — wenn sich Riki mit ihm überwürfe, wie sähe es aus? Überhaupt hätte Riki nur dem Konsul zu verdanken, daß wir gelitten in der Gesellschaft wären — der Herr Konsul trete immer für uns ein, wenn wir angegriffen würden.

Riki kugelte böse Augen:

„Von wem angegriffen?“

Gott, sagte Prokuristes, jeder Mensch habe seine Neider und Feinde.

Riki verlangte trotzig, Näheres zu erfahren — da öffnete sich abermals die Tür, und zu unserm Erstaunen erschien der Herr Konsul in Bezirksgröße, schreitend wie ein heraldischer Löwe; begrüßte uns durch einen Druck seiner eiskalten Pranke, ging auf Lia zu und lud sie in aller Form zum Ball. Morgen, halbzehn.

Lia nahm mit hochfürstlichem Ballerinenlächeln an. — Der Konsul erbat sich die Auszeichnung, Lia jetzt zum Essen führen zu dürfen; reichte wieder jedem von uns die eiskalte Pfote, Lia den Arm, und die Karawane setzte sich in Bewegung. — „Formen", sagte der Konsul, „zarte Formen bei einer Frau sind hinreißend." Und preßte Lias Arm an sich.

Als Lia und der Konsul unten eintraten, ging ein galvanischer Strom durch die Gemeinde. Der Hans aus Bremen bleckte die Zähne. Die Frau Konsulin war, Gott sei Dank, nicht da — sie hätte sich wahrscheinlich das Genick verrenkt.

Wir aßen noch — da legte Lia plötzlich das Messer hin.

„Was is aber jetzt mit meiner Halsketten? — Morgen? Naa, morgen hat der Nachmia Schabbes. Ihr müßts noch heut gehen, die Halskette kaufen."

Nach einigem Sträuben verstand sich Riki dazu — wir pilgerten in grausamem Regen zu Nachmia. Das Kettchen kostete dreißig Frank in Gold; war aber nur plattiert.

— — — Andern Tages himmelfrüh ging ich den Portier fragen, ob kein Geld für mich gekommen wäre; als er verneinte, aufs Postamt. — Nichts.

Nachmittag: eine Depesche. Ich öffnete sie zitternd und las: „keinen pfennig sofort heimkommen papa."

In einem Augenblick schwitzte ich zweimal und wurde zweimal wieder trocken. — Schrecklich; schrecklich. Was jetzt?

Auf dem Rückweg traf ich den Konsul. Er reichte mir die eiskalte Hand, fragte umständlich nach Riki und Lia, ließ sich immer und immer wieder von mir erzählen und tat ungemein zutraulich. — Ich überlegte, ob ich ihn anpumpen könnte. Als ich eben Tapferkeit genug zum Anpumpen in mir fühlte, trug er mir herzliche Grüße auf und ging.

Im Hotel ließ ich mir einen barbarischen Grog brauen, um den Schnupfen loszuwerden, den ich mir gestern geholt hatte, als wir im Regen zu Nachmia gingen – und sagte dem Garçon, der Grog möge auf die Rechnung geschrieben werden, ich hätte kein Kleingeld. Er wollte wechseln – ich tat errötend, als verstünde ich ihn nicht.

Lia war wie im Fieber. Um fünf begann sie sich anzukleiden, fand sich zu mager – daran seien wir beide schuld und die asiatische Kost. Sie zog eine zweite, dicke Hösin an und stopfte sich Taschentücher in den Busen. Die Bluse sei schäbig, sie möchte sie am liebsten zerreißen, schrie sie. – Gegen acht, schon wollten wir gehen – da fiel ihr wieder ein, den Volant von ihrem Straßenkleid zu trennen – er mache sie zu dick. In der Eile nähte sie alles schief und mußte von vorn beginnen.

Dann im Ballsaal, als sie sich überzeugt hatte, daß keine eleganter war als sie, löste sich die Erregung in Spottreden auf über die versammelten Weiber.

Es war sehr nett. Ein Abglanz von des Konsuls Heiligenschein fiel auf uns – alles riß sich um Lia. Leute, die uns nie gekannt hatten, kamen an unsern Tisch und wollten vorgestellt sein.

– Wäre nur der Schnupfen nicht gewesen.

Gegen Mitternacht war mein Taschentuch nicht mehr praktikabel. Ich hätte mir gern eins von Riki geborgt – er stand, umringt von Frau Nachmia, mitten unter dem Kronleuchter.

Da beschloß ich, koste es, was es kostet, eins von Lias Taschentüchern aus ihrem Busen zu stehlen. – Sie saß an den Konsul geschmiegt. Ich wartete, daß sie sich weit genug auf dem Tisch beuge.

Im rechten Augenblick fragte ich den Konsul, wie ihm die Musik gefällt, und griff zu.

Zuerst die eiskalte Hand.

Und als ich es heraustrug und besah, da stak darin eine Zehnpfundnote, englisch.

„Herr Prokurist, wann geht das nächste Schiff?"

Er zog die Uhr und lächelte.

„Wenn Sie sich beeilen, bekommen Sie es noch."

Ich bekam es.

— — —

Acht Tage später traf ich Riki in Ragusa. Er war allein; sah scheußlich aus. Beinerne Knöpfe am Hemd — einfach zum Erbarmen.

FAMILIENLEBEN

„Gnädigste, ich sehe Sie immer mit einem großen, blonden Herrn; ist er verwandt mit Ihnen?"

„Einigermaßen… 's ist der dritte Gemahl der ersten Frau meines zweiten Mannes."

Herr Oberlehrer — in begreiflicher Erregung:

„Aber Paula!! Was muß ich sehen!! Du wirst sofort hundertmal abschreiben: Ich soll nicht ehebrechen."

VETTER TEDELTUDEL

Gabi errötete über den Vorschlag glühend. Graf Franzl meinte, es sei pure Verlegenheit bei ihr, es war aber auch sehr viel Freude. Sie fiel der Netterl um den Hals, knixte vor dem Herrn Grafen — und weg war sie.

„…Meinst denn das wirklich?" fragte Netterl nach einer Weile.

„Was denn?"

„No — das mit der Gabi und dem Tedeltudel?"

„Aber natürlich. Sie ist doch ein ideales Weib für ihn. Die passen zuanand wie zwa egale Jucker. Es is einfach Schuldigkeit, sie zusammzuspannen."

Netti war von dem Plan nicht sehr erbaut. Denn erstens… sie hat ja die Gabi ganz gern, Gabi ist sogar ihre beste Freundin…

Aber muß ein so gewöhnliches Mädel gleich auch einen Grafen haben? – Und sie fühlt instinktiv ihres Franzls sündhafte Nebenabsicht heraus.

Netterl ist aber viel zu schwach, Franzls Sicherheit zu beirren. Wenn er einmal eine glänzende Idee hat, bildet er sich so viel darauf ein, daß er nicht lockerläßt.

Richtig nimmt er nach einer Weile seinen Hut.

„Gehst denn noch einmal fort, Franzl?" fragt sie ungemein zärtlich.

„Versteht sich. Ich muß doch dem Vetter Tedeltudel sagen, daß ich eine Partie für ihn hab."

„Wie dringend, daß du's hast!.. Wo willst denn jetz 'n Tedeltudel finden?"

„Im Bristol – wo sonst?"

„Du kommst mir aber doch wenigstens noch einmal Gute Nacht sagen?"

Und sie blickt ihn mit halbgeschlossenen Lidern verheißend an – und ängstlich, daß er nicht kommen werde.

Er küßt sie lächelnd, zuckt die Achseln und geht.

...Nein, der Netterl ist die Geschichte, die da eingefädelt werden soll, wirklich nicht recht.

– – – Die Gesellschaft, die sich allabendlich in der Bar des Hotels Bristol versammelt, ist sehr einfach konstruiert:

Der schmächtige Ulan sitzt immer mit untergekreuzten Beinen am Schenktisch, schweigt und nippt nur Brandy, um sich sein Gewicht nicht zu verpatzen. Er trainiert für Pardubitz.

Baron Berti, der Abgeordnete, trinkt Whisky ohne Schuß und erklärt, sichs ins Transvaal so angewöhnt zu haben.

Serda – bis Mitternacht Sehrdagegen und nach Mitternacht Sehrdafür – säuft Cordon rouge dry und zieht den Vetter Tedeltudel auf.

Wenn Serda – Sehrdafür wird, auf die Minute genau, kriegt es der Abgeordnete mit dem Wanken, wird Anarchist und beschimpft die Regierung und die Habsburger.

Und dann – dann fallen sie alle über den armen Tedeltudel her.

Einmal, als Kind, hat Tedeltudel seinen Spitznamen wirklich

verdient. Damals konnte er nicht „Kegelkugel“ sagen. Das ist aber lange vorbei, jetzt spricht er das K und G tadellos aus. Die Bargesellschaft vergnügt sich damit, zu behaupten, er könne es immer noch nicht, und gibt ihm die unglaublichsten Wörter auf. Heiß vor Zorn hat er zehnmal hintereinander das schwerste, Kukuruzkulturen, nachgesprochen — da schwören sie wiehernd, Tedeltudel habe Tutuluztulturen gesagt.

Hier pflegt Graf Franzl Amperg, eh er in den Jockeiklub soupieren geht, einen Augenblick zu verweilen. Nur wenn ihn die ganze Schöpfung langweilt oder er sich vorgenommen hat, er geht noch einmal zur Netterl —, können aus dem Augenblick zwei Stunden werden und aus einem Glas Chablis zwei Flaschen — mit kaltem Aufschnitt und arger Bettschwere.

Heut aber wird es all das nicht.

Als sie den Vetter Tedeltudel am blutigsten verulken, läßt Franzl ihn durch den Kellner unauffällig hinüber in die Hall rufen und legt ihm das Projekt mit Gabi Funtitschek vor.

Statt seinem Cousin für die wahrhaft zärtliche Fürsorge zu danken, nimmt Vetter Tedeltudel die Nachricht von der ihm zugedachten Weiblichkeit sehr kühl auf. Entweder ist an der Jungfrau nichts dran, denkt er sich, oder...

Erst nach langem Widerstreben, vielen Fragen und Reden, nachdem Franzls treuherzige Versicherungen Vetter Tedeltudels angebornes störrisches Mißtrauen besiegt haben — da endlich willigt Tedeltudel ein, am Samstag nachmittag zu Netterl zu kommen und sich mit Gabi bekannt machen zu lassen.

„Anschaun kann man ja das Madel — no ja — nicht wahr? Damit ist doch noch nichts gesagt...?“

„Nein, damit ist noch gar nichts gesagt.“

„Alsdann: gut. Ich komm.“

Tedeltudel schüttelt Franzls Hand und hält sich erst durch dieses zweite feierliche Versprechen für gebunden.

— — — Endlich, endlich, vergeht für Gabi auch diese ewige, ungeduldige Woche.

Tausende von unklaren, wunderschönen Bildern hat sie in den sechs Tagen von Sonntag bis Samstag auf ihre Perlenfäden gereiht — grade zwischen je zwei Perlen einen Gedanken.

So schön wie dieser Herr Jesus von Zelluloid, den sie da auf ihre Haussegen zu nähen hat, wird auch der ihr verheißene Tedeltudel sein.

Und er wird ihr seidne, durchbrochne Blusen kaufen, wie Netterl sie trägt, und Toaletten, die säuseln und knistern, wenn man über die Straße schreitet.

Und er wird ihr einen Schmuck schenken, so unbeschreiblich kostbar – in der Innern Stadt aus den Schaufenstern den allerkostbarsten. Die Flinserln auf dem Haussegen werden daneben erblinden.

Gabi stickt nämlich Haussegen: „Grüß Gott, tritt ein – Bring Glück herein.“ – „Ost, Süd, Nord, West – Daheim ist das Best“; mit Glasperlen allein – oder Perlen und Seide – oder Seide und Bildchen. Am besten lohnen sich noch die mit Perlen und Seide – dreißig Heller das Stück. Man kann täglich ganz gut zehn fertigbringen.

An dem großen Samstag aber legt sie um zwei Uhr wortlos die Kartonblätter Kant auf Kant, die Schachtel mit den Glasperlen darauf, wickelt die Seidenknäuel fest, sticht die Nadel durch und erhebt sich.

„Was hast denn, Madl?“ fragt die alte Frau Funtitschek und glaubt ein Trugbild zu sehen.

Gabi erbleicht. „Ich muß zur Netterl“, sagt sie – so fest wie nur irgend möglich.

„Ja... bist... bist denn bei Trost?“

Gabi ist auf den Widerspruch gefaßt gewesen und hat sich auch schon ausgedacht, wie sie ihn besiegen wird: mit einer Lüge. Sie gibt vor, Netterl habe ihr einen abgelegten Hut versprochen; den müsse sie abholen.

Frau Funtitschek mault; sie mault noch einmal, als sich Gabi an diesem ganz gewöhnlichen Wochentag ihr Himmelblaues anzieht, „das mit die Spitzen“ – aber schließlich hat sie vor Netti und ihrem Herrn Grafen zuviel Hochachtung, Gabi nicht gewähren zu lassen.

Gabi geht bis zur Kochgasse zu Fuß und wartet dort auf den Südbahnwagen. Das ist viel praktischer, als über den Ring zu fahren, weil man nur einmal umzusteigen braucht mit einer Sechserkarte.

Ihr ist, als sei Feiertag. Ein eleganter Herr kommt ihr gegenüber zu sitzen, der sieht dem Herrn Magistratsbuchhalter aus der Tanzschule ähnlich. Er läßt sie auch richtig nicht aus den Augen, steigt mit ihr an der Ecke der Favoritenstraße aus und folgt ihr. Und dann überhaupt: die Sonne, die Menschen – und die ungewöhnliche Tageszeit – alles ein Feiertag.

In wahrhaft andächtiger Stimmung steigt sie die teppichbelegte Treppe zu Netterl hinan. Ob denn Tedeltudel wirklich da sein wird? Sie kann es gar nicht glauben.

Noch einmal läßt sie einen langen Blick an sich hinabgleiten und rührt erregt an den Taster.

Als ihr Netti öffnet und Gabi zwei Wintermäntel im Flur erblickt, muß sie beide Hände ans Herz drücken – weitergehen kann sie nicht.

Beim Schrillen der Klingel ist Vetter Tedeltudel aufgesprungen und versichert zum hundertstenmal: man möge ja nicht meinen, er sei hineingefallen. Er wisse ganz genau, wo das hinaussoll – daß man ihm nämlich irgendeine Großmutter vorstellen wird, um ihn dann auszulachen. Er wisse das ganz gut.

Doch sowie Gabi zögernd eintritt, da setzt sich Vetter Tedeltudel wieder hin. Wortlos – ganz und gar wortlos.

Franzl sieht ihn triumphierend-ironisch an; heißt Gabi willkommen und tut, als wollte er sie küssen.

Sie errötet noch mehr und birgt ihr Gesicht zu einer ausführlichen zweiten Begrüßung an Netterls Hals.

Dann stellt Franz die beiden einander vor:

„Mein Vetter, Ernst Amperg – Fräulein Gabi."

Gabi getraut sich nicht hinzusehen und nickt nur flüchtig.

Sie nimmt nach einigem Zureden Platz und beginnt vor lauter Verlegenheit der Netti eine überflüssige Geschichte ohne Hand und Fuß zu erzählen – von einer Tant, die in eine falsche Elektrische gestiegen ist.

Franz versucht sich vergeblich ins Gespräch zu mischen. – Den Vetter fragt er durch ein Augenzwinkern:

„Na – was sagst du zu ihr?"

Doch der Vetter sagt noch immer nichts. Keine Silbe.

Durch Franzls aufopferndes Ermutigen kommt endlich ein lahmes Zwiegespräch zwischen Gabi und Tedeltudel in Fluß.

Um acht, als Gabi aufbricht — länger darf sie nie ausbleiben — wegen der Mutter —, da kostet es Franzl eine heftige Muskelanstrengung, ehe Vetter Tedeltudel begreift, daß er „sein" Madel jetzt begleiten muß.

Graf Franzl aber blickt den beiden mit dem unklaren Gedanken nach: ob es nicht dennoch gut wäre, Netti schießen zu lassen und es mit Gabi zu versuchen... Er täte es bestimmt, wenn er nicht die Unbequemlichkeiten eines Wechsels scheute.

Im Auge behalten kann man die Sache jedenfalls.

— — — Den Vetter Tedeltudel ziert eine Bescheidenheit der Geisteskräfte, vor deren Größe Franzl Amperg ratlos dasteht. Der Jüngling scheint ja seine Affäre mit Gabi wirklich und wahrhaftig mit dem Schleier einer Familienangelegenheit umgeben zu wollen.

Sooft Franzl interessiert und dringlich danach fragt — man möchte doch wissen, wie der Weizen steht —, lenkt Vetter Tedeltudel das Gespräch, sichtlich unangenehm berührt, aufs Nebengleise.

Und er gestände nicht fürs Leben ein, welchen Verlauf die Sache genommen hat...

Oh, ganz anders, als sich Franzl und vielleicht auch Tedeltudel haben träumen lassen:

Als damals, vor drei Wochen, Vetter Tedeltudel Gabi nach Hause fuhr — schon damals hatte ihrer beider Befangenheit ein fast ernstes Gespräch begonnen. Er kam nicht über das „Fräulein" weg, und sie... vermied überhaupt jede Anrede, auch das Sie. Tedeltudel erkundigte sich nach Gabis Beschäftigung, den Eltern, dem Bruder... — Gabi ließ sich bruchstückweis ausholen.

Der Wagen hielt schon vor dem Haus, als ihnen erst einfiel, daß sie sich doch wiedersehen müßten — und nun begann eine klafterlange Unterhandlung darüber. Denn... Tedeltudel wußte wirklich nicht, wo es geschehen sollte.

Gabi schlug den Votivpark vor — Netterl hatte ihr einmal anvertraut, sie habe dort einst ihren Burggendarm zu treffen gepflegt. — Tedeltudel war einverstanden.

Da spazierten sie denn am nächsten Sonntag stundenlang im Freien. Vetter Tedeltudel war nicht einmal besorgt, gesehen zu werden.

In seinen einsamen Nächten aber dachte er über Gabi nach. Ihm war ja sonnenklar, was da entstehen sollte: ein Verhältnis selbstverständlich. Wie eben die Verhältnisse schon sind: man mietet zwei oder drei Zimmer, richtet ihr sie ein und gibt ihr eine Apanage. Dann, nach einiger Zeit, wenn man großjährig ist und die Sache zu Ende geht, zahlt man ihr eine Abfertigung.

Das ist klar.

Nur... wie anfangen? Er suchte vergebens nach einer Analogie in seinem Leben.

Als ihr Tedeltudel einmal von einer Wohnung sprach, schlug Gabi die Augen nieder und sagte:

„Das wird die Mutter net erlauben."

Als er ihr – er hatte den Entschluß überschlafen – einen Besuch in seinem Heim vorschlug, willigte sie zuerst ein; an der Haustür aber kehrte sie um.

Wieder an einem Sonntagnachmittag hatte Gabi ihren schönen Hut auf – denselben, den ihr Tedeltudel gekauft hatte, damit sie ihn zu Haus als Netterls Geschenk zeigen könnte. Da begann es in Strömen zu regnen. Gabi wäre gern zu Netterl gefahren, aber Tedeltudel wollte diesen Umgang absolut nicht und rief dem Kutscher seine eigne Adresse zu.

Oben bei ihm küßten sie einander und küßten sich immer von neuem... Er nahm all seine Entschlossenheit zusammen und Gabi die ihre... plötzlich stieß sie ihn von sich und brach in krampfhaftes Weinen aus; sprang auf, hing an Tedeltudels Nakken; und Tedeltudel... – fast wären auch ihm die Tränen gekommen.

„I hab di ja eh sehr gern, aber i... kann net – i kann net, Ernstl!"

„Na, wein nicht, meine kleine, gute Maus", sagte er, wandte sich erregt ab und biß sich in die Lippen.

– – – Als Gabi an diesem Abend heimkam, faßte Frau Funtitschek sie ins Auge und fragte:

„Wo bist d' 'n ganzen Regen gewesen?"

„Bei der Netterl."

„No – un war wer dort?"

„Halt ihner Franzl."

„Un sonst niemand?"

Gabi schwieg.

Da schwieg eine Zeitlang auch Frau Funtitschek, machte sich am Ofen zu schaffen und sagte plötzlich:

„No – warum? – Wann 'r anständiger Gawlier is...?"

Gabi sah ihre Mutter eine Weile an. Dann setzte sie sich hin und schrieb ihrem Ernstl: er solle sie morgen, Montag, bei sich erwarten.

Montag ließ sie Haussegen Haussegen sein und ging.

Frau Funtitschek wickelte langsam die Stickknäuel zusammen und steckte die Nadeln durch.

– – – Dreimal vierundzwanzig Stunden wartete die Mutter, daß Gabi zu sprechen begänne.

Freitag abend kam ein Brief für Gabi. Büttenpapier. Frau Funtitschek brachte ihn ihr und ließ sie allein. Endlich, zu Mittag, fing sie an:

„Was is er also?"

„Wer – Mutter?"

„...No, der, mit... – also halt der, mit dem, was d' gehst. – I hab do scho mehr Leut kennt als wie di – schlechte Kinder und gute Kinder –, aber a Kind, was seiner eignen Mutter net sagt, mit wem daß 's geht, des hab i no net gsegn. Jetzt schau i d'r scho a paar Wochen zu – du mit deine Hamlichkeiten – aber heut is mei Geduld Matthäi am letzten. Schamen sollst di, ungeratenes Madel – wos du so gute Eltern hast und tust ihna so an. Fui! Fui! Schamen sollst di, sag i d'r."

Gabi lief in die Küche und heulte.

„Is des a Ghörtsi? Für a jungs Madl? Vor der eignen Mutter Hamlichkeiten haben? Wann 'r an urntli'er Mensch war, war 'r eh scho herkummen, sich anschaun lassen bei die Eltern. Oder maant 'r, man werd ihm fressen?"

– – – Tedeltudel ahnte nicht im entferntesten, was ihn bei Funtitscheks erwartete; hätt er es geahnt – es wäre Gabi nicht halb so schwer geworden, ihn zu dem Besuch zu bewegen.

Eine saubere, liebe Wohnung – Frau Funtitschek hatte Tag und Nacht gescheuert. Gute, saubere Menschen. Sogar ein veritables Diner: Frau Frantitschek war nicht umsonst Herrschaftsköchin gewesen.

Was aber Tedeltudel am meisten überraschte: die Leute hatten Takt. Man sprach nicht eine Silbe über ihn und Gabi. Und das hatte er doch so bang erwartet...

Vater Funtitschek, bürgerlicher Buchbinder, war vor Jahren als Kolporteur in adelige Häuser gekommen – die zählte er nun selbstzufrieden auf. Wenn er einen Namen vergaß, konnte der kleine Schurl aushelfen, Gabis Bruder – der hatte sich alle gemerkt.

„Überhaupt a sehr a gescheiter Bub. In der Schul – muß ma ihm lassen – lauter ‚lobenswert'."

Tedeltudel strich ihm übers Haar.

Mutter Funtitschek hatte einmal bei Herbersteins gedient – „wie no d' jetzige Gräfin Széchenyi z' Haus war, d' gnädige Komteß." – Oh, die kannte Tedeltudel ja grade sehr gut, die Mary Széchenyi.

Sie entdeckten, daß Frau Funtitschek auch in Diensten einer leibhaften Tante Tedeltudels gestanden hatte – da war das Thema zu einem langen Garn gefunden, und Tedeltudel befürchtete keine peinliche Wendung mehr.

Zum Kaffee – nein, zum Kaffee blieb er nicht. Aber er wollte nächstens wieder vorsprechen.

– – – Am andern Abend kam Gabi nicht nach Haus.

– – – Als sich Tedeltudel so lang nicht im Bristol blicken ließ, nicht im Klub und auch Gabi nicht bei Netterl – da beschloß Franzl Amperg, den teuern Vetter doch einmal besichtigen zu gehen. Netti hielt – eifersüchtig – mit.

Sie klingelten Schäffergasse 13a an – da öffnete ihnen ein fremder Jäger. Tedeltudel wohnte nämlich gar nicht mehr da, sondern ein unbekannter junger Herr, der alsbald hervorkam und Netti ohne Zögern weiterlud.

Erst vom Portier erfuhren sie Tedeltudels neue Adresse: Hietzing.

Dort öffnete ihnen – wieder zu ihrer Verwunderung – ein Dienstmädchen.

Und während sie im Vorzimmer ablegten, hörte man in der Küche einen Jungen jammern.

„Jessas, der Schurl Funtitschek", rief Netterl sofort. – Die Mutter prügelte ihn gerade, weil er sich unterstanden hatte, die Apertmas vom Herrn Grafen zu betröten.

Als Franzl und Netterl aber in die offene Zimmertür blickten, da trauten sie ihren Augen nicht: Vetter Tedeltudel spielte Karten mit dem alten Buchbinder. Mariage.

„Gräfliche Gnaden", sagte Herr Funtitschek mit gespitztem Maul, „üch habe vürzig ün dü Piken."

SCHICKSALE

In einer hellen Stunde zu dunkler Nachtzeit sprach Freund Pembauer:

„Die Gesellschaftsordnung von heute bevorzugt auffallend das Weib. Wann a Bub zwölf Jahr alt wird, fallt er in der zweiten Lateinklass durch, und sein Unglück is besiegelt. Wenn aber a Madel a Hur wird, kann s' immer noch an Prinzen heiraten."

DAS FLANDRISCHE JÜNGFERLEIN

In Oignies, dem galanten Städtchen, hat Jacobus de Vitry drei Jahre – statt Gottes – die schöne Begine Marie angebetet; und ist doch später ein gar berühmter Predigerr worden des Kreuzes gegen die Sarazenen, Bischof von Akka und Kardinal – die Begine aber Äbtissin –, bis eine gemeinsame Gruft das christliche Paar vereinte; ein Beweis, daß fromme Liebe nicht wider die Gebote ist.

Im selben Oignies aber und um die nämliche Zeit – Jacobus verbürgt es – lebte ein Ritter, mit Namen Guiraut de Bossay – zwar über die erste Jugend hinaus, doch auch als reifer Geselle noch ein Brausekopf, empfänglich für Frauenschönheit, ihr heißer Dichter und Verehrer. Man wußte von ihm: wenn er sich in ein Mägdlein verschaut hatte, ließ er nicht locker, bis er sein Ziel erreichte.

Und da Treue nicht eben seine schwere Bürde war, seine Augen aber weithin spähten, abends wie des Morgens, hatten mählich all die Jüngferchen der Stadt vor ihm zu zittern, nach ihm zu schmachten und ihm balde zu erliegen.

Da konnte nicht ausbleiben, daß sich sein Verlangen endlich auch nach der Jüngsten richtete: eines verstorbenen Bäckers siebzehnjähriger Tochter Magelone. Sie war über die Maßen hübsch, eine frische, tauige Teerose.

Doch sie war auch so sittsam, wie sie hübsch war – in ihrer Unschuld bebte sie vor dem Mann, dessen Ruf soviel Siege über Frauenherzen kündete.

Als Waise fühlte sie sich ihrem Bedränger schutzlos preisgegeben. Und da er ihr schwor: er werde nie und nimmer von ihr lasssen, ihr magdlicher Widerstand habe sein Gelüst erst recht entzündet – in ihrer Not beschloß sie, sich der Äbtissin von St. Catherine anzuvertrauen –, eben Frau Marie de Oignies.

„Mutter", bat sie – ihr Gesichtchen glühte, und Tränen holder Scham rollten darüber –, „Mutter, Herr Guiraut ist mir auf den Fersen – beschirmt mich, denn anders weiß ich kein Entkommen vor dem kecken Ritter."

„Sei ruhig, Töchterchen", sprach die Äbtissin, „ich will dich so wohl verbergen, daß er dich nimmer finden wird." Und rasch führte die Dame ihren Schützling hinter einen zerschlissenen Vorhang im Winkelchen der Sakristei.

Heftige Schläge am Tor. Zank der Pförtnerin – eine rauhe Stimme hallt. Dröhnende Schritte, Sporenläuten – ein Schleppeisen klirrt mächtig auf den Fliesen.

Herr Guiraut de Bossay kümmert sich nicht um Einreden; scheucht Schwärme gackernder Nonnen vor sich her; bricht flottweg die Klausur. Rumort auf der Diele, stöbert im Refektorium, schnüffelt in den Zellen.

Vergeblich eilt, von den Nonnen herbeigekreischt, der Beichtvater des Klosters daher, Jacobus de Vitry; fährt ins Ornat –

und im weißgoldnen Ornat, vom Altar beschwört er den Ritter, den heiligen Boden zu achten, droht mit dem Zorn des Bischofs und des Königs, mit dem Bann.

Der laute Soldat stampft die Kirche ab und sucht – lockt mit freundlichem Gelächter:

„Wo steckst du, Kleinchen, Meinchen?
Komm, so gibt es Weinchen –
süßen Wein und Zuckerplätzchen
für das Schätzchen, Miezekätzchen.
Laß dich nur geschwind erspähn
vom Helden der Touraine."

Dreimal schreitet der Ritter blind vorbei an Magelonens Winkel – das Herz steht ihr still vor Angst. Da sieht sie durch Vorhangs Lücken, wie der Ritter, mißmutig und enttäuscht, sein zärtliches Vorhaben aufgeben, die Kirche verlassen will.

In ihrer Einfalt ruft sie – nach Kinderart:

„Kuckuck."

„Kuckuck" – und schon hat der Ritter sie aus ihrer Lauer gezogen – und sie lachen einander glücklich an – und Küsse erstikken das Lachen – und ob der Pfarrer auch am Altar noch wettert, führt der Ritter ihm die Erwählte entzückt zur Trauung zu – und während die Äbtissin ihre Sprache noch nicht hat, knien die Liebenden schon auf den Marmorstufen, um das Sakrament der Ehe zu empfangen – Herr Guiraut de Bossay und die hübsche Bäkkerstochter Magelone – das letzte Mädchen von Oignies, das ihm in der Sammlung seiner Triumphe gefehlt hat.

Der Kirchenbann ist dem tapfern Ritter erspart geblieben – der Bischof hat verziehen und der König um die Freveltat nicht einmal erfahren.

PRÜFUNG DER GEFÜHLE

Sie leben in glücklicher Ehe, Gnädigste? Seit vier Jahren? Und die Liebe Ihres Gatten kennt keine Schwankungen?

Gnädigste, wer alle Morgen dasselbe Gebet spricht, seit Jahren – meinen Sie nicht, die Andacht könnte ihm unbewußt zur Gewohnheit sinken?

Ich rate Ihnen, Gnädigste, rate Ihnen eindringlich: stellen Sie die Liebe Ihres Gatten auf die Probe.

Wie? Ganz einfach: gehen Sie mit mir durch; nach Paris.

Und dann? Nach einer Woche kehren Sie zu ihm wieder.

Nun sind zwei Fälle möglich:

Entweder Ihr Gatte stößt Sie zurück – seine Liebe ist nicht groß und echt gewesen – die Prüfung hat ihren Zweck erreicht, die Heuchelei des Gatten ist erwiesen. Fort mit Schaden!

Oder Ihr Mann öffnet seine Arme klafterweit, um Sie selig zu umfangen – alles ist wieder gut. Ihr Gewinn: sie haben einen hübschen Ausflug nach Paris gemacht, mit mir.

Möglich ist noch ein dritter Fall: Ihr Mann, statt zu frohlokken, wenn Sie aus Paris daherkommen, statt Sie glückberauscht zu küssen, tötet er Sie mit einem Küchenbeil.

Wäre es nicht der stärkste Beweis für die Aufrichtigkeit seiner Gefühle?

DON JUANS BEICHTE

Hochwürdigster Herr Guardian, geliebte Brüder,
zu euch spricht ein müder,
ein alter Mann; er hat euch berufen –
ihr sollt ihn stützen über Himmelreichs Stufen.

Gestern – als draußen der Abend schon, ein trüber,
hing –
wars, daß ein Mädchen an meinen Fenstern vorüberging.
Und wie sie schritt in der Jugend Prangen
und zierlich ihre Lende dreht:
in mir regte sich kein Verlangen.
Da sah ich, daß es mit mir zu Ende geht;
schleppte mich zu euch und bat um eine Zelle.
Hier möchte ich sterben, verbrauchter Geselle.

Doch ehe mich Gottes Strafen erreichten,
muß ich beichten.

Zum letztenmal als junger Student
empfing ich das Heilige Sakrament.
Seither in meines Gewissens Gründen
zu forschen, hab ich leider versäumt.
Weh mir! Nun rasch mit meinen Sünden
aufgeräumt!

Gemordet – Gott sei meiner Seele gnädig! –
hab ich nur einmal. Es war in Venedig.
Er rief: „Du willst meine Frau, du Schuft?"
Ich hab ihn in den Canal gepufft.
Da er nicht lange zu leiden hatte,
wird Gott mir vergeben. – Auch wars nicht der Gatte.
Meineid hab ich nur einen geleistet.
Da hat sich ein Kerl in Nimburg erdreistet,
nach dem Vorleben seiner Frau Liebsten zu fragen.
Urteilt selbst, ihr Brüder: Durfte ich sagen…?

Sonstiger Todsünden – und meine Augen brennen –
muß ich mich leider fast aller schuldig bekennen:
Hochmut, Wollust, Zorn und Völlerei;
nur von Geiz, Neid, Trägheit des Herzens weiß ich mich
frei.

Um auch meine Tugend hervorzuheben:
ich habe niemand beneidet, mit vollen Händen gegeben.
Ingleichen hielt ich, wo andre praßten,
stets die von der Heiligen Kirche gebotenen Fasten.
Freitags aß ich nur Krebse und Fisch;
mariniert und frisch.

Was ich an christlichen Frauen nahm, ohne viel zu wählen,
wird mir der Himmel hoffentlich nicht zu Ungunsten
zählen.

An Türkinnen hatte ich nur eine, entgeltlich.
Sie war auch schon ältlich.

Jüdinnen hatte ich allerdings etliche Dutzend.
Der liebe Gott wird es mir verzeihen.
Ich suchte sie immer Christo zu weihen,
dem sie widerstreben, im Irrglauben trutzend.
Eine, in Lodz, hab ich denn auch gewonnen:
schwanger, ging sie ins Spittel der Nonnen.
Ich habe sie später im Spittel besucht.
Begehrte zur Stunde, verflucht und verrucht,
eine Nonne dort und bereue es heute.
Christus! Herr! Warum hast du so schöne Bräute?

Wenn etwa auch christlicher Umgang unter die Sünden fällt –
ich hab es heut nacht en tout cas zusammengestellt:
100 Deutsche; 307 Welsche; von kleinern Völkerschaften
rund 40: ohne die Huren und Klaften.
Zweifelhaft sind mir die Zigeunerinnen; bekennen ins Gesicht –
doch der rechte Glaube ist es nicht.
Dies in Europa. – Amerika, ein andrer Himmelsstrich,
ist, nehme ich an, ein Ressort für sich.
Übrigens habe ich dort mit Frauen eigentlich nur gespielt –
Darunter mit Lincolns Nichte, während er die berühmte
Gettysburger Rede hielt.

In Zerknirschung, Herr, kniet – oder liegt vielmehr Dein Sklave,
gegenwärtig Deines Grimmes, Deiner Strafe,
schlägt sich die Brust wund und windet sich im Schmerze.
Doch Du blickst ins Herze.
Du weißt, Herr, HERR: was ich auch im Leben
verschuldet – alles aus Leidenschaften, die Du mir eingegeben.
Glaub mir, HERR, der ich bald vor Dir stehen werde:

mich reuen nur die ungenossenen Freuden, die Verluste,
die ich aus Läßlichkeit versäumen mußte
auf Deiner wunderschönen Erde.

Und sollt ich, HERR, wider alles Erwarten
noch einmal gesunden: laß mich ein neues Leben starten!
Mit meiner Erahrung in irdischen Dingen
will ich dies zweite Leben kühner, reicher, würdiger
vollbringen.

LIEBE IN DER EHE

Nie hat, soweit die arabische Zunge klingt, ein glücklicherer Ehemann gelebt als Ragib ibni Muhammed, bin Idris, bin Abbas, bin Osman, bin Beker vom Stamme der Fezzaru, den man später kurzweg Imam'i Beker nannte. Er hatte ein Mädchen gefreit vom Geschlecht der Abd-el-Menaf – ein Mädchen, dessen Schönheit sich nur dem Gatten offenbarte, ein Mädchen, dessen Güte vier Himmelswinde priesen.

Einst war Imam'i Beker ermüdet von weiter Reise heimgekehrt und sagte zu seiner Frau:

„Teuerste, ich möchte schlafen. Sorg, daß man mich nicht störe!"

„Streck dich", sprach sie, „Teuerster, auf deinem Lager aus – ich werde mich auf einen Schemel vor deine Tür setzen, um deinen Schlummer zu behüten."

Sprachs und tat es.

Ihn aber duldete es nicht im Bett, da er die geliebte Gattin auf der Schwelle wußte.

Er trat vor die Tür und bat:

„Süße, du sollst nicht die lange, kalte Nacht vor meiner Tür durchwachen. Komm in unser Bett und ruh gleich mir!"

„Süßer, mir ziemt, hier draußen zu bleiben und acht zu haben, daß man dich nicht wecke."

Gerührt von so viel Güte, rief Imam'i Beker:

„Gut denn, Herzliebste – da deine Sanftmut auf ihrem Willen beharrt: so mach mir ein wenig Platz auf deinem Schemelchen, und ich will mit dir wachen."

Und saßen beide bis zum Morgen mucksmäuschenstill vor Imam'i Bekers Tür.

BRIGITTE, MEINE ERSTE FRAU

Ich habe mir später oft den Kopf zerbrochen: warum warum habe ich es getan? Doch die Sache spielte sich damals so rasch ab, daß mein Bewußtsein gar nicht Zeit hatte, mein Unterbewußtsein zu befragen:

„Bist du wirklich und wahrhaftig willens, Brigitten zu deiner Frau zu machen?"

Am nächsten Tag erzählte ich meinem Freund Georg:

„Denk mal, ich habe Brigitte gestern auf der Heimfahrt vom Ball einen Heiratsantrag gemacht."

Georg, die ehrliche Seele, antwortete:

„Brigitte ist immer unvorsichtig. Man sollte sie nie allein mit einem Mann Auto fahren lassen. Sie denkt nicht an die Folgen."

„Und meinst du, daß wir uns sollen auch kirchlich trauen lassen?"

Georg öffnete die Augen groß und weit und sagte:

„Willst du ein Kabarett eröffnen oder eine Schunkelscheune?"

„Ich verstehe dich nicht."

„Nun, du kannst Brigitten doch nur heiraten wollen, weil sie brillant tanzt. Wenn du mit Verstand handelst, hast du die Absicht, ihren Tanz öffentlich zu verwerten. Handelst du aber ohne Verstand, dann hat ihr Tanz nur – pfui, o pfui – deine Sinne entzündet. Heirate immerhin – die erste Ehe gilt ja sozusagen gar nicht. Ich habe die Erfahrung gemacht, daß man im Armenrecht für sechzehn Mark geschieden werden kann."

Das war Georgs Segenswunsch zu meiner Hochzeit.

– – – Georg Dunajski ist ein exterritoriales Subjekt, Sekretär der griechischen Gesandtschaft am bayrischen Hof. Gewiß ein lächerlicher Posten – wenn man bedenkt, wie locker die Beziehungen sind zwischen Oberbayern und Hellas. Sein Vater war serbischer Ministerresident gewesen in weiland dem Königreich beider Sizilien – die Kenntnis der Frauenseele ist also erblich im Stamm Dunajski.

Mein Freund Georg und Brigitte, dieser Bastard von Jaguar und Frau, bildeten hinfort meinen Hausstand. Das heißt: Georg war nur bei Tag da, Brigitte Tag und Nacht – mit Ausnahme jener Stunden, die sie auf der persischen Botschaft verbringen mußte – in einer Erbangelegenheit, die ich nie recht begriff; ferner auf dem peruanischen Generalkonsulat – wieder in einer andern Erbangelegenheit. Ich rate jedermann: keine internationale Frau zu heiraten.

Ansonsten ließ sich unsre Ehe auf das beste an. Brigitte war eine Hausfrau ohnegleichen. Sie kochte mit Passion: Montag, Mittwoch und Freitag meine Lieblingsspeisen – Dienstag, Donnerstag und Samstag die Lieblingsspeisen Georgs; Sonntag mußte sie immer auf die Botschaft – da aß ich im Gasthof.

Unser Leben floß ruhig und geregelt. Wirtschaftsgeld brauchte Brigitte fast gar keins. Sie bekam die Zinsen aus dem Vermögen ihrer Mutter auf der Botschaft ausbezahlt – die Mutter war eine arabische Prinzessin gewesen mit Namen Dejanira.

Manchmal fragte mich Georg: ob ich nicht hie und da anonyme Briefe bekäme. Ich sagte: nein – und er nickte befriedigt. Ein goldner Charakter. Jeder andre Mann hätte die Situation ausgenutzt – Brigitte war ihm sichtlich wohlgesinnt – und hätte mich betrogen. Er nie.

So ging es bis Faschings Anfang. Da brach bei Brigitte plötzlich, urplötzlich der Wahnsinn aus.

Wir saßen – ich erinnere mich, als wäre es gestern gewesen – am 6. Jänner friedlich beim Abendessen und besprachen die Münchner Fleischpreise – Georg, Brigitte und ich. Nämlich die Rindfleischpreise. Ich klingle um ein Messer (wir hatten Fisch). Da trat unser Stubenmädchen ein (als Pierrot) und sagte:

„Ich bitt, die Köchin hat die Messer eingesperrt und is auf den Ball.“ (Als Königin der Nacht.)

„Hallo“, sagte Brigitte, „ich möchte auch auf den Ball.“

„Was fällt dir ein?“ rief ich bestürzt. Brigitte auf dem Ball – der Gedanke war mir unerträglich.

Sie aber telephonierte um die Friseuse, kleidete sich aus – und fast gar nicht wieder an – und zog los. Georg und ich mußten mit.

Eine qualvolle Zeit. Ich durfte nun täglich auf den Ball; mußte erleben, daß Brigitte aus einem Arm in den andern flog und sich in den unmöglichsten Windungen gefiel; wobei sich die so sehr geschätzte Hüftenlinie scharf markierte. Die Männer neben mir auf der Herreninsel atmeten schwer, und ihre Augen leuchteten, wenn sie Brigitten sahen. Ich merkte, daß sie sich alle miteinander in Brigitte verliebten.

Und duldete Höllenfoltern.

Da kam der gute Georg her und sagte:

„Du, Roda, ich habe eine wichtige gemeinsame Angelegenheit mit dir zu besprechen.“

„Eine gemeinsame Angelegenheit?“

„Na ja: Brigitte. Sie ist doch deine Frau, und ich bin euer Freund. Du leidest unter Brigittes Tanzraserei – ich kann es nicht mit ansehen. – Weißt du, was das sind: antipathische Pillen?“

„Wie, bitte? Anti...?“

„...pathische Pillen. Ein Mittel gegen Tanzleidenschaft. Da hast du eine Schachtel davon. Du wirst Brigitten jeden Abend, ehe sie auf den Ball geht, eine Pille eingeben – im Wein oder in der Suppe. Fürchte nichts – es ist ein gewöhnliches, äußerst wirksames Abführmittel, ohne aufdringlichen Geschmack. Wenn sie dann auf dem Ball ist... Du verstehst?“

Ich verstand. – Wahrlich, wen Gott segnen will, dem gibt er einen treuen Freund.

Acht Tage später sagte Georg:

„Gnädigste, heute ist Bauernball im Schwabinger Bräu.“

„Ich danke“, sprach Brigitte, „aber ich vertrage das Tanzen in der letzten Zeit nicht.“

Unser schönes, altes Leben begann von neuem, und ich meinte schon, es würde ewig so währen.

Wieder acht Tage später komme ich nach Hause und finde die Friseuse bei meiner Frau. Mir schwante nichts Gutes.

„Höre", rief Brigitte, „ich habe mir heute nachmittag einen Klavierspieler herkommen lassen und habe den ganzen Tag zu Hause getanzt. Es hat mir gar nicht geschadet. Ein Beweis, daß diese fürchterlichen Krämpfe, die ich immer habe, nicht vom Tanzen kommen können. Ich gehe heut auf den Bal paré. Aber essen werde ich vorher nichts."

„Brigitte", sagte ich ernst, „ich dulde nicht, daß du auf den Ball gehst."

„Mein Lieb, hier wird nicht gefragt, was du duldest und was nicht, sondern ich gehe malgré auf den Ball."

„Aber ich halte nicht mit, und damit ist die Frage wohl abgetan. Allein kannst du doch nicht."

Brigitte sah mich erstaunt an.

„Ich – nicht allein gehen können? Ich kann sogar viel besser und lieber allein gehen. Ich gehe bestimmt, und du wirst dich unterdessen mit Georg unterhalten. Denn diesen Georg, mein Lieb, habe ich äußerst satt. Er ist ein langweiliger Kerl – fast noch langweiliger als du."

Da erfaßte mich jener Zorn, mit dem einst die Giganten den Ossa auf den Pelion türmten – jener Zorn, in dem Romulus seinen Bruder erschlug und Achilles den Hektor an den Fersensehnen schleifte.

„Gut", rief ich, „geh nur! Aber ich werde mich fürchterlich rächen: ich sage Georg heute noch, daß du ihn einen langweiligen Kerl genannt hast."

„P!"

„Wenn das keinen Eindruck auf dich macht, Brigitte: schön, ich werde dich betrügen."

Habe ich schon erzählt, daß wir ein sehr niedliches Stubenmädchen hatten, die Rosa? Sie war ziemlich säbelbeinig, aber sonst das Bild einer Jungfrau. In der letzten Zeit kränkelte sie etwas – sie hatte sich auf ihrem jüngsten Ausgang den Magen mit zu kaltem Champagner verdorben.

Als Brigitte auf den Bal paré gefahren war – gegen mein Verbot –, klingelte ich einfach und sagte:

„Rosa, bringen Sie das Abendessen und legen Sie zwei Kuverts auf.“

„Zwei Kuverts? Die gnä Frau ist doch... Oder kommt Herr Georg?“

„Nein, Rosa, ich esse mit Ihnen.“

„Aber gnä Herr...“

„Zieren Sie sich nicht lang. Sie sind doch ein ganz nettes, verständiges Mädchen. Sie setzen sich zu mir und leisten mir Gesellschaft.“

Es war wirklich hübsch. Ich lernte Rosa von ganz neuen Seiten kennen. Wer hat so viel Temperament und Witz bei ihr gesucht?

„Gnä Herr...“

„Rosa, wir haben Bruderschaft getrunken!“

„Alsdann: du. Du bist ein einziger, ein viel ein fescherer Mann...“

„Als, Rosa, als...??“

„Als wie der Herr Georg.“

„Rosa!! Was hast du mit Herrn Georg zu schaffen?“

Sie errötete. Und wiewohl sie keine Silbe sprach, ahnte ich dennoch: sie hatte ein Behältnis mit Georg – wenigstens gehabt. Durfte ich als treuer Freund?... Nein und abermals nein. Durfte ich als Gatte...? Als Gatte eher; als Freund nie.

„Rosa“, begann ich – ich konnte aber nicht vollenden, denn Rosa begann ihrerseits:

„Ich hab mit'n Herrn Georg gar nix. Ich net...“

Auch sie konnte nicht vollenden, denn in diesem Augenblick trat Brigitte ein.

Blieb auf der Schwelle stehen und blickte mich an.

„Für wen is denn das zweite Kuvert aufgelegt?“ fragte sie.

„Für dich, Liebste“, versicherte ich rasch. „Ich wußte ja, du wirst nicht allein auf dem Ball...“

„So? Das zweite Kuvert für mich? Gegen diese Behauptung spricht aber der Umstand, daß du Rosa auf den Knien hältst.“

Ich hatte in der Verwirrung allerdings vergessen, das Mädchen rechtzeitig wegzutun.

Hierauf holte Brigitte aus und gab mir eine fürchterliche Ohrfeige.

Eine zweite spendete sie Rosa.

Doch Rosa hatte sich auch schon des Schürhakens bemächtigt und schoß auf Brigitten zu. Brigitte floh, Rosa ihr nach. Im Salon kam es zum Rencontre. Ich wollte Partei für Brigitte ergreifen.

Rascher, als ichs erzählen kann, öffnete mir Rosa mit Hilfe des Schürhakens die Augen.

– – Ich habe mich scheiden lassen und schenkte Brigitte die Möbel. Den Verkehr mit Georg Dunajski brach ich ab. Rosa entließ ich.

So ist mir eigentlich aus meiner ersten Ehe nichts geblieben als der Schürhaken. Und große wertvolle Erfahrungen:

Es gibt echte Freundschaft, doch gilt sie meistens der Frau.

Es gibt wahre Liebe – aber nur, solange sich nicht andre einmengen.

JUNGGESELLENLEBEN

Frau Halke, die Vermieterin, untersagte mir, Damenbesuch nach zehn zu empfangen.

Ich redete ihr zu: sie sollte doch nicht so streng sein; und warum denn gerade: zehn?

Da sagt sie:

„Jewiß, es kann ooch vor zehn etwas jeschehen; aber *nach* zehn – da *muß* etwas jeschehen."

DER KORALLENKAMM

Das große Turnier am Plattensee öffnete mir die Augen.

Ich war erst ein Jahr zuvor in den Fechtsport geraten – halb unfreiwillig, vom Campagnereiten her, nach einem gottvermaledeiten Hufschlag, der mich für wenigstens zwei Saisonen aus der Bahn schmiß – und das Fechten war nur ein Trost für mich im Unglück.

Ich arbeitete: Säbel rechts – Fleuret links. Damit meinte ich – Gott weiß, wie – gescheit zu sein, mich zu „spezialisieren". Es war ein schwerer Fehler. Der Linkser ist ja sehr im Vorteil; ein erwachsener Mensch kann aber nicht künstlich Linkser werden.

Zu spät sah ich es ein und befaßte mich nur mehr mit dem Säbel.

Damals war eben die Italienische Schule aufgekommen. Die ältern Meister, Franzosen, konnten nicht mehr umlernen, unterlagen überall: in Ostende, Wien, Florenz selbstverständlich; sogar in Paris. Wir Jungen, Italiener, feierten etliche Monate leichte Siege.

Ich war mächtig bei der Sache. Wiewohl es ein grausames Training war:

7 bis 9 Gelenkübungen – tiefe Kniebeuge; Aufstehen in zwölf Zeiten; Schritt vorwärts – Schritt rückwärts; Patinando – Palestra.

9 bis 11 Lektionieren – bloß im Drillichkittel; damit man jeden Hieb ordentlich spürte.

Dann Turnen und Assaut.

Gut, das alles hätt ich gern ertragen; aber Alkohol, Tabak verboten; verboten vor allem die Weiber. Der Teufel halte das aus – bei solchem Muskelstählen.

Und der Gewinn? Fechten ist der blödsinnigste Sport: wenn der Gegner auf das Comment pfeift, bist du wehrlos; es geht dir wie den alten Rittern bei Morgarten: die Schwyzer Bauern schlugen sie mit Knüppeln tot.

Ich glaubte an das ganze Gewerbe nicht.

Und meine persönliche Eignung? Wie gesagt, da hat mir das Internationale Meeting am Plattensee die Augen geöffnet: es traten Barbasetti, Gazzera, Santelli auf die Planche – nicht einmal Gregurich, Preisträger von Genua, mit seiner berühmten Säbel-Appuntata und Müller mit den kurzen Terzriposten konnten bestehen.

Für mich natürlich erst recht keine Chance weit und breit. So beschloß ich denn schon am ersten Morgen, mitten in der Poule, das Fechten sein zu lassen. Nicht nur das Turnier; nein, das Fechten.

— — — Das Komitee hatte uns herrlich einquartiert — die Ungarn verstehen das. Ich wohnte in einer wunderschönen Villa als Gast eines Fünfkirchner Großhändlers.

Besser gesagt: als Gast der Frau; der Großhändler und sein Schwiegersohnn werden erst zu Weekend kommen.

Ich zündete mir eine Zigarette an — die erste seit einem Jahr; trank einen Schnaps — ersten seit einem Jahr; und sah mich nach einer Frau um.

Ich hatte Auswahl: die Dame des Hauses — fabelhaft; groß, frisch, temperamentvoll — eine Venus. Ihre Tochter: wild, anmutig — eine Nymphe. Man konnte sie für Schwestern halten. Beide frisierten auch die gleiche Haartracht: Defreggerzöpfe und darin Steckkämme mit Korallen. Die blaßroten Korallen im braunen Zopf: bezaubernd.

Ich will es ganz kurz erzählen:

Eine Weile spielte ich den Esel zwischen zwei Heubündeln. Doch ich war entschlossen, heut nicht zu verhungern.

Zuerst versuchte ich es bei der Tochter: mit dem Feuer eines Menschen, der Frauen immer geliebt hat, doch seit Äonen tiefe Kniebeuge üben mußte — Aufstehen in zwölf Zeiten; Schritt vorwärts — Schritt rückwärts; Patinando und Palestra.

Die junge Frau hieß Lise. Ein Neuling, offenbar doch schon enttäuscht von ihrem Mann — vielleicht, ohne sich's selbst noch einzugestehen: „Die Kämme“, sagte sie, „mit den Korallen — beide ein Paar — sind ungefähr das einzige, was wir von Albert haben.“

Albert stak in Budapest, auf der Börse. — Lise und ich lustwandelten im blühenden Garten.

„...was wir von ihm haben...“, hatte sie gesagt, sich und Mama damit gemeint. Ich schloß daraus vielerlei — auch: daß Albert den Pfad zu Lise einst mußte auf dem Umweg über Mamas Herz gegangen sein.

Ich war entflammt von Lise. Grade ihre zögernde Unschuld reizte mich.

Ich setzte ihr hart zu.

Sie redete an meinen Werbungen vorbei; tat, als verstehe sie nicht... Darin war sie eine Deutsche: deutschen Frauen muß man erst ausdrücklich sagen, was man von ihnen will.

Ich tat es – da war sie empört.

Ich begütigte sie – nun ließ sie sich wenigstens auf Unterhandlungen ein. Wie Frauen pflegen: sie kam mir mit ihren Gewissensqualen: „sie könne doch ihrem Mann nicht untreu werden." – Ich mag nicht, daß Frauen in diesem Zusammenhang ihren Mann erwähnen; es ist taktlos. Immerhin – schon die Diskussion der möglichen oder unmöglichen Erhörung war etwas; ein kleiner Schritt zu mir. Eine Erwägung ist eine Frage. Auf eine Frage kann man Nein antworten oder Ja.

„Gnädigste", rief ich, „lieben Sie Hasenbraten?"

„Gewiß."

„Und Apfeltorte?"

„Auch."

„Nun, glauben Sie den Hasen zu betrügen, wenn Sie Apfeltorte essen?"

Da nannte sie mich einen Zyniker.

Mama, Lise und ich gingen ins Kurhaus. Lise sah dem Fechten zu – und der Anblick der schönen bewegten Menschen konnte sie auch nur zu meinen Gunsten stimmen... Doch der Gedanke war ihr zu neu – sie brauchte Zeit.

Ich aber: brauchte eine Frau.

Ich schaltete alle Vernunft aus und ging, verliebt wie ich war, aufs Ganze; bot ihr auch das Ganze: sie sollte sich scheiden lassen und mich heiraten.

Kaum hatte ich es gesagt, so reute es mich. Ich – heiraten? Jetzt, in meiner schönsten Jugend? Wahnsinn.

Nun, man wird ja hören, wie es ausging:

Vor Abend schmeichelte ich ihr wiederum – abermals vergebens. Darauf wurde ich ärgerlich – und nach Knabenart brutal: Beim Nachtessen – die schöne Mama, Lise und ich – bestrafte ich sie; ebenso glühend wie ihr heute nachmittag – schade, daß keine dritte Frau zur Hand war — machte ich nun Mama den Hof.

Ich will es ganz kurz erzählen:

Wir tranken Sekt, waren etwas beschwipst — alle drei, ganz leicht. Immerhin — die Sinne werden wach — man spricht allerhand und bekommt allerhand zu hören, was man ohne Wein nicht spräche und nicht hörte.

Etwas früher, als ich mochte, hoben die Frauen die Tafel auf. Und übermütig, wie wir waren, nahmen wir die Girandolen vom Tisch — und mit Lachen und Singen, ja, mit Singen brachten mich die Frauen entlang nach meinem Fremdenzimmer; wünschten mir geruhsame Nacht, ließen sich die Hände küssen — und ich war allein.

Der Tag ging mir durch den Kopf; der Tag und mein Jahr.

Ob es nicht doch dumm war, Lise freizugeben? In letzter Abendstunde? Vielleicht hätt es nur mehr einer Anstrengung bedurft... Meiner Seel, wenn ich mir sie vorstelle, die ranke Nymphe: nicht einmal der Preis meines Junggesellentums schien mir zu hoch.

Hatte ich aber die Frau nicht erlangt: warum — wozu war ich aus dem Turnier geblieben? Die Berufsitaliener sind mir freilich überlegen. Doch die Amateure aus Budapest — Szárvassy, Eleméry? Ich konnte Glück haben. Glück zwingt oft Kunst und Form nieder. Warum, warum, wenn ich schon da war nach einem harttrainierten Jahr, hatte ich die Flinte ins Korn geworfen? — vielmehr den Säbel?

Dachte alles durch und... schlief.

Nun aber geschah etwas Unerwartetes:

Ich kann noch keine Stunde geschlafen haben, als ich jemand bei mir fühle.

Ich will Laut geben — freudig oder fragend —, sie hält mir energisch mit der Hand den Mund zu.

— — — Ach, und als der schöne, wunderschöne Spuk von dannen war...

Als es vorüber war, da machte ich Licht; setzte mich kerzengrad im Bett auf und sann:

Ade, Freiheit! Nun heißt es unausweichlich ernst machen; heiraten.

Schade. Es hätt nicht sein müssen. Es hätt nicht sollen sein. Jammerschade. Verflucht und zugenäht! Himmelherrgottsakra!

Doch da ich nun einmal mein Wort gegeben habe?

— — — Am Morgen, eh ich mich noch ankleidete, zelebrierte ich, ganz allein für mich, eine kindische Messe:

Ich nahm meine drei Klingen vor, die ich mithatte — küßte jede einzeln — und brach sie einzeln übers Knie. Denn wenn ich nun Lisls Mann werden muß — verflucht und zugenäht —, was soll mir noch mein Sport?

— — — Und wiederum geschah etwas höchst — aber schon höchst Merkwürdiges:

Im Garten gongt man zum ersten Frühstück — so haben wir es gestern verabredet.

Ich mache mich fertig, stecke Uhr und Brieftasche ein — ade, Junggesellenfreiheit! — so werd ich ja nun mein Leben lang der Frau auf Wort und Gong gehorchen müssen... schicke mich an, es zum erstenmal zu tun, da... fällt mein Blick zufällig auf das Bett.

Und im Bett liegt... — ist es nicht niedlich? — der Korallenkamm.

Als hätte mir ihn die Schöne zum Pfand dagelassen. Zum Pfand ihrer Liebe — zur Beteuerung. Zum Trost.

Und als ich in den Garten trete, sitzen sie schon am Tisch, Mama und Lise.

Lise ohne Kamm.

Das hat mich sehr gerührt, dies entkrönte Weibchen. Verlier ich auch viel und alles: auch sie ist unterlegen... Hab sie doch gleichsam defloriert.

Ich schaue sie mit einem Gefühl... Gefühl, jawohl — einem, das sich aus einem bißchen Triumph mischt, einem bißchen Mitleid und viel Wehmut.

Doch was ist das??? Sie gibt meine Blicke nicht zurück.

Sie lacht. Plaudert unbefangen.

Mehr als unbefangen: selbstbewußt.

Fragt mich keck: wie ich geschlafen hätte?

Dann wird sie etwas nervös, greift sich ins Haar und sagt: „Wo nur mein Kamm geblieben ist?"

Ich fingere in der Tasche nach ihm, umspanne ihn zärtlich und schmunzele sie wieder an: ein bißchen Triumph, ein bißchen Mitleid und...

Sie grübelnd:

„Heute morgen auf dem Spiegeltisch hat er doch noch gelegen...?"

Sieht ihrer Mutter auf den Zopf – springt auf – stößt wie ein Habicht hin und kräht:

„Aber, Mama!! Wie kommst du – du zu meinem Kamm??"

Mama wird puterrot und taucht unter – fast mit der Nase in die Teetasse.

Nicht ohne mich mit einem flehenden Blinzeln gestreift zu haben.

DER LEBEMANN

Das war zu jener Zeit, wo die Aktiengesellschaften noch nicht Präsidenten hatten, sondern einfache Direktoren – und die Zwanzigmarkstücke waren von Gold.

In München lebte ein Direktor namens Grün.

Lebte?? Betrachtet man seine Impulse – zu deutsch: Süchte –, so war er ein Lebemann.

In Taten setzten sich die Süchte nicht mehr um.

Direktor Grün war demnach besser als sein Ruf; und empfand sie schwer, diese ihm vom Schicksal auferlegte Demütigung.

Einst führte er die Jungfrau Gertrude Riffingerin aus dem Gewühl des Bal paré in abgelegene Galerien, tränkte sie mit Sekt und sprach also zu ihr:

„Trutscherl", sprach er, „hier hast du zwanzig Mark. Ich flehe dich an: tratsch herum, ich hätt dir was angetan."

DAS ABENTEUER DES STUDENTEN

Gnädigste, ich will Ihnen eine Geschichte ohne Pointe erzählen: das Abenteuer eines Nürnberger Studenten.

Dieser Schiefer, Alois Schiefer, war gestern spät in Berlin angekommen; schlief die Nacht in einem kleinen Hotel dicht am Bahnhof. Morgens vollzog er Katzenwäsche an sich, packte seine Siebensachen wieder; bezahlte dem Portier die Rechnung – keinen Pfennig mehr als nötig, denn man muß sparen – und mit dem Kofferchen in der Hand ging Schiefer auf Wohnungssuche. Er wußte Bescheid in Berlin, vom ersten Semester her; da zielte er gleich in die passende Gegend: nördlich der Universität.

Zwei Nachfragen gingen fehl.

Der dritte Versuch aber – hier kam Schiefer gar nicht zur Überlegung.

Hatte nämlich den elektrischen Taster kaum berührt – ein reizendes Mädel empfing ihn an der Flurtür. Als er schüchtern Laut gab, er komme wegen des möblierten Zimmers – draußen ist es angekündigt, da führte ihn das Mädel geschwinde, lachend weiter, musterte ihn einen Augenblick und sagte: „Ja, Sie sind der Richtige"; und zwang ihn auf einen Stuhl, saß ihm schon dicht gegenüber; schüttelte ein wenig die Mähne, platinblonde Mähne, und rief, die Zähnchen blitzten: „Rasch, ehe die Mietfrau kommt: gefällt Ihnen der Raum?"

Schiefer, Alois Schiefer, verwirrt von Mädels hurtigem Gebaren, sah sich scheu um. „Das Zimmer…?" stammelte er. „– so groß… so schön… es… es wird mir zu teuer sein." – Mußte aber schon ein wenig lächeln; weil eben das Mädel lächelte.

„Fünfzig Mark", sagte sie.

„Ist mir leider zuviel." – In dem „Leider" klang ein halbes Volkslied mit – so gedehnt sprach er das Wort und ausdrucksvoll.

Sie – kurz und dringlich: „Was wollten Sie denn anlegen?"

„Höchstens dreißig."

„Wenn aber eine Frau das Zimmer mit ihnen teilt – werden Sie vierzig zahlen?" – Sie legte ihre Hand auf seine Schulter;

eine leichte Hand – er trug ziemlich schwer daran. Wo will das Mädel nur hinaus?

Selbst der Jüngste und Schüchternste hat Ansätze in sich zum Weltmann. Schiefer kam sich jetzt sehr erwachsen vor... Eine Frau soll das Zimmer mit ihm teilen – ist ihm das monatlich zehn Mark wert? – Er sagte: „Wird auf die Frau ankommen. Wer... wo ist sie?"

Das Mädel war aufgesprungen. „Sie steht vor Ihnen." – Und lachend, langsam drehte sie sich um ihre Achse, um sich von allen Seiten besehen zu lassen.

Bezaubernd. Hübsch, lustig, frisch, wohlgewachsen – zum Anbeißen. – Schiefer schlug natürlich sofort ein.

– – – Es kam ganz anders, als er sich's gedacht hatte.

– – – Lore übt einen anstrengenden Beruf aus: sie ist – dort in der Friedrichstadt irgendwo – Bardame. Nachmittags beginnt ihr Dienst.

Um zwei Uhr morgens kommt sie heim – die Abrechnung im Geschäft dauert so lange – Sonnabends bis fünf. – Lore trinkt nicht Alkohol, verabscheut Alkohol – immerhin, auf ihrem Platz hinter der Theke muß sie mit ihren Gästen einen Tropfen nippen; muß vor allem aufgeweckt sein, amüsant – sonst würde sie vom Fleck gekündigt.

Da ist sie morgens, wenn sie heimkehrt, angeregt; kann nicht gleich schlafen.

In der ersten gemeinsamen Morgenfrühe hat Lore ihrem Alois ein kindisch einfaches Kartenspiel beigebracht. Das treiben sie eine Stunde. – Lore ist hungrig; sie streicht sich Butterbrote und verschlingt sie.

Alois wollte die Idylle ausbauen – zum nahliegenden Verhältnis von Mann und Frau.

„Junge", sagte sie freundlich-ernst, „das schlag dir aus dem Kopf – ein- für allemal! Die Männer belagern mich täglich viele Stunden und setzen mir oft so hart zu, daß ich mich handgreiflich zu wehren habe. Nein, Junge – ich hab es satt, mich anschmachten, umschmeicheln zu lassen – du mach es nicht! Wenn du mir wohltun willst – ich stehe mutterseelenallein auf der Welt –, wenn du mich liebst, sei mir ein Bruder. – Sehnst du dich nach einer Freundin? Such dir eine – lade sie zu dir ein am Abend, wo ich im Geschäft bin – ich habe nichts dagegen. Erzählen, bitte, sollst du mir nichts davon.“

– – – Lore kommt, wie Schiefer, aus der Provinz, aus Anklam. Sie hat eine freudlose Kindheit gehabt – im Haus einer armen, mürrischen Tante; und keinen Ausblick in kommende rosigere Zeiten dort in der klammen Heimat. Was sollt aus ihr werden – selbst Schreiberinnen gibt es übergenug? Zuhöchst: Angestellte eines Spielzeugladens – dieser Gipfel des Lebens ungefähr lag ihr erreichbar. Schuften, stehen vom Morgen bis zum Abend. Und das bis ins Alter?

Da fuhr sie eines Tages auf und davon, in die Hauptstadt. Niemand warnte sie, niemand weinte ihr nach: Tante war froh, sie los zu sein.

Bardame – ein gefährliches Gewerbe, gewiß. Doch – nicht wahr? –, es gibt auch Seiltänzerinnen, und sie stürzen nicht ab; Lore getraute sich die Kraft zu und Gewandtheit, in der Balance zu bleiben; an Kühnheit ein heutiges Mädel; die Balance hat sie von gestern...

– – – Nach einem Tag – nach einer Woche – vier Wochen geschwisterlichen Hausens – immer versuchte Alois Schiefer, die Seiltänzerin aus dem Gleichgewicht zu reißen. Mit wachsender Glut.

Vergebens.

Da beschied er sich mit seinem Los.

Er ist ein guter Bursche; und genießt innig die stille Wonne: ein schönes, anheimelnd sympathisches Geschöpf so zärtlich und doch unberührbar nah bei sich zu haben – ihren holden Anblick zu schlürfen, ihren Duft zu atmen.

Das geht schon Monate so.

Eine Geschichte ohne Pointe, Gnädigste.

Sollte die Geschichte aber je zu einer Pointe führen – und wie könnte ein Ende ausbleiben, das wie das Schwert des Damokles an spinnwebdünnem Faden über den zwei Häuptern hangt...? –, sollte die Geschichte je zu einer Pointe führen, wird es um allen Reiz der Situation geschehen sein; denn das Ende ist ja banal...

WEHMÜTIGE BETRACHTUNGEN

Sich selbst besiegen ist gar nicht so schwer – wenn man richtig Partei nimmt zwischen den beiden Seelen, ach, in seiner Brust.

Ihr rechnet mir immer vor, was Ungeschicktes ich getan habe… Wägt aber einmal, was alles ich unterließ, und ihr werdet sehen, welch ein Prachtkerl ich bin.

MARTIN DER SCHLAUE

In Grabowo lebte ein gewisser Auermann, ein Deutscher, seines Zeichens Agent. Er hatte ein Mundwerk wie eine Spieluhr. Wer eine Nähmaschine von ihm kaufte, kriegte nebenher noch ein Konversationslexikon angehängt, ein Dombaulos auf Raten und ein Ölgemälde von der Schlacht bei Plewna.

Eines Tages hieß es: Sofia, Martins Frau, wollte ins Bad nach Daruwar. Sofort stellte sich Auermann bei Herrn Martin ein und versuchte, die Frau gegen Reiseunfälle zu versichern.

„Martin“, sagte er, „wie leicht geschieht nicht ein Unglück! Unsre Gesellschaft, bekanntlich die solideste und billigste von allen, zahlt nach Tabelle A für jeden Unfall sofort nach Bekanntgabe fünf Gulden täglich während der gesamten Heildauer, die Kosten von Doktor und Apotheker – und sieben Tausender bar auf den Tisch im Fall einer dauernden Erwerbsunfähigkeit.“

Martin lachte.

„Ich bitte Sie, Auermann! Meine Sofia ist ohnehin erwerbsunfähig. Saudumm, wie sie ist…“

„Martin, dann müssen Sie sie erst recht versichern. In ihrer Dummheit – wie leicht kann sie mit dem Hals vor die Lokomotive geraten, oder sie fällt auf der Kurpromenade in den Brunnen. Ich rate Ihnen, sie auf Ableben zu versichern. Unsre Gesellschaft zahlt nach Tabelle G zehntausend Gulden für den Todesfall, sofort nach Bekanntgabe. Wenn die Police drei Jahre alt ist, gelten sogar Scheintod, Selbstmord und Duell."

Martin lachte.

„Duell!"

„Glauben Sie, einer dummen Frau ist nicht alles zuzutrauen? Sie bleiben allein da mit Ihren verlassenen Würmern..."

„Wir haben gar keine Würmer."

„Oh, die können noch kommen. Daruwar ist ein sehr besuchtes Bad. Ich empfehle Ihnen dringend, die Würmer zu versichern. Unsre Gesellschaft, bekanntlich die solideste und billigste von allen, mit andern ähnlichen Schwindelgesellschaften nicht zu verwechseln, zahlt nach Tabelle Q ungebornen Kindern, wenn sie das 24. Lebensjahr erreicht haben, fünftausend Gulden bar – auf Wunsch vom 40. Lebensjahr an eine Leibrente von tausend Gulden – oder das ganze Leben hindurch für jedes verhagelte Joch Getreide drei Gulden Ersatz – oder aber, wenn die Kinder gar nicht zur Welt kommen, nach Tabelle D den vollen Schaden für alle Glastafeln, die Sie je zerbrechen werden."

Martin wurde ungeduldig.

„Hören Sie, Auermann, versichern werde ich weder mich noch irgend jemand andern. Aber ich habe da einen Plan... Wissen Sie: ich möchte meine Frau gern abhalten, nach Daruwar zu fahren. So eine Reise kostet Geld und ist mir unbequem. Ich allein kann nichts dagegen tun – Sofia kennt nämlich meine Schrift... Sie sollen mir helfen. Wenn Sie bereit und verschwiegen sind, kaufe ich Ihnen gern zwei Schlachten bei Plewna ab."

Auermann horchte auf.

„Die Sache ist nämlich die", sprach Martin, „daß meine Frau sehr eifersüchtig ist. Wenn man ihr nun anonym schriebe, daß ich hier so... so eine Art... Rendezvous mit Berta Dingler hätte oder mit Therese Barna..."

„Dann würde Sofia nicht ins Bad fahren, meinen Sie?"

„Ganz richtig – sie bliebe hier. Denn sie gönnt mir kein Vergnügen."

Auermann war einverstanden.

„M. w.", sagte er – das heißt: „Machen wir."

Tags darauf bekam Sofia den bewußten Brief.

Gnädige Frau!

Bezugnehmend auf meine Verehrung für Sie, gestatte ich mir, mit blutendem Herzen ergebenst die Feder zu ergreifen, um Ihr wertes Gemüt durch diese Zeilen zu beunruhigen. Unter einem versichere Sie, nein, Ihnen, daß Ihr Mann Sie betrügt, und stelle ich gern anheim, falls nähere Daten erwünscht, Ihrem Freunde unter „Warnung" postlagernd mitzuteilen, wo er Sie sprechen könnte.

Hochachtungsvoll!

A.

Sofia las den Brief dreimal, sechsmal, siebzehnmal, besah den Umschlag von allen Seiten, ging im Geiste die Liste aller durch, die ihn geschrieben haben könnten – dann setzte sie sich an Herrn Martins Schreibtisch und antwortete:

Werter Unbekannter!

Das kente jeder sagen das mein Man untreu ist aber glauben wil ich das nicht bis ich nicht etwas Neheres weis über dise niederträchtige Person was mir ihn abspenstig gemacht hat die sol sich anschaun dise Bestie und ich kom Dinstag fünf Uhr nachmittag in die Alee.

S.

Ferbrenen sie diesen Brif und sie wird Jesum Christum kenen lernen."

Herrn Martin ging es arg. Frau Sofia fing täglich zehnmal Streit mit ihm an – kochte grundsätzlich nur Speckkohl – er blieb immer guter Laune.

Er hatte so seine kleinen Ursachen: die Hausnäherin war schon bestellt gewesen – Frau Sofia sagte ab; eine Hutsendung der Modistin ging unberührt zurück; und die angedrohte große Wäsche kam nicht zustande.

Dienstag nachmittag schritt Sofia durch die Allee, bebend vor Neugierde. Gott, wenn nur kein Bekannter das Stelldichein mit dem Unbekannten stören kommt!

Da schritt ihr Auermann entgegen. Unmutig erwiderte sie seinen Gruß und ging an ihm vorüber. Am Ende der Allee trat dieser Auermann auf Sofia zu und küßte ihr sehr umständlich die Hand.

„Wie? Sie haben…“ rief Frau Sofia.

„Ja, ich.“

„Das hätte ich nie gedacht von meinem Martin. Überhaupt: ich hab ihn gar nicht heiraten wollen. Aber meine Mutter sagte immer: ‚Nimm ihn nur – er ist dumm; dumme Männer sind gut und treu.‘ Ja, geschossen haben s'! Dazu ist er nicht zu dumm, der Kerl.“

„Beruhigen Sie sich, teuerste Frau!“

Sie sah ihn dankbar an.

Herr Auermann pfiff kurz durch die Zähne.

„Gehen wir weiter, Soferl – gegen das Wäldchen zu – hier könnt uns jemand sehen. Ihr Ruf aber, teuerste Frau, ist mir heiliger als der meine.“

Und sie gingen.

Herr Auermann hat nie ausdauernder geredet. Frau Sofia fuhr auf und davon – mit ihm nach Daruwar.

Sechs Wochen später kam sie zurück.

Und hatte ihrem Martin ein süßes Geheimnis zu sagen.

Und hatte alles, alles versichert, so weit das Auge reicht: Martin, das Scheusal, auf zehntausend Gulden – das Kind gegen Reiseunfälle, die Schlacht bei Plewna gegen Feuer, das Dombaulos gegen Kursverlust und zwei Lexika gegen Hagelschlag.

BRIEFKASTEN

Hausfrau in Berlin. Die krankmachende Wirkung der verdrängten Triebregungen besteht (nach S. Freud) darin, daß sie, gemäß dem sittlichen Bewußtsein und der Konvention mit den

Tendenzen der Persönlichkeit nicht vereinbar, von dieser aus dem Bewußtsein verdrängt werden, wobei aber die mit ihnen verbundenen Affekte gleichsam als Fremdkörper in der Seele weiterwirken. – Zum Pfannkuchen werden 5 Eier mit einem Viertelliter Milch, 1 Eßlöffel Zucker und etwas Salz abgesprudelt und unter beständigem Rühren mit 0,5 Pfund Mehl versetzt.

Blondine in W. Um Rosenölflecke aus imprägnierten Regenmänteln zu entfernen, benutzt man ein Gemenge von Honig und Tischlerleim zu gleichen Teilen, worin man das Kleidungsstück eine halbe Stunde kocht. Nach Beendigung der Prozedur an der Luft trocknen und ausgiebig plätten! – Daß Kaviar der Rogen großer Fische sei, ist ein weitverbreiteter Irrtum. Vielmehr ist Kaviar die Frucht einer turkestanischen Wickenart, Vicia sativa. Sehr häufig, aber gesundheitsschädlich durch ihren Bleigehalt, sind Verfälschungen mit weichgekochtem Flintenschrot.

Ellen in Gerdauen. Besten Dank für Zusendung so lieber Frühlingsboten: der ersten Hühnerläuse der Saison! Wirklich selbst gezüchtet? Wir haben die hübsche Gabe dem Verein zur Erhaltung lebender Naturdenkmäler gespendet.

Josefine H. in W. Der Statistik zufolge kommen in Deutschland auf 1000 heiratswillige Frauen nur 37 Männer. Die übrigen wollen offenbar nicht. – „Knotenpunkte“ heißen die Eisenbahnzentren, weil so viele Beamte da sind.

Maria in H. Sie fragen um die Herkunft des Ausrufs „Luft! Luft! Clavigo!“ – Wir wissen es nicht und eröffnen darüber einen Meinungsaustausch unter unsern Leserinnen.

L. S. in E. Auch wenn Sie keine Stimme haben, brauchen Sie an Ihrer Zukunft als Sängerin nicht zu verzweifeln. Fester Wille siegt über Mängel des Körpers: Demosthenes stotterte, Beethoven war taub, Raffael wurde ohne Arme geboren – und gar mancher Politiker hat es trotz angeborenem Schwachsinn zum Parteiführer gebracht.

Besorgte Hausfrau in R. Der Satz „Mütter irren“ steht allerdings in Schillers „Lied von der Glocke“; wenn Ihre Tochter ihn aber aus dem Zusammenhang reißt, nimmt er einen Sinn an, den der Dichter doch wohl nicht im Auge hatte.

EIN UNVERHOFFTES WIEDERSEHEN

„Dunnerlitzchen noch emal – isses Draum oder Wahrheet? Ich ganns nich fassen. Nee, lieber Freind – so ä unverhofftes Wiedersehn nach so viel Jahrn – mir stehn de Trän in dn Oochn. Lieber, lieber alter Freind – wer hätte das gedacht, daß mir uns hier wiederfinden wärdn? Jjahjjah. ’s Schicksal bringt een sonderbar zusamm. Isses denne meejlich? Sinn Sies denne werklich?“

„Ich bin es wirklich.“

„Sie gloom je garnich, was ich frne Freide hatte im erschten Oochnblick! Schon von weiten sahk Sie eegal an und dachte bei mir in meinen Gedanken: issersch oder issersch nich? – Und nachens, wiej näher kam – nee so eene Freide! Wie gehts dnn alleweile? Immer hibsch gesund unn munter? Was macht de gnäädje Frau Kemahlin?“

„Welche gnädige Frau Gemahlin?“

„Nu de verehrte gnäädje Frau Kemahlin. Wissen Sie dnn nich mehr, wiej damals in Chemnitz uffm Bahnhofe...“

„Ich habe keine Gemahlin. Ich war nie in Chemnitz.“

„Hähä, immer noch der alte Mehlhorn! Tag und Nacht zu Schbäßen uffgelegt!“

„Ich bin nicht zu Späßen aufgelegt. Ich heiße nicht Mehlhorn.“

„Sähn Se, das hab ich mir glei gedacht. Mei Freind Mehlhorn iss ooch schon zu lange dood.“

WERKSPIONAGE

Im Fern-D-Zug von Amsterdam nach Basel. Die Fahrgenossen wechselten – nur ein Mann am Fenster mir gegenüber saß von Anbeginn. Ich beachtete ihn nicht. – Auf der Höhe von Frankfurt aber hatte ich meine Bücher, Zeitungen gelesen, die Rätsel sämtlich gelöst; da guckte ich mir den Mann mir gegenüber an.

Und er begann ohne Einleitung – ohne Förmlichkeit und Verbindlichkeit – trocken wie ein Untersuchungsrichter:

„Ist Industrie in diese Gegend?"

„Will's meinen."

„Was will sagen: will's meinen?"

„Es gibt viel Industrie in dieser Gegend."

„Auch chemische Industrie?"

„Ja."

„Welches ist das Zentrum von chemische Industrie in diese Land?"

„Höchst."

„Wie schreiben Sie diese Namen, was Sie sagen?"

„Eetsch – ou – i – ssie – eetsch – ess – tie."

Der Mann hocherfreut:

„Ah – jaaa: aus diese Orte ist im Krieg zu mir gekommen ein Gentleman, Chemiker, mit eine große Schrift, eine Papier.

Mr. Höchst, sagte ich, was ist diese Papier?

Diese Papier, sagte er, ist eine geheime Papier. Es ist das Rezept, zu machen eine Mittel zu löschen von Feuer; zu löschen die kleinste oder die größte Feuer, ob schon hat angefangen oder nicht; zu löschen in eine Sekunde, in Zehntel Sekunde; zu löschen in eine Sekunde, in Zehntel Sekunde; zu löschen mit Garantie. Wollen Sie sehen ein Expériment? sagte der Mann aus Höchst. Well, zünden Sie an eine Streichholz! – Er stand schon bereit mit eine kleine Federkiel – und als das Streichholz wollte brennen, blies er eine Prise von Pulver darauf – es erlöschte aus.

Später, wie das Ganze vorbei war, Erlebnis und Unternehmen, ich habe wiederholt das Expériment ohne die geheime Pul ver: ich blus nur — das Zündholz erlöschte ebenfalls aus. Aber in Moment, wo ich sah zum erstenmal, imponierte mir die Pulver.

Mr. Höchst, sagte ich, was kostet das Geheimnis von diese Pulver zum Auslöschen?

Diese Geheimnis, sagte er, ist eine große Geheimnis und kostet zehntausend Dollar bar und die Hälfte von Reingewinn.

All right, sagte ich, was kostet zu machen nach Ihre Rezept anfangs nur eine Teller voll Pulver zu Löschen von Feuer — ich will erproben?

Um zu machen eine Teller voll Pulver, sagte Mr. Höchst, brauche ich haben ein Laboratorium, kostet zwanzigtausend Dollar.

Schön, hier haben Sie den Scheck, machen Sie ein Laboratorium und im Laboratorium den Teller voll Pulver!

Nach einige Wochen kommt Mr. Höchst und bringt mir den Teller voll Pulver. Wir pusteten in den Kamin. Der Kamin erloschte aus.

Ich habe das Expériment später wiederholt mit Pulver aus gemahlenem Backstein; mit dasselbe Resultat.

Damals wußte ich aber noch nicht und sagte zu Mr. Höchst:

Well, das Pulver ist gut, machen Sie mir in Ihre Laboratorium jetzt eine Tonne von Ihre Pulver, ich will erproben.

Sagte Mr. Höchst: Um zu machen eine Tonne Pulver, ich brauche haben eine Fabrik.

All right, was kostet eine Fabrik?

Eine Million Dollar.

Hier haben Sie den Scheck, machen Sie Ihre Fabrik!

Mr. Roda Roda, diese Fabrik arbeitete eben an die erste Serie Pulver zu Löschen von Feuer — da ist sie in die Luft geflogen.

Wenn ich werde aufstehen, Sie werden bemerken, daß ich habe ein hölzernes Bein von Nickelstahl, und mein eines Auge ist von künstliche Glas, eine vorzügliche Kopie, die ich jetzt mache von deutsche künstliche Augen, nur besser und billiger, in meine Manufactory in Pittsburg. — Ich war nämlich eine englische Meile weg von die Fabrik, als das Pulver zu Löschen von Feuer in die Luft ging.

Es ist geblieben von Fabrik zu Löschen von Feuer ein Krater in der Erde, 250 Fuß weit und mehr als 100 Fuß tief – eine Beweise, daß man auch mit sehr gute Rezepte von erstklassige Werkspionage nicht immer kann Verlaß haben auf wirkliches Geschäft."

SZENE IM BAHNWAGEN

– – – Hierauf blickte der Herr Oberregierungsrat etwas beschämt auf und murmelte:

„Leiden Sie auch so unter Blähungen, Herr Assessor?"

„Nur unter Ihren", antwortete bescheiden der Assessor.

MEIN WUNSCH SEIT JAHREN

Sie werden lachen, wenn Sie hören, was ich mir viele Jahre wünsche, vielleicht seit meinen Knabenzeiten schon – und Sie fragen verwundert: warum ich mir den lächerlich geringen Wunsch nicht eh und je erfüllt habe?

Hat aber seine guten Gründe: das Ding nämlich, das ich mir so sehr wünsche, ist ganz und gar unnütz.

Ich wünsche mir – schütteln Sie nicht den Kopf, bitte! – ein kleines Linealchen, spannlang, von Metall, mit Millimetereinteilung.

Das Linealchen muß ganz gerade sein. Denn was soll mir ein ungerades? Krumme Striche kann ich aus freier Hand ziehen, ohne Lineal.

Und an einem Ende soll das Lineal ein Löchelchen haben, damit man es an die Wand hängen kann oder sonstwohin an einen Nagel, wenn man es nicht braucht. Ich werde es ja doch nie brauchen; dann soll es nicht müßig herumliegen.

Und die Millimeter der Skala sollen alle ganz gleich sein – nicht einer länger, der andre wieder kürzer – das wär kein richtiger Maßstab, den man brauchen kann, der Dümmste sieht es ein. – Und nebeneinander sollen die Millimeter liegen, alle zweihundert – nicht einer dort, der andre hier – damit wäre mir nicht gedient.

Und von Metall muß das Linealchen sein – denn Holz wird mit der Zeit morsch –, und ich möchte nicht am Ende im Alter ohne bleiben, wenn ich mir schon seit Kinderzeiten ein Linealchen so mühsam gewünscht habe.

Was ich mit dem Linealchen beginnen werde, weiß ich kreuz und quer nicht. Wozu, frag ich mich, braucht unsereins jemals dergleichen?

Darum wünsch ich mir das Linealchen auch nur so – für alle Fälle.

Ganz anders, wären die Millimeter ausgefranst: dann würde ich mich mit dem Linealchen kämmen.

WAS MAN JETZT VERLANGT

Das Institute of Patentees in London („Gesellschaft der Patentinhaber" – 1500 Mitglieder – Präsident Lord Asquith) gibt ein großes Jahrbuch heraus: „What's Wanted" – „Was man jetzt verlangt" –, eine Liste von Erfindungen, mit denen sich der ingeniöse Kopf besonders befassen sollte, Erfindungen, die zur Stunde sehr erwünscht sind. Der letzte Band des Jahrbuchs enthält 339 Nummern: eine Maschine, die Kraft gewinnt aus Ebbe und Flut; ein System, Schall in Energie zu verwandeln; kaltes Licht; Licht, das den Nebel durchdringt. Und dergleichen.

Ich muß den 339 Titeln etliche Dinge anfügen, die mir täglich fehlen:

Eine Vorrichtung, die mich verhindert, eilige Briefe auf dem Schreibtisch liegen zu lassen, statt sie auf die Post zu bringen.

Eine Methode, die Wachstumsfreude des Vollbarts nach der Glatze umzuleiten.

Zigaretten, die sich nicht mit dem brennenden Ende in den Mund stecken lassen.

Ein Werkzeug, um Boten, die man zu einer Besorgung ausgesendet hat, an die Heimkehr zu mahnen; – etwa eine Zwickzange; oder ein unschädliches, innerlich zu nehmendes Mittel zu diesem Zweck.

Apparat, der aus öffentlichen Telefonzellen den Vordermann gewaltsam vertreibt und zugleich die Zelle ventiliert.

Ein Aufhänger für Mäntel, der sich bis zu 1½ Meter dehnt, wenn ich mich im Eisenbahnabteil auf den Mantel setze.

Eine endlose Klosettpapierrolle.

Künstliche Hühneraugen, mit allen Vorzügen der natürlichen, aber schmerzlos.

Ein Hut, der gegen den Wind fliegt, mit Vierradbremse.

Ein fernlenkbarer Dackel.

Ein Gerät, das dem Gastwirt verwehrt, alte Hennen auf der Speisekarte für Brüsseler Poularden auszugeben.

Ein nettes Büchschen, das nicht Salz ausspeit, wenn ich meinen Kuchen mit Zucker bestreuen möchte.

Ein Taschenkalender mit mehrern Gehaltstagen im Monat.

Eine brauchbare Füllfeder.

Romane, broschiert, die sich nicht aufschneiden lassen.

Ein kleines winziges Lämpchen, um im Kabarett während der Vorstellung unauffällig das Abendblatt lesen zu können.

Am Hals tragbare Namensschilder für flüchtige Bekannte; mindestens aber eine gedruckte Tafel, die einen warnt, eben geschiedene Frauen nach dem Befinden ihres Herrn Gemahls zu fragen.

Ein Souffliердings, das einem etwas Passendes einsagt, wenn sie wissen möchte, wo man gestern zwischen sieben und neun gewesen ist.

Schlagsahne, wohlschmeckend, aber frei von jenen narkotischen Bestandteilen, die Mädchen unwiderstehlich zu nochmaliger Bestellung von Schlagsahne zwingen.

Eine Treppenbeleuchtung, die nicht ausgeht, wenn ich zwischen zwei Stockwerken stehe, aber nicht aufleuchtet, wenn ich nachts jemand zu mir bringen will.

Eine praktische Seitenwaffe zum Hervorholen von Schuhen, die das Stubenmädchen zu tief unter das Bett geschoben hat.

Küsse, die zu nichts verpflichten.

Ein Klingel, die selbsttätig anzeigt, wenn ein wichtiges Mitglied der Familie einen Sommeraufenthalt abbricht, um vorzeitig in die Stadtwohnung zurückzukehren.

Eine Weckuhr, die, statt blödsinnig zu schnarren und mich zu stören, ins Büro telefoniert: ich sei heute krank.

Eine phosphoreszierende kalte Schulter (oder ein ebensolcher Rücken) – damit mich meine Zeitgenossen auch bei Nacht nicht verfehlen können.

MEINE NORDPOLEXPEDITION

Über den Forschungsunternehmungen der großen Völker vergißt man gern eine österreichische Tat: meine Nordpolexpedition im vorigen Jahr.

Ich war am 3. April von Kap Tscheljuskin aufgebrochen. Leider viel zu spät, wie sich zeigte. Meine Reise hatte sich verzögert, weil bei dem Tiefstand des österreichischen Kredits das Zehrgeld so schwer aufzubringen war. Ich mußte einen halbwegs günstigen Stand der Züricher Börse abwarten und geriet so in den Polarwinter, der, genau wie der Winter in den Alpen, schon Anfang Mai einzusetzen pflegt.

Dem Elend meiner Heimat entsprechend, war meine Ausrüstung recht ärmlich. Unser Fahrzeug war ein kleines altes Holzschiff „Inseparabiliter ac indivisibiliter“, anderthalb Tonnen, das vorher jahrelang der Grammat-Neusiedler Papierfabrik zum Einweichen von Wollumpen gedient hatte. An Nahrung führten wir einige hundert Gulaschkonserven mit, aus früheren Heerbeständen, und eine Kiste Zichorienkaffee. Doch alle Mängel der Ausrüstung wurden behoben durch den eisernen Willen von vierundzwanzig Österreichern des Mittelstandes, das Banner unsrer ruhmreichen Republik auf den Nordpol zu pflanzen. Von Hause her Hunger gewohnt, durch den Frost unheizbarer Wiener Winter abgehärtet, freuten wir, ja, freuten wir uns auf die Entbehrungen, die uns bevorstanden – für uns sollte die

Nordpolreise im Vergleich zur Heimat eine komfortable Erholung werden.

Im nördlichsten Hafen, Uperniwik in Grönland, heißten wir einige Hunde an Bord, die uns mitleidige Eskimos, nachdem ich ihnen den Zustand Österreichs geschildert hatte, feuchten Auges schenkten. Gerührt nahmen wir Abschied von den letzten menschlichen Wesen, um hinaus in die trostlose und doch so kristallhelle Einsamkeit zu segeln.

Ich kann den Hergang der Expedition einstweilen nur kurz schildern; eine ausführliche Darstellung bleibt meinem Hauptwerk (bei Brockhaus, Leipzig) vorbehalten.

Von meinen zweiundzwanzig Leuten gaben elf das Unternehmen schon nach zwei Tagen als zu fad auf. Die übrigen neun verlangten bald ihre Pensionierung. Ungebrochenen Mutes setzte ich die Forschungsreise mit dem mir verbliebenen einzigen Gefährten fort, dem Hauptmann-Rechnungsführer a.D. Alois Prantl.

Weihnachten feierten wir schon im Packeis. Es hatte unser Bootchen eingeschlossen und trieb uns unaufhaltsam nach Norden. Stummergeben mußten wir uns der Gewalt der Elemente überlassen, ohnmächtig, in ihr Walten einzugreifen.

In diesen Monaten ewiger Nacht war unser wahres Labsal die Bordbücherei, bestehend aus einer Nummer des „Wiener Neuigkeits-Weltblattes", die unser hoher Protektor (Graf) Lamezan uns vor der Ausreise gespendet hatte. Immer wieder lasen Prantl und ich einander mit erstickter Stimme den Leitartikel vor. Bald konnten wir ihn auswendig und nahmen uns sozusagen das Wort aus dem Munde, indem der eine von uns den vom anderen begonnenen Satz zu Ende sprach, oder beide den Text (er handelte von der Einrichtung einer gemischtsprachigen Bezirksbehörde zu Hohenau) im Chor aufsagten. Unsre Gedanken weilten bei unserm lieben Wien — dem alten Steffel auf dem Stephansplatz, den süßen Maderln; und wenn uns die Phantasie einen saftigen Kruspelspitz vorzauberte mit einem Glase frischen Pils, da blickten wir einander in die Augen, Prantl und ich, und stimmten eine tiefempfundene Weise an zum Lobe unsrer Kaiserstadt.

Der furchtbarste Tag war der Faschingdienstag. Die Stürme der Arktis und Antarktis schienen sich Rendezvous bei uns gegeben zu haben zu einer grauenvollen Française und tanzten rund um unser Schiffchen die vierte Tour. Das Eis türmte sich zu Bergen, preßte unser Fahrzeug ein, und wir mußten es verlassen.

Tags darauf schlug uns ein zweites Unglück und bewies uns, daß selbst in unsrer verzweifelten Lage noch eine Steigerung der Schrecknisse möglich war: ein Windstoß entriß uns unser Boot samt allen Instrumenten.

Nun, unsern Instrumenten, bestehend aus der nautischen Uhr und dem Thermometer, brauchten wir nicht nachzutrauern, da wir einerseits die kostbare Uhr schon in Hamburg auf das Leihamt gebracht hatten, andrerseits das Thermometer zerbrochen gewesen und wir auch ohne meteorologische Ablesung merkten, daß es ziemlich kalt war. Doch mit den Instrumenten war uns auch Kozenns Atlas für die Mittelstufe der österreichischen Bürgerschulen, Auflage 1880, Halbleinen, verlorengegangen, so daß wir nun in der Eiswüste ohne Orientierung blieben.

Als die Zichorienkiste verzehrt war, aßen wir unter Tränenströmen unsre treuesten Genossen, die Hunde. Noch hatten wir anfangs zwei Zwiebeln und etwas Paprika. Doch der Paprika ging zu Ende, und nun vermochte selbst Prantls hervorragende Kochkunst uns kein abwechslungsreiches Menü mehr zu zaubern. Den letzten Hund mußten wir als Pichelsteiner Fleisch zubereiten.

Wir gingen dem 21. März entgegen, wo wieder die Sonne aufgehen sollte. O Schreck, sie ging nicht auf. Ein Strahl des Nordlichts beleuchtete die hoffnungslose Szene.

Ich sagte schon, wir hatten Instrumente und Karten eingebüßt. Daher merkten wir nicht, daß uns das Packeis über den Nordpol hinausgebracht hatte, in jene absolute Wüstenei, wo es keine Meridiane und Breitengrade mehr gibt. Der Kompaß, den Prantl noch von seiner aktiven Dienstzeit her an seiner Militärbluse hängen hatte, drehte sich planlos.

Dazu die unbeschreiblichen Entbehrungen. Eine einzige Dose

Tapetenkleister, die Prantls Tante ihm zum Glück beim Abschied aus Wien als eisernen Vorrat zugesteckt hatte, sie schmierten wir auf das trockene Brot.

Einmal war es mir fast schon gelungen, einen Seehund mit einem dargebotenen Bissen anzulocken; da erblickte er unsre Flagge, rümpfte die Nase, schüttelte sarkastisch-lächelnd den Kopf und kehrte um.

Prantl wurde in diesen Nöten irrsinnig. Er forderte stürmisch, von mir zum Bezirksvorstand von Hohenau ernannt zu werden, mit der gleitenden Lohnskala der Wiener Trambahnführer. Angesichts der Knappheit der österreichischen Staatsmittel konnte ich sein wahnwitziges Verlangen nicht erfüllen – und er proklamierte den Generalstreik der Bundesangestellten.

So hatte sich auch der letzte Begleiter von mir getrennt – ich stand allein; ohne Proviant, ohne Schlafstätte, ja, ohne Legitimationsdokumente – allein in der Öde der Polarnacht.

Hier war es, wo der Himmel ein Wunder an mir wirkte:

Ich höre am 14. April, 7 Uhr morgens, einen fernen Ton in der eisstarrenden Einsamkeit. Zuerst glaube ich an eine Elendshalluzination. Doch nein, es sind menschliche Laute.

Laute, die näherkommen. Erregt horche ich – und nehme im nächsten Augenblick eine große, vermummte Gestalt aus; sie tappt im Dunkel daher, beugt sich alsbald zu mir nieder und redet mich in einer fremden Sprache an.

Man weiß aus den Berichten der Blätter, daß es die Gouvernante Fräulein Gertrud Bräsig war, die da, auf einem Spaziergang mit ihren zwei schutzbefohlenen Kinderchen begriffen, mich in der Stunde der äußersten Erschöpfung auflas.

Sie labte mich und brachte mich zu ihrer Herrschaft, in eine Pfarre nach Rostock.

Ich war geborgen und feierte noch am selben Abend bei dampfendem Punsch meine glückliche Errettung.

– – – Habe ich auch viele Qualen durchmachen müssen, so tröstet mich die Fülle des wissenschaftlichen Materials, das ich von meiner Expedition heimbringe. Es steht in nichts hinter den Ergebnissen andrer, großartiger, reichausgestatteter Polarfahrten zurück. Man weiß dank meiner Forschungen, daß die

Temperatur nach dem Pol zu bedeutend abnimmt — und eine Abart des Eisflohs, die ich entdeckt habe, wird in aller Zukunft meinen Namen tragen.

NIKOTIN

Ob das Rauchen schädlich ist?

Gustav Meyrink, der doch nächst Gott am meisten weiß, raucht nicht.

Die berühmte Gräfin Eufemia von Adlersfeld-Ballestrem aber ist passionierte Raucherin.

Das sind zwei Indizien gegen den Tabak.

Andrerseits:

Mein Großvater hat immer geraucht und ist dreiundneunzig Jahre alt dabei geworden.

Mein jüngerer Bruder hat nie geraucht und ist mit vier Wochen gestorben.

Da kenne sich aus, wer kann.

LEITFADEN FÜR REICHE

Lieber Freund, Sie sind durch glückliche Ausnutzung geschäftlicher Chansons in einen Gesellschaftskreis aufgestiegen, der gern Fremdwörter gebraucht. Damit Sie sich nun nicht jeden Augenblick balsamieren, möchte ich Ihnen einige Winke für die Konservation geben.

Vor allem, bitte, seien Sie nicht beleidigt, wenn jemand Sie einen Parvenu nennt. Er meint nichts Böses. Parvenu ist eine spanische Wand, ein Bettschirm. Arrivé hingegen: eine singbare Melodie, ein Gesangsstück.

Man wird Ihnen schlechte Manieren vorwerfen und Mangel an Courtoisie. Lassen Sie sich dadurch nicht kränken, die Mängel wiegen nicht schwer: Courtoisie ist nichts andres als Maklergebühr; und Manieren — die Hände pflegen wollen sie sich ohnehin.

Lädt man Sie zum Tee, kann es ein Five-o'clock tea sein oder ein Thé dansant. Keinesfalls hat es das mindeste mit Theorie zu schaffen, der Gottesgelehrsamkeit.

Hypothese wieder ist die längste Seite eines rechtwinkeligen Dreiecks; verwechseln Sie das nicht mit Hippologie, der krankhaften Reizbarkeit von Frauen.

Bietet man Ihnen beim Tee Baisers an und Curaçao, so müssen Sie wissen, daß Baiser Flauheit auf der Börse bedeutet und Curaçao einen schweren Reiter; der Gegensatz davon ist Infamie (Fußtruppe, in übertragenem Sinn auch: Mannstollheit). Absinth aber ist die Enthaltung von geistigen Getränken.

Zwischen Tuberosen und Protuberanzen ist ein gewaltiger Unterschied: Protuberanzen sind Apfelsinen, Tuberosen jedoch Lungenschwindsüchtige.

Halten Sie Zyklamen und Zyklus auseinander: Zyklame ist ein Wirbelwind; Zyklus ein Riese mit einem Auge.

Für Wirbelwind kann man auch Toreador sagen; Tournedos klingt wohl ähnlich, bedeutet aber etwas ganz andres, nämlich einen südfranzösischen Minnesänger.

„Sagt man Champignon oder Champion?" werden Sie fragen. Es kommt darauf an, ob Sie Haarwäsche meinen oder eine Papierlaterne.

Antinomie ist die Kunst, Leichen zu zergliedern; Anthologie: Selbstregierung, Unabhängigkeit.

Panorama ist eine Landenge in Südamerika; Paranoia aber ein Schlafanzug.

Tarlatan: ein Kurpfuscher und Marktschreier; der schlaue Tamerlan war Minister des Äußern unter Napoleon dem Großen.

Samojeden sind russische Teemaschinen.

Merken Sie sich ferner, daß eine Kreolin nicht dasselbe wie eine Mulattin ist. Mulatten sind Bastarde von Pferd und Esel; eine Kreolin ist ein gebauschter Frauenrock.

Man wird Ihnen von Krankheit und Gesundheit reden, Prophylaxe und Hygiene. Behalten Sie, bitte, wohl im Gedächtnis: Prophylaxe ist die Reblaus; Hygiene ein Raubtier, das Leichen frißt.

Ein großer Unterschied ist auch zwischen Olymp und Hades; Hades ist die Rückenmarksschwindsucht, Olymp aber ein Neugebilde in der Nase.

Basilisk: eine griechische Kirche; die Lieblingsfrau des Türken heißt Obelisk.

– – – Mein Freund, ich hoffe, Sie wissen nun Bescheid mit Fremdwörtern. Sollten Ihnen noch jemals Zweifel aufsteigen, dann reden Sie nicht leichtfertig hin, sondern schlagen vorher hübsch nach im Konföderations-Mexiko, wo Sie, nach dem Alpaka geordnet, das Wissenswerte beisammenfinden.

DIE TAGESZEITUNG

Einst hatte das Journal so viel Geist wie die Leute, die es schrieben.

Heute hat es so viel Geist wie jene, die es lesen.

Kinder, das ist ein furchtbarer Unterschied.

Die Geschichtsschreiber – rückwärts gewandte Propheten...? Oft sind sie nur verdrehte Journalisten.

Wenn jeder nur sagte, was er schon bestimmt weiß, gäbe es keine Spätabendblätter und keine Propheten.

SCHWÄNKE UND FRAGMENTE

Krankheiten sind erträglicher als das zu ihrer Diagnostizierung eingeschlagene Verfahren.

Eines Tages wollte der Herr Primararzt auf Urlaub fahren. Ließ den Assistenten kommen und sagte ihm:

„Sie, Doktor Grünfeld – der Mann da im vierten Bett wird morgen sterben. Der Mann hat eine ungemein interessante Leber – bitte, präparieren Sie mir sie heraus und härten Sie sie in Formalin – ich brauche die Leber nächste Woche zu einer Vorlesung."

Und dann fuhr der Herr Primararzt.

Als er nach acht Tagen wiederkam, war seine erste Frage:

„Grünfeld! Wo ist meine Leber?"

„Entschuldigen, Herr Professor – der Mann lebt noch."

Da wurde der Primararzt aber wild.

„Natürlich", schrie er. „Den haben Sie mir wieder nach eigenem Kopf kurieren müssen."

„Der Kopf schmerzt mich", sagte meine Aufwärterin, „ich möchte mich am liebsten umbringen."

„Liebe Frau, Sie sind doch in der Krankenkasse – warum wollen Sie sich da selbst die Mühe machen?"

Unser Onkel Theobald hat seine Fabrik den Söhnen abgegeben – und seitdem widmet er sich einem sehr interessanten Fach: der Beobachtung seines Gesundheitszustandes. Am meisten ärgert ihn, was er „die Geheimnistuerei der Ärzte" nennt: sie wollen und wollen ihm nicht aufrichtig sagen, wie es um ihn bestellt ist; um das Herz; die Nieren; die Leber; und das Ganze.

Gestern rät der Hausarzt dem Onkel an, zur Kur nach Nauheim zu gehen; und um den Nauheimer Arzt zu informieren, gibt der Hausarzt unserm Onkel einen verschlossenen Brief mit.

Ha, dieser Brief! Onkel Theobald wägt ihn in der Hand. In diesem Brief steht die Wahrheit.

Mag die Wahrheit noch so bitter sein – Onkel Theobald ist entschlossen, sie zu verkosten.

Öffnet den Brief und liest:

„Saudumm, enorm reich. Visite 20 bis 30 Mark."

„Hier in den linken Eckzahn muß der alte Herr eine Goldplombe bekommen."

„Glauben Sie, Doktor, daß man in Großpapa noch so viel investieren soll?"

Ein interessanter Fall. Was nämlich die Ärzte einen interessanten Fall nennen...

Dem Präsidenten der Königlichen Tafel fielen seit einiger Zeit die Urteile des Pernauer Oberstuhlrichters auf. Sie zeigten... hm... eine gewisse Naivität in der Begründung. Auch häuften sich aus der Umgebung von Pernau Beschwerden der Bürgerschaft.

Richter sind unabsetzbar. Oberstuhlrichter erst recht. Nur auf amtsärztlichen Befund kann der Präsident der Königlichen Tafel...

Kurz, der Präsident schickte den Sanitätsrat Dr. Figdor nach Pernau.

Und überflog ein paar Tage später folgenden

Befund:

„...Oberstuhlrichter... Pernau... Schwachsinn... der ihn jedoch an der Ausübung seines Amtes nicht hindert."

„Mensch!" rief der Präsident, „Sanitätsrat! Was haben Sie dem Oberstuhlrichter von Pernau bescheinigt? Einen Schwachsinn, der an der Amtsführung nicht hindert?? Wie stellen Sie sich das vor?"

„Herr Präsident", erwiderte der Sanitätsrat, „ich habe bei dem Untersuchten *angebornen* Schwachsinn festgestellt."

Unlängst erhielt ich die Erlaubnis, die Landesirrenanstalt zu besichtigen. Ich durfte durch alle Säle gehen und mit allen Kranken sprechen.

Im siebenten Saal begegnet mir ein Mann in langem grauem Kittel, mit entsetzlich stierem Blick.

„Sie Armer", frage ich ihn erschüttert, „wie lang sind Sie denn schon hier interniert?"

„Herr", sagte er, „ich bin überhaupt nicht interniert – ich bin der Anstaltsarzt."

Ich war bodenlos verlegen und erschöpfte mich in Entschuldigungen.

„Oh, bitte, bitte", sagte der Arzt, „eine solche Verwechslung kann einem Fremden bei uns schon passieren. Die Ärzte in den Irrenanstalten unterscheiden sich ja von den Patienten nur durch die Vorbildung."

In Salonik wirkte eine Ärztin – ein wahrer Segen für die islamitischen Frauen, die sich ja von männlichen Ärzten nicht mögen untersuchen lassen.

Wenn die Ärztin ein Rezept geschrieben hatte, trugen die Hanüms es – gleichwie einen Korânvers – als Amulett am Hals, gingen aber nicht etwa in die Apotheke, um das Medikament anfertigen zu lassen.

Dadurch wurden viele vom sichern Tod errettet.

„Sie werden so dick, Herr Mayer! Machen Sie sich denn wenigstens hie und da Bewegung?"

„Nur, wenn ich gegen säumige Schuldner den Klageweg beschreite."

Der Michelbauer aus Schwabendorf trat ein und fragte:

„Bin ich hier recht beim Herrn Anwalt Müller?"

„Lieber Freund", antwortete der Chef, „es gibt drei Rechtsanwälte mit Namen Müller im Ort."

„Ich meine den Herrn Müller, was... hm... was ein wenig trinkt..."

Dr. Müller lächelte. „Man kann dieselbe Vorliebe meinem Kollegen Ewald Müller nachsagen."

„Und die Frau... soll a so a ausgeschamts Weibsstück sein..."

„Also kurz, Gevatter: Was wünscht Ihr?"

Doktor Karlinger hatte einem jungen Kavalier aus der Schlamastik geholfen – allerdings zu ungeheuerlichen Bedingungen: zweihundert Prozent Zinsen ungefähr.

Nun stand Karlinger vor dem Ehrenrat der Niederösterreichischen Advokatenkammer, angeklagt des Wuchers.

„Meine Herren", sprach Karlinger, „angenommen, ich bin in der Schlacht bei Bosworth; König Richard schreit: ‚Ein Pferd! Ein Pferd! Ein Königreich für ein Pferd!' – Ich liefere ihm das Pferd. – Was geschieht? Es kommt der Ehrenrat der Niederösterreichischen Advokatenkammer und diszipliniert mich wegen Wuchers."

Die Ehescheidungsgeschichte Hartner gegen Hartner war ein harter Fall gewesen. *Sie* behauptete *sein* Verschulden – Ehebruch –, daher Unterhaltspflicht des Gatten; er wieder gab die Beschuldigung reichlich zurück: nicht er habe die Ehe gebrochen, sondern sie – dutzendmal –, daher *ihr* Verschulden, und er zahle keinen Pfennig.

Zum Glück hatte Frau Hartner den gescheitern Anwalt. Er wusch seine Klientin so rein, daß sie wie ein Posaunenengel dastand.

„Aber jetzt, gnädige Frau", mahnte er, „um Christi willen keine Dummheiten mehr! Freitag ergeht das Urteil – Montag wird es zugestellt – – bis dahin, bitte, bitte: Vorsicht!"

Sonntag abend, zwischen Urteilsschöpfung und Zustellung, eine halbe Stunde vor Mitternacht, klingelt in der Wohnung des Anwalts das Telephon. Wer spricht? Frau Hartner. Sie scheint etwas erregt.

„Ach, Herr Doktor! Sie haben mir da letzthin... wie soll ich mich ausdrücken?... Zurückhaltung empfohlen. Wie haben Sie das nun gemeint: nur bis zur Urteilsschöpfung? – oder ganz bis zur Zustellung?"

Auf der Redoute kriegte Dr. Groß Händel mit einem Studenten; tags darauf waren die Sekundanten da und drohten mit Pistolen.

„Meine Herren", sagte Dr. Groß, „vor vierzehn Tagen hätte ich es noch getan. Denn ich bin im Punkt der Ehre sehr empfindlich. Aber seither ist meine Tante gestorben. Und von einem so schönen Vermögen weg? – Nein."

Zum Imam Ebu Jussuf – den Gott in Frieden ruhen lasse – kam einst ein Mann und verlangte von ihm die Entscheidung einer Rechtsfrage.

Der Imam dachte nach und erklärte schließlich: er sei nicht imstande, die Frage zu lösen.

„Wofür beziehst du ein so hohes Gehalt aus der Staatskasse, wenn du unfähig in Rechtssachen bist?" fragte der Fremde.

Ebu Jussuf antwortete:

„Wisse, o Fremdling, daß mich der Staat für das bezahlt, was ich weiß. Wenn er mich für das bezahlen sollte, was ich nicht weiß, reichten alle Schätze der Erde nicht aus, mich zu entlohnen."

Ein amerikanischer Ingenieur sah sich das katholische Hochamt an im Kloster Andechs. Ein Bischof zelebrierte da, ein infulierter Abt, ein Dechant – in juwelenstrotzenden Ornaten –, und um sie der Chor der Pfarrer, Kapläne, Ministranten – mit Evangelienbüchern, Weihrauch und Schellen.

Sah der Amerikaner langelang zu – und sprach:

„Well, das Taylorsystem der Gottesverehrung ist das nicht."

Erzengel Michael sprach:

„Der Herr der Heerscharen ist mißgestimmt. Wir müssen ihn erheitern."

„Ganz einfach", antwortete Gabriel. „Wir abonnieren eine theosophische Zeitschrift."

Eines Tages kam ein Mann zum Kalifen Memun und sagte:

„Hoheit, ich bin ein Araber."

„Das ist nichts Wunderbares", antwortete der Kalif.

„Ich möchte nach Mekka pilgern."

„Geh — der Weg ist breit."

„Aber ich habe kein Geld", sagte der Araber.

„Dann bist du nach den Gesetzen des Glaubens nicht verpflichtet, zu wallfahrten."

„Aber Hoheit, ich bin zu Euch nicht um eine Deutung des Glaubens gekommen, sondern um Geld."

Einst trieb ein Jüngling eine Herde von Kamelen vor sich her — alle krumm und bresthaft.

Der fromme Imam Schabi sah es und rief:

„Warum verschaffst du dir nicht ein Mittel, deine Kamele zu heilen?"

„Ich habe eine gottesfürchtige alte Mutter und vertraue darauf, daß ihr Gebet den Tieren helfen wird."

Der Imam sprach:

„Mein lieber Sohn, misch in die Gebete deiner Mutter etwas Salbe und Kräuter und leg es auf die Wunden — ich sage dir, es wird nicht von Übel sein."

Beim Apéritif-dancing im Casino fiel mir eine junge Dame auf, sehr schlank, sehr hübsch, sehr gut angezogen — fiel mir auf durch ihre blauen, emsigsuchenden Augen; ferner wackelte sie fanatisch mit jenem reizenden Körperteil, dem die Venus Kallipygos ihren Ruhm verdankt.

Sie muß meine Verwunderung über so viel Getue bemerkt haben – denn als sie auf den Platz zurückging, an mir vorüber, seufzte sie halb für sich, halb für mich:

„Tja, Jroßmutter schaffte es noch mit dem bloßen Lächeln."

Ich hörte ein Gespräch mit an zwischen dem Mittelstürmer der Brandenburger und Gerda Weiß, der reizenden Blondine.

Er: „Glauben Sie, daß wir heute siegen werden?"

„Nein."

„Wollen Sie wetten?"

„Mit Vergnügen."

„Um was?"

Sie – mit bezauberndem Augenaufschlag:

„Um das Übliche."

So sparsam können nur Frauen sein:

Autobus. Ich im Blickgeplänkel mit einer netten Blondine.

Da kommt meine Haltestelle, Zonengrenze des gelösten Fahrscheins. Ich will aber nicht aussteigen – will weiterfahren, das Gefecht mit der Blondine fortsetzen.

„Schaffner! Eine neue Fahrkarte!"

– „Wie weit?"

(Ja, wie weit?) „Endstation", sage ich.

Der Schaffner: „Endstation – 50 Pf."

Mischt sich die Blondine ein mit schöner Festigkeit:

„Der Herr fährt nur bis Kasparstraße – 30 Pf."

Die Hochzeit meines Freundes Piering war die weitaus lustigste, seit Menschen denken.

Der Polterabend hatte zwei Tage vorher begonnen und ging unmittelbar über in das eigentliche Fest.

Die Braut, Soferl Henke, war durchaus nicht abstinent gewesen. Oh, sie hatte ziemlich tiefe Gläser gestülpt; und hing auf der Fahrt nach dem Standesamt, vom Schleier zart verhüllt, seekrank halb über Bord der Hochzeitskutsche.

Als der lange Piering aber, von den Erlebnissen immer noch betäubt, am ersten Morgen der jungen Ehe erwachte – was war denn nur mit ihm geschehen? Er traute seinen Augen nicht:

„Henke Soferl!" rief er, höchlich erstaunt. „Wie kommst denn du daher??"

Auf dem Bahnhof in Iglo sah ich einen Mann, der mir bekannt schien. Richtig war es der Stationschef Roda, mein Vetter.

Doch, mein Gott, wie sah er aus: das Haar zerwühlt, das Gesicht zerknittert, der Uniformrock eine einzige Gemüsegarnierung.

Er wartete gar nicht erst meine Frage ab.

„Weißt", sagte er, „wir haben Hochzeit gehabt. Die Malvin hat geheiratet, meine Älteste."

„Heute?"

„Nein, vorgestern."

Friederike, die Tochter des Pastors von Wukowitz, hatte den Pfarr-Adjunkten geheiratet und war mit ihm an die See gefahren.

Nach drei Tagen schrieb sie:

„Liebe Mutter, ich muß leider schon klagen. Wilhelm fängt an, anzügliche Gespräche zu führen."

Wir sprechen von einer englischen Autofabrik, die so herrliche Wagen baut; verkauft die Wagen nach Madrid – nach Bukarest – nach Sidney – – und überallhin schickt sie von Zeit zu Zeit ihre Mechaniker, die nach den Wagen sehen.

„Das ist noch gar nichts", meinte ein versonnener Herr. „Meine Schwiegermutter hat sechs Töchter nach sechs Staaten verheiratet – und bei jeder bringt sie jährlich zwei Monate zu, um sie nachzuerziehen."

„Kein Wort mehr von Liebe, Herr Doktor! Ich bin meinem Mann treu."

„Gnädigste, ein vorsichtiger Kapitalist wird niemals sein ganzes Vermögen in *einem* Unternehmen anlegen."

„Aber Hugo! Denk doch an den Eid der Treue, den ich meinem Mann geschworen habe!"

„Liebes Kind, ich halte nicht einmal, was ich selbst versprochen habe – da werde ich doch nicht anfangen, fremde Eide zu halten."

Sie: Nein, Hugo, dreimal nein!

Er: Warum nicht, kleiner süßer Dummkopf?

Sie: Du vergißt: ich habe Pflichten gegen meinen Mann. Wenn *deine* Frau *dich* betrügen wollte – wäre dir das recht?

Er: Ein ganz unpassender Vergleich. Wenn meine Frau mich betrügt, ist mir das eine Kränkung; wenn aber du mir gehörst, ist mir das ein Vergnügen.

Frau Amélie: Du bist fein heraus, Therese; hast deinen schönen Mann – hast deinen Freund – und außerdem noch deinen Tennispartner Cyprian...

Therese – bitter: Und das Ergebnis? Einer verläßt sich auf den andern.

„Gerda", fragte ich sie teilnehmend, „Gnädigste! Sie blicken so trüb und bleich. Nach einjähriger Ehe? Mit einem so geliebten Gatten?"

„Ach", antwortete sie, „ich hatte es mir anders vorgestellt. Früher, da freute ich mich immer schon: heute abend bist du mit Otto Schlesinger. – Jetzt aber –? Schlesinger – jeden Abend Schlesinger – – es wächst einem zum Hals heraus."

Ich verstehe nicht, wie Menschen über Zwist in ihrer Ehe klagen können.

Wir, meine Frau und ich, haben eine immerwährende Vereinbarung:

Wenn wir gleicher Ansicht sind, gilt *meine* Ansicht.

Wenn wir verschiedener Meinung sind, gilt *ihre* Meinung.

So kommen wir seit Jahren prächtig miteinander aus.

Eines Abends zu vorgerückter Stunde seufzt mein Freund Allinger:

„Ihr Ehemänner habt es in allem besser. Ihr lebt billig. – Wenn ich meiner Freundin ein Paar Handschuhe kauf, hat sie Handschuhe. Wenn du aber deiner Frau ein Klavier kaufst, hast du ein Klavier."

Ritschel sah zum Erschrecken aus.

„Mensch", rief ich, „bist du unter die Stachelwalze geraten?"

„Nein – weißt: gestern komm ich spät nach Haus – mein Hund erkennt mich nicht und springt mir ins Gesicht..."

„Hör mal, Freunderl – von dem Hund tät ich mich scheiden lassen."

Mergelmann stürzte aufgeregt zu mir herein und versank im Klubsessel; seine Brauen turnten auf und ab; die Nüstern dehnten sich und schwanden; die Hände umkrampften die Armlehnen.

Eben ein Mensch, der seine Frau ertappt hat.

Ich fand schwer ein Wort des Trostes.

„...Gott... ja... Mergelmann... gewiß... ich... sehe ein... es ist entsetzlich, erschütternd, wenn... man da plötzlich... wenn einem zum erstenmal klar wird..."

Da sprang Mergelmann auf und brüllte:

„Zum erstenmal? Zum erstenmal? Freund, zum acht–zehn–ten–mal hab ich die Bestie erwischt!!!"

Mein Freund Essner, weit über die Sechzig, hat sich eine kleine Freundin angeschafft.

Ich frage ihn verwundert:

„Sag mal, was fängst du mit ihr an?"

„Ich??" antwortet er. „Nichts. *Sie* lacht."

„Was sagen Sie, Herr Austerlitz: in Glauchau hat voriges Jahr ein Mann von 83 eine 18jährige Frau geheiratet, hat auf der Hochzeit bis zum Morgen Cancan mit ihr getanzt – und eben ist er Vater eines gesunden Zwillingspaars geworden. – Was sagen Sie dazu?"

Der alte Austerlitz wiegt den Kopf und meint bedächtig:

„Eh ich mich so sehr wundere – lieber glaub ich's nicht."

Mein Freund Hollinger war Witwer und hatte eine Bonne für sein Kind.

Die Bonne war kokett wie ein Stieglitz, ausgelassen und auffallend.

Hollinger ist ein guter Kerl – er tat nichts dagegen.

Da kam seine Tante und sagte ihm:

„Mein Lieber, das geht nicht – du mußt die Bonne entlassen. Jeder Mensch meint, du hättest ein Verhältnis mit ihr."

Hollinger ist schwer von Entschlüssen. Er sagte, er wolle sichs überlegen.

Überlegte sichs drei Tage – und am vierten fing er das Verhältnis an.

„Denken Sie sich – erhalte eben Depesche – bin Vater jeworden."

„Na – und Jnädigste wohlauf?"

„Wenn die bloß nischt von erfährt."

Der alte Strakosch war mit einem wunderhübschen Mädchen, seiner Tochter, nach Berlin gekommen und stieg im Hotel Seidenberg ab, erster Stock.

Tags darauf kam der junge Strakosch mit seiner Schwester an und mietete sich ahnungslos im Hotel Seidenberg ein. Beletage.

Am nächsten Mittag begegneten die vier einander.

Vater und Sohn erkannten sich sofort.

Die beiden Damen mußte man gegenseitig vorstellen.

Ich gehe ins Varieté mit einer gewissen Sofie Schleiminger, muß mir – dieses Pech! – Oberregierungsrat Hoff begegnen.

Ich, schnell gefaßt, stelle vor:

„Herr Oberregierungsrat Hoff – – meine Frau."

„Tach, Sofiechen!" antwortete er.

Tiefe Nacht in Neapel. Furchtbares Erdbeben.

Herr Schulze im Hotel Londres schreit:

„Laura, um des Himmels willen! Zieh dich an!"

Sie:

„Det Jrüne?"

„Ich", sagte sie, „lebe bescheiden in einem möblierten Zimmerchen, bereite mir mein Essen, schneidere meine Kleider selbst... Wenn ich mich an einen Reichen wegwürfe: oh, auch ich könnte Auto fahren, in Diamanten wühlen."

„Fräulein", erwiderte Roda Roda, „Sie überschätzen, glaube ich, die Marktlage."

Der Chef:

„Ich habe die einzige Sekretärin, auf deren Verschwiegenheit ich absolut bauen kann: erstens versteht sie nicht, was ich diktiere; und zweitens vergißt sie, was sie geschrieben hat."

Der Chef höchst erregt:

„Sie bummeln die Nächte – Sie kommen zu spät ins Büro – statt zu arbeiten, dösen Sie vor sich – was Sie schreiben, ist dumm – was Sie rechnen, ist falsch – um jeden Pfennig ist schade, den ich Ihnen zahle... Überhaupt, Herr: was schweigen Sie so verbissen – warum reden Sie nicht, wenn ich Ihnen Ihre Fehler vorhalte??"

Der Buchhalter – bescheiden:

„Glauben Sie, Herr Schwarz, wenn ich schweige, red' ich nicht?"

Seit Tantchen Martha Witwe ist, fürchtet sie sich entsetzlich. Kein Wunder: so allein im dritten Stockwerk – unten die Bureaus, da ist bei Nacht kein Mensch – oben die Magazine, wo die Mäuse tollen.

Als ich unlängst zu Tantchen kam, sah ich eine Papptafel auf dem Nachtkasten. Die Tafel hing an einem langen, langen Bindfaden.

„Dies", sagte Tantchen, „hab ich mir ausgedacht: wenn die bösen Menschen mich überfallen sollten, lasse ich das Täfelchen zum Fenster hinaushängen."

Auf dem Täfelchen stand:

„Leider haben wir Diebe im Hause."

Das alte Fräulein Miesecke fürchtet sich sehr, die Straße zu überschreiten – es könnte ein Auto kommen...

Da trägt sie immer ein Zettelchen bei sich:

„Bitte die Leiche abzugeben Petersenstr. 15."

Wenn man mich fragt, wer der höflichste Mann war, den ich je gesehen habe: der Abbé von Mesancy.

Die Französinnen sind sehr abergläubisch – einem Priester auf der Straße zu begegnen, gilt als böses Omen; man muß sofort nach einem Stück Eisen fassen – das bringt dann die Chancen wieder ins gleiche.

In Mesancy erbleichte eine junge Dame beim Anblick des Abbés. Blieb fassungslos stehen – dann äugte sie fieberhaft nach einem Stück Eisen.

Mit reizend-nachsichtigem Lächeln griff der Abbé in die Tasche und reichte ihr seinen Hausschlüssel.

Wir fanden uns nach zehn Jahren zusammen, wir Abiturienten des Piaristengymnasiums. So will es ein alter Brauch.

Empfang, Festkommers; am nächsten Morgen Messe und Besuch der Schulräume.

Im Lehrzimmer legte uns der Direktor das Goldne Buch der Mutteranstalt vor. Wir sollten einen klassischen Spruch einschreiben und unsre Namen.

Man einigte sich auf:

„Wir lernen nicht für die Schule, sondern fürs Leben."

Doch keiner konnt es ins Lateinische übersetzen.

Die Landsmannschaft Hercynia feiert ihr Stiftungsfest.

Der älteste Alte Herr hat den Vorsitz beim Kommers und gebietet Silentium.

Alles schweigt ehrfürchtig und gespannt.

Doch der Alte Herr rührt sich nicht.

Minuten vergehen in peinlicher Stille.

Endlich wagt einer der Festteilnehmer, dem Präsidenten zuzuraunen:

„Bitte, wenn Sie nichts zu sagen haben: heben Sie doch wenigstens das Silentium auf."

„Ich möchte ja", sagte der Alte Herr verzweifelt. „Aber ich habe vergessen, wie das Gegenteil von Silentium heißt."

In Ischl lernte ich einen Herrn Wernicke kennen – feinen Beobachter und offenen Kopf.

„De janzen Alpen", sagte er mir eines Tages, „is der reene Mumpitz. Eene jrandiose Fremdenneppanstalt. Sehn Se, zum

Bleistift, det Mädchen da mit det Edelweiß! — Na, überhaupt det Edelweiß! Haben *Sie* so wat schon mal wachsen sehn? Ick nich. Un ick kann Ihn bloß sagen — ick, Wernicke aus Berlin: eine Blume Edelweiß jibt et jar nich un hat et ooch nie jejeben. En jeder intelljente Mensch muß et uff'n ersten Blick raushaben, det det Zeuch jar keene Möglichkeit von ne Blume is. Edelweiß is de jesetzlich injetrajene Wortmarke for enen Industrieartikel — et wird in ene Fabrik in Plauen mit Maschinen aus dinnen Filz jestanzt un den Touristen in de Alpen als Blume anjedreht."

In Karlsbad schloß sich mir ein junger Mann an und nannte mich immerzu: Meister.

Ich wurde endlich ungeduldig. — „Herr, machen Sie mich nicht rasend mit Ihrer abgeschmackten Formel!"

Darauf der junge Mann:

„Wenn einer nicht Baron ist, nicht Leutnant und nicht Doktor — sagen Sie selbst, wie soll man einen solchen Trottel anreden, Meister?"

In Kissingen wurde ich einem freundlichen alten Herrn vorgestellt und mußte ihm notgedrungen ein paar Worte sagen.

„Sind Sie... schon lange hier?" fragte ich.

„Das möcht sich mir wollen. Ich bin von Hälfte Mai."

„Und... bleiben Sie den ganzen Sommer über?"

„Da möchten wir uns gut haben — ich fahr morgen furt."

„... Nach Rußland, nicht wahr?"

„Wieso nach Rußland? Ich bin doch Professor von daitscher Sprache af Prage Obrrgymnasium."

Ich hörte auf der Fahrt von Hamburg nach Berlin das Gespräch zweier Herren mit an.

Der Ausländer: „Was sind Sie für ein Landsmann?"

„Sie werden lachen", antwortete der andre und errötete ein wenig, „ich bin Nassauer."

„Ach“, seufzte der Fremde, „was soll ich erst sagen! Ich bin aus Lesbos.“

Ich bin seit ein paar Tagen in Berlin.

Als ich gestern nacht, gegen zwei, in mein Hotel zurückkehre, steht auf dem Podest des ersten Stockwerks ein Mann, mangelhaft bekleidet, und seine Siebensachen trägt er unterm Arm; Angstschweiß perlt ihm auf der Stirn; und er schreit:

„Källner! Källner! Aber Kääällner!“

Endlich meldet sich wer.

„Was wollen Sie denn?“

„Aber Käällner! Meine Räächnung! Ihh ljasse miir njicht gefaallen. Ihh gehhe auf Kabinet – steht: ‚Biitte ziiehen!‘ Ihh ziehhe – koomt mit großem Gepolter Waasser durch eine Rohrr. Was siind das für Witze, einen Kavalier so erschreecken?“

„LERNE ZU LEIDEN OHNE ZU KLAGEN“

– lautet die goldne Inschrift an der Gedächtniskirche.

Eines Tages löste sich einer der goldnen Buchstaben ab. Der Pastor ließ einen Maurer holen und gab ihm den Auftrag: die Inschrift in Ordnung zu bringen.

Am nächsten Tag las man:

„LERNE ZU KLEIDEN OHNE ZULAGEN“.

Mein Freund Fekete, der Ungar, sagt mir:

„Ich war erschtemal in Berlin vor dem Krieg – seh mir Stadt an – eine von den scheensten Straßen hajßt: Tauentzien. Gut. Jetz komm ich nach soviel Jahre wieder – Straße haißt noch immer: Tauentzien.“

„Und was wundert Sie daran, Fekete?“

„Daß Deutsche immernoch hängen an ihre verlorene chinesische Kolonie.“

„Ich habe Verständnis für allerhand politische Ansichten – wie Sie aber, Herr Redakteur, als gebildeter Mensch einen solchen Wisch von Parteiblatt schreiben können, ist mir unbegreiflich.“

„Ja, glauben Sie denn, *ich* hab diese blödsinnige Gesinnung? Die haben doch nur unsre Leser.“

Ich schritt mit Dr. Leindl, dem Redakteur der „Täglichen Nachrichten“, über die Karlsbader Alte Wiese.

Da sagte Dr. Leindl plötzlich:

„Verzeihung, einen Augenblick...“

„Oh – bitte, ich schließe mich an.“

Und wir bogen ab.

Als wir fertig waren, zahlte ich meinen Obolus.

Dr. Leindl aber zückte seine Brieftasche und legitimierte sich als Herr von der Presse.

Jour fixe. Das Gespräch stockt – alles langweilt sich – man weiß nichts Rechtes anzufangen.

Für solche Stunden weiß ich ein bezwingend lustiges Gesellschaftsspiel:

Die Hausfrau verteilt javanische Dolche. Jedem in der Runde wird aufgegeben, die zwei ekligsten Menschen zu töten.

Wer die Unrechten tötet, gibt ein Pfand.

Der müde Herr zum andern müden Herrn:

„...Damals eben war es, wo ich mir überlegte, ob ich mich töten sollte oder nicht. – Doch das scheint Sie gar nicht zu interessieren?“

„Dochdoch. Ich brenne darauf, zu erfahren, wofür Sie sich entschieden haben.“

Meidel schildert mir das Flugzeug, das er erfunden hat.

Seine Konstruktion beruht auf jahrelangem Studium des Vogelflugs.

Solche Beobachtungen haben auch andre Fachleute angestellt; doch alle frühern Beobachtungen sind mangelhaft gewesen – das beweist mir Meidel haarklein.

Meidel hat ganz neue Theorien für die Mechanik des Vogelflugs gefunden – Erklärungen, die von allen bisherigen himmelweit abweichen.

Da fliegt draußen eine Taube vorüber.

„Siehst du", ruft Meidel, „zum Beispiel: diese Taube fliegt falsch."

„Was haben Sie da für ein Buch, Herr Kollega?"

„Ein griechisch-tschechisches Wörterbuch."

„Ach! Ich wußte gar nicht, daß die alten Griechen auch schon Tschechisch trieben."

Späne

„Gott erschuf die Welt in sieben Tagen."
Na, man sieht ihr aber die Schleuderarbeit auch an.

Schon wieder kommt eine Schneiderin mit religiösem Wahnsinn ins Irrenhaus.
Seit Menschengedenken ist das noch keinem Bischof passiert.

Wie will man das Dasein Gottes leugnen und zugleich die Existenz von Kognak erklären?

„Wie steht denn eigentlich der Herr Pfarrer mit seiner Köchin?"
„Sie leben im Konzölibat."

Truppenausbildung in Moralität. Ein Soldat stellt die Hure dar und winkt, die anderen haben verächtlich vorbeizumarschieren.

Die stärkste Form der Kriegführung ist das Verharren in der Neutralität.

Krieg: Fortsetzung der Politik mit andern Mitteln.
Politik: Fortsetzung des Krieges mit gefährlichen Drohungen.

Die Semiten sind lange nicht so aufdringlich wie die Antisemiten.

Es ist ganz gesund, mal ein wenig krank zu sein.

Meine zarte Gesundheit erlaubt mir leider nicht, in dieser Jahreszeit den Tod im Wasser zu suchen.

Gesunde sind leichtfertig, Kranke sind unvernünftig, Genesene weise.

Man kauft das Buch zuerst und liest es dann...
Auf dieser zeitlichen Anordnung der Vorgänge beruht das Auflagenglück so vieler Autoren.

Die Literatur: ein Konzert der Blinden für die Taubstummen.

Humor: die Satire von gestern.
Satire: Weisheit, die sich geärgert hat.
Ironie: die Tochter des Hasses und der Grazie.

Humor ist die Verdauung der Satten, Satire der Schrei der Hungrigen.

In manchen Ländern sind Satiriker überflüssig; die Regierung macht sich selbst lächerlich.

Manche Schauspieler sind so begabt, daß sie selbst im Leben wie echt wirken.

Der Journalist hat zwei Augen und zwei Ohren, um doppelt so viel zu sehen und zu hören, wie geschieht.

Wozu ihn parodieren? Das Original ist komisch genug.

Egger-Lienz, der Nebenhodler.

Begreiflich, daß man Juristen im höhern Postdienst verwendet. Ich verstehe am Ende noch, daß man ihnen die leitenden Stellen im Sanitätswesen einräumt. Die richterliche Laufbahn aber sollte den Juristen bestimmt verschlossen sein.

Welchen Wein die Parteien uns auch immer verheißen: wenn sie zur Regierung kommen, verdünnen sie ihn immer mit demselben Wasser.

Man wähle von zwei Politikern das kleinere.

Als Schweizer geboren werden, ist ein großes Glück.
Es ist auch schön, als Schweizer zu sterben.
Aber was tut man dazwischen?

Libuschas kriegerische Töchter schnitten sich die rechte Brust ab, um den Bogen besser handhaben zu können.
Nur wer den üppigen Wuchs der Tschechinnen kennt, wird die Größe des Opfers würdigen.

Die Engländer ließen die Schottin Maria Stuart um einen Kopf kürzer machen.

Wahrscheinlich war sie für den englischen Geschmack um so viel zu lang.

Vegetarisches Restaurant. Bukett auf dem Tisch verschwunden. Ein Herr hielt es für die Hors d'oevres.

Wenn ich nochmals auf die Welt komme, suche ich mir einen Beruf, wo ich in Berlin wohnen kann, in Paris leben und in Wien essen.

Man müßte den Bienen bedeuten, daß sie mit ihrem Honig bessere Geschäfte machen könnten, wenn sie sich entschlössen, eine nichtklebende Sorte zu erzeugen.

Fluch der Wahrheit: gewaltige Urheber zu haben und die denkbar ungeschicktesten Verbreiter.

Zehn Helden entstehen, indem sich immer einer vor den neun andern seiner Feigheit schämt.

Der Volksredner:

„Darum, Genossen, haltet fest an den Idealen: Freiheit, Gleichheit, Brüderlichkeit – oder, wie die Franzosen sagen: puberté, légalité, paternité!"

„Gedanken sind zollfrei"
– solang man sie nicht ausführt.

„Geben ist seliger denn nehmen."
Gilt besonders von Ohrfeigen und Dilettantenvorstellungen.

Wenn ein Mensch wirklich sparsam ist, kann er mit einem lächerlichen Minimum von Pflichtgefühl durchs Leben kommen.

Gott sei Dank, die Menschheit ist doch nicht gänzlich versumpft: kluge Schurken bringen es immer noch zu etwas.

Ein Zeichen von Intelligenz: Andre überzeugen können.
Ein Zeichen hoher Intelligenz: Auf andre hören, umlernen können.
Ein Zeichen äußerster Intelligenz: Auf niemand hören.

Klug sein heißt: das Wichtige vom Unwichtigen unterscheiden können.

Nicht nur Kleider, auch Irrtümer der Menschheit werden im Hinterhaus aufgetragen.

Große Irrtümer und große Wahrheiten bedürfen nur für die erste Generation eines Beweises.

Mit Brutalität kann man wohl Reiche stürzen, aber nicht Bleistifte spitzen.

Auf den pünktlichen Menschen lastet ein Fluch: sie müssen auf die unpünktlichen warten.

Die Wahrheit hat es mit dem Hundedreck gemein: sie liegt immer in der Mitte.

Das Leben ist eine Schmierenaufführung, vorher nicht geprobt und elend ausgestattet.

„Alle Menschen sind Brüder." — Daher der ewige Zank unter ihnen.

Gar oft verbirgt sich in groben Hosen ein in sie gefallenes Herz.

Es gibt zwei schöne Dinge auf der Welt: Erinnern und Vergessen. — Und zwei häßliche: Erinnern und Vergessen.

Vielleicht die größte Tragödie des Alters, daß die Vorzüge der Jugend — Leichtsinn, Beweglichkeit, Liebesbereitschaft — beim alten Mann komisch werden.

Einmal sollte man nur so zur Probe leben dürfen; und dann noch einmal richtig.

„Ehrlich währt am längsten."
Eine Lüge, die die Gauner ausgestreut haben, um die Überfüllung des Berufes zu verhindern.

Alkoholabstinenz ist heilbar. Man nehme morgens, mittags und abends einen Kognak.

Meide die Dummen – sie sind gefährlich; Dynamit explodiert einmal; die Dummen täglich.

Es dauert viele Jahre, ehe die Welt merkt, daß ein Weiser dumm geworden ist.

Die Menschheit zerfällt in zwei Teile: der erste drückt sich falsch aus, und der zweite mißversteht es.

Unsterblichkeit...? Es ist wie auf der Straßenbahn: sehr wenig Passagiere fahren bis zur Endstation mit.

Die Behauptung „Heut ist der 3. Juni" war gestern noch eine Lüge und wird morgen wieder eine sein.
So geht es den meisten Wahrheiten.

Leute ohne Phantasie erleben nichts.

Es gibt Dummheiten, an die man nicht einmal denken darf, ohne sich ihrer schon halb schuldig gemacht zu haben.

Was die Jugend mit lautester Entschiedenheit verlangt: das Recht, all jene Dummheiten wiederholen zu dürfen, die wir bereut haben.

Ich spiele natürlich nur zum Vergnügen. Wenn ich aber nicht gewinne, macht es mir kein Vergnügen.

Schließlich ist uns Anständigkeit immer nur anerzogen; bei manchen aber sitzt sie so tief, daß sie wie herzlich wirkt.

Das Leben ist ein Witzblatt: bunt und langweilig.

Unser Leben besteht aus lauter Tagen, die zu lang oder zu kurz sind.

Es trifft sich herrlich, daß von vielumstrittenen Lehrsätzen auch immer das Gegenteil richtig ist.

Wenn zwei sich zwischen drei und vier streiten, haben sie eine Meinung; es stellt sich aber erst zwischen fünf und sechs heraus.

Hast du das Geldpäckchen abgezählt? Nur die Hälfte; ich dachte, wenn's bis hierher stimmt, wird das andere auch stimmen.

Ich bin mir noch nicht im Zweifel.

Ich wollte mich seiner Ansicht anschließen, aber er hatte keine.

Höre auf jeden Rat, und befolge keinen.
Also auch diesen nicht.

Jugendeindrücke haften: Ich bin als Knabe einmal von einem verheirateten Mann verhauen worden. Seitdem besuche ich Frauen nur, wenn ich den Gatten weit weg weiß.

„Alles verdanke ich Oskar: mein Glück, mein Wohlleben, meine Seele und Seelenruhe. Nur mein Frauenleiden verdanke ich Gustav."

Er: „Du lädst Gäste ein bei diesen schweren Zeiten? Was kannst du ihnen bieten, Natalie? Zieh wenigstens dein ausgeschnittenes Kleid an!"

Der Ehemann ist seiner Frau ausgeliefert auf Geweih und Verderb.

Das Töchterchen war sexuell aufgeklärt worden, hatte aber alles wieder vergessen.

Der Wille des Mannes verhält sich zum Willen der Frau: wie eine Fliege, die in Honig gefallen ist und gern herausmöchte.

Tugend: ein atavistischer Schutzinstinkt aus der Zeit, wo es noch keine Frauenärzte gab.

Der junge Mann:
„Ach, Fräulein – ich habe soviel Schlaf, daß ich es gar nicht werde allein bewältigen können..."

Omelette: die Form, in der die Hühner Geburtenkontrolle treiben.

Die unglücklichsten Ehepaare: wenn er dumm ist und sie es einsieht.

„Man wird langsam alt und bequem. Wenn ich eine Dame kennen lern, und sie is häßlich, atme ich direkt auf.“

Es gibt Farben, die im Spektrum nicht vorkommen; man sieht sie auf den Sonntagstoiletten der Dienstmädchen.

Die Tänzerinnen in Berlin sind schuld an der weiten Verbreitung der Päderastie.

Unerwiderte Liebe – dem Knaben: ein Selbstmordmotiv; dem Jüngling: ein Reiseabenteuer; für Männer: ein Grund zu trinken.

Sage mir, mit wem du schlafen gehst, und ich sage dir, womit du aufstehst.

„Der Ehemann erfährt es immer zuletzt“: ein Beweis, daß die Mitmenschen taktvoll sind.

Wenn eine Frau dir ein Geheimnis anvertraut, will sie, daß du sie ganz besitzest.

Sei vorsichtig, wenn du Frauen Anträge machst!
Die Frauen sind diskret nur, wenn sie dich erhört haben – ihrer Tugend aber, wenn sie dich zurückwiesen, wissen sie sich gar nicht genug zu rühmen.

Die Mädchen von heute verlangen, der Mann müsse ebenso rein in die Ehe treten wie sie selbst. – Na, wenn sie nicht mehr verlangen...?

Liebe allein macht nicht glücklich. Man muß auch dürfen und können.

Etwas Vorsicht auf seiten des Doktor Faust — und die Gretchentragödie hätte sich vermeiden lassen.

„Herr, warum heiraten Sie nicht — ein so strammer, junger, reicher Mann?"
„Stramm, jung, reich — das sind drei Gründe, ledig zu bleiben."

Gesellschaftlicher Verkehr: der Austausch von Vorurteilen und Halskrankheiten.

„Entre deux âges" — das ist: wenn man nicht recht weiß: möcht man schon die Tochter oder noch die Mutter.

Standrechtlich getraut.

Wir wollen Freundschaft schließen. „Nein, soweit sind wir noch nicht. Bleiben wir bei der Liebe."

Sie, Ihre Mutter hätte auch besser Geburtenkontrolle treiben sollen.

Hollitzer: „Jetzt weiß ich nicht, war sie grob zu mir oder zärtlich. Sie sagte: Lieber, guter, süßer Karl, ich bitt dich mit gerungenen Händen, halt's Maul."

Man muß schlechte Zigaretten rauchen, um nicht zu viel zu rauchen. Ob ähnliches auch von Frauen gilt?

Jenes Maß von Zudringlichkeit, auf das eine junge Dame von seiten eines jungen Herrn Anspruch hat.

Mir ist ein Unglück passiert, meine Frau hat erfahren, daß ich noch kann.

Die Frauen sind ein Rätsel. Auflösung in der nächsten Nummer.

Ich habe mir nie einen Namen gemacht, ihn aber vierzig Jahre zu erhalten gewußt.

BIOGRAPHISCHES ZU RODA RODA

Während der Broadway den Sieg über Japan, das Ende des Zweiten Weltkriegs feierte, starb in einem Spital in Manhattan, bis zum letzten Atemzug die Disziplin eines alten Soldaten wahrend, ein Mann, den Amerika kaum kannte. Und doch war dieser Mann zu Recht „Mark Twain der Donau" genannt worden, und seine rote Weste war einst in Wien, Budapest, Prag, München, Berlin nicht minder berühmt als Chaplins Riesenschuhe. Sein Leben war teils eine bunte Legende mit eulenspiegelhaften Zügen, verwoben mit Tausendundeine-Nacht-Geschichten; auch erinnerte er von fern an den Schutzpatron Frankreichs, den „guten Soldaten" Martin von Tours, nur daß er mit den Bettlern nicht seine Mäntel, sondern seine Späße teilte...

Als Sohn eines k. u. k. Wachtmeisters, der die Schlacht von Solferino mitverlor, den Dienst quittierte und Pächter wurde, wuchs er ponyreitend heran, auf einem Pußtagut zwischen Save und Drau, zwischen staubigen Landstraßen und mannshohem Getreide, slawonischen Bauern und jüdischen Händlern, ungarischen Grafen und Ochsen, Schweineherden und Sauhirten, deren einer sich als der balkanberühmte Räuber Bakonja entpuppte. Die Farbe Rot begleitete ihn durch sein ganzes Leben. Einmal wurde der kleine Alexander sehr krank. Die Mutter versprach ihm für den Tag der Genesung ein Paar rote Schuhe, die er sich bislang vergebens gewünscht hatte. Die Sehnsucht nach den roten Schuhen half ihm zur Überwindung der Krankheit. Hagelschlag vernichtete dem Vater mehrere Ernten, er konnte den Pachtzins nicht mehr aufbringen, mußte sich beim Grafen Pejatschewitsch als Gutsverwalter verdingen. Diese Jahre trugen dem Knaben zwei Idiosynkrasien fürs Leben ein, die eine gegen das Landleben – „im Stadtcafé habe ich keinen Hagelschlag zu fürchten" –, die andere gegen den Hunger: „Mein Verhängnis war: der Hunger. Er trieb mich teuflisch, neunmal mehr zu schreiben, als ich verantworten kann." (Vorwort zu den „Sieben Leidenschaften").

Gleich dem Vater ging er zu den Soldaten, wurde einer der berühmtesten Reiter der k. u. k. Armee, war Jahre hindurch Reitlehrer am Reitlehrinstitut Wiener Neustadt. Als junger Leutnant in der Garnison Essegg verliebte er sich auf Leben und Tod in eine auf Tournee befindliche Heroine, setzte sie in einen Wagen, den er mit einem Viererzug bespannte, und jagte sie, auf einem der Gäule wie ein geeichter Zirkusreiter stehend, durch Essegg, was die Kleinstadtspießer wie seine Vorgesetzten skandalisierte. Ja, er hielt sogar um die Hand der damals in Mitteleuropa berühmten Heroine, die Jahrzehnte später als Komische Alte des deutschen Films Triumphe feierte, bei Kaiser Franz Joseph an (Offiziere, die Schauspielerinnen heiraten wollten, bedurften Allerhöchster Genehmigung). Als er schließlich zur Audienz bestellt wurde, hatte die Gefeierte den kleinen Leutnant aus der Balkangarnison längst vergessen. Leutnant Roda blieb nichts, als seufzend seine Paradeuniform anzuziehen, in die Hofburg zu stiefeln und den alten Kaiser um irgendeinen Unsinn zu bitten. Als er sich nach stattgehabter Audienz rückwärtstretend – so schrieb's das Hofzeremoniell vor – entfernen wollte, blieb er mit den Sporen in der Flügeltür des kaiserlichen Kabinetts stecken und mußte, während der Monarch unbeweglich zusah, von den Lakaien herausgehoben werden.

Einer seiner Vorgesetzten, Oberst Prohaska, begann sich über seinen schöpferischen Spott, der sich seiner Reitkunst und pünktlichen Pflichterfüllung so einmalig verband, zu ärgern und ihn wegen Aufsässigkeit zu verfolgen. Roda revanchierte sich, indem er kleine Geschichten über den leuteschinderisch-vertrottelten Oberst zu erzählen begann, die seine Kameraden entzückt belachten. Ja, eines Tages tauchte in einer Serie scharfgeschliffener, militärisch knapper, von österreichischen Witzblättern wie der *Muskete* publizierter Anekdoten ein widerwärtiger Oberst auf, der unverkennbar Prohaskas Züge trug. Die gegen Roda zeternden Prohaskas mehrten sich. Da ging er als Oberleutnant in die Reserve. Und nun hob das für k. u. k. Offiziersbegriffe so Furchtbare an. Mit seiner Schwester Mi gründete er die Schriftstellerfirma Roda & Roda (Mi verfaßte zwei Bücher, Alexander mehr als ein halbes Hundert, die alle unter dem Firmennamen Roda Roda erschienen). Er ward zum Erfinder der österreichisch-ungarischen Militär- und Gesellschaftsanekdote: niemand hat seine Leser und Hörer mit knapperen Worten zum Lachen gebracht. Ja, Fluch ihm! auch seine Hörer: Er, der sich in Peter Altenbergs Tafelrunde tummelte, begann in Wiener Kabaretts wie dem „Nachtlicht" und der „Fledermaus" aufzutreten, ein k. u. k. „Offizier als gewerbsmäßiger Spaßmacher"! Nun zeterten die Prohaskas bis zum Kriegsministerium hinauf, empfahlen Maßregelung, Degradierung. Und als wollte er sie tausend und einmal foppen, hatte er zu alldem die Unverfrorenheit, zu seiner Zivilkleidung ein Uniformstück zu tragen, das nachdrücklich auf seine militärische Abkunft hinwies: eine mit Feldartillerieknöpfen besetzte rote Weste – die später so berühmt wurde, daß ein Freund einen an Roda gerichteten Brief lediglich mit einer aufgemalten roten Weste adressierte und der Brief ankam. Und in einer mit Feldartillerieknöpfen besetzten roten Weste, die seinen früheren Feinden ein rotes Tuch gewesen, fuhr Roda an einem heißen New Yorker Sommertag zu Grabe...

Durch eine einzige Nummer des von Ludwig Thoma redigierten, damals noch feuergefährlichen, Bürgerschreck verbreitenden Münchner *Simplicissimus* wurden drei wenig bekannte Autoren berühmt: Paul Busson, Roda Roda und Gustav Meyrink, der, in der Abgeschlossenheit seines Starnberger „Hauses zur letzten Laterne", Roda als einen seiner ganz wenigen nahen Freunde akzeptierte und mit ihm später zahlreiche Lustspiele schrieb („Wir, die beiden Autoren, haben uns beim Schreiben bucklig gelacht, die Stücke aber hielten sich meist sehr lange auf dem Repertoire, nämlich von acht bis elf Uhr abends – einmal"). In einen knöchellangen Gehrock gewandet, trat er zusammen mit Frank Wedekind in den „Elf Scharfrichtern" auf.

Was jedoch dem Faß den Boden ausschlug, war der Schwank „Der Feldherrnhügel", den er im Verein mit dem Schauspieler-Dichter („Die fünf Frankfurter") und Lotteriespieler (dreimaliger Gewinner des Großen Loses) Karl Rößler schrieb. Das Stück wurde im Bereich der Donaumonarchie sofort verboten, während seine Aufführungen in Deutschland in die Tausende gehen sollten. Roda fuhr nach Wien, um eine Rücknahme des Verbots zu erwirken. Ein entrüsteter Hofrat näselte ihn an: „Solange es eine österreichisch-ungarische Monarchie gibt, wird dieses Schandstück verboten bleiben". – „Gut und schön", erwiderte Roda (1910), „dann warten wir noch das kurze Weilchen."

Das letzte, vernichtendste Wort über die k. u. k. Armee sprach das Genie Jaroslav Hašek in seinem „Braven Soldaten Schwejk". Roda ging nicht so weit; er war kein Hasser, sondern ein Spötter, politisch nicht „rot", sondern liberal gesinnt. Wie schallend er auch die baufällige schwarzgelbe Kaserne verlachte, sie war sein von Pferdeurin, Feuerwerkerschweiß, Tokayerduft, Zigeunergeigengewinsel, Trottelgenäsel geschwängertes Haus gewesen, das er mit abschiedsgewisser Zärtlichkeit umwob.

Erster Weltkrieg. Roda wurde – neben Franz Molnar, dem er jedoch das Berufssoldatentum voraushatte – zum Starkorrespondenten im k. u. k. Kriegspressequartier. Drei Jahre ritt und stapfte er, winters in einer gewaltigen Pelzmütze, an den vordersten Linien der Kriegsschauplätze herum. Einmal telegraphierte er die gesamte „Glocke" von Schiller an die *Neue Freie Presse,* um den Telegraphen besetzt zu halten und seinem Blatt zu ermöglichen, ein wichtiges Kriegsereignis eine Stunde früher zu bringen als die übrigen Blätter.

Die Weimarer Republik verhalf Roda zum Gipfel seines Erfolges; sie hallte vom Gelächter über seine knapp formulierten Anekdoten wider. Roda schöpfte aus seiner k. u. k. Vergangenheit. Er brachte den Balkan nach Europa, den Balkan, der vielen Europäern ferner als Amerika lag. Des Tschechischen, Bulgarischen, Südslawischen, auch des Türkischen mächtig, übersetzte er Balkandichter, die ohne seine Mittlerschaft niemals in deutscher Sprache zu Wort gekommen wären. Auf Besuchen bei seiner Schwester Gisela, die einst eine der ersten sozialdemokratischen Ärztinnen in Deutschland gewesen und später nach Bosnien gezogen war, um in der Gegend von Banja Luka auf Eseln umherreitend Moslemweiber zu entbinden, hatte er sich besonders mit den Moslems befreundet. Er erzählte Tausendundeine Nacht in tausendundeiner Brennessel-Nacht („Brennnessel" hieß die Schwabinger Künstlerkneipe). Jahr für Jahr ging er auf Vortragsreise, trat rotbewestet in den literarischen Vereinigungen von Istanbul bis Helsinki, Brüssel bis Prag auf, außerdem in den meisten mitteleuropäischen Varietés und Kabaretts, zusammen mit Trapezkünstlern und Illusionisten, und ward zum Ehrenmitglied der Deutschen Artistenloge ernannt. Seine früheren Feinde, die Prohaskas, nun entmachtet und gealtert, zollten ihm verzückten Beifall: brachte er, den sie einst verfemt hatten, ihnen mit seinen Schnurren nicht die „guten alten Zeiten" wieder, machte er sie nicht glücklich? Es war, als hätte er überhaupt keine Feinde mehr.

In seinem Berliner Heim traf man die seltsamste Gesellschaft an: arabische Intellektuelle neben Zionistenführern, Grotesktänzerinnen und Universitätsprofessoren, österreichische Sozialistenführer und Habsburgnarren, baltische Grafen und bulgarische Kommunisten, Stefan Zweig, Erich Kästner, Max Pulver, George Grosz und Max Halbe, Ernst Toller, Klabund, Heinrich Mann, Zuckmayer, Bjoernstjerne Bjoernsons lachenden Sohn und Joseph Roth, der seine Gefährtin, die ehemalige Lieblingsfrau eines Hottentottenkönigs, und seine beiden Stiefsöhne, zwei kleine Neger, mitbrachte, die alsbald, mit Uniformstücken aus Rodas Jugendzeit angetan, durch die Wohnung hetzten. Doch als reaktionäre Richter der Weimarer Republik Carl von Ossietzky zu einer Gefängnisstrafe verurteilten, waren die Profiliertesten, die den kämpferischen Publizisten zum Gefängnis geleiteten, Tucholsky und Roda.

Nach dem Reichstagsbrand – Goebbels *Angriff* hatte zu seiner „Unschädlichmachung" aufgefordert – verließ er Deutschland. Längere Zeit wohnte er in dem von den Menzinger Schwestern geführten Hospiz St. Boniface zu Genf, verkehrte mit Robert Musil, der in der Pouponnière, und Arthur Hollitscher, der bei der Heilsarmee wohnte. „Weit ist es mit den Autoren deutscher Zunge gekommen", schmunzelte er: „Ich lebe in Nonnengewahrsam, Hollitscher bei der Heilsarmee und Musil in einer Kinderbewahranstalt."

1940, nach dem Zusammenbruch Frankreichs, ging er auf seine letzte Reise, nach New York.

Ulrich Becher

Kleine Nachttischbändchen

Eine Auswahl

Chas Addams
Schwarze Scherze
Gruselgraphik
100 Seiten Zeichnungen des Autors.
Gebunden

Claire Bretècher
Frühlingserwachen
Zwei Bildergeschichten für frustrierte Eltern
120 Seiten Comics. Gebunden

Jean Effel
Heitere Schöpfungsgeschichte für fröhliche Erdenbürger
Mit Illustrationen des Autors
192 Seiten. Gebunden
Das Liebesleben von Adam und Eva
erforscht in 110 Bildern.
Mit Illustrationen des Autors
120 Seiten. Gebunden

Pericle Luigi Giovannetti
Max oder die Tücken des Objekts
40 Bildergeschichten mit Illustrationen des Autors
120 Seiten. Gebunden

Graham Greene
Heirate nie in Monte Carlo
Ein Flitterwochen-Roman
170 Seiten. Gebunden

Elsa Sophia von Kamphoevener
Liebeslist
Drei alttürkische Erzählungen
120 Seiten. Gebunden

C 2148/3

Kurt Tucholsky

Gesammelte Werke
In 10 Bänden
Herausgegeben von Mary Gerold-Tucholsky
und Fritz J. Raddatz
(Kassette 29011)

Ausgewählte Werke I und II
Ausgewählt und zusammengestellt von
Fritz J. Raddatz
Band 1: 512 Seiten. Gebunden
Band 2: 532 Seiten. Gebunden

Deutsches Tempo
Gesammelte Werke, Ergänzungsband
1911 - 1932
Herausgegeben von Mary Gerold-Tucholsky
und Fritz J. Raddatz
960 Seiten. Gebunden

Republik wider Willen
Gesammelte Werke
Ergänzungsband
Herausgegeben von Fritz J. Raddatz
608 Seiten. Gebunden

Gedichte
Herausgegeben von Mary Gerold-Tucholsky
832 Seiten. Gebunden

Unser ungelebtes Leben
Briefe von Mary
Herausgegeben von Fritz J. Raddatz
624 Seiten. Gebunden

Briefe an eine Katholikin 1929-1931
Mit 1 Kunstdruck-Tafel und 1 Faksimile
90 Seiten. Broschiert

rororo

C 143/34 a

Kurt Tucholsky

Schnipsel
Aphorismen
rororo 1669

Literaturkritik
Mit einer Vorbemerkung von
Fritz J. Raddatz
rororo 5548

Sprache ist eine Waffe
Herausgegeben von Wolfgang Hering
Sprachglossen
rororo 12490

Schloß Gripsholm
Literatur für Kopfhörer
Uwe Friedrichsen liest.
4 Toncassetten im Schuber mit je
90 Minuten Spieldauer (66006)

Kurt Tucholsky
dargestellt von Klaus-Peter Schulz
rororo bildmonographie 31

rororo

C 143/34 c

Die Erzählerbibliothek

James Baldwin
Sonnys Blues
Gesammelte Erzählungen
Deutsch von Gisela Stege
256 Seiten. Gebunden

Gottfried Benn
Das letzte Ich
Sämtliche Erzählungen
256 Seiten. Gebunden

Albert Camus
Jonas oder
Der Künstler bei der Arbeit
Gesammelte Erzählungen
Deutsch von Guido G. Meister
256 Seiten. Gebunden

Roald Dahl
Georgy Porgy
Gesammelte Erzählungen
Deutsch von Wolfheinrich von der Mülbe, Hans-Heinrich Wellmann und Fritz Güttinger
448 Seiten. Gebunden

Ernest Hemingway
Die Stories
Deutsch von Annemarie Horschitz-Horst
500 Seiten. Gebunden

C 2329/2

Die Erzählerbibliothek

Henry Miller
Der Engel ist mein Wasserzeichen
Sämtlicher Erzählungen
Deutsch von Kurt Wagenseil und
Herbert Zand
352 Seiten. Gebunden

Robert Musil
Frühe Prosa aus dem Nachlaß
zu Lebzeiten
384 Seiten. Gebunden

Vladimir Nabokov
Der schwere Racuh
Gesammelte Erzählungen
Herausgegeben und mit einem Nachwort
von Dieter E. Zimmer
Deutsch von Wassili Berger, René
Drommert, Renate Gerhardt u.a.
352 Seiten. Gebunden

Jean-Paul Sartre
Die Kindheit eines Chefs
Gesammelte Erzählungen
Deutsch von Uli Aumüller
256 Seiten. Gebunden

John Updike
Werben um die eigene Frau
Gesammelte Erzählungen
Deutsch von Maria Carlsson, Susanna
Rademacher und Hermann Stiehl
320 Seiten. Gebunden

C 2329/2 a